JN156918

日本仏教の展開

文献より読む史実と思想

大久保良峻 編著

春秋社

まえがき

日本仏教を通史的に扱う場合、歴史と教理が大きな軸となることは言うまでもなく、それらを如何に交錯させるかが課題となる。『日本仏教史』、或いはそれに類する書物は既に多々出版されている。大部・小部を問わず、単著は勿論、編著・共著としての秀逸の業績も知られる。加えて、全体ではなく何らかの区分を設定しての書籍も頗る多く、関連する業績は枚挙に遑がない。それらはそれまでの研究蓄積をもとに、筆者の立場を反映して構成されているであろうから、共通の内容を持つとともに、独自の特色を持つものになっている。従って、その評価は一定ではなかろうが、それぞれに見るべきところがあると考えられる。

勿論、時代的な変遷もあり、その時における最先端の研究状況が反映されているとしても、現在では過去の仮説となってしまった記事もある。そこには開拓者としての評価が与えられることは言うまでもない。とはいえ、研究者は新しい研究を提示することを求められるから、常に流動する。そのような中にあって、変わらないのは文献（資料・史料）である。原典を正確に読むことなく、通史を書くことは好ましくない。但し、新出の文献も発見されるから、それらを正しく扱えるかどうか、状況は複雑である。しかも、記述内容をどのような立場から捉えるかということは、文献自体の評価に対する差異となって表れる。そういった見地に立脚すると、一人で『日本仏教史』を書くことの困難さが知られる。他の研究者の業績に負うばかりでは、自らの未検証に起因する不自然さが表現として顕れ、当該分野の専門家には不十分の烙印を押されてしまうことになりかねない。

要するに、それぞれの分野の研究者が、基礎文献を紹介するのが好ましいのである。そうなると、通史の場合、そのことによる偏りが出ないわけではない。卑近な例を挙げれば、「顕密」という要語は時代や立場によって意味するところが全く異なっているし、その語に対する興味も様々な指向を持つ。従って、それぞれの定義を明示する必要もあろう。

また、個別の研究においては、研究者の独自の視点が必要であるとしても、先ず基本的な事柄が明示され、それを論ずる基礎文献が提示されなければ、単に筆者の立場を反映するだけの概説になってしまうであろう。その際、文献の正確な訓みに基づく記述を心掛ける必要があることは言うまでもない。本書の着眼はそこにあり、文献の忠実な紹介を念頭に置くことにした。勿論、その解釈に執筆者の立場が反映することを妨げるものではない。

日本仏教の研究は、多様化、専門化により、それぞれ分野別に行われている。それは、細分化された領域ごとに研究の伝統を持ち、方法論が蓄積されているからである。そのことについて、海外の研究者から狭隘ではないかと言われたことがあるが、ことによると、海外の日本仏教研究者は少人数であるので、他領域を専門とする諸分野の研究者との交流が積極的になされていることとも関連するかもしれない。そういうことからも、教理と歴史の研究をある意味で厳密に分ける日本の研究を奇異に思う人達がいることも首肯されよう。しかし、日本では、扱う文献の異なりがあるとしても、それぞれの分野の研究において深さを求めつつも、広範な研究基盤による裏付けが要求されることは当然なのである。広さについて意味するところに個々の違いが存するようである。

とはいえ、海外の研究者も日本での研究を行い、その成果を公表している。それぞれが専門領域を持つことは日本と同じであるが、その方法論に異なりがあることは当然であろう。このような状況下、日本仏教を広い視野から探索することを目的とした、科学研究費による基盤研究Ａ「多分野複合の視角から見た日本仏教の国際的研究」が採択された。

海外の日本仏教研究者にとって、原典を正確に読むことは至難の業かもしれないが、昨今の寺院調査等による新出資料を駆使するのは日本人にとっても容易ではないであろう。教理研究の方から言えば、大正新脩大蔵経に収められる基本典籍でさえ、十分な研究がなされていないものが多々あるのが実状に他ならない。

本書は、外国人の研究者も含めた広い意味での、日本仏教に興味を持つ人々に、従来とは異なった概説書を提供することを一つの目的としている。仏教語は呉音で読むことを原則としているため、音にも配慮すべきではあるが、仏教語は日本語として浸透しているので、実は電子辞書等に入っている代表的国語辞典には多くの仏教語が採録されているのである。そこで、本書では、その点はあまり強調していない。勿論、呉音が読めないと辞書も引けないということにもなるが、それ以上に大きな問題は、漢文の基礎すらできていない研究入門者が多々存することである。既に訓読された文献を使えばよいのではないかということになるかもしれないが、自身で原文と対照させることで気づくことは多いはずである。漢文の訓読は正確であれば、必ずしも口語訳を必要としないという場合もあるし、口語訳以上に正確に文意が伝わるという長所がある。本書はそういった点を念頭に置くものである。

日本仏教の国際的研究という観点から言えば、文献の正確な理解がなされた上で、諸言語に翻訳される必要があろう。その点について、本書では英文概要を載せるのみであり、後日を期する課題を残しているが、それは徐々に進展させていくよりない。

このような些少な成果ではあるが、内外の日本仏教研究に寄与する点があれば、嬉しく思う。

平成三十年　小寒

編者記す

日本仏教の展開——文献より読む史実と思想

目次

凡例

一、本論及び引用文献（資料・史料）等の表記は原則として新漢字・現代仮名遣いとした。

二、文献等の引用に際して、欠字・平出・抹消・端裏書等については省略することを原則とし、一部原文通りとした。また、読みやすさを考慮して適宜、返り点・句読点を付加した。

三、出典について、大正は大正新脩大蔵経、伝全は伝教大師全集、続天全は続天台宗全集、新版日蔵は新版日本大蔵経、仏全は大日本仏教全書を示す。

日本仏教の展開——文献より読む史実と思想

第一部　古代

第一章　文明としての仏教受容

吉田一彦

一　六、七世紀の仏教

（一）全体の概観――六、七、八、九世紀の日本の仏教

仏教はインドで生まれ、インドから外部世界へと展開し、中央アジアを経て中国に至り、そこから中国周辺国へと伝わっていった。仏教は地域や国の単位を越えてアジアの広い範囲に流通し、日本にも外来の文明として流入し、やがて文化、思想として定着した。

日本には、国家的には六世紀に百済から仏教が伝えられた。これ以後、仏教は、国家的、非国家的を含めて、一度だけでなく繰り返し伝えられ、新しい仏教がそれ以前に伝えられた仏教の層の上に積み重ねられていった。その際、従前の仏教が消去されて新しい仏教に全面変更されるということはなく、新来の仏教を旧来の仏教の上へ上へと累層させていった。

六、七世紀、日本は主として百済の仏教を摂取し、百済の滅亡後には新羅の仏教を摂取した。八世紀初め、大宝の遣唐使によって唐との本格的な交流が復活すると、唐の仏教の本格的な受容が進展した。入唐した道慈（六七〇前後

〜七四四)、玄昉(?〜七四六)や、入唐はしなかったが、行基(六六八または六七〇〜七四九)の活躍はよく知られており、やがて鑑真(六八八〜七六三)が来日して日本に唐の道宣(五九六〜六六七)の流れを汲む戒律を伝えた。また、中国の仏教説話が伝えられ、日本でも『日本霊異記《りょういき》』を皮切りに中国の説話に範をとった仏教説話が書かれ、語られるようになっていった。

平安時代前期には、入唐して中国仏教を請来した最澄(七六六または七六七〜八二二)、空海(七七四〜八三五)、常暁(?〜八六七)、円行(七九九〜八五二)、円仁(七九四〜八六四)、恵運(七九八〜八六九)、円珍(八一四〜八九一)、宗叡(八〇九〜八八四)のいわゆる「入唐八家」が活躍し、平安時代の仏教の骨格を形成した。また、日本の恵蕚《えがく》が唐で活動し、唐の義空が日本で活動したことも重要である。これらによって、唐後期の仏教が日本に流入し、特に密教と浄土教が日本に流通するようになっていった。

さらに平安時代後期から鎌倉時代には、宋、元の仏教が日本に伝播し、新しい仏教の層が形成された。それは、禅、教、律、そして念仏をその中核にすえる仏教であった。

日本の仏教史は中国の仏教史と密接・不可分に連関して展開した。仏教史の考察の枠組として、〈日本〉という単位で範囲を区切るのは狭隘であり、実態に即した考究が難しくなってしまう。日本の仏教史を考究するには、〈日本〉という枠組を一度取り外し、中国や朝鮮半島の仏教史と一体に考察し、アジア東部の諸地域を含み込んだ枠組の中で仏教史を考え、その後に日本に戻ってくるという手続が必要になる。仏教史は日本史よりも大きい。日本の仏教について、「アジア史」そして「世界史」の観点から考察する思考が必要である。ここでは、六、七、八、九世紀の日本仏教史に関する重要史料をアジア東部で展開した仏教を念頭に置きながら読み解いていく。

（二）仏教初伝説話

日本への仏教初伝について記す資料は複数あるが、中で注目されるのは、『隋書』倭国伝と『日本書紀』欽明天皇十三年（五五二）十月条である。

敬二仏法一、於二百済一求二得仏経一、始有二文字一。知二卜筮一、尤信二巫覡一。

（『隋書』倭国伝）

仏法を敬し、百済に於いて仏経を求め得て、始めて文字有り。卜筮《ぼくぜい》を知り、尤も巫覡を信ず。

冬十月、百済聖明王〈更名聖王〉、遣二西部姫氏達率怒唎斯致契等一、献二釈迦仏金銅像一軀・幡蓋若干・経論若干巻一。別表、讃二流通・礼拝功徳一云、是法於二諸法中一、最為二殊勝一。難レ解難レ入。周公・孔子、尚不レ能レ知。此法能生二無量無辺福徳果報一、乃至成二弁無上菩提一。譬如下人懐二随意宝一、逐レ所レ須用、尽依上レ情、此妙法宝亦復然。祈願依レ情、無レ所レ乏。且夫遠自二天竺一、爰洎二三韓一、依レ教奉持、無レ不二尊敬一。由レ是百済王臣明、謹遣二陪臣怒唎斯致契一、奉レ伝二帝国一、流二通畿内一。果二仏所レ記二我法東流一。是日、天皇聞已、歓喜踊躍、詔二使者一云、朕従レ昔来、未二曾得レ聞二如レ是微妙之法一。然朕不二自決一。乃歴二問群臣一曰、西蕃献仏相貌端厳、全未二曾看一。可レ礼以不。蘇我大臣稲目宿禰奏曰、西蕃諸国一皆礼之。豊秋日本豈独背也。物部大連尾輿・中臣連鎌子、同奏曰、我国家之王二天下一者、恒以二天地社稷百八十神一、春夏秋冬、祭拝為レ事。方今改拝二蕃神一、恐致二国神之怒一。天皇曰、宜下付二情願人稲目宿禰一、試令中礼拝上。大臣跪受而忻悦、安二置小墾田家一。懃修二出世業一、為レ因浄二捨向原家一為レ寺。於レ

後国行㆓疫気㆒、民致㆓夭残㆒。久而愈多、不㆑能㆓治療㆒。物部大連尾輿・中臣連鎌子、同奏曰、昔日不㆑須㆓臣計㆒、致㆓斯病死㆒。今不㆑遠而復、必当㆑有㆑慶。宜㆔早投棄、懃求㆓後福㆒。天皇曰、依㆑奏。有司乃以㆓仏像㆒、流㆓棄難波堀江㆒、復縦㆓火於伽藍㆒。焼燼更無㆑余。於㆑是天無㆓風雲㆒、忽災㆓大殿㆒。

（『日本書紀』欽明天皇十三年（五五二）十月条）

冬十月、百済の聖明王〈更《また》の名は聖王〉、西部《せいほう》姫氏《きし》達率《だちそち》怒唎斯致契《ぬりしちけい》等を遣して、釈迦仏の金銅像一軀《く》・幡蓋《ばんがい》若干・経論若干巻を献る。別に表して、流通・礼拝の功徳を讃《たた》えて云く、是《こ》の法は諸法の中に、最も殊勝たり。解し難く入り難し。周公・孔子も、尚《なお》し知ること能わず。此の法は能く無量無辺《むりょうむへん》の福徳果報を生じ、乃至《ないし》は無上の菩提を成弁《な》す。譬《たと》えば人の随意の宝を懐《いだ》きて、用うべき所に逐《したが》い、尽して情に依るが如く、此の妙法の宝も亦復《また》然なり。祈願すること情に依りて、乏しき所無し。且夫《またそ》れ遠くは天竺より、爰《ここ》に三韓に洎《いた》るまでに、教に依りて奉《う》け持ちて、尊敬せざること無し。是れに由りて百済王臣明《しんめい》、謹《つつし》みて陪臣《ばいしん》怒唎斯致契《ぬりしちけい》を遣して、帝国に伝え奉りて、畿内に流通せしめむ。仏の我が法は東流せむと記せるを果たすなり、と。是《こ》の日、天皇聞き已《おわ》りて、歓喜踊躍し、使者に詔して云く、朕、昔より来《このかた》、未だ曾《かつ》て是《かく》の如く微妙の法を聞くことを得ず。然れども朕自ら決せず、と。乃ち群臣に歴問して曰く、西蕃の献る仏の相貌端厳《たんげん》にして、全く未だ曾て看《み》ず。礼《うやま》うべきや以不《いな》や、と。蘇我大臣稲目宿禰《そがのおおおみいなめのすくね》奏して曰く、西蕃の諸国一に皆礼う。豊秋《とよあきづ》の日本豈《あに》独り背かむや、と。物部大連尾輿《もののべのおおむらじおこし》・中《なか》臣連鎌子《とみのむらじかまこ》、同じく奏して曰く、我が国家の天下に王たるは、恒《つね》に天地社稷の百八十神を以て、春夏秋冬、祭拝するを事とす。方今《いま》し改めて蕃神を拝まば、恐るらくは国神の怒《いかり》を致さむ、と。天皇曰く、宜しく情願する人稲目宿禰に付して、試に礼拝せしむべし、と。大臣跪《ひざまず》きて受けて忻悦し、小墾田《おはりた》の家《やけ》に安置す。懃《ねんごろ》に出世の業を修め、因《よすか》として向原の家《やけ》を浄捨して寺と為す。後に於いて、国に疫気行《おこ》りて、民夭残を致す。久《ひさ》にして愈《いよいよ》多く、治療すること能わず。物部大連尾輿・中臣連鎌子、同じく奏して曰く、昔日臣が計を須《もち》いずして、斯《こ》の病死を致せり。今し遠からずして復さば、必ず当に慶有るべし。宜しく早く投げ棄てて、懃に後の福を求むべし、と。

天皇曰く、奏に依れ、と。有司乃ち仏像を以て、難波の堀江に流し棄て、復《また》、火を伽藍に縦《つ》く。焼き燼きて更《また》余《あまり》無し。是に於いて天に風雲無くして、忽に大殿に災あり。

仏教は西暦一世紀頃中国に伝来し、四世紀頃広く流通を開始した。朝鮮半島の高句麗、百済、新羅には、四世紀末から五世紀頃に伝来し、日本には六世紀頃に伝来した。

『隋書』倭国伝は『隋書』の巻第八十一「東夷伝」の「倭国条」で、通常、「隋書倭国伝」と呼んでいる。『隋書』は、貞観十年（六三六）に帝紀五巻、列伝五十巻の五十五巻が成立し、その後顕慶元年（六五六）に志三十巻が作られ、『隋書』に編入されて全八十五巻となった。唐の魏徴（五八〇〜六四三）、長孫無忌（?〜六五九）らの撰である。(1) ここに記されるように、日本の仏教は百済の仏教を受容したものであった。当時「倭国」と呼ばれていた日本は百済に仏教の経典を求め、これによってはじめて文字を知るようになったという。また、中国的な「卜筮」がすでに伝えられており、神の言葉を伝える「巫覡」の言を信じたという。

ただ、文字に関しては、王賜銘鉄剣や稲荷山古墳出土鉄剣銘をはじめとして、日本では仏教初伝以前から漢字が用いられていた。だから、ここの文字に関する理解は事実認識としては誤りとしなければならない。にもかかわらず、こうした記述がなされるのは、中国周辺の非漢族国家の一つである倭について、文明の象徴というべき「文字」の使用が、仏教の初伝と一体的にとらえられていたからで、仏教を途上国にとっての文明ととらえる認識が示された記事と読解される。唐は、倭の仏教受容を文明化の一指標と見ていたものと考えられる。

『日本書紀』欽明天皇十三年（五五二）十月条は仏教初伝説話である。『日本書紀』は紀三十巻と系図一巻からなり（ただし系図は現存せず）、養老四年（七二〇）の完成、舎人親王らの撰である。日本最初の国家の歴史書（「国史」）で、「六国史」の一番目に位置づけられる。アジア東部の国々では、仏教初伝はいずれも文学的あるいは宗教的に語られ、仏教初伝説話という形式で記述、宣揚された。中国への仏教初伝は、後漢明帝感夢求法説話や白馬寺説話として語られた。朝鮮半島では、高句麗に関しては順道渡来説話、阿道渡来説話、百済に関しては摩羅難陀渡来説話、新羅に関しては墨胡子渡来説話、阿道渡来説話、異次頓説話などが語られてきた。ベトナムでは、ルイ・ラウ（羸𨻻）地域への仏教初伝がカラーチャールヤ（黒師）渡来説話として語られた。

これらの初伝説話が歴史的事実か否かに関しては不明の部分が多く、私たちはこれらの言説を宗教説話として受けとめる必要がある。『日本書紀』のこの記事については、聖明王の表にも欽明天皇の詔にも、唐の長安三年（七〇三）に漢訳された『金光明最勝王経』の文章が用いられていることが早くから指摘されてきた。[2] 欽明十三年（五五二）という伝来年が、中国において末法に入る年とされる年次にあたるのも、編纂の際の作為と考えられる。[3] また、「周公孔子」「西蕃」「蕃神」などの表現は中国の仏書を参照して書かれたものである。[4] これらから、この記事は『日本書紀』編纂段階で創作されたものである可能性が高い。また、内容を見ても、仏教伝来とともに廃仏がなされ、それに対して直ちに仏罰が下されたという展開になっており、〈末法～廃仏～仏罰〉というストーリーを語る宗教説話として読むべきで、アジア東部の仏教初伝説話の一つとして読解する必要がある。『日本書紀』の記述はさらにつづき、そこで〈末法～廃仏～廃仏との戦い～仏法興隆〉というストーリーが語られている。

（二）飛鳥寺の成立

伝来期の仏教については不明の部分が多いが、その中で確実と言えるのは飛鳥の地に飛鳥寺が創建されたことである。それは日本における最初の本格的な寺院と考えられる。『日本書紀』崇峻元年（五八八）是歳条には次のようにある。

是歳、百済国遣二使幷僧恵総・令斤・恵寔等一、献二仏舎利一。百済国遣二恩率首信・徳率蓋文・那率福富味身等一、進レ調、幷献二仏舎利、僧聆照律師・令威・恵衆・恵宿・道厳・令開等、寺工太良未太・文賈古子、鑪盤博士将徳白昧淳、瓦博士麻奈父奴・陽貴文・陵貴文・昔麻帝弥、画工白加一。蘇我馬子宿禰、請二百済僧等一、問二受戒之法一。以二善信尼等一、付二百済国使恩率首信等一、発二遣学問一。壊二飛鳥衣縫造祖樹葉之家一、始作二法興寺一。此地名二飛鳥真神原一。亦名二飛鳥苫田一。

（『日本書紀』崇峻元年（五八八）是歳条）

是《こ》の歳に、百済国、使幷《あわ》せて僧恵総・令斤・恵寔等を遣して、仏舎利を献る。百済国、恩率首信・徳率蓋文・那率福富味身等を遣して、調を進《たてまつ》り、幷《あわ》せて仏舎利、僧聆照律師・令威・恵衆・恵宿・道厳・令開等、寺工《じこう》太良未太・文賈古子、鑪盤《ろばん》博士将徳白昧淳、瓦博士麻奈父奴・陽貴文・陵貴文・昔麻帝弥、画工《がこう》白加を献る。蘇我馬子宿禰、百済の僧等を請《ま》せて、受戒の法を問う。善信尼等を以て、百済国の使《つかい》恩率首信等に付して、学問に発遣す。飛鳥衣縫造《あすかのきぬぬいのみやつこ》の祖樹葉《このは》の家《やけ》を壊ちて、始めて法興寺を作る。此の地を飛鳥の真神原《まかみのはら》と名《なず》く。亦は飛鳥の苫田《とまた》と名く。

昭和三十年（一九五五）から開始された飛鳥寺の発掘調査では伽藍の遺構が検出され、多くの遺物が出土した。伽藍配置は一塔三金堂形式で、清岩里廃寺など高句麗の寺院と共通するものであった。また、近年、百済の都があった扶余の王興寺址の発掘調査が行われ、遺構、遺物に飛鳥寺と共通性が見られることが明らかになった。鈴木靖民氏によれば、舎利荘厳具に類似性が見られること、どちらも舎利孔に舎利容器を埋納すること、時代が共通することなどから王興寺と飛鳥寺には連関性が認められるという。[5] 飛鳥寺の造営に高句麗の寺院、および百済の寺院の文物、技術、仏教文化が影響を与えていることは確実と考えられる。

『日本書紀』の仏教初伝から仏教興隆に至る一連の記述には創作史話と見るべきものが多いが、この『日本書紀』崇峻元年（五八八）是歳条に関しては、考古学の研究成果と合致するところが大きく、信憑性が高い。百済国は、この時、仏舎利、僧、寺工、鑪盤博士、瓦博士、画工を日本に贈った。日本側でこれを受けたのは蘇我馬子であった。それらは国家間の外交関係の中で国家的に日本に贈与されたものであった。これによって蘇我馬子が建立したのが日本最初の仏教寺院、飛鳥寺であった。それは、伽藍の中心となる塔に納める仏舎利、寺院で活動する僧、寺院造営のための技術者など、ほぼすべてが百済国からの贈与によって成立した寺院であった。

（四）中央の寺院の諸相

七世紀後期、日本では仏法が興隆し、多くの寺院が建立された。中央の寺院としては、天智によって飛鳥の地に川原寺、近江の地に崇福寺が創建された。どちらも発掘調査がなされ、往時の規模が明らかになっている。飛鳥寺は乙巳の変の後も新政権との協調関係を保持していた。舒明朝に創建された百済大寺については、奈良県桜井市の吉備池廃寺が発掘調査され、これが百済大寺にあたると推定されている。発掘調査で金堂跡、塔跡などが検出され、巨大な寺院であったことが明らかになった。百済大寺は後に大官大寺と名を変え、現在の奈良県明日香村小山の地へと移転した。天武天皇の時代の中央の寺院について、『日本書紀』は次のように記している。

皇后体不予。則為二皇后一誓願之、初興二薬師寺一。仍度二一百僧一。由レ是得二安平一。是日、赦レ罪。

（『日本書紀』天武九年（六八〇）十一月癸未（十二日）条）

皇后の体不予《ふよ》なり。則ち皇后の為に誓願して、初めて薬師寺を興《おこ》す。仍りて一百の僧を度せしむ。是れに由りて安平を得たり。是の日、罪を赦す。

（同天武十四年（六八五）九月丁卯（二十四日）条）

為二天皇体不予一之、三日、誦三経於二大官大寺・川原寺・飛鳥寺一。因以レ稲納二三寺一、各有レ差。

天皇の体不予なるが為に、三日、大官大寺・川原寺・飛鳥寺に於いて誦経《ずきょう》せしむ。因《よ》りて稲を以て三寺に納むること、各差有り。

天武天皇は、皇后（のちの持統天皇）が重病になると、『日本書紀』天武九年（六八〇）十一月癸未（十二日）条にあるように、その平癒を誓願して寺院の創建を企図した。これが薬師寺である。薬師寺はその後造営が続けられ、『続日本紀』文武天皇二年（六九八）十月庚寅（三日）条に「薬師寺の講作略了りたるを以て、衆僧に詔してその寺に住せしむ」とあるように、七世紀末に完成した。天武天皇が重病になると、天武十四年（六八五）九月丁卯（二十四日）条にあるように、大官大寺、川原寺、飛鳥寺で誦経がなされた。これらはいずれも天皇と関係の深い寺院であった。翌月の十月条には「『金剛般若経』を宮中に説かしむ」とあるから、この時も『金剛般若経』などの般若系の経典が誦経された可能性が高い。

持統天皇八年（六九四）新益京（藤原京）が完成した。これは日本最初の中国型都城であった。整然と条坊に区画された京内には、薬師寺、大官大寺などの寺院が造営された。和銅二年（七一〇）日本で二番目の中国型都城である平城京が奈良に造営され、遷都がなされた。これにともない大官大寺、薬師寺、飛鳥寺、厩坂寺が新京に移転して平城京の大安寺、薬師寺、元興寺、興福寺が成立した。これらは国家的性格を持つ寺院として活動した。

(五) 地方豪族の寺院

七世紀後期、仏教は日本列島の広い範囲に流通し、多くの地方寺院が建立された。現在、この時代の寺院址が各地から発見され、その数はもはや七百を越えている。これらを建立したのは地方豪族層で、評造《こおりのみやつこ》、郡司の地位につくものが少なくなかった。彼らの仏教信仰や寺院建立については、『日本霊異記』『出雲国風土記』などに記述が見える。(6)

遭㆓兵災㆒信㆓敬観音菩薩像㆒得㆓現報㆒縁　第十七

伊予国越知郡大領之先祖越智直、当為㆑救㆓百済㆒、遣到運之時、唐兵所㆑擒、至㆓其唐国㆒。我八人同住㆑洲、儻得㆓観音菩薩像㆒、信敬尊重。八人同㆑心、窃截㆓松木㆒、以為㆓一舟㆒、奉㆑請㆓其像㆒、安㆓置舟上㆒、各立㆓誓願㆒、念㆓彼観音㆒。爰随㆓西風㆒、直来㆓筑紫㆒。朝庭聞㆑之、召問㆓事状㆒。天皇忽矜、令㆑申㆑所㆑楽。於㆑是越智直言、立㆑郡欲㆑仕。天皇許可。然後建㆑郡造㆑寺、即置㆓其像㆒。自㆑時迄㆓乎今世㆒、子孫相続帰敬。蓋是観音之力、信心至㆑之。丁蘭木母、猶現㆓生相㆒、僧感画女、尚応㆓哀形㆒。何況是菩薩而不㆑応乎。

(『日本霊異記』上巻第十七)

兵の災に遭いて観音菩薩像を信敬《しんぎょう》して現報を得る縁　第十七

伊予国越知郡《おちのこおり》の大領《だいりょう》の先祖の越智直《おちのあたい》、当に百済を救わむが為に、遣わされて到り運《めぐ》りし時に、唐の兵に擒《とら》われ、其の唐国に至る。我が八人同じく洲《しま》に住み、儻《たまたま》観音菩薩像を得て、信敬《しんぎょう》し尊重す。八人心を同じくして、窃《ひそか》に松の木を截りて、以て一の舟とし、其の像を請《う》け奉《たてまつ》りて、舟の上に安置し、各誓願を立てて、彼の観音を念ず。

爰《ここ》に西風に随いて、直ちに筑紫に来たる。朝庭之を聞きて、召して事状を問う。天皇忽《たちま》ちに矜《あはれ》びて、楽《ねが》う所を申さしむ。是に於いて越智直言《もう》さく、郡《こおり》を立てて仕えむと欲《おも》う、と。天皇許可《ゆる》す。然る後に郡を建て寺を造り、即ち其の像を置く。時より今の世に迄《いた》るまで、子孫相続きて帰敬《ききょう》す。蓋《けだ》し是れ観音の力にして、信心の至《いた》りなり。丁蘭《ていらん》の木母すら、猶《なお》し生ける相を現し、僧の感ずる画女すら、尚《なお》し哀《かな》しき形に応《こた》う。何《いか》に況むや是れ菩薩にして応えざらむや。

『日本霊異記』は日本最古の仏教説話集で、薬師寺の僧景戒《きょうかい》の著作。上中下の三巻からなり、全百十六条の説話を収録している。弘仁十三年（八二二）以降まもなくの成立である。この上巻第十七は、伊予国越智郡（現在の愛媛県越智郡）の大領（郡司の長官）の先祖が百済救援戦争で捕虜にされ、唐国の島に幽閉されてしまったが、観音の力によって脱出、帰国に成功することができたという話である。彼は島で出会った観音菩薩像を信敬し、帰国後は「こおり」を立て、寺院を造立し、その観音像をまつったという。この話では、観音の「力」と越智直の「信心」とが相呼応し、これによって脱出、帰国の成功という「現報」が得られたことが説かれている。すでに「信心」の重要性が説かれていることは注目される。

（六）現存最古の写経

日本現存最古の写経と考えられるものは『金剛場陀羅尼経』の写経で、その奥書には次のようにある。

歳次丙戌年五月、川内国志貴評内知識、為二七世父母及一切衆生一、敬二造金剛場陀羅尼経一部一。藉二此善因一、往二生浄土一、終成二正覚一。

教化僧宝林

（丙戌年『金剛場陀羅尼経』奥書、国〈文化庁〉所蔵）

歳次丙戌《へいじゅつ》の年の五月、川内国《かわちのくに》志貴評《しきのこおり》内の知識、七世父母及び一切衆生の為に、金剛場陀羅尼経一部を敬造す。此の善因に藉《よ》りて、浄土に往生し、終《つい》には正覚《しょうがく》を成さむことを。

教化《きょうけ》僧宝林《そうほうりん》

ここでは河内国の「志貴」のこおりの「こおり」が「評」という文字で表記されている。そこからこれが孝徳朝の立評（天下立評）以降、大宝律令による「郡」制実施以前のもので、「丙戌年」が六八六年にあたることが確定できる。この地域（現在の大阪府藤井寺市東部、八尾市南部、柏原市の一部、羽曳野市の一部あたり）は渡来人が活動した地域として知られている。(7) 仏教に関しては、宝林なる僧が「知識」（仏教を信仰するグループ）をひきいて写経の活動を行っていた。七世紀末にすでに「教化僧」が存在していたことは注目される。

奥書の「七世父母」「成正覚」「敬造」という文言は、七、八世紀の日本の仏像銘文や碑文などにしばしば見られるものであるが、日本以前に中国や朝鮮半島の仏像銘文などに見られ、(8) 中国・朝鮮の仏教思想、用語を輸入したものと理解される。宝林が渡来人か否かは不明だが、朝鮮半島における仏教信仰の表現を用いて、地域社会で写経の活動を展開した人物と考えられる。

二　八世紀の仏教

（一）僧尼令の成立

七世紀末、日本は中国の政治制度である皇帝制度を改変・導入して天皇制度を開始した。これは日本の歴史の画期となる重大な変革であった。君主はそれまでの「大王」という称号を改めて「天皇」という称号を名乗り、「日本」という王朝名を称した。(9) この「天皇」という君主号は、上元元年（六七四）に唐の高宗が名乗るようになったもので、「皇帝」の言い換えであった。日本の政治権力は、以後、空間と時間の支配、法と経済の支配などに関して、中国の制度、思想を改変しつつ導入した。その一つとして、法を支配するため、中国法を模倣して成文法の法典である「律」と「令」を作成した。「僧尼令」は日本の令の一篇で、僧尼を対象とした特別法である。「僧尼令」は『飛鳥浄御原令』（六八九年施行）には存在せず、『大宝令』（七〇一年成立、施行）ではじめて成立した。これは唐の「道僧格」を改変、継受して、日本令の一篇として組み込んだものである。また、『大宝令』を改訂しようとして作成された『養老令』（七一八年作成開始、七五七年施行）にも「僧尼令」が存在した。ここでは『養老令』の条文を掲げる。

凡僧尼有レ犯、准二格律一、合二徒年以上一者、還俗。許下以二告牒一当中徒一年上。若有二余罪一、自依レ律科断。如犯二百杖以下一、毎二杖十一令二苦使十日一（後略）。

（『僧尼令』准格律条（第二十一条）、井上光貞・関晃・土田直鎮・青木和夫『律令』〈日本思想大系三〉岩波書店、一九七九）

凡《おおよ》そ僧尼の犯《ぼん》有らば、格律に准ずるに、徒年《ずねん》以上なるべくは、還俗せよ。告牒《ごうちょう》を以て徒一年に当つることを許せ。若し余の罪有らば、自《おのずか》ら律に依りて科断せよ。如し百杖《ひゃくじょう》以下を犯せらば、杖十毎に苦使《くし》十日せしめよ（後略）。

これは、僧尼が犯罪を犯した時、一般人とは異なり、僧尼の身分（その身分証明文書が「告牒」）と引き換えに「徒《ず》一年」（今日の懲役一年）分の刑罰を減刑することを定めた条で、僧尼令の中心条文となる一条である。この規定は、位階を有する官人が律そのままの刑罰を科されず、「例減《れいげん》」（議請減《ぎしょうげん》による減刑）、「官当」（位階を刑罰に相当させる換刑）、「贖《しょく》」（さらなる残余があれば銅で支払う）によって実刑には処されないことを定めた「名例律《みょうれいりつ》」の規定と相応するもので、僧尼の刑罰上の特権を定めた条文である。

しかしながら、奈良時代〜平安時代初期の僧尼の刑事事件の実例を検証してみると、この条文は実際には適用されておらず、実施されない空文であった。この条文をはじめとして「僧尼令」が実施されていたとは考えられず、そこからこの時代の〈法〉と〈宗教〉の関係について知ることができる。(10)

（二）中国仏教の本格的受容――道慈の活動

八世紀になると、日本は朝鮮半島からではなく、中国から仏教を受容するようになった。その契機となったのが大宝の遣唐使であり、中心人物となったのが道慈である。道慈の伝記は、『懐風藻』と、『続日本紀』に掲載されている。

釈道慈者、俗姓額田氏、添下人。少而出家、聡敏好レ学、英材明悟、為二衆所レ推、太宝元年、遣二学唐国一。歴二訪明哲一、留二連講肆一、妙通二三蔵之玄宗一、広談二五明之微旨一。時唐、簡下于二国中一義学高僧一百人上、請二入宮中一、令レ講二仁王般若一、法師学業穎秀、預二入選中一。唐王憐二其遠学一、特加二優賞一。遊二学西土一、十有六歳、養老二年、帰二来本国一。帝嘉之拝二僧綱律師一。性甚骨鯁、為二時不レ容、解レ任帰、遊二山野一。時出二京師一、造二大安寺一。年七十余。

（『懐風藻』釈道慈伝）

釈道慈は、俗姓は額田氏、添下の人なり。少《わか》くして出家し、聡敏にして学を好み、英材明悟にして、衆に推さる所となり、大宝元年、唐国に遣学《けんがく》す。明哲を歴訪し、講肆《こうし》に留連して、妙《くわ》しく三蔵の玄宗に通じ、広く五明《ごみょう》の微旨《びし》を談ず。時に唐、国中に義学《ぎがく》の高僧一百人を簡び、宮中に請入して、仁王般若を講ぜしむるに、法師学業穎《えい》秀《しゅう》にして、選中に預かり入る。唐王其の遠学《えんがく》を憐び、特に優賞を加う。西土に遊学すること、十有六歳にして、養老二年、本国に帰り来る。帝嘉《よろこ》びて僧綱の律師に拝す。性甚だ骨鯁《こっこう》にして、時に容れられず、任を解きて帰り、山野に遊ぶ。時に京師に出でて、大安寺を造る。年七十余。

律師道慈法師卒。〈天平元年為律師。〉法師俗姓額田氏、添下郡人也。性聡悟、為衆所推、大宝元年、随使入唐。渉覧経典、尤精三論。養老二年帰朝。是時釈門之秀者、唯法師及神叡法師二人而已。著述愚志一巻、論僧尼之事。其略曰、今察日本素緇行仏法軌模、全異大唐道俗伝聖教法則。若順経典、能護国土。如違憲章、不利人民。一国仏法、万家修善、何用虚設。豈不慎乎。弟子伝業者、于今不絶。属遷造大安寺於平城、勅法師勾当其事。法師尤妙工巧、構作形製、皆稟其規摹。所有匠手、莫不歎服焉。卒時年七十有余。

（『続日本紀』天平十六年十月辛卯（二日）条）

律師道慈法師卒しぬ。〈天平元年律師と為る〉。法師は俗姓額田氏、添下郡の人なり。性は聡悟にして、衆に推さるる所となり、大宝元年、使に随いて入唐す。経典を渉覧《しょうらん》し、尤も三論に精《すぐ》れたり。養老二年帰朝す。是の時に釈門の秀でたる者は、唯、法師と神叡《じんえい》法師の二人のみ。愚志《ぐし》一巻を著述して、僧尼の事を論ず。其の略に曰く、今、日本の素緇の行う仏法の軌模を察するに、全く大唐の道俗の伝うる聖教の法則に異なる。若し経典に順わば、能く国土を護る。如し憲章に違《たが》わば、人民を利せず。一国の仏法、万家修善せば、何ぞ虚設を用いむや。豈《あ》に慎まざらめや、と。弟子の業を伝うる者、今に絶えず。属《このころ》、大安寺を平城に遷《うつ》し造るに、法師に勅して其の事を勾当せしむ。法師尤も工巧に妙にして、構作形製、皆其の規摹を稟《う》く。有る所の匠手《しょうしゅ》、歎服せぬは莫し。卒する時年七十有余。

道慈の俗姓は額田氏、大和国添下郡の出身で若くして出家し、聡明で学問を好み、才能を示した。大宝元年（七〇一）に任命された遣唐使（大宝二年出発）に随って入唐した。唐では、すぐれた師を歴訪して講義の席に加わり、三蔵を学び、「三論」の教学に精通した。当時、唐では高僧百人を宮中に招いて『仁王般若経』を講義させることがあったが、道慈はその一人に選抜された。留学十六年にして、養老二年（七一八）に帰国した。その時、仏門で秀でた者は道慈と神叡の二人のみで、同三年、二人にそれぞれ封戸五十戸が授与された。著作に『愚志』一巻があり、僧尼のことを論じた（現存せず）。天平元年（七二九）、律師に任命された。性格ははなはだ「骨鯁」（剛直）で、周囲とぶつかることがあった。のち、律師の任を退いて野に下った。大安寺を平城京に造営する任務を担当した時は、建築の技術に詳しく、技術者たちは感嘆したという。

『続日本紀』は全四十巻。文武天皇元年（六九七）から延暦十年（七九一）までの九代の天皇の九十五年間を年月日順に記す編年体の歴史書である。その記述内容は信憑性が高く、七世紀末〜八世紀の歴史を考究する基本史料と評価されている。延暦十三年（七九四）から延暦十六年にかけて、後半二十巻と前半二十巻が別々に完成した。藤原継縄《つぐただ》、菅野真道、秋篠安人《あきしののやすひと》らの撰である。同書には他にも道慈をめぐる記事があり、天平九年（七三七）四月、「疫瘡」（天然痘）が猛威をふるう中、彼の提案により大安寺で行われてきた『大般若経』転読が恒例の国家の儀礼とされ、十月には大極殿にて道慈を講師に『金光明最勝王経』講説が実施された。これらは疫瘡に対処して行われたものである。

『懐風藻』は日本最古の漢詩集で、撰者未詳であるが、成立年月は天平勝宝三年（七五一）十一月である。これに道慈の伝と漢詩二首が収められている。それは道慈と長屋王との密接な交流の中で収録されたものと考えられる。

また、『日本書紀』の仏教伝来記事の作成に関わったのは道慈であろうとする論が説かれており[11]、私はそれを継承、発展させて仏教伝来記事およびそれに続く一連の関係記事は道慈によって作成された蓋然性が高いと論じた[12]。さらに、八世紀中期に大安寺や唐招提寺を中心に〈大安寺文化圏〉と呼ぶべきネットワークが形成され、このネットワークが中国文化の導入口の役割をはたしていたという論が説かれている[13]。

（三）貴族の仏教——長屋王家木簡の世界

一九八六～八九年、奈良国立文化財研究所によって、奈良市二条大路南一丁目および法華寺町の三万平方メートルにおよぶ地の発掘調査が行われ、長屋王邸宅跡と推定される遺構が検出され、多数の木簡が出土した。この木簡群を「長屋王家木簡」と呼んでいる。それは奈良時代史研究の貴重な一次史料であり、それまで知られなかった当時の国家、社会、文化の実態が知られるようになった。仏教に関しても注目されるものが何点もある。

〔木簡1〕・尼公二米一升半受麻蘇女◯◇
・◯九月廿□日大嶋◯◇

〔木簡2〕・尼□三坐粥一升半
・受少子◯十四日〈　〉

〔木簡3〕僧四坐

〔木簡4〕・◇明縁沙弥米半升受六人部古万呂十一月
・◇七日◯得足少書吏

〔木簡5〕僧三坐米六升受知努建万呂三月廿日◯君万呂書吏

〔木簡6〕・尼二坐米二升半広女
・廿八日万呂

［木簡7］仏聖□二座〇〈　〉
［木簡8］・仏聖僧四升
・右米〈　〉
［木簡9］仏造司〇□〇□
［木簡10］・仏造帳内一人米一升廝一人米二◇
・升受仕丁粳麻呂八月十日〇□万呂／書吏◇
［木簡11］・画師一口米一升受石嶋十二月十
・〇十二月十七日〈　〉
［木簡12］経師二人〇□
［木簡13］・◇経師二口飯四升装黄一口飯一升半合□
・◇半〇十二月二日〈　〉
［木簡14］・◇秩師二口帳内一口雇人一口右四人米七升〇◇
・◇受宇万呂〇八月十四日石角〇書吏〇◇

（長屋王家木簡十四点（奈良国立文化財研究所）、奈良国立文化財研究所編『平城京木簡一―長屋王家木簡一―』『同二』吉川弘文館、一九九五・二〇〇一、奈良文化財研究所「木簡データベース」）

木簡1～6から、長屋王家に僧、尼、沙弥が存在していたことが判明した。勝浦令子氏によれば、古代の貴族の家には僧や尼が止住することがあり、長期にわたって寄宿することもあった。彼らは家の僧尼という性格を持ったという。大伴安麻呂家には新羅尼の理願《りがん》がいた。藤原仲麻呂家は延慶《えんぎょう》という僧がいた。藤原久須麻呂《くずまろ》家には聖証尼《しょうしょうに》がいた。長屋王家木簡に登場する僧、尼、沙弥たちが短期の止住か長期の寄宿かは不明であるが、家の僧、尼、沙弥であった可能性が高い。中国の貴族の家には「家僧」「門師」と呼ばれる僧が存在したことが知られているが、日本でも貴族の家で同様の出家者が活動していた(14)。

木簡7、8から、長屋王家には仏像と聖僧像が安置されており、食事の供養が行われていたことが判明した。木簡9の「仏造司」は長屋王邸宅内に仏像を造立する部署があったことを示し、木簡11の「画師」は仏画を作成する、あるいは経巻の装飾画を描く技術者と推定される。長屋王は『大般若経』六百巻の写経を二回にわたって実施したことが知られており、その一部が現存している。その奥書には道慈の名が見え、長屋王と道慈との密接な関係が知られる。木簡12、13の「経師」は写経の実務を行なう技術者であり、「装黄」は写経の料紙を貼りあわせ、そこに界線を引いて軸木をとりつける技術者である。また木簡14の「秩師」は経巻を収める帙を作成する技術者である。

このように長屋王邸宅には、仏像、聖僧像が安置されて食事の供養がなされ、僧や尼や沙弥が止住し、写経事業が実施され、関連する技術者たちが出入りしていた。仏像を造立する部署が「家《やけ》」内に存在した。これらは当時の貴族の仏教の実態を知らしめる重要史料と評価される。

(四)病と仏教

天平七年(七三五)、日本では「豌豆瘡《わんとうそう》〈俗に裳瘡《もがさ》〉」(今日の天然痘)が大流行し、多くの人々が亡くなった。また、天平九年(七三七)にも「疫瘡」が春から秋に至るまで大流行し、公卿から民衆まで多くの人々が亡くなった。その様相は『続日本紀』に詳しく記されている。この時代、病の原因は「鬼神」だとする観念があった(15)。

勅曰、如聞、比日、大宰府疫死者多。思㆘欲救㆓療疫気㆒、以済㆗民命㆖。是以、奉㆓幣彼部神祇㆒、為㆑民禱祈焉。又府大寺及別国諸寺、読㆓金剛般若経㆒。仍遣㆑使賑㆓給疫民㆒、并加㆓湯薬㆒。又其長門以還諸国守、若介、専斎戒道饗祭祀。

（『続日本紀』天平七年（七三五）八月乙未（十二日）条）

勅して曰く、如聞《きくな》らく、比日《このごろ》、大宰府に疫死せる者多し、と。疫気を救い療《いや》して、以て民の命を済わむと思欲《おも》う、と。是を以て、幣を彼の部の神祇に奉り、民の為に禱《いの》り祈《いの》らしむ。又、府の大寺及び別国の諸寺をして、金剛般若経を読ましむ。仍《より》て使を遣して疫民に賑給《しんごう》し、并《あわ》せて湯薬《とうやく》を加えしむ。又、其の長門より以還《このかた》の諸国の守《かみ》、若しくは介《すけ》、専ら斎戒して道饗《みちのあえのまつり》祭を祀《まつ》る。

勅曰、如聞、諸国疫癘流行、病苦者衆。其病従㆓鬼神㆒来。須㆓以祈禱治㆑之。又般若之力不可思議。宜㆑令㆔十五大寺転㆓読大般若経㆒。拯㆓夫沈㆑病、兼防㆓未然㆒焉。

（『続日本後紀』承和二年（八三五）四月丁丑（三日）条）

勅して曰く、如聞《きくな》らく、諸国に疫癘流行し、病苦せる者衆し、と。其れ病は鬼神より来る。須らく以て祈禱して治むべし。又、般若の力は不可思議なり。宜しく十五大寺をして大般若経を転読せしむべし。夫れ病に沈むことを拯《すく》い、兼ねて未然に防がむ。

サイエンスが発達する以前、人々は疫病を宗教的に理解し、その対処法についても宗教的手法に頼った。政府は、天然痘に対処して、a神々に祈り、b仏教に祈り、c鬼神をまつり、d儒教的な徳治政策を実施した。『続日本紀』天平七年（七三五）八月乙未（十二日）条の「道饗《みちのあえのまつり》祭」は「神祇令」にも規定される祭祀で、『令義解《りょうのぎげ》』は、毎年六月、十二月に神祇官の卜部《うらべ》が京城の四隅の道上で鬼魅が外から来るのを防ぐために饗応する祭だと説明する。これは、病の原因となる鬼神を饗応し、そこからお帰りいただこうとする中国的な祭祀であった。この時は鬼神の通り道と想定されるところで実施された。仏教に関しては『金剛般若経』の読経が実施された。政府は神信仰、仏教、儒教などあらゆる宗教的手法を尽くして天然痘と戦った。

なぜ『金剛般若経』なのか。『続日本後紀』承和二年（八三五）四月丁丑（三日）条に記されるように、疫病は「鬼神」がもたらすものだと考えられ、「般若之力」は不可思議で、鬼や病に有効性があると考えられた。こうした「鬼神」観念は、中国の民間信仰、儒教、仏教、道教で語られていた思想を受容したものである。この考えに基づいて、『金剛般若経』『大般若経』『般若心経』『仁王般若経』が病に対処して読誦された[16]。中国では、日本に先立って『金剛般若経』の持つ特別の力が説かれ、段成式『金剛経鳩異』、孟献忠『金剛般若経集験記』などが書かれた。また、『般若心経』も特別の力を持つ経典として広く信仰されていた[17]。日本の般若系経典に対する信仰はその影響を受けたものと考えられる。

（五）霊異神験の僧——行基の活動

行基は八世紀前期を代表する僧で、地方豪族や民衆を教化して多くの信徒を持ち、橋、堤を築造するなどの社会事業を行った。『続日本紀』に掲載される行基の伝記を読み進めてみよう。

大僧正行基和尚遷化。和尚薬師寺僧。俗姓高志氏、和泉国人也。和尚真粋天挺、徳範夙彰。初出家、読二瑜伽唯識論一、即了二其意一。既而周二遊都鄙一、教二化衆生一。道俗慕レ化追従者、動以レ千数。所行之処、聞二和尚来一、巷无二居

人一、争来礼拝。随レ器誘導、咸趣二于善一。又親率二弟子等一、於二諸要害処一、造レ橋築レ陂。聞見所レ及、咸来加レ功、不日而成。百姓至レ今、蒙二其利一焉。豊桜彦天皇甚敬重焉、詔授二大僧正之位一、幷施二四百人出家一。和尚霊異神験、触レ類而多。時人号曰二行基菩薩一。留止之処、皆建二道場一。其畿内凡卌九処、諸道亦往々而在。弟子相継、皆守二遺法一、至レ今住持焉。薨時年八十。（『続日本紀』天平勝宝元年（七四九）二月丁酉（二日）条）

大僧正行基和尚遷化《せんげ》す。和尚は薬師寺の僧なり。俗姓は高志《こし》氏、和泉国の人なり。和尚は真粋天挺《しんすいてんじょう》にして、徳《とく》範夙《はんはや》く彰《あらわ》る。初め出家せしとき、瑜伽唯識論を読みて、即ち其の意を了《さと》りぬ。既にして都鄙《とひ》を周遊して、衆生を教化す。道俗化を慕いて追従する者、動《やや》もすれば千を以て数う。所行《ゆ》くの処、和尚来《きた》るを聞けば、巷《ちまた》に居る人无《な》く、争い来りて礼拝《らいはい》す。器《うつわ》に随いて誘導し、咸《みな》善に趣《おもむ》かしむ。又、親ら弟子等を率《ひき》いて、諸の要害の処に於いて、橋を造り陂《つつみ》を築く。聞き見ることの及ぶ所、咸《みな》来りて功を加え、不日にして成る。百姓今に至るまで、其の利を蒙《こうむ》れり。豊桜彦《とよさくらひこ》天皇甚だ敬重《きょうじゅう》し、詔して大僧正の位を授け、幷《あわ》せて四百人の出家を施す。和尚、霊異神験、類に触れて多し。時の人、号して行基菩薩と曰う。留止するの処には、皆道場を建つ。其れ畿内には凡そ卌九処、諸道にも亦往々《ところどころ》に在り。弟子相継ぎて、皆遺法を守り、今に至るまで住持せり。薨ずる時年八十。

行基の俗姓は高志氏、和泉国の人で、薬師寺の僧であった。出家して『瑜伽師地論《ゆがしじろん》』や『成唯識論《じょうゆいしきろん》』を読んでその意を了解し、都や地方を周遊して衆生を教化した。出家者も俗人も行基の教化を慕って追従する者が多く、その数は千人単位に及んだ。彼が来ると聞くと、人々は争い来て行基を「礼拝」したという。聖武天皇は彼を敬い重んじて「大僧正」の位を授け、四百人分の出家（政府公認の得度《とくど》）を認めた。和尚はしばしば「霊異神験《りょういしんげん》」をあらわし、時の人たちは号して「行基菩薩」と呼んだ。行基の道場は畿内に四十九箇所あり、諸道にも存在したという。

行基は、『日本霊異記』にも上巻第五、中巻第二、七、八、十二、二十九、三十と七つの説話に登場し、同書で最も数多く語られる僧である。『日本霊異記』は、中国仏教に見られる「霊異」がこの日本（自土）にも見られることを語る説話集であるが、行基は同書が語る最大の霊異の僧であった。中国の『高僧伝』では、「神異」という概念が高僧の分類に用いられ、また「霊異」「神験」「霊験」「神奇」の語も用いられている。行基は、『続日本紀』『日本霊異記』が述べるように、日本の八世紀を代表する「霊異」の僧であった。(18)

（六）国分寺国分尼寺の建立

聖武天皇の時代、全国に国分寺・国分尼寺を建立する計画がはじまり、以後長い年月をかけて国ごとに両寺の建立がなされた。その様相は『続日本紀』などに詳しく記されている。

故太政大臣藤原朝臣家、返二上食封五千戸一。二千戸、依レ旧返二賜其家一。三千戸、施二入諸国国分寺一、以充下造二丈六仏像一之料上。

（『続日本紀』天平十三年（七四一）正月丁酉（十五日）条）

故太政大臣藤原朝臣の家《やけ》、食封《じきふ》五千戸を返し上《たてまつ》る。二千戸は、旧に依りて其の家に返し賜う。三千戸は、諸国の国分寺に施し入れて、以て丈六仏像を造るの料に充つ。

天平応真仁正皇太后崩。姓藤原氏、近江朝大織冠内大臣鎌足之孫、平城朝贈正一位太政大臣不比等之女也。母曰二贈正一位県犬養橘宿禰三千代一。皇太后幼而聡慧、早播二声誉一。勝宝感神聖武皇帝儲弐之日、納以為レ妃。時年十六。（中略）天平元年、尊二大夫人一為二皇后一。湯沐之外、更加二別封一千戸、及高野天皇東宮封一千戸一。太后仁慈、

志在㆑救㆑物。創㆓建東大寺及天下国分寺㆒者、本太后之所㆑勧也。（後略）

（同天平宝字四年（七六〇）六月乙丑（七日）条）

天平応真仁正《てんぴょうおうしんにんしょう》皇太后崩ず。姓は藤原氏、近江朝の大織冠《だいしょくかん》内大臣鎌足の孫、平城朝の贈正一位太政大臣不比等《ふひと》の女なり。母を贈正一位県犬養橘宿禰《あがたいぬかいのたちばなのすくね》三千代《みちよ》と曰《い》う。皇太后は幼くして聡慧《そうけい》にして、早く声誉《せいよ》を播《し》けり。勝宝感神聖武皇帝儲弐《ちょじ》とありし日、納《い》れて以て妃とす。時に年十六。（中略）天平元年、大夫人《だいぶにん》を尊びて皇后とす。湯沐《とうもく》の外、更に別封一千戸と、高野《たかの》天皇の東宮に封一千戸を加う。太后は仁慈《じんじ》にして、志は物を救うに在《あ》り。東大寺及び天下の国分寺を創建するは、本《もと》、太后の勧めし所なり。（後略）

『続日本紀』光明皇太后崩伝には、東大寺と天下の国分寺を建立したのはもともと光明皇后の意向によるとあり、この事業が彼女の立案によるものであることが知られる。中国には皇族・貴族の女性によって発願された寺院が見られるが、日本の国分寺・国分尼寺も、皇族女性の祈願によって建立された。国分寺・国分尼寺については、早くから文献史料読解と発掘調査の両面から研究が進展した。辻善之助は、十九世紀末の論文において、国分寺建立の趣意について考察し、これは天然痘流行の終焉祈願を目的とした事業であると論じた[19]。国分寺・国分寺の建立目的はこの理解が正しいと考えられる[20]。

この寺は国家事業でありながら、しかし、国家予算で建立されたものとは考えられない。『続日本紀』天平十三年（七四一）正月丁酉（十五日）条によると、藤原不比等の家の封戸五千戸のうち三千戸が返上されて国分寺に施入され、仏像造立の料に充てられた。これは光明皇后が仏像造立費用の一部を負担したものであった。また、各国では郡司など地方豪族層に建設費用負担を含めた建立がゆだねられたものが多い。これは、当時の国家がいかなるものだったのかを考える重要な手がかりを与えてくれる。

（七）戒律思想の受容――鑑真の活動

鑑真は中国で生まれ、僧となって活躍し、やがて日本に渡って戒律思想を伝え、授戒を行い、日本に骨を埋めた。鑑真の伝記『唐大和上東征伝』の冒頭部には次のようにある。

大和上諱鑑真、楊州江陽県人也。俗姓淳于、斉大夫髡之後。其父先就二楊州大雲寺智満禅師一、受レ戒学二禅門一。大和上年十四、随レ父入レ寺、見二仏像一感二動心一、因請レ父求二出家一、父奇二其志一許焉。是時、大周則天長安元年、有レ詔、於二天下諸州一度僧。便就二智満禅師一、出家為二沙弥一。配二住大雲寺一、後改為二龍興寺一。唐中宗孝和聖皇帝神龍元年、従二道岸律師一受二菩薩戒一。景龍元年、杖二錫東都一、因入二長安一、其二年三月廿八日、於二西京実際寺一、登壇受二具足戒一。荊州南泉寺弘景律師、為二和上一。巡二遊二京一、究二学三蔵一、後帰二淮南一、教二授戒律一。江淮之間、独為二化主一。於レ是興二建仏事一、済二化群生一。

（『唐大和上東征伝』）

大和上は諱は鑑真、楊州江陽県の人なり。俗姓は淳于、斉の大夫の髡の後なり。其の父は先に楊州大雲寺の智満禅師に就きて、戒を受け禅門を学ぶ。大和上は年十四にして、父に随いて寺に入りて、仏像を見て心を感じ動かし、因りて父に請いて出家を求め、父其の志を奇として許す。是の時、大周の則天の長安元年、詔有りて、天下諸州に於いて度僧す。便ち智満禅師に就きて、出家して沙弥たり。大雲寺に配住せられ、後に改めて龍興寺と為す。唐の中宗孝和聖皇帝の神龍元年、道岸律師に従いて菩薩戒を受く。景龍元年、東都に杖錫して、因りて長安に入り、其の二年三月廿八日、西京実際寺に於いて、登壇して具足戒を受く。荊州南泉寺の弘景律師、和上たり。

二京を巡遊して、三学を究め学び、後に淮南に帰り、戒律を教え授く。江淮の間に、独り化主たり。是に於いて仏事を興建し、群生を済い化す。

仏教は朝鮮半島から日本に伝えられ、戒律に関しても、百済、次いで新羅からその思想が伝えられた。八世紀になると、日本は、先に述べたように、中国に仏教の範を求めるようになり、中国から戒律の師を招請すべきだとする機運が高まった。その中心にいたのは興福寺の隆尊や舎人親王であったが、背後には、入唐、帰国して国家の仏教の屋台骨を背負っていた道慈が存在したと考えられる。[21]こうして、日本から栄叡、普照が中国に派遣され、戒律の師が求められた。

中国では、七世紀中期、道宣が活躍し、[22]『四分律』に基づく戒律を称揚して、戒壇を整備した。栄叡、普照がこの人と見込んだのは、当時、淮河の南で「化主」と仰がれていた鑑真であった。彼は道宣の法脈を引く僧であった。鑑真は二人の要請を受けて渡日を決意し、海を渡ろうとするが、たびたび失敗し、艱難辛苦の末に、天平勝宝五年（七五三）ようやく日本に至った。彼の渡日の強い意志は、「仏法東流」（仏法は東へと流伝する）の思想に立脚するものと推測される。以後、鑑真は聖武太上天皇、光明皇太后、孝謙天皇に菩薩戒を授け、日本の僧に具足戒を授けるなどの活動をし、晩年は唐招提寺を拠点に活動した。

『唐大和上東征伝』[23]は、元開（淡海三船）が宝亀十年（七七九）に著した鑑真の伝記である。これは、鑑真の弟子で鑑真とともに日本に渡った思託という僧による『大唐伝戒師僧名記』の中の「大和上鑑真伝」（逸文のみ現存）なる伝記の文を、淡海三船が修訂・簡潔化して作ったもので、鑑真の渡日の労苦をよく伝える書物になっている。

唐（奈良時代）の鑑真、宋（鎌倉時代）の蘭渓道隆（一二一三～一二七八）、明（江戸時代）の隠元隆琦（一五九二～一六七三）は、中国から日本に渡って活躍した代表的な僧である。

（八）民衆の仏教

『日本霊異記』には、奈良時代～平安時代初期の人々の仏教信仰の様相が記されている。[24] ここでは漁民の信心を題材とした説話を一つ読み、あわせて女性宗教者の活動を伝える『日本後紀』の記事を見ていきたい。

用レ網漁夫値二海中難一憑二願妙見菩薩一得レ全レ命縁　第卌二

呉原忌寸名妹丸者、大和国高市郡波多里人也。自レ幼作レ網、捕レ魚為レ業。延暦二年甲子、秋八月十九日之夜、到下紀伊国海部郡内、於伊波多岐嶋与二淡路国一之間海上、下レ網捕レ魚。漁人三舟乗有二九人一。忽大風吹、破二彼三舟一、八人溺死。時名妹丸、漂二之於海一、至心帰二於妙見菩薩一、発願而言、済二助我命一、量二乎我身一、作二妙見像一。漂レ海拒レ波、疲レ身惑レ心、如レ寐無レ覚、皎天覚瞻、身在二彼部内、蚊田浦浜之草上一焉。唯一所レ済、量二於己身一、作レ像而敬。嗚呼異哉。遇レ風破レ舟、撃レ波亡レ人、単唯一在、恕レ身作レ像。定知妙見大助、漂者信力也。

（『日本霊異記』下巻第三十二）

網を用いる漁夫、海中の難に値《あ》いて、妙《みょうげん》見菩薩に憑《たの》み願いて命を全くすることを得し縁　第三十二

呉原忌寸《くれはらのいみき》名妹丸《なにもまろ》は、大和国高市郡《たけちのこおり》波多里《はたのさと》の人なり。幼きより網を作り、魚を捕ることを業とす。延暦二年甲子《こうし》の、秋八月十九日の夜に、紀伊国海部郡《あまのこおり》の内の、伊波多岐嶋《いわたきじま》と淡路国との間の海に到りて、網を下して魚を捕りき。漁人三つの舟に乗りて九人有り。忽ちに大風吹きて、彼の三つの舟を破りて、八人溺れ死にき。時に名妹丸、海に漂いて、至心に妙見菩薩に帰し、発願して言《もう》さく、我が命を済《すく》い助けよ、我が身を量《はか》りて、妙見の像を

作らむ、と。海に漂い波に拒《いむか》い、身疲れ心惑い、寐るが如くして覚《さ》むること無く、皎天《きょうてん》に覚めて睠《かえりみ》れば、身は彼の部内の、蚊田浦《かたのうら》の浜の草の上に在り。唯一り済《すく》われて、己が身を量りて、像を作りて敬う。嗚呼《ああ》異《めずら》しきかな。風に遇いて舟破れ、波に撃たれて人亡くなるに、単唯一《ただひと》り在りて、身を恕《はか》りて像を作る。定めて知る、妙見の大助と、漂える者の信力なることを。

生江臣家道女逓二送於本国一。家道女越前国足羽郡人。常於二市廛一、妄説二罪福一、眩二惑百姓一。世号曰二越優婆夷一。

（『日本後紀』延暦十五年（七九六）七月辛亥（二十二日）条）

生江臣家道女《いくえのおみやかみちめ》を本国に逓送《ていそう》す。家道女は越前国足羽郡《あすはのこおり》の人なり。常に市廛《してん》に於いて、妄《みだ》りに罪福を説きて、百姓を眩惑《げんわく》す。世に号して越《こし》の優婆夷《うばい》と曰う。

『日本霊異記』下巻第三十二は幼い頃から魚とりを業とする漁夫の話である。彼は総勢九人で三つの船に乗って漁に出たが、折からの大風で舟がすべて転覆してしまい、八人が亡くなってしまった。彼は至心に妙見菩薩に助けを求めたところ、浜に打ち上げられ、助かったという。この話では、妙見菩薩の「大助」と漁夫の「信力」が呼応して命が助かったとされ、「信」の「力」の重要性が説かれている。

奈良時代、全人民が口分田を耕作する米作り農民というわけではなく、当然のことながら、漁民が存在した。名妹丸は海のない大和国の生まれであるが、幼い頃から紀伊国の漁業集団に働きに出され、「漁夫」として生きた。漁夫は殺生を業とする民であったから、仏教は彼らに積極的に布教し、多くの信徒を獲得した。『日本霊異記』には漁民たちを対象に語られた話がいくつも見える。

『日本後紀』延暦十五年（七九六）七月辛亥（二十二日）条に見える「越の優婆夷」はこの人物の通称で、本名は生《いく》江臣家道女《えのおみやかみちめ》といった。越前国足羽郡の人であったが、都に出て宗教活動を行い、「罪福《ざいふく》」の教えを説き、百姓（一般民衆）の信徒がいたという。彼女は政府から百姓を惑わす宗教家とされ、「本国」に送り返される強制送還の処罰を受けた。この処罰ははなはだ軽いものと考えられる。家道女は「正倉院文書」に見え、そこでは母（生江臣大田女《いくえのおみおおため》）と共に、天平勝宝九年（七五七）五月、六月に、『法華経』百部八百巻、『瑜伽論』一部百巻などを東大寺に貢上している。生江臣氏は越前国足羽郡で最も有力な豪族で、彼女は地方の有力者の家に生まれ、若い頃から熱心に仏教を信心し、やがて宗教者として活動するようになり、都にも出て、一定規模の宗教集団を率いる教祖のような存在となった。(25) こうした母と娘の熱心な仏教の信心は、〈女性と仏教〉という観点から大変注目される。

（九）仏教と神信仰の融合

仏教と神信仰は、しばしば混合的、複合的、融合的に信仰される。これを日本では一般に「神仏習合」と呼んでいる。現在、三重県桑名郡多度町多度に多度大社が存在する。かつては、ここに神社とともに「多度寺」（多度神宮寺）が併設されていた。その縁起幷資財帳が現存している。

桑名郡多度寺鎮三綱謹牒上

神宮寺伽藍縁起幷資財帳

以㆓去天平宝字七年歳次癸卯十二月庚戌朔廿日丙辰㆒、神社以東有㆓井於道場㆒、満願禅師居住、敬㆓造阿弥陀丈六㆒。

干㆑時在㆑人、託㆑神云、我多度神也。吾経㆓久劫㆒、作㆓重罪業㆒、受㆓神道報㆒。今冀永為㆑離㆓神身㆒、欲㆑帰㆓依三宝㆒。

如レ是託訖、雖レ忍数遍、猶弥託云々。於レ茲満願禅師、神坐山南辺伐掃、造二立小堂及神御像一、号称二多度大菩薩一。次当郡主帳外従七位下水取月足、銅鐘鋳造、弁鐘台儲奉レ施。次美濃国近士県主新麿、三重塔奉レ起。次宝亀十一年十一月三日、朝廷使二令四人得度一。次大僧都賢璟大徳、三重塔起造既畢。次天応元年十二月、始私度沙弥法教、引二導伊勢・美濃・尾張・志摩并四国道俗・知識等一、造二立法堂并僧房・大衆湯屋一。迄二于今日一、遠近修行者等、作二備供養行事一。並寺内資財顕注如レ件。

（中略）

延暦廿年十一月三日願主沙弥「法教」

鎮修行住位僧「賢中」

知事修行入位僧　病

（桑名郡多度寺鎮三綱牒（多度神宮寺伽藍縁起并資財帳）（多度神社蔵）、『多度町史　資料編1　考古・古代・中世』多度町、二〇〇二の写真版による）

桑名郡多度寺鎮三綱《ちんさんごうつし》謹みて牒《ちょう》し上《たてまつ》る

神宮寺の伽藍縁起并《ならび》に資財帳

去《さ》んぬる天平宝字七年歳次癸卯《きぼう》の十二月の庚戌《こうじゅつ》の朔《つきたち》にして廿日丙辰《へいしん》を以て、神社の以東の井に道場有りて、満願《まんがん》禅師《ぜんじ》居住し、阿弥陀の丈六を敬い造る。時に人在りて、神の託して云く、我は多度の神なり。吾、久劫を経て、重き罪業を作り、神道《じんどう》の報を受く。今、冀《こいねが》わくは永く神の身を離れむが為に、三宝に帰依せむと欲《おも》う、と。是の如く託し訖《おわ》ること、忍ぶと雖も数遍ありて、猶し弥《いよい》よ託す、と云々《うんぬん》。茲《ここ》に於いて満願禅師、神の坐《いま》す山の南の辺を伐り掃いて、小堂及び神の御像を造立して、号して多度大菩薩と称す。次《つぎ》て当郡の主帳《しゅちょう》外従七位下水取《もいとりの》月足《つきたり》、銅鐘を鋳造し、并《あわ》せて鐘台を儲けて施し奉る。次て美濃国の近士県主新麿《あがたぬしのにいまろ》、三重塔を起《た》て奉る。次て宝亀十一年十一月三日、朝廷四人を得度せしむ。次て大僧都賢璟大徳《けんきょうだいとこ》、三重塔を起て造ること既に畢《おわ》りぬ。次て天応元年十二月、始めて私度沙弥法教、伊勢・美濃・尾張・志摩并せて四国の道俗・知識等を引き導きて、法堂并せて僧房・大衆湯屋を造立す。今日まで遠近の修行者等、供養の行事を作り備う。並びに寺内の資財を顕わし注せること件の如し。

（中略）

延暦廿年十一月三日願主沙弥「法教」
鎮修行住位僧「賢中」
知事修行入位僧　病

満願は多度の神社の東の井戸の付近に道場を造って居住し、阿弥陀如来像をまつり、多度山の南を切り開いて小堂と多度大菩薩の神像を造立した。次いで、郡司の主帳が銅鐘と鐘台を、「近士」（優婆塞）や大僧都賢璟が三重塔を建立し、私度沙弥の法教らが法堂、僧房、大衆湯屋を造立し、神宮寺が発展してきた。多度の神は託宣して、自分は「罪業」によって「神道」の報いを受けており、「三宝」（仏法のこと）に帰依することによって「神身」を「離」れたいと希望したという。この考え方を、今日「神身離脱」の思想と呼んでいる。神は迷いの世界の住人であり、仏教に帰依することによって苦しみから救われるとする考えである。ここでは、「神道」の語は六道の一つを指しており、「天道」と同義の語として用いられている。

この思想は、日本では、他に『家伝』下巻「武智麻呂伝」（気比神宮寺）、『日本霊異記』下巻第二十四（陀我大神の説話）、『類聚国史』巻百八十、天長六年（八二九）三月乙未（十六日）条（若狭神宮寺）、『続日本後紀』承和四年（八三七）十二月庚子（十一日）条、『叡山大師伝』（香春神宮寺）、空海「沙門勝道歴山水瑩玄珠碑并序」（『性霊集』、日光

の補陀洛山神宮寺)、『日本三代実録』貞観七年(八六五)四月二日条(奥嶋神宮寺)などに見える。

こうした思想は、日本に先立ち中国の史料に散見し、たとえば唐の道宣『続高僧伝』「法聡伝」には、神が「祝」に神がかりして法師の経典講説を聞きたいと希望し、法聡の講説が終了すると、神は「神道」の「罪障」による「苦悩」から脱することができたと告げたとある。また、僧祐『出三蔵記集』の「安世高伝」(『高僧伝』「安世高伝」もほぼ同文)にも次のような話がある。廬山の湖廟の神が「祝」に神がかりし、安世高を呼んで救いを求めた。自分は「神報」におちて苦しんでいる。どうか助けてほしいと。こうして安世高によって仏塔が建立され、神が姿を見せると長大なヘビの姿であった。神は悪形を「離」れて少年に転生したという。

さらに、『高僧伝』『続高僧伝』などの中国の仏教文献には、しばしば神が登場する。彼らは山に住む「山神《さんしん》」であったり、「樹神《じゅしん》」である場合もある。中国の高僧たちは「名山」を歴巡《へめぐ》って山の神たちを済度し、その山に寺塔を建立していったという。

日本の最初期の神仏習合は、中国仏教で説かれていた神仏の融合の論理を受容して開始された[26]。満願は、諸国の名山を歴巡り、多度神宮寺のほか、鹿島神宮寺や箱根山の神宮寺を開創したことでも知られている。

三　九世紀の仏教

（一）最澄による得度制度の再定義――宗派の成立

日本では、七世紀末に、中国にならって、国家が出家を認可することとし、持統十年（六九六）十二月、一年間に十人を得度（官度）させる制度（官度制）が発足した（『日本書紀』）。この度者を年分度者という。それから約一世紀を経た延暦二十五年（八〇六）、最澄の提案によってこの制度は大きく改革された。[27] ここでは最澄『天台法華宗年分縁起』（延暦寺蔵）から、その太政官符を引用しよう。

太政官符治部省
　応㆓分定㆒年料度者数幷学業事
　華厳業二人〈並令㆑読㆓五教・指帰・綱目㆒〉
　天台業二人〈一人令㆑読㆓大毘盧遮那経㆒／一人令㆑読㆓摩訶止観㆒〉

律業二人〈並令レ読二梵網経、若瑜伽声聞地一〉
三論業三人〈二人令レ読二三論一／一人令レ読二成実論一〉
法相業三人〈二人令レ読二唯識論一／一人令レ読二倶舎論一〉

右被二右大臣宣一偁、奉レ勅、（中略）令下欲興二隆仏法一、利中楽群生上。凡此諸業廃レ一不レ可。宜下准二十二律一、定二度者之数一、分レ業勧催、共令中競学上。仍須下各依二本業疏一、読二法華・金光明二部漢音及訓一、経論之中問二大義十条一通二五以上一者、乃聴中得度上。縦如一一業中無二及第者一、闕二置其分一、当年勿レ度。省寮・僧綱相対案記、待レ有二其人一、後年重度。遂不レ得レ令三彼此相奪、廃二絶其業一。若有二習レ義殊高一、勿レ限二漢音一。受戒之後、皆令下先必読二誦二部戒本一、諳中案一巻羯磨四分律鈔上、更試二十二条一。本業十条、戒律二条。通二七以上一者、依レ次差二任立義・複講及諸国講師一。雖レ通二本業一不レ習二戒律一者、不レ聴二任用一者、省宜二承知、依レ宜行一之。自レ今以後永為二恒例一。符到奉行。

参議正四位下行左大弁菅野朝臣真道　左少史賀茂県主立長

延暦廿五年正月廿六日

（『天台法華宗年分縁起』より「延暦二十五年正月二十六日太政官符」、京都国立博物館・東京国立博物館『最澄と天台の国宝』〈図録〉読売新聞社、二〇〇五の写真版による）

太政官符す治部省
応に分ち定むべき年料度者の数并せて学業の事
華厳業二人〈並びに五教・指帰・綱目を読ましむ〉
天台業二人〈一人は大毘盧遮那経を読ましむ／一人は摩訶止観を読ましむ〉
律業二人〈並びに梵網経、若しくは瑜伽の声聞地を読ましむ〉

三論業三人〈二人は三論を読ましむ／一人は成実論を読ましむ〉
法相業三人〈二人は唯識論を読ましむ／一人は倶舎論を読ましむ〉

右、右大臣の宣《せん》を被《こうむ》るに偁《いわ》く、勅を奉《うけたまわ》るに、（中略）仏法を興隆し、群生を利楽せしめむと欲う。凡そ此の諸の業は一も廃す可からず。宜しく十二律に准じて、度者の数を定め、業を分かちて勧め催し、共に競い学ばせしむべし。仍りて須く各の本業の疏に依りて、法華・金光明の二部の漢音及び訓を読み、経論の中の大義十条を問いて、五つ以上に通ずる者は、乃ち得度を聴すべし。縦《も》し一一の業の中に及第する者無くば、其の分を闕け置き、当年に度すること勿れ。省寮・僧綱は相い対して案じ記し、其の人有るを待ちて、後年に重ねて度せよ。遂に彼と此れと相い奪い、其の業を廃絶せしむことを得ざれ。若し義を習うこと殊に高きもの有らば、漢音に限ること勿れ。受戒の後は、皆先ず必ず二部の戒本を読誦し、一巻の羯磨四分律鈔を諳案せしめ、更に十二条を試せよ。本業十条と、戒律二条なり。七つ以上に通ずる者は、次に依りて立義《りゅうぎ》・複講《ふくこう》及び諸国の講師に差《つかわ》し任ぜよ。本業に通ずと雖も戒律を習わざる者は、任用することを聴さず。てえれば、省宜しく承知し、宜に依りて行うべし。今より以後永く恒例と為《せ》よ。符到《ふいた》らば奉行《ぶぎょう》せよ。

延暦廿五年正月廿六日

参議正四位下行左大弁菅野《すがの》朝臣《のあそみ》真道《まみち》　左少史賀茂《かもの》県主《あがたぬし》立長《たてなが》

最澄は、年分度者の人数を十二人に増員し、それを法相宗、三論宗に三人（倶舎宗、成実宗各一人を含む）、華厳宗、律宗、天台宗に二人ずつ割りふるという提案をした。年分度者制度が始まった時、日本にはまだ宗派は存在しなかった。それがこの時、宗派という発想が導入され、僧尼の再生産システムに宗派別という考え方が入り込んだ。これによって宗派が国制と連関する形で本格的に成立した。いわゆる「南都六宗」も、奈良時代ではなく、この時点で成立したと見るべきである。やや遅れて、承和二年（八三五）、真言宗に三人の年分度者が与えられ、年分度者の対象となる宗派は八宗となった。

これ以降、官度僧の道を歩む者は宗派所属の沙弥として出家（得度）し、その宗派にふさわしい戒壇で受戒して僧として歩んでいった。曾根正人氏によれば、これ以後、各宗派が正統と認定する中国の祖師や、テキストとなる中国文献が定められ、宗義、宗学が形成されていったという。[28]こうして、平安・鎌倉時代の日本仏教を規定した八宗による体制が成立した。これは日本仏教史のその後の展開に決定的な影響を及ぼす制度変更となった。

（二）密教の受容——空海の活動

承和二年（八三五）三月二十一日、空海が死去した。『続日本後紀』の同年三月庚午〈二十五日〉条には、空海を「真言の洪匠、密教の宗師」とたたえる後太上天皇（淳和太上天皇）の弔書に続けて、空海の伝記が掲載されている。

法師者、讃岐国多度郡人、俗姓佐伯直。年十五就二舅従五位下阿刀宿禰大足一、読二習文書一、十八遊二学槐市一。時有二一沙門一、呈二示虚空蔵求聞持法一。其経説、若人依レ法、読二此真言一百万遍一、乃得二一切教法文義諳記一。於レ是信二大聖之誠言一、望二飛焔於鑽燧一、攀二躋阿波国大瀧之嶽一、観二念土左国室戸之崎一。幽谷応レ声、明星来レ影。自レ此慧解日新、下レ筆成レ文。世伝二教論、是信宿間所レ撰也。在二於書法一、最得二其妙一、与二張芝一斉レ名、見レ称二草聖一。年卅一得度、延暦廿三年入唐留学。遇二青龍寺恵果和尚一、稟二学真言一、其宗旨義味莫レ不二該通一。遂懐二法宝一、帰二来本朝一、啓二秘密之門一、弘二大日之化一。天長元年任二少僧都一、七年転二大僧都一。自有二終焉之志一、隠二居紀伊国金剛峯寺。化去之時、年六十三。

（『続日本後紀』承和二年（八三五）三月庚午〈二十五日〉条）

法師は、讃岐国多度郡の人にして、俗姓は佐伯直なり。年十五にして舅従五位下阿刀宿禰大足に就きて、文書を読み習い、十八にして槐市に遊学す。時に一の沙門有りて、虚空蔵求聞持法を呈示す。其の経説に、若し人法に依りて、此の真言一百万遍を読まば、乃ち一切の教法の文義を諳記することを得、と。是に於いて大聖の誠の言に信《まか》せて、飛焔を鑽燧《さんすい》に望み、阿波国の大瀧の嶽を攀《よ》じ躋《のぼ》り、土左国の室戸の崎に観念す。幽谷声に応え、明星影来る。此れより慧解日新し、筆を下して文を成す。世に伝うる三教論にして、是れ信宿の間に撰する所なり。書法に在りては、最も其の妙を得、張芝と名を斉しくして、草聖と称すると見ゆ。年卅一にして得度し、延暦廿三年に入唐留学す。青龍寺の恵果和尚に遇いて、真言を稟け学び、其の宗旨の義味に該通せざるは莫し。遂に法宝を懐きて、本朝に帰り来り、秘密の門を啓き、大日の化を弘む。天長元年、少僧都に任ぜられ、七年、大僧都に転ず。自ら終焉の志有りて、紀伊国の金剛峯寺に隠居す。化去の時、年六十三。

空海は、俗姓は佐伯直で、讃岐国多度郡の地方豪族の家の出身である。上京して大学で儒学、文章などを学んだが、やがて仏教に関心がうつり、阿波国や土佐国で山林修行を実践した。この頃は私的な修行者として活動していたと考えられる。その間、『三教論《さんぎょうろん》』（『聾瞽指帰《ろうこしいき》』のことか）を執筆したという。また書を得意とし、草書の名人であった。彼は、延暦二十三年（八〇四）に入唐・留学した。その直前に正式の得度・受戒を経て官度僧となったものと考えられる。唐では、青龍寺の恵果（七四六〜八〇五）に師事して真言を学んだ。大同元年（八〇六）に帰国し、以後、日本に秘密の門を広め、大日如来の信仰を開始した。天長元年（八二四）少僧都、のち（天長四年〈八二七〉とする理解が有力）に大僧都。同九年（八三二）には高野山の金剛峯寺に隠居し、承和二年（八三五）に死去した。

密教は空海以前にすでに伝えられ、一定の流通をしていた。空海の新しさは、唐の仏教界で密教が隆盛した九世紀初頭に入唐し、不空（七〇五～七七四）の流れを汲む密教を学び、それを日本に導入したことである。恵果は不空の弟子であった。ただ、師の不空とは異なり、恵果は『金剛頂経』系の教説と『大日経』系の教説をペアにする、独自の「両部」の教義を創出した[29]。空海が日本に導入したのは、この両部の密教であった。以後、日本に唐の密教が波状的に伝えられ、隆盛した。

（三）法会の整備と僧綱

九世紀の国家的仏教儀礼の様相[30]について、僧綱への就任や宗派間の争いという観点から『日本三代実録』の記事を見ていきたい。

於二大極殿一始レ講二最勝王経一。（中略）**凡毎年十月興福寺維摩会、屈下諸宗僧学業優長、果二五階一者上為二講師一。明年正月大極殿御斎会、以二此僧一為二講師一。三月薬師寺最勝会講師、亦同請レ之。経二此三会講師一者、依レ次任二僧綱一。他皆效レ此。**

（『日本三代実録』貞観元年（八五九）正月八日条）

大極殿に於いて最勝王経を講じ始む。（中略）凡そ毎年十月の興福寺維摩会には、諸宗の僧の学業優長にして、五階を果たせる者を屈して講師と為《せ》よ。明年正月の大極殿の御斎会には、此の僧を以て講師と為よ。三月の薬師寺の最勝会の講師も、亦同じく之を請え。此の三会の講師を経らば、次に依りて僧綱に任ぜよ。他は皆此れに效《なら》え。

遣二参議刑部卿正四位下兼行勘解由長官近江守菅原朝臣是善、大学頭従五位上兼守左少弁巨勢朝臣文雄、少納言兼侍従従五位下橘朝臣春行一、於二西寺綱所一、策命曰、天皇我詔旨止、法師等尓白左倍止宣大命乎白須。権少僧都法眼和尚位宗叡波、太上天皇乃幼少尓御坐時与利、護持之奉レ仕留事毛有利。今亦不レ怠須奉レ仕尓依天、故是以殊仁僧正尓任賜比治賜布。法眼和尚位遍照波、東宮之時与り始天、朕躬乎相護奉レ仕留事毛有利。又殊所念行須御心毛有仁依天、殊仁権僧正仁任賜布。（後略）

（『日本三代実録』元慶三年（八七九）十月二十三日条）

参議刑部卿正四位下兼行勘解由長官近江守菅原朝臣是善、大学頭従五位上兼守左少弁巨勢朝臣文雄、少納言兼侍従従五位下橘朝臣春行を遣わして、西寺の綱所に於いて、策命して曰く、天皇が詔旨と、法師等に白さへと宣たまう大命を白す。権少僧都法眼和尚位宗叡は、太上天皇の幼少に御坐す時より、護持の仕え奉る事も有り。今も亦怠たらず仕え奉るに依りて、故に是れを以て殊に僧正に任じ賜い治め賜う。法眼和尚位遍照は、東宮の時より始めて、朕が躬を相護り仕え奉る事も有り。又殊に所念を行ず御心も有るに依りて、殊に権僧正に任じ賜う。

（後略）

御斎会は、毎年正月八日から十四日に宮中の大極殿で『金光明最勝王経』を講説する法会で、国家の仏教儀礼の筆頭に位置づけられるものである。この法会は、神護景雲元年（七六七）に創始され、諸国の国分寺国分尼寺で実施される『金光明最勝王経』転読および吉祥天悔過と連動して、宮中を頂点に諸国に至る国家儀礼として挙行された[31]。

興福寺の維摩会は、早く藤原鎌足が創始し、その後中断していたものを藤原不比等が再興し、さらに藤原仲麻呂が再度の復興をして確立したものだとする理解がかつては説かれた。だが、近年の研究によれば、鎌足、不比等の話は藤原仲麻呂によって潤色されたものである可能性が高く、仲麻呂によって事実上開始された法会だと理解される[32]。この法会では、毎年十月に興福寺にて『維摩経』が講説、論義された。

薬師寺最勝会は、『類聚三代格』巻二、天長七年（八三〇）九月十四日太政官符によるに、直世王が播磨国賀茂郡の薬師寺の水田七十町を供料に毎年最勝王講会を修することを奏し、これが許されて創始された法会である。この法会では、毎年三月に薬師寺にて『金光明最勝王経』が講説された。

そして、承和六年（八三九）十二月、維摩会の講師をつとめた僧が翌年の御斎会の講師をつとめることが定められた。さらに、右の『日本三代実録』貞観元年（八五九）正月八日条にあるように、維摩会の講師をつとめた僧を御斎会、さらに最勝会の講師にすることとし、この「三会」の講師をつとめた僧を僧綱に任用することが定められた。この慣行は、実際には貞観六年（八六四）から行われるようになり、この年、三会已講の僧綱が誕生した。

この時代、天台宗と南都の諸宗との対立は根深く、南都の諸宗は天台宗からの攻勢に対抗するため、真言宗と連携して天台僧を役職に就けないこと、特に諸国の講師・読師の地位や、僧尼の世界の頂点に立つ僧綱（僧正、僧都、律師）の地位を天台僧に渡さないことに腐心した。最勝会は御斎会と同じ『金光明最勝王経』講説の儀礼であるが、それをわざわざ創始し、その講師を御斎会講師と連動させ、さらにそれを諸国の講読師や僧綱への任用とも連動させたのは、この争いに起因するものと理解される。天台僧は長く三会の講師にさせてもらえず、ために僧綱になることができなかった。最澄も、円仁も、藤原氏など政府中枢と深く関係していたにもかかわらず、僧綱になることができなかった。

そうした状況を打破し、天台僧ではじめて僧綱の地位に就いたのは遍照（遍昭とも表記する。八一六〜八九〇）である。遍照は良岑《よしみねの》安世《やすよ》の子で、桓武天皇の孫にあたり、俗名は良岑宗貞《むねさだ》である。宗貞は官人として仁明天皇に親しく仕えていたが、嘉祥三年（八五〇）、仁明天皇の死にともない、出家して天台僧になった。彼は、右の『日本三代実録』元慶三年（八七九）十月二十三日条にあるように、真言僧の宗叡《しゅうえい》が権少僧都から僧正に昇任した元慶三年、権僧正の地位に就いた。これが天台宗で初めての僧綱就任である。宗叡は清和天皇の、遍照は陽成天皇の護持の僧であった。遍照が権僧正になることができたのは桓武天皇の孫という血筋が影響したものと考えられる。彼の上にはまだ宗叡がいたが、やがて宗叡が亡くなると、仁和元年（八八五）十月二十二日、僧正に昇任した。遍照は、天台宗が仏教界の頂点に君臨する道筋をつけた僧であり、多くの太政官符の提案者になるなど、仏教行政に力を尽くした。後世、彼が「僧正遍照」と呼ばれたのは理由のあることであった。

（四）神前読経

神に対して、その御前にて仏教の経典を読誦する行為を神前読経という。日本での初見史料は、『類聚国史』巻五、延暦十三年（七九四）三月戊寅（三日）条で、小僧都の等定を豊前国八幡、筑前国宗形、肥後国阿蘇の三神社に派遣して読経させ、あわせて三神のために三人を得度させせたとする記事である。神前読経は、この頃から盛んに実施され、『日本後紀』『続日本後紀』『日本文徳天皇実録』『日本三代実録』に九世紀における事例が多数記されている。特に、斉衡三年（八五六）と貞観八年（八六六）には複数回の事例が見え、どちらも疫病流行に対処して実施されたと考えられる。『日本三代実録』貞観十二年（八七〇）八月五日条によると、貞観七、八の両年に隠岐国で疫病が大流行し、「三千一百八十九人」もの疫死者が出たという。これは人口の約三割に当たる人数だと推定されている[33]。隠岐ばかりでなく、この両年、全国で疫病（おそらくは天然痘）が流行し、多くの人が亡くなったものと思われる。ここでは『日本三代実録』と、『延喜式』の関係記事を読み進めてみよう。

十四日庚申。神祇官奏言、肥後国阿蘇大神、懐㆓蔵怒気㆒。由㆑是、可㆘発㆓疫癘㆒、憂㆗隣境兵㆖。勅、国司潔斎、至誠

奉幣、幷転㆓読金剛般若経千巻、般若心経万巻㆒。大宰府司、於㆓城山四王院㆒、転㆓読金剛般若経三千巻、般若心経三万巻㆒、以奉㆓謝神心㆒、消㆓伏兵疫㆒。十六日壬戌。勅、遣㆓十一僧㆒、向㆓於摂津国住吉神社㆒、転㆓読金剛般若経三千巻、般若心経三万巻㆒、以奉㆓謝神心㆒、消㆓伏兵疫㆒。（『日本三代実録』貞観八年（八六六）二月十四日条、十六日条）

十四日庚申。神祇官奏して言さく、肥後国の阿蘇の大神、怒《いかり》の気を懐き蔵《かく》す。是れに由りて、疫癘が発り、隣境の兵のあることを憂う可し、と。勅すらく、国司潔斎して、至誠に奉幣し、幷《あわ》せて金剛般若経千巻、般若心経万巻を転読すべし。大宰府の司は、城山の四王院に於いて、金剛般若経三千巻、般若心経三万巻を転読し、以て神の心に奉謝して、兵と疫とを消伏せしめよ、と。十六日壬戌。勅すらく、十一の僧を遣わして、摂津国の住吉神社に向かわしめ、金剛般若経三千巻、般若心経三万巻を転読して、以て神の心に奉謝して、兵と疫とを消伏せしめよ、と。

凡尾張国熱田社、毎年春秋二節、節別屈㆓僧六十四口㆒、転㆓読金剛般若経一千巻㆒。其布施・供養、以㆓神封物㆒充之。（『延喜式』臨時祭）

凡そ尾張国の熱田社は、毎年春秋の二節、節別に僧六十四口を屈して、金剛般若経一千巻を転読せしめよ。其の布施・供養は、神封の物を以て充てよ。

『日本三代実録』貞観八年（八六六）二月十四日条、十六日条では、神祇官の奏言によって神前読経がなされている。九世紀の神前読経では、『金剛般若経』『大般若経』『般若心経』が多く読まれ、その理由としてしばしば「災疫」「兵疫」「兵疾」「疾疫」「疫癘」が掲げられた。ここから、その主要な目的の一つが疫病対策であったことが知られる。

先にも述べたように、般若系経典は病への対処に力があると考えられていた。そして、神祇官自身が、疫病を鎮めるには、神祇への祭祀ではなく、神前での読経が必要だと考えた。
『延喜式』臨時祭は、恒例の年中行事として、熱田社（今日の熱田神宮）にて年に二回、六十四人の僧を招いて神前読経を行なうことを定めたもので、『金剛般若経』（全一巻）が一千巻も転読された。熱田社には神宮寺が存在したことが知られているが、神宮寺のみでは六十四人もの僧を準備することはできないから、尾張国の多くの寺から僧が参集して行事が挙行されたものと考えられる。

（五）浄土教の受容——円仁の活動

平安時代には浄土教（阿弥陀信仰）が隆盛した。その直接の淵源となったのは、円仁による五台山の「念仏」の日本への導入である。『入唐求法巡礼行記』、および『慈覚大師伝』には次のように記される。

到㆓竹林寺㆒断中。斎後巡㆓礼寺舎㆒、有㆓般舟道場㆒。曾有㆓法照和尚㆒於㆓此堂㆒念仏。有㆑勅、諡為㆓大悟和上㆒。遷化来二年、今造㆑影安㆓置堂裏㆒。

（『入唐求法巡礼行記』開成元年（八三六）五月一日条）

竹林寺に到りて断中す。斎の後に寺舎を巡礼するに、般舟《はんじゅ》道場有り。曾て法照和尚有りて此の堂に於いて念仏す。勅有りて、諡《おくりな》して大悟和上と為す。遷化してより来《このかた》二年にして、今、影を造りて堂の裏に安置す。

移㆓五台山念仏三昧之法㆒、伝㆓授諸弟子等㆒、始修㆓常行三昧㆒。

（『慈覚大師伝』仁寿元年（八五一）条）

五台山の念仏三昧の法を移し、諸の弟子等に伝え授け、始めて常行三昧を修む。

円仁は、入唐して天台山で求法することを目指したが、廃仏に遭遇し、天台山に行くことができなくなった。この間の事情は、彼の入唐中の日誌である『入唐求法巡礼行記』に詳しい。円仁は中国で多大な困難に直面したが、他方、幸運もあり、紆余曲折の末に五台山を巡礼し、唐後期の仏教を吸収することができた。円仁は唐後期の密教を日本に将来したが[34]、それとともに阿弥陀如来の「念仏」を日本にもたらした。彼は、五台山で竹林寺の法照の念仏道場（般舟道場）を訪れ、法照の影像に接した。法照の念仏はうたうように唱える音楽的なもので、「五会念仏」という。円仁は、その流れを汲む念仏を比叡山にもたらした。『慈覚大師伝』仁寿元年（八五一）条によれば、比叡山の「常行三昧」は、五台山の念仏三昧を移入したものだという。

比叡山の浄土教の源流は五台山の念仏であり、円仁が日本に導入したものであった[35]。平安時代中後期以降、日本では念仏が隆盛した。日本の浄土教については、アジア東部全体で進展した浄土教の隆盛の中でとらえ、その一つとして位置づける視座が必要になると考える。

（六）全体のまとめ

日本の仏教を国際的に考えるとはどういうことか。私は、日本の宗教、思想、文化を欧米の宗教、思想、文化と比較する研究は重要な課題だと考える。実際、二十世紀の日本の人文学では、しばしばそうした比較研究が行なわれ、そこから〈文化の東西比較〉が論じられることがあった。しかし、私見では、これまでの論点の設定や研究方法には問題があり、特に東の代表をアプリオリに日本に設定して比較するような研究には疑問がある。日本の仏教とヨーロッパの宗教との比較研究は重要な作業であるが、そこに進むには、それ以前に問題の立て方自体から仕切り直しする必要があると考えている。

仏教は世界各地にあり、特にアジア東部には広く流布している。日本の仏教を国際的に考えるには、最初に日本の仏教を中国、朝鮮、ベトナム、台湾、北アジア、中央アジアなどの仏教と比較する作業が必要になる。そこには、国や地域の枠を超えた仏教の共通性が見られる。その共通性を析出する作業は、「仏教とは何か」を明らかにする重要な営為になるだろう。同時に、各国・地域の仏教には差異も見られる。それはそれぞれの仏教の個性ということになる。各国・地域の仏教の共通性と差異を解析し、明確化することは今日の人文学の重要な研究課題だと考える。

もう一つ重要な課題は、これまでの仏教史の古典的な見取り図を一度捨て、史料にそくして実証的に日本の仏教の実態を検証することである。古典的な見取り図とは、二十世紀的な考察枠組（パラダイム）と言ってもよい。それは、具体的には、古代の仏教の全体像を〈国家仏教〉と見る「国家仏教論」であり、また中世の仏教の中心を〈鎌倉新仏教〉だと見る「鎌倉新仏教論」であった。この二つの論は、互いに連関して一つの古典的な歴史認識を形成し、長く私たちの仏教史理解の枠組を形成してきた。しかし、これらは実態とは乖離した議論であると批判され、今日では否定されたと見てよい。「鎌倉新仏教論」に代わるように提起された「顕密体制論」は、「鎌倉新仏教論」の問題設定では見えなかった日本の仏教の姿を明らかにし、多くの豊かな研究成果をもたらした。だが、これにしても、論としての不備、不整合が指摘されており、すべてが説明できるというわけではない。今求められているのは、各時代の日本の仏教の具体像を実証的に明らかにし、そこから新しい日本の仏教の歴史と文化の姿を提示することであろう。

ここでは、六、七、八、九世紀の日本の仏教史に関する重要な史料を掲げ、その読解を試みた。その際、朝鮮半島や中国からの仏教の受容、そしてアジア東部における文化交流という視座を重視してこの問題を考えた。また、かつての「国家仏教論」では理解がむずかしくなってしまうような史料も取りあげ、この時代の日本の仏教の実態が理解できるようにした。本章はこうした観点から日本の仏教史を再考したものである。

註

（1）榎本淳一「『隋書』倭国伝について」（大山誠一編『日本書紀の謎と聖徳太子』平凡社、二〇一一）。

（2）藤井顕孝「欽明紀の仏教伝来の記事について」（『史学雑誌』三六―八、一九二五）。井上薫『日本古代の政治と宗教』（吉川弘文館、一九六一）。

（3）田村圓澄「末法思想の形成」（『史淵』六三、一九五四）。益田宗「欽明天皇十三年仏教渡来説の成立」（『古代史論集』上、吉川弘文館、一九六二）。

（4）吉田一彦『仏教伝来の研究』（吉川弘文館、二〇一二）。

（5）鈴木靖民編『古代東アジアの王権と仏教』（勉誠出版、二〇一〇）。

（6）吉田一彦『日本古代社会と仏教』（吉川弘文館、一九九五）。三舟隆之『『日本霊異記』説話の地域史的研究』（法藏館、二〇一六）。藤本誠『古代国家仏教と在地社会』（吉川弘文館、二〇一六）。

（7）加藤謙吉『大和政権とフミヒト制』（吉川弘文館、二〇〇二）。

（8）金申『中国歴代記年仏像図典』（文物出版社、一九九四）。佐藤智水「北朝造像銘考」（『北魏仏教史論考』岡山大学文学部研究叢書、一九九八）。増尾伸一郎「『七世父母』と『天地誓願』」（『日本古代の典籍と宗教文化』吉川弘文館、二〇一五）。

（9）吉田孝『日本の誕生』〈岩波新書〉（岩波書店、一九九七）。

（10）吉田一彦註（6）著書。

（11）井上薫註（2）著書。

（12）吉田一彦註（4）著書。

（13）蔵中しのぶ『奈良朝漢詩文の比較文学的研究』（翰林書房、二〇〇三）。

(14)勝浦令子『日本古代の僧尼と社会』(吉川弘文館、二〇〇〇)。
(15)吉田一彦「アジア東部における日本の鬼神―『日本霊異記』の鬼神の位置―」(『説話文学研究』五一、二〇一六)。同「鬼を食う大蛇、神虫、天形星―木簡と絵画から見た病除けの祈願―」(犬飼隆編『古代の文字文化』竹林舎、二〇一七)。
(16)吉田一彦「奈良・平安時代前期の病と仏教―鬼神と般若の思想史―」(『唐代史研究』一九、二〇一六)。
(17)福井文雅『般若心経の総合的研究』(春秋社、二〇〇一)。
(18)吉田一彦『古代仏教をよみなおす』(吉川弘文館、二〇〇六)。
(19)辻善之助「国分寺考」(初出一八九八年、『日本仏教史研究』1、岩波書店、一九八三)。
(20)有富純也「疫病と古代国家――国分寺の展開過程を中心に」(『歴史評論』七二八、二〇一〇)。吉田一彦「国分寺国分尼寺の思想」(須田勉・佐藤信編『国分寺の創建　思想・制度編』吉川弘文館、二〇一一)。
(21)佐久間竜『日本古代僧伝の研究』(吉川弘文館、一九八三)。東野治之『鑑真』(岩波新書、二〇〇九)。
(22)藤善真澄『道宣伝の研究』(京都大学学術出版会、二〇〇二)。
(23)その現代語訳は、中條道昭訳「唐大和上東征伝」(高崎直道編『大乗仏典　中国・日本篇　聖徳太子・鑑真』中央公論社、一九九〇)。
(24)吉田一彦『民衆の古代史』(風媒社、二〇〇六)。
(25)吉田一彦註(18)著書。
(26)吉田一彦「多度神宮寺と神仏習合」(梅村喬編『古代王権と交流　四　伊勢湾と古代の東海』名著出版、一九九六)。
(27)薗田香融「最澄とその思想」(『日本古代仏教の伝来と受容』塙書房、二〇一六)。佐藤文子「延暦年分度者の再検討」(『日本古代の政治と仏教』吉川弘文館、二〇一八)。
(28)曾根正人『古代仏教界と王朝社会』(吉川弘文館、二〇〇〇)。
(29)曾根正人『空海』〈日本史リブレット〉(山川出版社、二〇一二)。
(30)吉田一彦「古代国家の仏教儀礼と地域社会」(『藝能史研究』一九二、二〇一一)。

（31）吉田一彦註（6）著書。
（32）藤井由紀子「藤原仲麻呂と入唐僧定恵」（篠川賢・増尾伸一郎編『藤氏家伝を読む』吉川弘文館、二〇一一）。
（33）今津勝紀「古代の災害と地域社会――飢饉と疫病」（『歴史科学』一九六、二〇一〇）。
（34）大久保良峻『台密教学の研究』（法藏館、二〇〇四）。大久保良峻『最澄の思想と天台密教』（法藏館、二〇一五）。
（35）薗田香融『平安仏教の研究』（法藏館、一九八一）。

〈参考文献〉

蔵中進『唐大和上東征伝の研究』桜楓社、一九七六
奈良国立博物館編『奈良朝写経』東京美術、一九八三
佐伯有清『慈覚大師伝の研究』吉川弘文館、一九八六
西口順子『女の力』平凡社選書、一九八七
小野勝年『入唐求法巡礼行記の研究』全四巻、法藏館復刊、一九八九
大隅和雄『日本の文化をよみなおす』吉川弘文館、一九九八
大山誠一編『聖徳太子の真実』平凡社選書、二〇〇三、のち平凡社ライブラリー、二〇一四
勝浦令子『古代・中世の女性と仏教』山川出版社、二〇〇三
末木文美士他編『新アジア仏教史一一　日本Ⅰ　日本仏教の礎』佼成出版社、二〇一〇
伊藤聡『神道とは何か』中公新書、二〇一二
吉田一彦『『日本書紀』の呪縛』集英社新書、二〇一六

第二章　日本仏教確立期の教義樹立

大久保良峻

一　仏教の伝来から奈良仏教へ

（一）はじめに

仏教が日本で展開するためには、思想の秀逸性が核心となって、それを総合的に成立させる芸術・儀礼・建築や自然科学等、ありとあらゆる営為が必要であった。

信仰という形態は、必ずしも教学についての理解を伴う必要はなく、場合によっては神秘性が有効性を持つため、表面的な意義の概説のみで成立することもある。そもそも、日本における仏教の導入は、『日本書紀』に依って説明されることが多く、資料上の制約があることは言うまでもない。しかしながら、仏教の信仰と、祖先崇拝が一体化して流布することを、現在や七世の父母を救済せんとする、盂蘭盆《うらぼん》という行事に注目することで辿ろうとすると、『日本書紀』の記述はそれなりに意義を持つものとなる。

仏教を理解する上で、教理と実践が両翼・両輪であることは言うまでもなく、それらは一体であるとも言える。とはいえ、実践の根本は教学に求められる。日本仏教導入期における本格的な教理研究としては、三経義疏がその研究成果として挙げられる。それと同時に、聖徳太子（一説、五七四～六二二）の活動の意義が論じられて来た。また、奈良における南都六宗と言われる仏教は教理研究を要求された仏教である。勿論、仏教の実践に対する理解も様々であるが、各宗独特の修行論がそれぞれの教理に基づくという視点は重要である。加えて、社会的活動等、広汎な意味での活動も実践の語に包括される要素を持つことは言うまでもないが、それも教理思想の表れに他ならない。

日本では、仏教の伝来に「釈迦仏金銅像一軀」という仏像を伴い、それが「仏相貌端厳」であったことが『日本書紀』巻十九（欽明天皇十三年）に記されているように、当初から崇拝の対象がもたらされたと考えられる。それは、やがては最新の技術に基づく寺院建築に繋がったであろう。

（二）三経義疏

三経義疏を聖徳太子撰とすることは古来の一般説であり、例えば、最澄の『法華秀句』巻上本（伝全三・七頁）には、「上宮御製法華疏云㆔亦名㆓実相品㆒。（上宮《じょうぐう》御製の法華疏に、亦、実相品と名づくと云う。）」と、『法華義疏』巻一（大正五六・七〇頁中）の記述が引用されている。しかし、三経義疏の撰者については、現今も議論の対象となっている。それは、研究者それぞれの着眼が異なることにも因るが、聖徳太子撰とすること以外には明確な記録がないことも根底にある。近年は、用語・語法からの研究も提示され[1]、少なくとも、聖徳太子とされる人物の周辺で成立した文献であることを否定するのは難しいであろう。

三経義疏については、その独創性によって、最も有名な教説として知られる、『法華義疏』巻四の記述を見ておくことにしたい。

偈頌中凡有二二十七行半偈一。分為レ二。第一、初二十三行偈、正頌二上事一。従二若有比丘一以下四行半偈、明二得果行報一。釈二此中文一、本義配二上長行一作レ重解釈。而私意少不レ安。故但、直頌不レ作レ重也。但従二顚倒分別一以下二行偈、頌二上常好坐禅一。初一句明二好レ禅之由一、次一句正頌二上常好坐禅一。言、由レ有二顚倒分別心一故、捨レ此就二彼山間一、常好二坐禅一。然則、何暇弘二通此経於世間一。故知、常好坐禅、猶応レ入二不親近境一。本義云、〈此二行非レ頌二常好坐禅一。〉従二顚倒分別一以下五行偈、皆頌二上不レ親二近実法有一。顚倒分別一行、但挙レ非顕レ是。

（『法華義疏』巻四、大正五六・一一八頁中下）

偈頌《げじゅ》の中に凡て二十七行半の偈有り。分かちて二と為す。第一に、初の二十三行の偈は、正しく上の事を頌す。「若有比丘」従り以下の四行半の偈は、得果の行報を明かす。此の中の文を釈するに、本義は上の長行《じょうごう》に配して重ぬることを作して解釈す。而るに私意は少しく安らかならず。故に但、直頌して重ぬることを作さざるなり。但し、「顚倒分別」従り以下の二行の偈は、上の「常好坐禅」を頌す。初の一句は禅を好むの由を明かし、次の一句は正しく上の「常好坐禅」を頌す。言く、顚倒分別の心有るに由るが故に、此を捨てて彼の山間に就き、常に坐禅を好む。然らば則ち、何の暇かあって此の経を世間に弘通せん。故に知んぬ、「常好坐禅」は、猶、応に不親近境に入るべきことを。本義に云く、〈此の二行は「常好坐禅」を頌するに非ず。〉「顚倒分別」従り以下の五行の偈は、皆、上の「実法有に親近せざれ」を頌す。「顚倒分別」の一行は、但、非を挙げて是《ぜ》を顕す、と。

これは、『法華経』安楽行品の中に見られる偈文についての記述であり、四句を一行として、二十七行半になっている。なお、花山信勝氏の研究(2)に示される通り、『法華義疏』に示される本義は法雲の『法華義記』巻七であるが、〈此二行非レ頌二常好坐禅一。（此の二行は「常好坐禅」を頌するに非ず。）〉と〈　〉で示した箇所は花山氏により、「疏主の附加した句であり、原本では特に右傍添加の細字である。」と解説されるように、御物の『法華義疏』の表記を念頭に置いたものであり、後述の如く、ここに『法華義記』と『法華義疏』との差違が認められる。

問題は、偈頌が上の長行を頌したものであることを説くとしても、本義が重頌（祇夜《ぎや》・応頌）と釈するのに対して、『法華義疏』では基本的に直頌《じきじゅ》（伽陀《かだ》・諷頌《ふじゅ》）とした上で、独自の解釈を施していることである。その偈文は次のように示されている。

爾時、世尊欲㆔重宣㆓此義㆒、而説㆑偈言、
若有㆓菩薩㆒　於㆓後悪世㆒　無㆓怖畏㆒心　欲㆑説㆓是経㆒
応㆑入㆓行処㆒　及親近処㆒　常離㆓国王　及国王子
大臣・官長　兇険戯者　及旃陀羅　外道・梵志㆒
亦不㆑親㆘近　増上慢人　貪㆓著小乗　三蔵㆒学者
破戒比丘　名字羅漢㆖　及比丘尼　好㆓戯笑㆒者
深著㆓五欲㆒　求㆓現滅度㆒　諸優婆夷　皆勿㆓親近㆒
若㆑是人等　以㆓好心㆒来　到㆓菩薩所㆒　為㆑聞㆓仏道㆒
菩薩則以㆓　無㆑所㆑畏心㆒　不㆑懐㆓悕望㆒　而為説㆑法
寡女・処女　及諸不男　皆勿㆔親近　以為㆓親厚㆒
亦莫㆑親㆓近　屠児・魁膾　畋猟・漁捕　為㆑利殺害㆒
販㆑肉自活　衒㆓売女色㆒　如㆑是之人　皆勿㆓親近㆒
兇険相撲　種種嬉戯　諸婬女等　尽勿㆓親近㆒

莫二独屏処一　為レ女説レ法　若説レ法時　無レ得二戯笑一
入レ里乞食　将二一比丘一　若無二比丘一　一心念レ仏
是則名為二　行処・近処一　以二此二処一　能安楽説
又復不レ行二　上中下法　有為・無為　実・不実法一
亦不レ分二別　是男・是女一　不レ得二諸法一　不レ知不レ見
是則名為二　菩薩行処一　一切諸法　空無二所有一
無レ有二常住一　亦無二起滅一　是名二智者　所親近処一
顛倒分二別　諸法有・無　是実・非実　是生・非生一
在二於閑処一　修二摂其心一　安住不レ動　如二須弥山一
観二一切法一　皆無二所有一　猶如二虚空一　無レ有二堅固一
不レ生不レ出　不レ動不レ退　常住一相　是名二近処一
若有二比丘一　於二我滅後一　入二是行処　及親近処一
説二斯経一時　無レ有二怯弱一　菩薩有レ時　入二於静室一
以二正憶念一　随レ義観レ法　従二禅定一起　為二諸国王
王子・臣民　婆羅門等一　開化演暢　説二斯経典一
其心安隠　無レ有二怯弱一

（『法華経』安楽行品、大正九・三七頁中下）

爾の時、世尊は、重ねて此の義を宣べんと欲して、偈を説いて言く、

若し菩薩有って、後の悪世に於いて、怖畏無き心もて、是の経を説かんと欲せば、応に行処、及び親近《しんごん》処に入るべし。常に国王、及び国王の子、

大臣・官長、兇険《くけん》の戯者《けしゃ》、及び旃陀羅、外道・梵志を離れ、
亦、増上慢の人にして、小乗の三蔵に貪著《とんじゃく》する学者（天台では「小乗に貪著する三蔵学者」）、
破戒の比丘、名字の羅漢に親近せざれ。及び比丘尼にして、戯笑《けしょう》を好む者、
深く五欲に著して、現の滅度を求むる、諸々の優婆夷に、皆、親近すること勿れ。

是の若き人等、好き心を以て来り、菩薩の所に到って、仏道を聞かんと為るには、
菩薩は則ち、畏るる所無き心を以て、悕望《けもう》を懐かずして、為に法を説け。

寡女《けにょ》・処女、及び諸々の不男には、皆、親近して、以て親厚を為すこと勿れ。

亦、屠児《とに》・魁膾《けえ》、畋猟《でんろう》・漁捕《ごふ》、利の為に殺害するに親近すること莫れ。

肉を販って自活し、女色を衒売《げんまい》する、是の如きの人に、皆、親近すること勿れ。

兇険の相撲《そうぼく》、種種の嬉戯《きけ》、諸々の婬女等に、尽く親近すること勿れ。

独り屏処にして、女の為に法を説くこと莫れ。若し法を説く時には、戯笑することを得ること無かれ。

里に入って乞食するには、一りの比丘を将いよ。若し比丘無くんば、一心に仏を念ぜよ。

是れ則ち名づけて、行処・近《ごん》処と為す。此の二処を以て、能く安楽に説け。

又復、上中下の法、有為・無為、実・不実の法を行ぜざれ。

亦、是れ男・是れ女と分別せざれ。諸法を得ず、知らず見ず。

是れ則ち名づけて、菩薩の行処と為す。一切の諸法は、空にして所有無し。

常住有ること無く、亦、起滅も無し。是れを智者の所親近処と名づく。

顛倒して、諸法は有なり無なり、是れ実なり非実なり、是れ生なり非生なりと分別す。

閑かなる処に在って、其の心を修摂し、安住して動ぜざること、須弥山の如くせよ（如し）。

一切の法を観ずるに、皆、所有無し。猶、虚空の如く、堅固なること有ること無し。
生ぜず・出でず、動ぜず・退せず、常住にして一相なり。是れを近処と名づく。
若し比丘有って、我が滅後に於いて、是の行処、及び親近処に入り、
斯の経を説く時には、怯弱《こうにゃく》有ること無からん。菩薩は時有って、静室に入り、
正しき憶念を以て、義に随って法を観じ、禅定従り起って、諸々の国王、
王子・臣民、婆羅門等の為に、開化し演暢して、斯の経典を説かば、
其の心安隠にして、怯弱有ること無からん。

ここでの要所が、二十行目と二十一行目の「顚倒分二別　諸法有・無　是実・非実　是生・非生一　在二於閑処一　修二摂其心一　安住不レ動　如二須弥山一」に対する解釈であることは言うまでもない。そもそも、二十行目について『法華義記』巻七（大正三三・六六四頁中）では、「上の長行に無き所」としているのであるが、『法華義疏』ではこの箇所については長行の重頌（祇夜）としての意義を認める立場を採り、二十行目と二十一行目については長行の「常好二坐禅一、在二於閑処一、修二摂其心一。（常に坐禅を好み、閑処に在って、其の心を修摂せよ（修摂す）。）」（大正九・三七頁中）の箇所の重頌であると言うのである。

そして、その独特の解釈が注目されてきた。つまり、顚倒分別の心が有るからこの地を捨てて彼の山間に行って、常に坐禅を好むのであり、そうであるならば此の経を世間に弘通する時間がないという理解を示したのである。

そこで考究しなければならないのは、そのような理解を成立させるためには、安楽行品の訓読をどうするかということである。要するに、二十一行目が二十行目の「顚倒分別」を承けていることになり、一般的な「須弥山の如くせよ。」という命令文ではなく、「須弥山の如し。」と読む方が自然になる。それは、長行の箇所でも同様となり、「其の

心を修摂す。」としなければ整合性がなくなってしまう。そして、それこそが聖徳太子撰と伝承されてきた『法華義疏』独自の発想と言える。

三経義疏については、『維摩経義疏』が『日本書紀』に記されていないことが問題になったこともあるが、仏教文学としても白眉と言うべき『維摩経』の註釈書として重用されてきたことも事実である。『勝鬘経義疏』については敦煌文書との関わりが問題になった。いずれにせよ、内容の検討や理解も課題である。

(三) 奈良時代の仏教

奈良時代に活躍した仏教者は多数知られるが、中でも著名なのは、行基(六六八～七四九)と鑑真(六八八～七六三)であろう。そして、学派として整理される宗が南都六宗であり、三論宗、成実宗(三論宗の寓宗)、法相宗、倶舎宗(法相宗の寓宗)、華厳宗、律宗という諸宗である。

この時代の教学的展開を論ずることは難しい。行基については、社会事業や文殊の化身であること[3]、その他が伝説的に論じられてきた。また、鑑真もその伝記によって知られるのみである。鑑真が、五度の失敗を経て六度目に到着し、失明していたことはよく知られるところとなっている。松尾芭蕉が「若葉して御目の雫ぬぐはばや」(『笈の小文』)と詠んだことはあまりにも有名であろう。鑑真が天平勝宝六年(七五四)に、盧舎那殿前の戒壇で聖武天皇(上皇)と光明皇后(太后)に菩薩戒(梵網戒)を授け、また僧侶達に具足戒(四分律)を授けた様子が『唐大和上東征伝』に描かれている。

ここでは、六宗の教義につき若干の紹介を記するに止めたい。

先ず三論宗は、その名の通り、『中論』(龍樹)、『十二門論』(龍樹)、『百論』(提婆)という三種の論書を依拠とする学派で、空思想を根本義とする。嘉祥大師吉蔵(五四九〜六二三)が大成者である。成実宗はそれに附随する寓宗とされ、訶梨跋摩《かりばつま》(ハリヴァルマン)の『成実論』を所依とする。

次に法相宗は唯識宗とも言われるように、玄奘訳『成唯識論』等に基づき唯識説を主張する学派であり、慈恩大師基(窺基とも言う)の研鑽により成立した。倶舎宗はその寓宗であり、玄奘訳『阿毘達摩倶舎論』を研究する学派である。特に『倶舎論』は仏教の基本を学習するための論書として、尊重されて来た。「唯識三年・倶舎八年」というような造語も流布している。

華厳宗は『華厳経』を所依の経典として教理を構築する学派であり、六十巻本の『華厳経』によって基盤が構築された。祖師として五祖を立てる場合、杜順(五五七〜六四〇)、智儼(六〇二〜六六八)、法蔵(六三四〜七一二)、澄観(七三八〜八三九)、宗密(七八〇〜八四一)と次第し、その第三祖である賢首《げんじゅ》大師法蔵を大成者とする。小・始・終・頓・円(小乗教・大乗始教・大乗終教・頓教・円教)という五教判を説く法蔵の『華厳五教章』は、奈良時代から現在に至るまで広く読まれてきた。日本での拠点は東大寺であり、現在は総本山となっている。

律宗は鑑真が菩薩戒(梵網戒)や具足戒(四分律)による授戒を行ったことが起点となる。それが、先ず東大寺の戒壇で行われたことは、当時は諸宗兼学であったことを意味する。授戒の場は、東大寺、下野の薬師寺、筑紫の観世音寺の三戒壇へと展開し、律宗の拠点となる唐招提寺が建立された。

二　平安仏教の成立と展開

（一）はじめに

　平安仏教が中国での伝法に基づいて、大きく展開したことは言うまでもなかろう。すなわち、入唐八家《にっとうはっけ》と総称される、最澄（七六六、一説七六七～八二二、在唐八〇四～八〇五）、空海（七七四～八三五、在唐八〇四～八〇六）、常暁（？～八六六、在唐八三八～八三九）、円仁（七九四～八六四、在唐八三八～八四七）、円行（七九九～八五二、在唐八三八～八三九）、恵運（七九八～八六九、一説八七一没、在唐八四二～八四七）、円珍（八一四～八九一、在唐八五三～八五八）、宗叡（八〇九～八八四、在唐八六二～八六五）が重要である。なお、最澄の生年については二説あるが、ここでは公文書に基づき天平神護二年（七六六）を採用する。

　これらの八人の将来目録等を、密教を中心に纏めたのが安然（八四一～八八九～、一説九一五没）であり、それは『八家秘録』（具名は『諸阿闍梨真言密教部類惣録』）と呼ばれている。後で言うように、安然は天台密教（台密）の大成者であり、密教の天台化という特質も有するが、本人はそれまでの密教を集大成する意図のもとに活動した。

八家の中、教学的に重要なのは最澄、空海、円仁、円珍であるので、先ずこの四人の教学上の特質について記し、その後、安然及び新たな展開と言える源信（九四二〜一〇一七）についても述べることにしたい。

（二）最澄の教学

最澄は二十歳の時、比叡山に住する上での決意と内省を記した「願文《がんもん》」で、自らを「愚中極愚、狂中極狂、塵禿有情、底下最澄（愚が中の極愚、狂《おう》が中の極狂《ごくおう》、塵禿の有情、底下の最澄）」（伝全一・二頁）と表した。若者の内面から迸り出た言葉である。最澄はこの時点では、天台宗の諸文献を披見していない。しかしながら、「願文」には天台教学の素養が反映しているのであり、それは法進《はっしん》（「ほうしん」とも読む）の『沙弥十戒《しゃみじっかい》并《ならびに》威儀経疏《いぎぎょうしょ》』に依拠したと言われている。(4)

その後、最澄は鑑真が将来したとされる『円頓止観』・『法華玄義』・『法華文句』・『四教義』・『維摩疏』等を入手したとされる。その研鑽が、入唐の必要を要請することに繋がっていく。すなわち、延暦二十一年（八〇二、三十七歳）九月には、朝廷に留学生《るがくしょう》と還学生《げんがくしょう》とを請う上表文を提出した。

沙門最澄言。最澄早預二玄門一、幸遇二昌運一、希レ聞二至道一、遊二心法筵一。毎恨、法華深旨、尚未二詳釈一。幸求二得天台妙記一、披閲数年、字謬、行脱、未レ顕二細趣一。若不レ受二師伝一、雖レ得不レ信。誠願、差二留学生・還学生各一人一、令レ学二此円宗一、師師相続、伝灯無レ絶也。此国現伝、三論与二法相一二家、以レ論為レ宗、不レ為二経宗一也。三論家者、龍猛菩薩所造中観等論為レ宗。是以引二一切経文一、成二於自宗論一、屈二於経之義一、随二於論之旨一。又、法相家者、世親菩薩所造唯識等論為レ宗。是以引二一切経文一、成二於自宗義一、折二於経之文一、随二於論之旨一也。天台独斥二論宗一、特立二経宗一。論者此経末、経者此論本。捨レ本随レ末、猶二背レ上向一レ下也。捨レ経随レ論、如二捨レ根取一レ葉。伏願、我
聖皇御代、令レ学二円宗妙義於唐朝一、令レ運二法華宝車於此間一。然則、聖上法施之基、更厚二於往日一、釈氏法財之用、亦富二於永代一。所レ望、法華円宗、与二日月一斉レ明、天台妙記、将二乾坤一等レ固、庶百代之下、歌詠無レ窮、千載之外、瞻仰無レ絶。不レ任二僂僂之至一。謹奉レ表以聞。

（『叡山大師伝』、伝全五、附録一一〜一二頁）

沙門最澄言す。最澄早く玄門に預り、幸いに昌運に遇い、至道を聞くを希い、心を法筵に遊ばしむ。毎に恨むらくは、法華の深旨、尚、未だ詳釈せず。幸いに天台の妙記を求め得て、披閲すること数年、字謬り、行脱けて、未だ細かき趣を顕さず。若し師伝を受けずんば、得たりと雖も信ぜられず。誠に願わくは、留学生・還学生各一人を差して、此の円宗を学ばしめれば、師師相続して、伝灯絶ゆること無からん。此の国に現に伝うる、三論と法相との二家《け》は、論を以て宗と為し、経を宗と為さざるなり。三論家は、龍猛《りゅうみょう》菩薩所造の中観等の論を宗と為す。是を以て一切の経文を引いて、自宗の論を成し、経の義を屈して、論の旨に随えり。又、法相家は、世親菩薩所造の唯識等の論を宗と為す。是を以て一切経文を引いて、自宗の義を成し、経の文を折って、論の旨に随えり。天台独り論宗を斥けて、特に経宗を立つ。論は此れ経の末、経は此れ論の本なり。本を捨てて末に随うは、猶、上に背いて下に向かうがごとし。経を捨てて論に随うは、根を捨てて葉を取るが如し。伏して願わくは、我が　聖皇の御代に、円宗の妙義を唐朝に学ばしめ、法華の宝車を此の間に運らしめん。然らば則ち、　聖上法施の基、更に往日よりも厚く、釈氏法財の用、亦、永代に富まん。望む所は、法華円宗、日月と明りを斉うし、天台妙記、乾坤と固きことを等しうして、庶くは百代の下、歌詠窮まり無く、千載の外、瞻仰絶ゆること無からん。僂僂の至りに任《た》えず。謹んで表を奉り以て聞す。

要するに、最澄は、正しく天台思想を学ぶためには、留学生（長期）と還学生（短期）各一人を唐土に派遣して研鑽させる必要があることを述べたのである。このことがあって、少時を経て最澄自身が還学生として入唐することになる。なお、この上表文では華厳宗には言及しないが、当時における南都仏教の代表と言える三論宗と法相宗が論宗であるのに対して、天台宗だけが経宗であると主張している。

最澄と空海は、延暦二十三年（八〇四）にそれぞれ遣唐使船第二船と第一船で渡唐した。最澄の事跡で重要なのは、台州で道邃《どうずい》と行満《ぎょうまん》に師事して天台法門を相承したこと、及びそれに併せて越州で順暁阿闍梨から密教を伝えたことである。特に、密教の実修は国家の要請でもあり、本邦最初の灌頂を勤修したことは広く知られている。因みに、勤修という語は仏教本来の用語であり、厳修の語を多用するのは最近のことである。それは、本来「厳」は「おごそか」ではなく「飾る」の意味が基本となっているからである。

ともかく、日本天台宗の特色である天台思想と密教の一致、すなわち円密一致の思想が実践と共に最澄に萌したのである。しかし、最澄の伝えた密教は帰国間際に伝授されたものであり、順暁が毘盧遮那如来三十七尊曼荼羅所で阿《あ》鑁藍吽欠《ばんらんかんけん》（上品悉地）、阿尾羅吽欠《あびらうんけん》（中品悉地）、阿羅波者那《あらはしゃな》（下品悉地）という三種類の真言を付法したことが知られる程度であり、不明な点も多い。とはいえ、それは三部三昧耶として命脈を保つことになる。なお、三十七尊曼荼羅は金剛界の主要諸尊によって構成された曼荼羅であり、敷曼荼羅である可能性も指摘されている[5]。

最澄は『大日経』に基づく密教を尊重したが、それは密教全体に対する十分な知識がなかったことによる。しかし、空海との交流を経て密教の知識を深めていった。そして、やがては空海との交流も途絶えることになるが、最澄にとって密教が重要な法門であったことは変わらない。

最澄の晩年において、大乗戒独立と、徳一との論争との二つが極めて重要な事柄であり、多くの時間を費やしたが、そこにおいても密教義が意義を持っていた。大乗戒については『顕戒論』や『顕戒論縁起』がそのことを語る。

また、徳一との論争に関しては、弘仁十一年（五十五歳）に著された『決権実《ごんじつ》論』に次のような記述が見られることが注目される。


山家問難　問下皆名二仏子一一切衆生作仏上第三
問曰、若名二仏子一、一切衆生、来世作仏已否。

答曰、縦使雖三名為二仏子一、然彼畢竟無涅槃性者、決定来世不レ作二仏道一。

難曰、違三法華経第一巻方便品偈云二諸法従本来、常自寂滅相、仏子行道已、来世得作仏一。

奥州北轅者通曰、末学者第三問。今愍教授云、不定性二乗・不定性増上慢、及断善闡提之仏子行レ道已、来世得二作仏一也。

山家救云、北轅此釈、妙理未レ尽。所以者何、北轅者未レ解二三世定性一故。過去定性住二不退位一聞二法華経一、現在定性聞二法華経一得レ成二仏道一、未来定性入滅之後、住二妙浄土一、於二彼土一聞二法華経一得二仏滅度一。夫三世定性、若不レ聞二法華一、不レ得三廻心向二大乗一故。北轅者未レ受二灌頂一、未レ学二真言一。偏執二権宗一、歴劫顕教永迷。善星畢死、再生二北轅一。不レ若、伏二我慢幢一、習二受職事一、現生二仏家一。是故名為二四不通一也。


（『決権実論』、伝全二・六八九〜六九〇頁）

山家問難　皆、仏子と名づけば一切衆生作仏するやを問う第三
問うて曰く、若し仏子と名づけば、一切衆生、来世に作仏するや否や、と。
答えて曰く、縦使《たとい》、名づけて仏子と為すと雖も、然れども彼の畢竟無涅槃性の者は、決定《けつじょう》して来世に仏道を作さず、と。
難じて曰く、法華経第一巻の方便品の偈（大正九・八頁中）に、諸法従本来、常自寂滅相、仏子行道已、来世得

作仏（諸法は本従り来《このか》た、常に自ら寂滅の相なり。仏子は道を行じ已れば、来世に作仏することを得ん。）と云うに違す、と。

奥州の北轅《ほくえん》者通じて曰く、末学者第三の問。今愍れみ教授して云く、不定性の二乗・不定性の増上慢、及び断善闡提《せんだい》の仏子は道を行じ已れば、来世に作仏することを得、と。

山家救いて云く、北轅の此の釈、妙理未だ尽くさず。所以何《ゆえいか》んとなれば、北轅者は未だ三世の定性《じょうしょう》を解せざるが故に。過去の定性は不退位に住して法華経を聞き、現在の定性は法華経を聞き仏道を成ずることを得、未来の定性は入滅の後、妙浄の土に住し、彼の土に於いて法華経を聞き仏の滅度を得。夫れ三世の定性、若し法華を聞かずんば、廻心《えしん》して大乗に向かうことを得ざるが故に。北轅者は未だ灌頂を受けず、未だ真言を学ばず。偏えに権宗に執して、歴劫の顕教に永く迷う。善星畢に死して、再び北轅に生ず。若かず、我慢の幢を伏して、受職《じゅしき》の事を習い、現に仏家に生ぜんには。是の故に名づけて四不通と為すなり。

この表記の形式は『決権実論』全体に亘るものであり、内容としては徳一（北轅者、麁食者《そじきしゃ》とも言う）と最澄（山家）の主張が記され、最終的には最澄の説示で終わっている。この文脈において、密教義を高揚する必要はないようにも思われるが、最澄は、「北轅者は未だ灌頂を受けず、未だ真言を学ばず。」と自身が灌頂を受けていることを誇示しているのである。

内容としては、天台宗が一切衆生が皆成仏することを主張するのに対し、法相宗が皆成を否定する立場であることは言うまでもない。法相宗の根本義が、声聞定性・独覚定性・菩薩定性・不定性・無性有情という所謂、五性各別（五姓各別）説であることはよく知られている。これらの中、成仏できるのは菩薩定性と不定性とするのが一般的な理解である。それでは、右の記述の中、徳一の発言である、「今愍れみ教授して云く、不定性の二乗・不定性の増上慢、及び断善闡提の仏子は道を行じ已れば、来世に作仏することを得、と。」という箇所をどのように理解したらよいのであろうか。不定性が成仏しうることを説くのは問題ないであろう。しかし、断善闡提の成仏を主張しているのである。一闡提は断善根とも訳されるが、実はそれを三種類に分けての議論が元になっている。すなわち、断善闡提・大悲闡提・無性闡提という中の、断善闡提についてのみ成仏の可能性を説くのである。

天台宗が一切皆成を説き、法相宗が五性各別説を主張することは、日本仏教史上、応和の宗論（応和三年、九六三）でも伝説的に伝えられ、『法華経』方便品の「無一不成仏」を天台宗の良源（九一二〜九八五）が「一として成仏せざるは無し」、法相宗の仲算《ちゅうざん》（一説、九三五〜九七六）が「無の一は成仏せず」と訓じたとされる（『法華経直談鈔』）。しかし、徳一は、『決権実論』の次の「山家問難　畢竟無涅槃性の成仏を問う第四」に見られる記述では、「不定種性の有情」において「一として成仏せざるは無し」と主張している。

こういった論争に対して、天台側の最終的決着書と言われるのが、『往生要集』の撰述で有名な、源信が晩年に著した『一乗要決』三巻である。

（三）空海の教学

空海の打ち立てた密教の教学として、最も重要なのは十住心教判である。それは、『秘密漫荼羅十住心論』十巻と『秘蔵宝鑰』三巻に説かれている。その十住心が「一異生羝羊住心、二愚童持斎住心、三嬰童《ようどう》無畏住心、四唯蘊無我住心、五抜業因種住心、六他縁大乗住心、七覚心不生住心、八一道無為住心、九極無自性住心、十秘密荘厳住心」というものであり、第十に配当される密教を至極の法門とすることは誰しもが知るところとなっている。後でも言及することになるので、それぞれを説明すると次のようになる。

一異生羝羊住心　三悪道
二愚童持斎住心　人
三嬰童無畏住心　天
四唯蘊無我住心　声聞
五抜業因種住心　縁覚
六他縁大乗住心　法相宗
七覚心不生住心　三論宗
八一道無為住心　天台宗
九極無自性住心　華厳宗
十秘密荘厳住心　真言宗

これらの全てを密教であるとする概念もあるが、基本的に、第十のみを密教とし、それ以外を顕教とする考えを九顕一密という言い方で説明する。つまり、空海による各宗の評価に他ならないのであり、特に天台宗を二つ下に配したことは後に大きな論争となる。

『十住心論』巻一の冒頭には、次に示す帰敬序という偈文が記され、まさに空海の文才を示すものとなっている。

秘密漫荼羅十住心論巻第一

帰[下]命婀尾羅吽欠　最極大秘法界体
舸遮吒多婆㰌慧　咿汚哩嚧翳等持

制体・幢・光・水生・貝　**五鈷・刀・蓮・軍持等**
日・旗・華・観・天鼓渤　**薩・宝・法・業・内外供**
捏・鋳・刻業及威儀　**能所無礙六丈夫**
如レ是自他四法身　**法然輪三円我三密一**
天珠渉入遍二虚空一　**重重無礙過中刹塵上**
奉二天恩詔一述二秘義一　**驚三覚群眠迷二自心一**
平等顕三証本四曼　**入我我入荘厳徳一**

（『十住心論』巻一、大正七七・三〇三頁上）

婀《あ》尾《び》羅《ら》吽《うん》欠《けん》の　最極大秘の法界体と
舸《きゃ》遮《しゃ》吒《た》多《た》婆《ば》壄《や》の慧と　咿《い》汚《う》哩《り》嚧《ろ》翳《えい》の等持と
制体・幢・光・水生・貝と　五鈷・刀・蓮・軍持等と
日・旗・華・観・天鼓の渤《く》と　薩・宝・法・業・内外の供と
捏・鋳・刻の業と及び威儀と　能所無礙の六丈夫と
是の如き自他の四法身は　法然として我が三密に輪円し
天珠が渉入して虚空に遍じ　重重無礙にして刹塵に過ぎたまえるに帰命したてまつる
天の恩詔を奉りて秘義を述ぶ　群眠の自心に迷えるを驚覚し
平等に本と四曼と　入我我入の荘厳の徳とを顕証せしめん

この偈文は難解である。先ず、諸尊によって構成される曼荼羅に、『大日経』とその註釈に基づく胎蔵界曼荼羅（胎蔵曼荼羅）と『金剛頂経』に依拠する金剛界曼荼羅の二種があり、その主要諸尊について見ておく必要がある。

胎蔵（界）曼荼羅

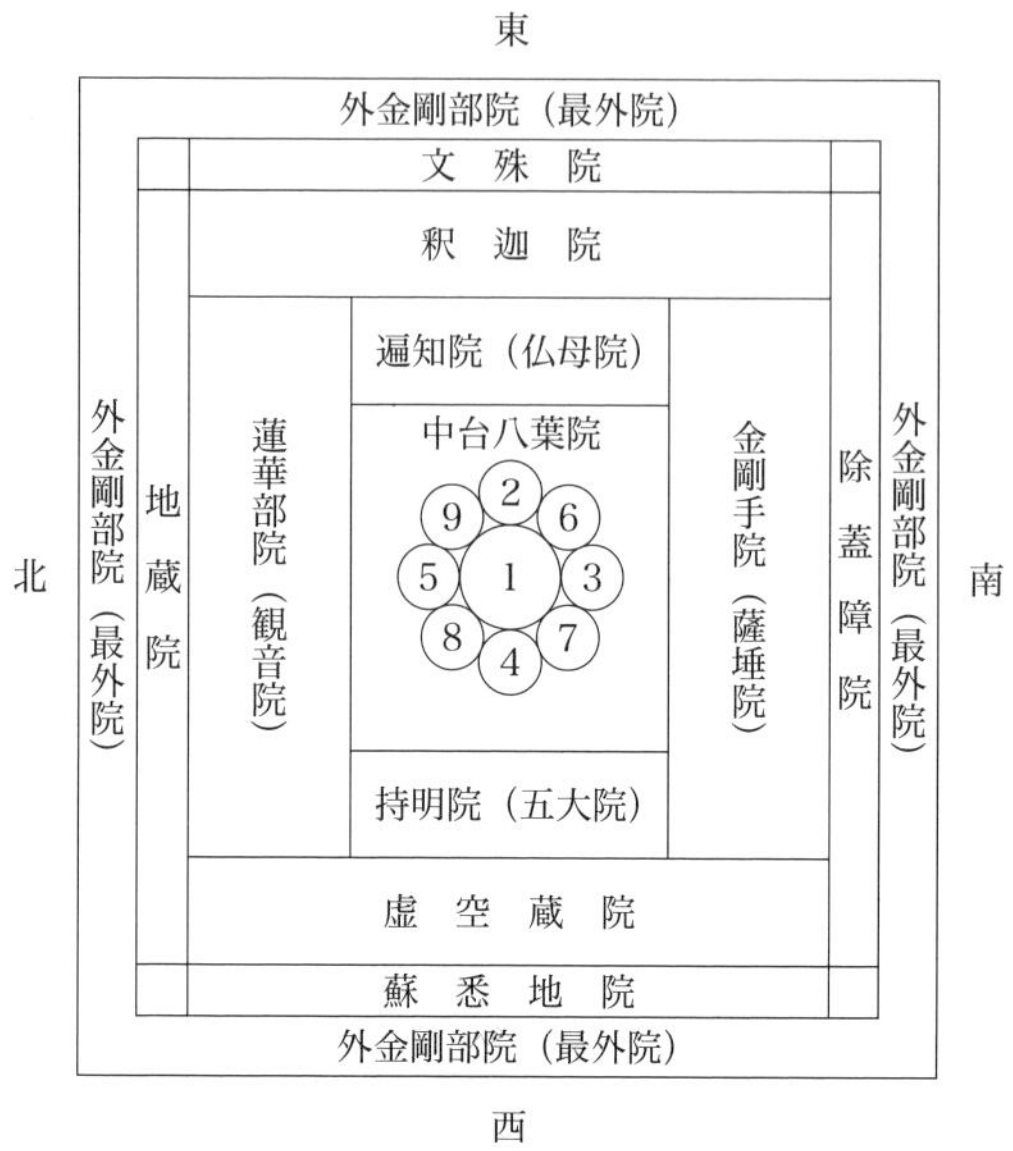

1. 大日如来
2. 宝幢如来
3. 開敷華王如来
4. 無量寿如来
5. 天鼓雷音如来
6. 普賢菩薩
7. 文殊師利菩薩
8. 観自在菩薩
9. 弥勒菩薩

金剛界曼荼羅

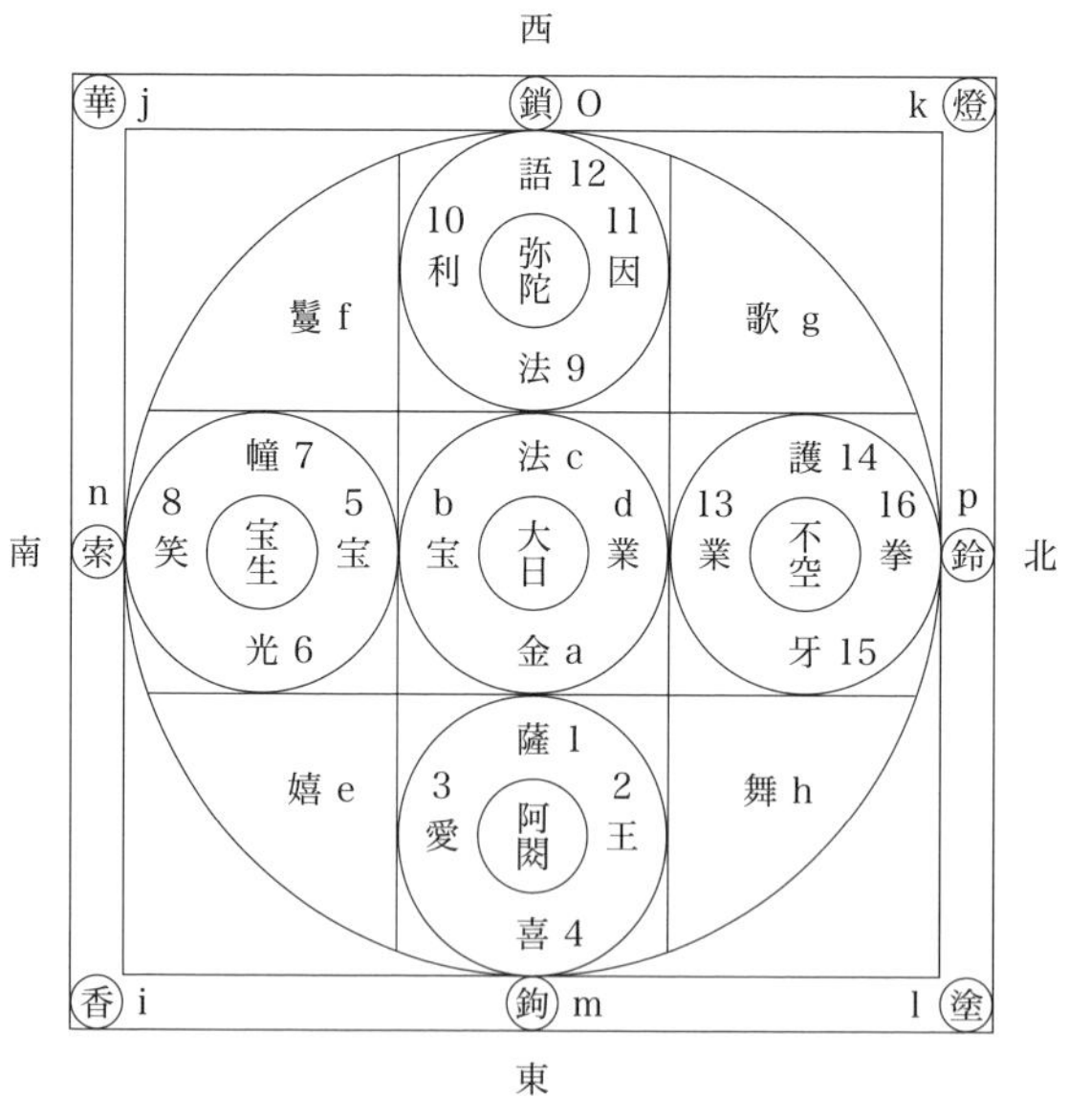

1～16　十六大菩薩
a～d　四波羅蜜　d 業＝羯磨
e～h　内の四供養
i～l　外の四供養
m～p　四摂
金剛界三十七尊

その上で、四種曼荼羅という分類についての知識が要求される。それは、『理趣釈』巻上（大正一九・六一〇頁上）等に示されるものであり、尊形を描いた大曼荼羅、持ち物のような諸尊の標幟（象徴）による三昧耶曼荼羅、諸尊の種子（梵字）による法曼荼羅（種子曼荼羅）、仏像を道場に安置して立体的に示すような羯磨曼荼羅《かつままんだら》である。

さて、最初の婀尾羅吽欠は阿尾羅吽欠とも書かれ、胎蔵界の大日如来の真言であり、五文字の音写になっている。そして舸遮吒多婆壄というのは子音、咿汚哩嚧翳というのは母音であり、それぞれを慧と等持（定、三昧）に配している。このように、文字を並べたのは、取りも直さず法曼荼羅の意味を読み込んだものとされる。

そして、次の制体・幢・光・水生・貝は胎蔵界の中台八葉院の五仏を象徴するもの、すなわち大日如来の制底（せいち、caitya。塔、五輪塔）、宝幢如来の幢、開敷華王如来の宝珠の光、無量寿如来の蓮華、天鼓雷音如来の法螺貝のことであり、三昧耶曼荼羅を描出している。

次に、五鈷・刀・蓮・軍持は同じく中台八葉院の四菩薩の標幟であり、普賢の五鈷、文殊の刀剣、観音の蓮華、弥勒の瓶《びょう》であり、やはり三昧耶曼荼羅である。

日・旗・華・観・天鼓の渤（仏陀）というのは、胎蔵界の五仏を並べたものであり、大曼荼羅とされる。なお、その中の四番目の観は、観自在のことであるが、ここでは観世音菩薩ではなく、無量寿如来（阿弥陀）を意味している。

薩・宝・法・業・内外の供というのは、先ず薩・宝・法・業は、阿閦・宝生・阿弥陀・不空成就という金剛界四仏の四親近の中からそれぞれ一菩薩を抽出したもので、十六大菩薩を意味する。内外の供は、同じく金剛界曼荼羅の嬉・鬘・歌・舞という内の四供養菩薩と、香・華・燈・塗という外の四供養菩薩のことであり、右の金剛界曼荼羅図に示される通りである。これらも、大曼荼羅と理解される。

次に、捏・鋳・刻の業と及び威儀とある中の、捏・鋳・刻は捏造（乾漆）、鋳造、彫刻といった造像そのものであり、業も威儀も活動性を示す言葉であるから、羯磨曼荼羅を意味することは言うまでもなかろう。

このように、空海は短い偈文の中に、極めて巧みに胎蔵界と金剛界の曼荼羅諸尊と、四種曼荼羅の意義を読み込んだのである。

その後の、六丈夫は地・水・火・風・空・識という六大、四法身は自性法身・受用法身・変化法身・等流法身という四身を指す。そして、これまで論じたものが「我が三密」、すなわち、自らに身・口・意の三密として具わっていると言うのであり、それは天珠（帝釈天の宝網の珠）のように互いに映して渉入し、礙げがないことを述べているのである。これは、『華厳経』に基づく重々無尽の世界に他ならない。

また、天の恩詔という語は、本書が淳和天皇による天長勅撰六本宗書として撰述されたことを意味している。そして、衆生が自心に迷っているとするのは、『大日経』の「如実知自心（実の如く自心を知る）」という法門を彷彿とさせるのであり、衆生と仏が本来平等であることを説いていると看做し得る。そこに、入我我入（仏が我に入り、我が仏に入る）という境地が現出することになるのであり、感応道交《かんのうどうきょう》とも言うべき状態において、即身成仏の意義が主張されていると見ることができる。

『十住心論』は、最後の「十秘密荘厳住心」が完結していない状態で伝えられている典籍であるという問題点を持つが、空海の思想を理解しうる代表著作である。本書の序文には、十住心とは異なった、次のような十処が説かれていることも、注目すべき事柄であろう。

衆生住宅略有㆓十処㆒。一地獄、二餓鬼、三傍生、四人宮、五天宮、六声聞宮、七縁覚宮、八菩薩宮、九一道無為宮、十秘密漫荼羅金剛界宮。
（『十住心論』、大正七七・三〇三頁中）

衆生の住宅に略して十処有り。一には地獄、二には餓鬼、三には傍生、四には人宮、五には天宮、六には声聞宮、七には縁覚宮、八には菩薩宮、九には一道無為宮、十には秘密漫荼羅金剛界宮なり。

ここで挙げる十処は所謂、十界（地獄・餓鬼・畜生・阿修羅・人・天・声聞・縁覚・菩薩・仏）に近いものであるが、仏に関して一道無為宮と秘密漫荼羅金剛界宮という二処に分類し、前者を権仏《ごんぶつ》としていることや、六道ではなく五道を採用していることが特色である。これは、後の時代に五凡五聖と言われ、『声字実相義』に説かれる六凡四聖の一般的十界と意を異にすることからも、自宗のみの優越性を誇る典拠の一つとなる。そこで一考を要するのは、『声字実相義』との差違をどのように理解するかということであるが、今は立ち入らない。

空海の説く密教の顕揚を、整合性という観点から見ると、他の空海撰とされる著作にも問題点が見出される。例えば、『弁顕密二教論』は顕密二教の差違を説き、真言密教のみの秀逸性を誇る立場であり、密教を次のように規定する。

自性・受用仏、自受法楽故与二自眷属一各説二三密門一。謂二之密教一。此三密門者、所謂、如来内証智境界也。等覚・十地不レ能レ入レ室。何況二乗・凡夫、誰得レ昇レ堂。（『弁顕密二教論』巻上、大正七七・三七五頁上）

自性・受用仏は、自受法楽の故に自眷属と与に各々三密門を説く。之を密教と謂う。此の三密門とは、所謂、如来内証智の境界なり。等覚・十地も室に入ること能わず。何に況んや二乗・凡夫、誰か堂に昇ることを得んや。

十地・等覚であっても内証の世界に与りえないことが主張され、それこそが密教であるという深遠な世界が説かれているのであるが、そのままでは修行者にとっても関与しない境界となってしまうのである。確かに、それも密教の特色と言うことができる。問題は、そういったことに対する整合的な教義が空海の段階では示されていないことなのである。十住心は、揺るぎない立場の表明として確立している。しかし、他の文献を含めると、後継者への課題は多かったのである。

『弁顕密二教論』について言えば、密教の法身説法思想を喧伝する書として注目されているが、そこに『大智度論』の諸文が援用されたことは密教の大日如来の説法とはかなりの径庭があり、真言宗の学匠達にとっては、それを如何に理解するか、大問題となった。

『即身成仏義』も様々な問題点を持つ書物であり、『弁顕密二教論』と同様に、法仏の三密は等覚・十地でもその境地にあらざることを述べているのであり（大正七七・三八一頁下、三八三頁上）、凡夫だけでなく、即身成仏を密教において論ずる場合に重要な初地という行位についても、その境界から外れることの称揚に力点が置かれている。

以上のように、空海はその天才性をもって執筆を行っているが、『弁顕密二教論』・『声字実相義』・『即身成仏義』というような根本書にも問題点が見出されるのである。『弁顕密二教論』はいつ頃流布したか必ずしも明らかではなく、『声字実相義』・『即身成仏義』や現在偽撰とされる場合が多い『四種《ししゅ》曼荼羅義』の三書は安然が活用するものの、安然は誰の著作であるか言及しない。それらを偽撰と断じうる確定的な論拠はないが、少なくとも互いの聯繫を含め、未解明の要素を持つ諸書であることは確かである。従って、そういった問題点があることを前提として、思想分析を行う必要があるように思われる。

（四）円仁の密教思想

円仁の密教に関する代表作が、『金剛頂経疏』七巻（仁寿元年、八五一年、五十八歳）と『蘇悉地経疏』七巻（斉衡二年、八五五、六十二歳）であることは言うまでもない。この両書を世に出してよいかどうか思案した時の様子が、『慈覚大師伝』に記されている。

斉衡二年、作㆓蘇悉地経疏七巻㆒。大師造㆓二経疏㆒、成功已畢。中心独謂、此疏通㆓仏意㆒否乎。若不㆑通㆓仏意㆒者、不㆑流㆓伝於世㆒矣。仍安㆓置仏像前㆒、七日七夜、翹㆓企深誠㆒、勤修行祈願。至㆓五日五更㆒、夢、当㆓于正午㆒、仰㆓見日輪㆒、而以㆑弓射㆑之。其箭当㆓日輪㆒、日輪即転動。夢覚之後、深悟㆘通㆓達於仏意㆒、可㆖㆑伝㆓於後世㆒。

（『慈覚大師伝』、続天全、史伝2・六九頁上）

斉衡二年、蘇悉地経疏七巻を作る。大師は二経の疏を造ること、成功し已に畢んぬ。中心に独り謂えらく、此の疏は仏意に通ずるや否や。若し仏意に通ぜずんば、世に流伝せず、と。仍ち仏像の前に安置すること、七日七夜、深誠を翹企して、勤めて修行し祈願す。五日の五更に至って、夢みらく、正午に当って、日輪を仰ぎ見て、而して弓を以て之を射る。其の箭《や》は日輪に当り、日輪即ち転動す、と。夢覚めての後、深く仏意に通達し、後世に伝わる可しと悟れり。

古来、夢によって何か重要なことが語られることは多く、この記述もよく知られるものである。円仁が、七日間の修行祈願をした中の五日目五更に、日輪に箭を射ったところ、その箭が日輪に当たって日輪が転動する夢を見たことで、『金剛頂経疏』と『蘇悉地経疏』を世に伝えるべきであることを悟ったと記しているのである。

そもそも、『大日経』には、円仁自身も将来した『大日経義釈』（『大日経疏』とほぼ同内容）という充実した註釈書があったが、『金剛頂経』にはそれに匹敵する書物はなかった。すなわち、『金剛頂経疏』の完成は、胎金両部の本格的註釈書が揃ったことを意味するのである。加えて、台密は円仁以来、両部に蘇悉地部を加えた三部立ちの密教を誇ることになるのであり、『蘇悉地経疏』の完成は台密の特色を際立たせることになった。但し、蘇悉地の伝承には不明なことも少なくない。

円仁の教学については、先ず、『金剛頂経疏』に一大円教論が示されていることに注目しなければならない。すなわち、巻一には、次のように記されている。

言二正明レ教者、亦分為レ二。初明二随他立一、後弁二随自立一。
言二随他立一者、於二真言教一、総有二五種三摩耶教一。謂、仏三摩耶教・菩薩三摩耶教・縁覚三摩耶教・声聞三摩耶教・世間三摩耶教。故毘盧遮那経第二説二諸真言道一竟、説二摂偈一云、秘密主、当レ知、此等三昧道、若住二仏世尊・菩薩救世者・縁覚・声聞説一、摧二害於諸過一。若諸天・世間真言法教道、如レ是、勤勇者、為レ利二衆生一故。此等偈文、如レ次、即是五種三摩耶教。雖三中有二仏三摩耶教一、且随レ機別以為二随他一。故毘盧遮那経義釈判二此偈一云、五位三昧、皆是毘盧遮那秘密加持。其与相応者、皆可三一生成仏一。何有二浅深之殊一。今偈中所レ説、就下彼等自所二流転一法教上而言耳。
後弁二随自立一者、唯随二如来自意一説レ之。故云二随自一。故彼経云、毘盧遮那一切身業・一切語業・一切意業、一切処・一切時、於二有情界一宣三説真言道句法一。所謂、初発心乃至十地、次第此生満足。今准二此文一、如来但説二真言頓証無上法門一、曾無二他事一。是即名為二随自立一也。是故大興善寺阿闍梨云、若就二真言一而立レ教者、応レ云二一大円教一。如来所レ演無レ非二真言秘密道一故。

（『金剛頂経疏』巻一、大正六一・一六頁上中）

正しく教を明かすと言うは、亦分かちて二と為す。初めには随他立《りゅう》を明かし、後には随自立《りゅう》を弁ず。随他立と言うは、真言教に於いて、総じて五種の三摩耶教有り。謂く、仏の三摩耶教・菩薩の三摩耶教・縁覚の三摩耶教・声聞の三摩耶教・世間の三摩耶教なり。故に毘盧遮那経第二（『大日経』巻二、大正一八・九頁下）に諸真言道を説き竟り、摂偈を説いて云く、秘密主よ、当に知るべし、此れ等の三昧道は、若し仏世尊・菩薩救世者・縁覚・声聞の説に住しては、諸過を摧害す。若し諸天・世間の真言法教道、是の如くなるは、勤勇者が、衆生を利せんが為の故なり、と。此れ等の偈文は、次《ついで》の如く、即ち是れ五種の三摩耶教なり。中に仏の三摩耶教有りと雖も、且く機に随って別して以て随他と為す。故に毘盧遮那経義釈（『大日経義釈』巻五、続天全、密教1・一七九頁上。『疏』巻七）に此の偈を判じて云く、五位の三昧は、皆是れ毘盧遮那の秘密加持なり。其の与に相応する者は、皆、一生成仏す可し。何ぞ浅深の殊なり有らんや。今の偈の中に説く所は、彼等自ら流転する所の法教に就いて言うのみ、と。

後に随自立を弁ぜば、唯、如来の自意に随って之を説く。故に随自と云う。故に彼の経（『大日経』巻一、大正一八・一頁上中）に云く、毘盧遮那の一切身業・一切語業・一切意業は、一切処・一切時に、有情界に於いて真言道句の法を宣説す。所謂、初発心乃至十地、次第に此生に満足す、と。今、此の文に准ずるに、如来は但、真言頓証無上の法門を説くのみにして、曾て他事無し。是れ即ち名づけて随自立と為すなり。是の故に大興善寺の阿闍梨云く、若し真言に就いて教を立つれば、応に一大円教と云うべし。如来の演《の》ぶる所は真言秘密道に非ざるは無きが故に、と。

ここには幾つかの問題点があるが、重要なことは、密教における随他立として五種の教えがあることを説いた上で、如来の教えは実は全て密教であるという随自立の立場を論じていることである。それは、大興善寺の阿闍梨、すなわち元政《げんせい》（「がんじょう」とも読む）の口伝に基づくものであり、一大円教の語によって示されている。この一大円教論は円仁の弟子である安然によって継承され、安然の代表的著作の一つである『教時問答』によって大成される。

この中で注目すべきは、随自立の証文として、『大日経』巻一の、「毘盧遮那一切身業・一切語業・一切意業、一切処・一切時、於二有情界一宣二説真言道句法一。（毘盧遮那の一切身業・一切語業・一切意業は、一切処・一切時に、有情界に於いて真言道句の法を宣説す。）」という経文を引用していることである。実はこの箇所は、毘盧遮那仏（大日如来）が主語であるが、一切処・一切時に姿を変えて有情界で説法していることになるのであり、法身と見るか他の仏身と見るか解釈が分かれることになる。しかしながら、円仁にとってはまさに毘盧遮那の遍在性に依る説法を力説することに主眼があり、この経文の尊重こそが円仁の教学の一大特色となるのである(6)。

円仁の教説でもう一つ重要なのが、『蘇悉地経疏』巻一に記された、所謂、唯理《ゆいり》秘密・事理倶密《くみつ》（理事倶密）の教判である。同書では次のように説いている。


問。何等名為二顕教一耶。

答。諸三乗教、是為二顕教一。

問。何故彼三乗教、以為二顕教一。

答。未レ説二理事倶密一故也。

問。所レ言理事（倶）密者、其趣如何。

答。世俗・勝義円融不二、是為二理密一。若三世如来身・語・意密、是為二事密一。

問。花厳・維摩・般若・法花等諸大乗教、於二此顕密一何等摂耶。

答。如二華厳・維摩等諸大乗教一、皆是密教也。

問。若如レ云二皆是密一者、与二今所立真言秘教一、有二何等異一。

答。彼華厳等経雖二倶為一レ密、而未レ尽二如来秘密之旨一。故与二今所立真言教一別。仮令、雖レ説二少密言等一、未レ為レ究二尽如来秘密之意一。今所立毘盧遮那・金剛頂等経、咸皆究二尽如来事理倶密之意一。是故為レ別也。


（『蘇悉地経疏』巻一、大正六一・三九三頁中）

問う。何等をか名づけて顕教と為すや。

答う。諸々の三乗教、是れを顕教と為す。

問う。何が故ぞ彼の三乗教、以て顕教と為すや。

答う。未だ理事倶密を説かざるが故なり。

問う。言う所の理事（倶）密とは、其の趣如何。

答う。世俗・勝義円融不二、是れを理密と為す。若しは三世如来の身・語・意の密、是れを事密と為す。

問う。花厳・維摩・般若・法花等の諸大乗教は、此の顕密に於いて何等の摂なるや。

答う。華厳・維摩等の諸大乗教の如きは、皆是れ密教なり。

問う。若し皆是れ密なりと云うが如くんば、今の所立の真言秘教と、何等の異なりか有るや。

答う。彼の華厳等の経は倶に密と為すと雖も、而も未だ如来秘密の旨を尽くさず。故に今の所立の真言教と別なり。仮令、少しく密言等を説くと雖も、未だ如来秘密の意を究尽せず。今の所立の毘盧遮那・金剛頂等の経は、咸く皆、如来事理倶密の意を究尽す。是の故に別と為すなり。


この記述では明らかに、『大日経』・『金剛頂経』といった密教経典を優位に置き、それを事理倶密と判じている。しかし、『華厳経』・『維摩経』・『般若経』・『法華経』等の諸大乗教も密教であるとし、理秘密の教えと定義したことは、教理において一致することを寓意していることになる。無論、このままでは『法華経』を尊重する天台教学との融合は直ちには導き得ない点があるが、後の学匠は日本天台における円密一致の根拠として活用すべく解釈を施していくことになるのである。(7) 円仁は『金剛頂経疏』巻一で、天台の五重玄義を活用して、台密の根本教義を確立したように、基本は円密一致にある。(8)

（五）円珍の密教思想

円珍の思想も密教を重んじつつも、天台教学との融合が企図されている。例えば、晩年の著述と推定されている、『菩提場経略義釈』巻三には次のような主張が見出される。

持二真言一者、証二得阿字大空妙智一、於二一切境一無レ有二障礙一。遍二一切処一皆得二自在一、不下為二内外蛇一之所上レ齧。金光明説、十地菩薩一一地中、各持二真言一、解二脱諸怖畏、悪獣、鬼神、人・非人等、怨賊、災横、一切毒害一、除二滅五障一、不レ忘レ念レ地。天台大師云、円頓人有二一生超登十地之義一。持二仏頂一者、父母生身頓証二十地一。猶是肉身有二蛇等怖一、由二真言力一不レ被レ齧也。

（『菩提場経略義釈』巻三、大正六一・五三三頁中下）

真言を持《たも》つ者は、阿字大空の妙智を証得し、一切の境に於いて障礙《しょうげ》有ること無し。一切処に遍くして皆、自在を得、内外の蛇の為に齧まれず。金光明（『金光明最勝王経』巻四、大正一六・四二〇頁上〜）に説く、十地の菩薩は一一の地中に、各々真言を持ち、諸怖畏、悪獣、鬼神、人・非人等、怨賊、災横、一切毒害を解脱し、五障を除滅し、地を念ずるを忘れず、と。天台大師云く、円頓の人に一生超登十地の義有り、と。仏頂を持つ者は、父母生身もて頓に十地を証す。猶是れ肉身にして蛇等の怖有るも、真言力に由って齧まれざるなり。

大比叡《おおびえ》明神のために大毘盧遮那経業（大日業）、小比叡《おびえ》明神のために一字頂輪王経業（一字業）という二人の年分度者を賜ったのは仁和三年（八八七、七四歳）の時であり、本書の撰述年時との関わりが類推されている。そして、『菩提場経略義釈』が『菩提場経』、すなわち『菩提場所説一字頂輪王経』という仏頂尊の経典であることは、台密にとって重要な意義がある。(9)

ここに説かれているのは、仏頂尊の真言を持つことの功徳であり、それにより父母生身のまま頓に十地、つまり初地、乃至第十地に登り、しかもその肉身は蛇等によって噛まれないとしている。それは、『金光明経』、及び天台教学における「一生超登十地」という教義によって論じられているのであり、円密一致の主張と言える。そもそも、『法華玄義』巻二下（大正三三・七〇二頁上中）に説かれる「一生超登十地」の義は真諦訳『金光明経』（『合部金光明経』巻三）陀羅尼最浄地品に基づくものであり、日本天台において「十地虎狼」の論題のもとに議論される内容と軌を一にする。なお、円珍がここで依用する『金光明経』は『金光明最勝王経』巻四、最浄地陀羅尼品である。

初期日本天台において、密教を重んじた学匠達が円密一致の義を確立したのであり、それは空海義への対抗でもあった。台密から十住心を批判する上で、注目された記述が、『大日経義釈』巻三・『大日経疏』巻三（続天全、密教1・八七頁下～八八頁上）(10)の記述であり、円珍撰と伝えられる『大日経指帰』では『大日経疏』を誡文として用いて、次のように主張している。

第三総判釈者、先出二誡文一、次通二会之一。
先出二誡文一者、釈云、又、此経宗、横統二一切仏教一。如レ説三唯蘊無我・出世間心住二於蘊中一、即摂二諸部中小乗三蔵一。如レ説下観二蘊阿頼耶一、覚中自心本不生上、即摂二諸経八識・三無性義一。如レ説二極無自性心・十縁生句一、即摂二華厳・般若種種不思議境界一、皆入二其中一。如レ説三如実知自心名二一切種智一、則仏性・一乗・如来秘蔵、皆入二其中一。於二種種聖言一、無レ不レ統二其精要一。已上文
次通会者、横統之言、義如二大海一。如来秘密蔵、何法不レ備。莫下翫二常情一、妄生中巨容上。若嫌二横義之兼二大小一、未

レ有二一切純一之教一。得二此大綱一、塵疑自解。四阿含等一切小乗、皆摂二唯蘊無我句中一。説二人空理一故。如二楞伽・宝積・大集・維摩・央掘・金光・大方等一切大乗一、除二般若・華厳・法華・涅槃一外、皆悉摂三入阿頼耶句一。説二法空理一故。華厳・般若種種諸部、皆摂二自性・縁生句中一。説二第一義空一故。

問曰、華厳一乗是第二七日説。何故与二二十九年已後般若一同摂レ之。

答曰、今案二疏意一、不レ論二説時之先後一。只取二義理之浅深一、以レ類集レ之、与二般若一同。加以、不共般若即是華厳。又、華厳会与二般若経一、其時隣次。又、無量義云、次説二方等十二部経・摩訶般若・華厳海空一、宣三説菩薩歴劫修行一。雖二是非レ指二二七之説一、以下入二法界一義同上故也。案二此等意一、摂二一句中一、其義無レ傷矣。法華・涅槃、及大日等、摂二如実句一。或曰、仏性指二大涅槃一、一乗指二法華経一、如来秘密蔵即持明蔵真言教者、此亦一見矣。今以為、仏性・一乗、不レ可三読為二両句一。説教次第有レ乱故也。法華与二涅槃一、同明二仏性・一乗旨一故、総合為二一句一、如来秘密蔵為二真言一。或立二十住心一、判二一代教一、未レ合二此疏一、不レ足レ為レ論耳。秘密荘厳法界楼観、即如実知自心之相。豈過レ此外更有レ法耶。

（『大日経指帰』、大正五八・一九頁中～二〇頁上）

第三に総じて判釈すとは、先ず誡文《じょうもん》を出し、次に之を通会す。

先ず誡文を出すとは、釈して云く、又、此の経宗は、横に一切の仏教を統《す》ぶ。唯蘊無我・出世間の心は蘊中に住すと説くが如きは、即ち諸部の中の小乗三蔵を摂す。蘊阿頼耶を観じ、自心の本不生を覚ると説くが如きは、即ち諸経の八識・三無性義を摂す。極無自性心・十縁生句と説くが如きは、即ち華厳・般若の種種の不思議の境界を摂し、皆、其の中に入る。如実知自心を一切種智と名づくと説くが如きは、則ち仏性・一乗・如来秘蔵、皆、其の中に入る。種種の聖言に於いて、其の精要を統べざるは無し、と。已上文

次に通会すとは、横統の言は、義は大海の如し。如来秘密蔵は、何法か備えざらん。常情を翫《もてあそ》び、妄りに巨容《こよう》を生ずること莫れ。若し横の義の大小を兼ぬるを嫌わば、未だ一切純一の教有らず。此の大綱を得れば、塵疑自

ら解けなん。四阿含等の一切の小乗は、皆、唯蘊無我の句中に摂す。人空の理を説くが故に。楞伽・宝積・大集・維摩・央掘・金光・大方等の一切の大乗の如きは、般若・華厳・法華・涅槃を除くの外、皆悉く阿頼耶の句に摂入す。法空の理を説くが故に。華厳・般若の種種の諸部は、皆、自性・縁生の句中に摂す。第一義空を説くが故に。

問うて曰く、華厳一乗は是れ第二七日《にしち》の説なり。何が故ぞ二十九年已後の般若と同じく之を摂するや。答えて曰く、今、疏の意を案ずるに、説時の先後を論ぜず。只、義理の浅深を取って、類を以て之を集むるに、般若と同じ。加以《しかのみならず》、不共般若は即ち是れ華厳なり。又、華厳の会と般若経と、其の時隣次す。又、無量義（『無量義経』、大正九・三八六頁中）に云く、次に方等十二部経・摩訶般若・華厳海空を説き、菩薩の歴劫修行を宣説す、と。是れ二七の説を指すに非ずと雖も、法界に入るの義は同なるを以ての故なり。此れ等の意を案ずるに、一句中に摂して、其の義傷無し。法華・涅槃、及び大日等は、如実の句に摂す。或は曰く、仏性は大涅槃を指し、一乗は法華経を指し、如来秘密蔵は即ち持明蔵にして真言教とは、此れ亦一見なり。今以為《おもえらく》、仏性・一乗は読みて両句と為す可からず。説教の次第に乱有るが故なり。法華と涅槃と、同じく仏性・一乗の旨を明すが故に、総含して一句と為し、如来秘密蔵を真言と為す。或は十住心を立て、一代教を判ずるに、未だ此の疏に合ぜざれば、論を為すに足らざるのみ。秘密荘厳法界楼観は、即ち如実知自心の相なり。豈に此れを過ぎて外に更に法有らんや。

『大日経指帰』には幾つかの問題点があり、ここで依用される『大日経疏』や、『大日経義釈』の同文に対する解釈は円珍自身によっても一定しない見解が示され、本書を円珍撰とすると未解明な要素を持ち、また、撰述時についての見解も一定しないが、古来、円珍撰と伝えられている。ここでの要点は、『大日経疏』・『大日経義釈』の文が四心義と呼ばれるように、四つの段落に分けられ、特にその四番目に「如実知自心を一切種智と名づくと説くが如きは、則ち仏性・一乗・如来秘蔵、皆、其の中に入る。」と見られることの解釈である。そして、右の『大日経指帰』では仏性・一乗・如来秘蔵を順に『涅槃経』・『法華経』・真言密教とする説を一見、つまり一つの見識としつつも、ここでは仏性・一乗の箇所は一句として、『法華経』と『涅槃経』を一つのものと見るという解釈をしているのである。実は、一見とする説は安然の説（『教時問答』巻二）と一致するので問題は残るが、台密ではこの『義釈』・『疏』の説を『法華』・『涅槃』・真言に当て嵌めることで、空海批判を展開したことは共通する。

（六）安然の密教義

安然は台密の大成者として知られ、その業績は教相・事相に亙っている。加えて、融合性を特色とする天台宗の諸領域についての撰述を行ったのであり、諸著作に示された見識は後の学匠達に多大な影響を与えることになった。それらは言わば日本仏教史上の遺産でもあり、日本の文化への貢献も大きい。特に密教については、空海による確立以後、新たな展開もあって、空海義を含めてそれらを統合したのであり、広い視野から見れば日本密教の集大成という意義も持つ。とはいえ、安然の密教は天台宗の密教であり、密教の天台化という要素を持っている。

台密は基本的に円密一致を標榜するが、円というのは蔵・通・別・円という四教の一つであり、それに密を加えれば五教となる。そういった考え方に基づいて教理を構築するのが、安然の教相上の代表作の一つである『菩提心義抄』である。その考え方は、『菩提心義抄』巻五には次のように示されている。

今真言宗、一切仏教判為二五教一。一蔵、二通、三別、四円、五密。前四天台大師所立。不空三蔵・門人含光、遊二天竺一日、彼方諸僧問云、伝聞、大唐有二天台教一理致円満。当三訳以伝二此方一耶否云云。蘇悉地疏理秘密教之外更立二事理倶密之教一。故前四外更加二第五一。

（『菩提心義抄』巻五、大正七五・五五四頁中）

今の真言宗は、一切仏教もて判じて五教と為す。一には蔵、二には通、三には別、四には円、五には密なり。前の四は天台大師の所立なり。不空三蔵と門人含光、天竺に遊ぶの日、彼の方の諸僧問うて云く、伝え聞くに、大唐に天台の教有って理致円満す、と。当に訳して以て此の方に伝うべきや否や、と云云。蘇悉地疏には理秘密教の外に更に事理倶密の教を立つ。故に前の四の外に更に第五を加う。

ここでは五教判を立てる根拠を『蘇悉地経疏』の事理倶密教に求めている。そして、必ずしも文脈からは必要ないが、不空とその弟子含光が天竺で天台教学について聞かれた話を記している。それは湛然撰『法華文句記』巻十下（大正三四・三五九頁下）の記述に基づくものであり、その文は最澄の『依憑天台集』（伝全三・三六〇〜三六一頁）に引用されている。

円仁によって伝えられ、確立された一大円教は、安然に至ると、四一判として完成される。それが、やはり教相上の代表作である『教時問答』の綱格となる。同書の開巻劈頭には次のように記されている。

問。真言宗立二幾教時一、判二摂三世十方一切仏教一。
答。真言宗立二一仏・一時・一処・一教一、判二摂三世十方一切仏教一。
問。一仏・一時・一処・一教意何。
答。一切仏名二一仏一、一切時名二一時一、一切処名二一処一、一切教名二一教一。

問。何意立二此一切仏・一切時・一切処・一切教一。

答。常恒三世住二一切時身口意金剛一切諸仏菩薩清浄広博蔵如来、於二一切時一、於二一切処一、常説二一切教一。今約二此意一立二此義一。

問。何名二一切仏・一切時・一切処・一切教一。

答。無始・無終、本来常住之仏名二一切仏一、無始・無終、平等之時名二一切時一、無中・無辺、法界之宮名二一切処一、遍一切乗・自心成仏之教名二一切教一。


（『教時問答』巻一、大正七五・三七四頁上）


問う。真言宗は幾くの教時を立てて、判じて三世十方一切の仏教を摂するや。

答う。真言宗は一仏・一時・一処・一教を立てて、判じて三世十方一切の仏教を摂す。

問う。一仏・一時・一処・一教の意は何ん。

答う。一切仏を一仏と名づけ、一切時を一時と名づけ、一切処を一処と名づけ、一切教を一教と名づく。

問う。何の意もて此の一切仏・一切時・一切処・一切教を立つるや。

答う。常恒三世に一切時の身口意金剛に住する一切諸仏菩薩清浄広博《しょうじょうこうばく》蔵如来は、一切時に於いて、一切処に於いて、常に一切教を説く。今、此の意に約して此の義を立つ。

問う。何をか一切仏・一切時・一切処・一切教と名づくるや。

答う。無始・無終、本来常住の仏を一切仏と名づけ、無始・無終、平等の時を一切時と名づけ、無中・無辺、法界の宮を一切処と名づけ、遍一切乗・自心成仏の教を一切教と名づく。


すなわち、四一とは、一仏・一時・一処・一教のことであり、一切仏・一切時・一切処・一切教の義に基づき、一切を一に収斂させたものと言えるであろう。従って、一切と一は各別のものではなく、立脚点による差違ということになるが、円仁の段階では『大日経』に基づき一切を尊重していたものを、一の尊重へと転換させたのである。

さて、安然の教義は台密における到達点と看做すことができる。そこで、即身成仏について少し触れておくことにしたい。というのは、即身成仏思想は、最澄と空海が、ほぼ時を同じくして自宗の成仏論として顕揚したからである。その教義を構築する上で重要なのは、依拠する経論であろう。即身成仏をどのように把捉するかということは、最澄や空海以降の学匠によって様々に問題点が論じられるようになるが、その過程にあって、円仁から安然に至る研鑽は後への影響も大きい。ここで詳しく論ずることはしないが、安然が如何なる証文に依って即身成仏を立論したか、『教時問答』巻三の問答から簡単に見ておくことにしたい。

問。何以知レ之。真言菩薩非二顕教三菩薩一、是神通乗一念即到菩薩。

答。大日義釈、引二大論神通乗文一以為二真言門菩薩一也。大日経説、初発心地乃至十地、次第此生満足。亦説、越二第三劫一之時、余教菩薩無量無数劫中所二修行一功徳、即皆悉具足。菩提心論云、今真言行菩薩已越二二乗之地一、亦超二十地菩薩境界一、乃至従レ凡入二仏位一者。即此三摩地者、又云、惟真言法中即身成仏故、是説二三摩地法一。於二余教中一、闕而不レ書。又云、若人求二仏慧一、通二達菩提心一、父母所生身、速証二大覚位一。尊勝瑜伽説、三阿僧祇、一念超越。観音瑜伽云、超二菩薩地、及如来地一。五秘密云、於二顕教一修行者、久久経二三大無数劫一、然後証二成無上菩提一。若依二毘盧遮那自受用身智所レ説内証自覚聖智法、及大普賢金剛薩埵他受用身智一、則於二現生一、遇二逢曼荼羅阿闍梨一、乃至受二灌頂受職金剛名号一、従レ此已後、受二得広大甚深不思議法一、超二越二乗・十地一。乃至人・法二執、悉皆平等、現生証二得初地一、漸次昇進。乃至亦云、於二須臾頃一、応時集二得身中一大阿僧祇劫所レ集福徳・智慧一。則為生二在仏家一云云。依二此等文一、立二即身成仏義一耳。

問。所レ言、惟真言法中即身成仏故、是説二三摩地法一。於二余教中一闕而不レ書者、法華八歳龍女、即身成仏、胎経

魔・梵・釈・女、皆不レ捨レ身、不レ受レ身、悉於二現身一得二成仏一。無量義経即於二是身一得二無生忍一、生死煩悩一時断壊。仁王経五千女人、現身成仏。此等大乗非二真言法一。何言二惟真言法中即身成仏故一。

答。此等大乗並是唯理秘密真言教法。具如二前説一。故菩提心論、引下華厳初発心住之文、涅槃南無純陀、身雖二人身一心同二仏心一之文上、以為下真言菩薩速証二大覚一之証上。又、金剛頂疏、引下無量義経即於二是身一得二無（生）忍一等之文上、以為下真言菩薩現生速入二初地一之証上。（『教時問答』巻三、大正七五・四二五頁上中）

問う。何を以て之を知るや。真言の菩薩は顕教の三菩薩に非ず、是れ神通乗にして一念即到の菩薩なることを。

答う。大日義釈（『大日経義釈』巻一、続天全、密教1・四頁上）に、大論（『大智度論』巻三八、大正二五・三四二頁中下）の神通乗の文を引きて以て真言門の菩薩と為すなり。大日経（巻一、大正一八・一頁中）に説く、初発心《しょほっしん》地乃至十地、次第に此の生に満足す、と。亦（『大日経』巻一、大正一八・三頁中。『大日経義釈』巻一、続天全、密教1・六五頁上下）説く、第三劫を越ゆるの時、余教の菩薩の無量無数劫中に修行する所の功徳、即ち皆悉く具足す、と。菩提心論（大正三二・五七三頁上中）に云く、今真言行の菩薩は已に二乗の地を越え、亦、十地菩薩の境界を超え、乃至凡従り仏位に入る者なり、と。即ち此の三摩地とは、又（『菩提心論』、大正三二・五七二頁下）云く、惟《ただ》真言法中にのみ即身成仏するが故に、是れ三摩地法を説く。余教中に於いて、闕して書せず、と。又（『菩提心論』、大正三二・五七四頁下）云く、若し人仏慧《ぶって》を求めて、菩提心に通達せば、父母所生身に、速やかに大覚位を証す、と。尊勝瑜伽（『尊勝仏頂脩瑜伽法軌儀』巻下、大正一九・三八〇頁中）に説く、三阿僧祇、一念に超越す、と。観音瑜伽（『聖観自在菩薩心真言瑜伽観行儀軌』、大正二〇・五頁中）に云く、菩薩地、及び如来地を超ゆ、と。五秘密（『金剛頂瑜伽金剛薩埵五秘密修行念誦儀軌』、大正二〇・五三五頁中下）に云く、顕教に於いて修行する者は、久久として三大無数劫を経て、然る後に無上菩提を証成す。若し毘盧遮那の自受用身智の説く所の内証の自覚聖智の法、及び大普賢金剛薩埵の他受用身智に依らば、則ち現生に於いて、曼荼羅阿闍梨に遇逢し、乃至灌頂受職の金剛名号を受け、此れ従り已後、広大甚深不思議の法を受得し、二乗・十地を超越す。乃至人・法二執、悉く皆平等にして、現生に初地を証得し、漸次に昇進す、と。乃至亦（『金剛頂瑜伽金剛薩埵五秘密修行念誦儀軌』、大正二〇・五三五頁下）云く、須臾の頃に於いて、応時《ただち》に身中の一大阿僧祇劫に集むる所の福徳・智慧を集得す。則ち為に仏家に生在す、と云云。此れ等の文に依って、即身成仏の義を立つるのみ。

問う。言う所の、惟真言法中にのみ即身成仏するが故に、是れ三摩地法を説く。余教中に於いて闕して書せずとは、法華（『法華経』提婆達多品、大正九・三五頁中下）には八歳の龍女、即身成仏し、胎経（『菩薩処胎経』巻四、大正一二・一〇三四頁下～一〇三五頁下。『法華文句』巻八下（大正三四・一一七頁上）の孫引き）には魔・梵・釈・女、皆、身を捨てず、身を受けず、悉く現身に於いて成仏することを得、と。無量義経（大正九・三八八頁中）には即ち是の身に於いて無生忍を得、生死煩悩一時に断壊す、と。仁王経（不明）には五千の女人、現身成仏す、と。此れ等の大乗は真言法に非ず。何ぞ惟真言法中にのみ即身成仏するが故にと言うや。

答う。此れ等の大乗は並びに是れ唯理《ゆいり》秘密の真言教法なり。具には前に説けるが如し。故に菩提心論（大正三二・五七三頁中下）に、華厳（所引は八十『華厳』巻三十四の初地の文。大正一〇・一八四頁上）の初発心住の文、涅槃（『大般涅槃経』巻二、大正一二・六一二頁上）の南無純陀、身は人身なりと雖も心は仏心に同じの文を引いて、以て真言菩薩が速やかに大覚を証するの証と為す。又、金剛頂疏（『金剛頂経疏』巻一、大正六一・一二頁中）に、無量義経の即ち是の身に於いて無生忍を得る等の文を引いて、以て真言菩薩の現生に速やかに初地に入るの証と為す。

この中に引用される証文には、若干の問題点が見出されないわけではないが、即身成仏が一念即到と切り離せない関係であることは明瞭であろう。そもそも、初発心の功徳は六十『華厳』巻八梵行品（大正九・四四九頁下）の「初発心時便成正覚」を代表として、諸経に説かれている。従って、それが密教の独壇場ではないことは言うまでもないが、その義が密教に採用されていることに留意しなければならない。ここでは、真言密教が一念即到であることを説いた上で、それ以外の説を唯理秘密教であるとして、真言教法に加えるのである。ここに、円仁の教学を基盤にした、台密ならではの思想が確立されていることに注目する必要がある。

（七）源信の浄土教思想

最澄の相承が円・密・禅・戒の四宗を標榜し、日本天台は中国天台に比べて密教色を強めることになるが、それはインド仏教の展開を受けた中国仏教の状況に因むものである。そもそも、中国天台の教学と実践は、例えば、四種三昧からも窺えるように、本来融合的なものであり、しかも天台四教における円教の教主は毘盧遮那仏とされることからも密教の導入は困難ではなかったと思われる。

そのような中にあって、浄土教の要素も中国天台にあり、四種三昧の一つである常行三昧は「歩歩声声念念唯在阿弥陀仏。（歩歩《ぶぶ》声声《しょうしょう》念念唯、阿弥陀仏に在り。）」（『摩訶止観』巻二上、大正四六・一二頁中）という法門であった。

日本天台で画期的な撰述を行ったのが源信であり、その著『往生要集』三巻は日本浄土教史上極めて重要である。源信以前の浄土教については、特に、その師であった良源が『極楽浄土九品往生義』を著したことや、円仁が五台山の念仏三昧を移植したことが注目されている。

源信が『往生要集』三巻を書き上げたのは四十四歳の時であった。本書は「大文第一　厭離穢土《おんりえど》」（「えんりえど」とも読む）から、「大文第十　問答料簡」の十門に分かれ、最初の厭離穢土で説かれる六道の描写は絵画的でもあり、中でも諸地獄の様相は人々を震撼させた。その文章表現が浄土教芸術へと展開するのは当然の成り行きであった。

ところで、本書の特色とも言うべき重要な箇所は、巻上・中の「大文第四　正修《しょうしゅ》念仏」に求められる。それは、礼拝《らいはい》門・讃歎《さんだん》門・作願《さがん》門・観察《かんざつ》門・廻向《えこう》門という所謂、五念門で構成されている。これらの中、今は『往生要集』巻中に説かれる観察門の「二総相観」の特徴的な箇所を見ておくことにする。

二総相観者、先観二如レ前衆宝荘厳広大蓮華一、次観三阿弥陀仏坐二華台上一。

……（中略）……

或応レ観。彼仏是三身一体之身也。於二彼一身一、所レ見不レ同。或丈六、或八尺、或広大身。所レ現身皆金色。所二利益一、各無量。与二一切諸仏一其事同一。応化身　又、一一相好、凡・聖、不レ得二其辺一。梵天不レ見二其頂一、目連不レ窮二其声一。無形第一体。非二荘厳一荘厳。十力・四無畏・三念住、大悲、八万四千三昧門、八万四千波羅蜜門、恒沙塵数法門究竟円満。与二一切諸仏一其意同一。報身　微妙浄法身、具二足諸相好一。一一相好即是実相。実相法界具足無レ減。不レ生不レ滅、無二去・来一。不レ一不レ異、非二断・常一。有為・無為諸功徳依二此法身一、常清浄。与二一切仏一其体同一。法身

是故三世十方諸仏三身、普門塵数無量法門、仏衆法海、円融万徳、凡無尽法界、備在二弥陀〔仏〕一身一。不レ縦不レ横、亦非レ一非レ異。非レ実非レ虚、亦非二有・無一。本性清浄、心言路絶。譬如二如意珠中非レ有レ宝、非レ無レ宝。仏身万徳亦復如レ是。

又非下即二陰・入・界一名為中如来上。彼諸衆生皆悉有レ之故、非下離二陰・入・界一名為中如来上。離レ之則是無因縁法。故非レ即、亦非レ離。寂静、但有レ名。是故当レ知、所観衆相、即是三身即一之相好・光明也。諸仏同体之相好・光明也。万徳円融之相好・光明也。色即是空故、謂二之真如実相一。空即是色故、謂二之相好・光明一。一色・一香無レ

非二中道一。受・想・行・識亦復如レ是。我所有三悪道、与二弥陀仏万徳一、本来空寂一体無礙。願我、得レ仏斉二聖法王一。

（『往生要集』巻中、大正八四・五五頁中～五六頁上）

二に総相観とは、先ず前の如く衆宝の荘厳せる広大蓮華を観じ、次に阿弥陀仏の華台の上に坐するを観ぜよ。

……（中略）……

或は応に観ずべし。彼の仏は是れ三身一体の身なり。彼の一身に於いて、見る所同じからず。或は丈六、或は八尺、或は広大身なり。現ずる所の身は皆金色《こんじき》なり。利益する所、各々無量なり。一切諸仏と其の事同一なり。応化身 体なり。又、一一の相好《そうごう》は、凡・聖、其の辺を得ず。梵天も其の頂を見ず、目連も其の声を窮めず。無形第一の荘厳《しょうごん》に非ずして荘厳す。十力・四無畏・三念住、大悲、八万四千の三昧門、八万四千の波羅蜜門、恒《ごう》沙塵数《じゃじんじゅ》の法門は究竟円満す。一切諸仏と其の意同一なり。報身 微妙《みみょう》浄法身は、諸々の相好を具足す。一一の相好は即ち是れ実相なり。実相の法界は具足して減ずること無し。生ぜず滅せず、去・来も無し。一ならず異ならず、断・常にも非ず。有為・無為の諸功徳は此の法身に依って、常に清浄なり。一切仏と其の体同一なり。法身 是の故に三世十方の諸仏の三身、普門塵数の無量法門、仏衆の法海、円融の万徳、凡て無尽の法界は、備さに弥陀〔仏〕の一身に在り。縦ならず横ならず、亦、一にも非ず異に非ず。実に非ず虚に非ず、亦、有・無にも非ず。本性清浄にして、心言の路絶えたり。譬えば如意珠の中には宝有るにも非ず、宝無きにも非ざるが如し。仏身の万徳も亦復是の如し。

又、陰・入・界に即して名づけて如来と為すに非ず。彼の諸々の衆生に皆悉く之有るが故に、陰・入・界を離れて名づけて如来と為すにも非ず。之を離るれば則ち是れ無因縁の法なり。故に即に非ず、亦、離に非ず。寂静にして、但、名のみ有り。是の故に当に知るべし、所観の衆相は、即ち是れ三身即一の相好・光明なり、と。諸仏同体の相好・光明なり。万徳円融の相好・光明なり。色は即ち是れ空なるが故に、之を真如実相と謂う。空は即ち是れ色なるが故に、之を相好・光明と謂う。一色・一香も中道に非ざるは無し。受・想・行・識も亦復是の如し。我が所有の三悪道と、弥陀仏の万徳と、本来空寂にして一体無礙なり。願わくは我、仏を得て聖法王に斉しからん。

観察門は、別相観、総相観、雑略《ぞうりゃく》観の三に分かれている。別相観では華座《けざ》観から始まり、阿弥陀仏の相好を頂上から足下に至るまで一つずつ観ずることが説かれている。特色としては三十二相ではなく四十二相になっていることである。雑略観は眉間の白毫を観ずべきことを「若し極略を楽わば」という条件で述べている。

そして、総相観では、阿弥陀仏そのものを観ずることを説くのであるが、天台教学に準じて、法身・報身・応身の三身が一体であることが強調されている。更に、衆生との関係にも言及し、「色即是空」と「空即是色」の義により仏と衆生の一体性にも言及するのである。空思想に基づくだけであるならば、天台宗としての独自性の発揚とはならないが、その後に天台宗の名言「一色一香無非中道[11]（一色・一香も中道に非ざるは無し）」を記すことで、即空即仮即中という三諦円融を説く天台宗の立場が根底にあることが知られる。但し、「我が所有の三悪道と、弥陀仏の万徳と、本来空寂にして一体無礙なり。」と結論づけるように、「本来空寂」というところに論拠の中心があるように思われる。

ともかく、阿弥陀仏が諸仏の中で特出されているとしても、源信においては、阿弥陀仏の名号を称える称名念仏が中心にはなく、阿弥陀仏を観想することが根本義なのである。とはいえ、源信による『往生要集』の執筆は、日本仏教における浄土教法門を盤石のものとし、鎌倉仏教の浄土系新仏教出現の基盤となったのである。

（八）まとめ

宗の形態はともかく、奈良仏教として南都六宗があり、それに平安期の天台・真言二宗が加わることで、八宗となる。それらの中、天長勅撰六本宗書として執筆されたのは、寓宗であった倶舎・成実の二宗を除く六宗であり、空海の『秘密漫荼羅十住心論』十巻、『秘蔵宝鑰』一巻、義真の『天台法華宗義集』一巻、護命《ごみょう》（法相宗）の『大乗法相研神章《けんじん》』五巻、玄叡（三論宗）の『大乗三論大義鈔』四巻、普機の『華厳一乗開心論』六巻、豊安《ぶあん》（律宗）の『戒律伝来記』三巻が著された。

それらの中、義真の『天台法華宗義集』は日本天台全般に論及するものではなく、中国天台の、所謂、天台教学を祖述したものである。従って、日本天台の融合性は示されなかったのであるが、比叡山の学問そのものは密教を中心に融合性をその特色としていったのである。そして、密教はしばらくの間、天台密教が優勢となり、それは比叡山の財産となる。

日本の密教は、台東両密が拮抗して展開する。その影響は仏教や神道にも極めて大きいのであり、日本の思想史上、密教の重要性は勿論、天台宗の密教の意義を知る必要がある。

なお、比叡山で学んだ鎌倉仏教の祖師の中では、道元（一二〇〇～一二五三）と親鸞（一一七三～一二六二）には純然たる密教の教義や実践の影響は見られないが、曹洞宗では瑩山紹瑾《けいざんじょうきん》（一二六八～一三二五）によって密教の導入がなされたことは知られている。蛇足ながら、南都の仏教にも密教の影響は顕著である。

奈良仏教と平安仏教は、特に法相宗と天台宗の三一権実論争が継続したことは留意すべきことであるが、それぞれがその主張の根拠を持っているのであり、解決することはない。良源と法相宗の仲算との議論でよく知られる応和の宗論は様々な脚色がなされ、しばしば両者の徳が讃えられている。そして、源信が六十五歳の時に『一乗要決』を著したことは、天台からの総括とされている。法相宗との論争が、華厳宗や真言宗とではなく、天台と継承されたのは、最澄と徳一以来のことであり、内容から言えば、学識を持つ学僧達による、終焉を迎えることのない熱論であった。

比叡山では、恵心院の源信と檀那院の覚運（九五三〜一〇〇七）を祖として、恵檀両流が成立し、更に分流するが、それは二人の知るところではなかった。この両流、及び諸流は本覚思想・口伝法門との関わりから注目され、徐々に研究がなされている。

また、鎌倉仏教で禅と浄土が一概ならざる展開を示すが、それらが天台宗の中に内包されていた法門であったことも認識すべきことである。

註

（1）石井公成『聖徳太子　実像と伝説の間』第四章（三）（春秋社、二〇一六）に概要がある。
（2）花山信勝『法華義疏』（下）（岩波文庫、一九〇頁、四〇七頁〜）。本書には、聖徳太子奉讃会による複製もある。
（3）『日本霊異記』巻中（岩波・日本古典文学大系七〇、八七頁・二六五頁）。
（4）佐伯有清『若き日の最澄とその時代』「Ⅲ　山林修行と願文」（吉川弘文館、一九九四）。
（5）松原智美「Ⅷ　台密の美術　曼荼羅の特色」（大久保良峻編著『天台学探尋』、法藏館、二〇一四）。
（6）大久保良峻「台密に見る密教の東漸―円仁撰『金剛頂経疏』の教学的特色を中心に―」（新川登亀男編『仏教文明の展開と表現―文字・言語・造形と思想―』、勉誠出版、二〇一五）。
（7）大久保良峻『最澄の思想と天台密教』「天台密教の顕密説」（法藏館、二〇一五）。
（8）大久保良峻『最澄の思想と天台密教』Ⅳ「訳註　円仁撰『金剛頂経疏』大綱・玄義」（法藏館、二〇一五）。

(9) 仏頂尊については、三﨑良周『台密の研究』(創文社、一九八八)の随所に言及がある。
(10) このことについては、大久保良峻『台密教学の研究』第五章「台密教判の問題点」(法藏館、二〇〇四)参照。
(11) 大久保良峻編著『天台学探尋』Ⅰ「天台教学の根本思想」(法藏館、二〇一四)。

(参考文献)

石田瑞麿『源信』(日本思想大系6)、岩波書店、一九七〇
安藤俊雄・薗田香融『最澄』(日本思想大系4)、岩波書店、一九七四
弘法大師空海全集編輯委員会『弘法大師空海全集』一〜八、筑摩書房、一九八三〜一九八五
末木文美士編、大久保良峻他編集協力『日本仏教の礎』(新東アジア仏教史11 日本Ⅰ)、佼成出版社、二〇一〇

第二部　中世

第三章　中世仏教の成立とその特質

上島　享

一　はじめに

本章では、歴史学の立場より、中世仏教の成立とその特質について論じることにする。

日本において近代歴史学が成立するなか、西洋の時期区分概念を参照して、日本史上に「中世」という時期区分が用いられるようになった。日本「中世」は武士の時代で、民衆に布教した「鎌倉新仏教」が時代を代表する宗教だとされた。しかし、現在ではこのような理解は成立しない。中世社会の基盤をなすのは荘園制で、荘園の多くは権門寺院や天皇・上皇が建立した御願寺の所領となっており、荘民が納めた年貢・公事を財源にして諸寺院で天下泰平や五穀豊穣が祈られた。そこでの祈願の対象には年貢を納めた荘民ひとり一人の安穏をも含まれており、中世に生きた人々の幸せを保証したのは顕密仏教（南都・天台・真言の八宗）だった。

中世を通じて存続する荘園制が成立したのが十二世紀初頭で、この時期に中世社会が成立したとするのが、現在、日本史の学界での通説的な理解である。しかしながら、著者は中世社会の諸要素は既に十世紀には現れており、古代から中世への画期を天慶の乱（九三九～九四〇）に求めている（拙著『日本中世社会の形成と王権』）。本章でもかかる視座から中世仏教の成立とその特質を論じることにする。

顕密仏教（顕密八宗）が中世仏教の中心だと述べたが、平安初期の天台・真言両宗の成立により顕密仏教の基本的な枠組は完成しており、日本社会が古代から中世へと変化するなかで、仏教の内実がいかに変化したのかが問題となる。古代仏教と対比して、中世仏教の特徴として次の八点をあげたい。
a　仏教が政治とより密接に結び付くこと
b　権門寺院が成立し、寺内では僧侶の階層分化と職務分担が進み、多様な形態の僧侶が現れるとともに、寺院社会の世俗化が進行すること
c　宗教儀礼が広く俗人にも目を向けて発展すること
d　荘園制を基盤とする社会のなかで、仏教が人々の生活と密接に結び付くこと
e　本地垂迹説の確立と和光同塵思想の普及により、神と仏と人間、三者の関係に大きな変化がみられること
f　古代とは質的に異なった形で、中国仏教の影響を受けること
g　仏教的な世界観たる三国観が広く共有されること
h　葬送儀礼に仏教が積極的に関与すること
これらの論点のうち、本章ではａｂｃｄを中心に叙述を進めることで、中世仏教の成立とその特質を示したい。

二　寺院の世俗化と寺内の階層分化——中世寺院社会の形成

宗教が政治と密接な関係を持つことは、世の東西を問わずみられるが、日本の中世においては、古代や近世と比較しても、両者の親密度は極めて深かった。天皇が外護者として御願寺を建立するのみならず、上皇は出家して法皇と

なり自ら仏教儀礼を行うこともあった。また、王家（天皇家）や貴族の子弟は僧侶として権門寺院に入り、彼らは寺内で様々な優遇を受けた。本来、出家することで世俗の諸関係から離脱し、寺院社会は僧侶集団独自の論理で動いていたが、かかる古代における寺院社会のあり方が大きく変化するのが十世紀後半で、その嚆矢といえるのが藤原師輔（九〇八〜九六〇）の第十男尋禅（九四三〜九九〇）の延暦寺への入寺である。

天徳二年（九五八）に十六歳で出家した尋禅は、師良源（九一二〜九八五）の推挙と藤原氏の助力により異例の出世を遂げる。応和元年（九六一）、臈三年、二十歳に満たない尋禅は、父の遺言により十一箇所にわたる莫大な荘園群を譲渡され、自らの経済的基盤とする。そして、天禄四年（九七三）には、楞厳院一身阿闍梨となる。一身阿闍梨とは、王家や摂関家の子弟が一代に限って与えられた灌頂阿闍梨の号で、尋禅が最初である。さらに、天延二年（九七四）には、律師を経ず権少僧都に直任され、その後、昇進を重ね、寛和元年（九八五）には四十三歳で天台座主となる[1]。

尋禅は叡山横川の飯室に建立した住房妙香院を拠点に活動し、そこに父から譲られた所領を施入した。永祚二（九九〇）年正月、死を前にした尋禅は朝廷へ奏聞状を提出した。彼の申請通り、妙香院を一条天皇の御願寺として、院司と供僧を補任し、年分度者二人を置くことが認められた。その太政官牒には、妙香院の特徴が明確にあらわれている。

太政官牒　延暦寺

応㆘以㆓妙香院㆒為㆓御願㆒、補㆓院司・供僧㆒、並置㆗年分度者㆖事

一、建立堂一院

五間四面桧皮葺堂一宇

安二置釈迦如来像　一体　　普賢菩薩像　一体　　文殊師利菩薩像　一体一
十五間一面桧皮葺廊二宇
十一間二面僧房一宇
十一間二面政所屋一宇
五間湯屋一宇
十一間二面人宿屋一宇
院司
　検校伝灯大法師位尋光〈年三十九、臈十五〉
　別当伝灯大法師位鎮粛〈年六十四、臈五十二〉
　勾当伝灯大法師位忠暹〈年六十六、臈三十〉
　預伝灯大法師位定救〈年卅五、臈十六〉
　伝灯大法師位中延〈年三十、臈十一〉
七禅師
　（僧名七口　略）

右、得二法印大和尚位尋禅去正月廿六日奏聞状一偁。尋禅幼日出家、多年住山。忍二寒温一而守二大師之跡一。凌二風雨一而致二奉公之節一。（中略）而病悩弥重、運命将レ終。当二于斯時一、蓋レ表二素懐一。謹検二傍例一、道俗尊卑、私建二立堂塔一、申二成御願一、定二置供僧一、古今巨多、不レ可レ有二勝計一。尋禅忝為二数代助化之末胤一、謬列二一宗執政之貫首一。縦雖二非例之事一、蓋レ蒙二不次之恩一。況乎昔日・当時傍例多存。鎮二護国家一祈二誓宝祚一之願、豈無二裁許一乎。望請蒙二鴻恩一、因二准傍例一、時将（ママ）下為二今上御願一、令上レ勤二御祈願一。但至二所司・供僧一、尋禅之門徒之中、抜二住山・修学一者、言二上解文一。至二于俗司一、撰二道心清廉臣一、依レ請被レ裁二許之一。抑以二検校・別当・勾当三口僧一、可レ置二供僧十口中一也者。

一、定二置年分度者二人一事

（中略）

以前、正二位行権大納言兼皇太后宮大夫藤原朝臣道兼宣。奉レ勅依レ請者。寺宜二承知、依レ宣行一レ之。牒到、准レ状。故牒。

永祚二年二月十四日　　正五位下行左大史久米宿禰国平牒

従五位上守左少弁源朝臣

（『門葉記』「妙香院」、『大日本史料』第二編之一）

太政官牒す　延暦寺

応に妙香院を以て御願と為し、院司・供僧を補し、並に年分度者を置くべき事

一、建立するところ堂一院

五間四面の桧皮葺の堂一宇

釈迦如来像一体、普賢菩薩像一体、文殊師利菩薩像一体を安置す

十五間一面の桧皮葺の廊二宇

十一間二面の僧房一宇

十一間二面の政所屋一宇

五間の湯屋一宇

十一間二面の人宿屋一宇

院司

検校伝灯大法師位尋光〈年三十九、臈十五〉
別当伝灯大法師位鎮粛〈年六十四、臈五十二〉
勾当伝灯大法師位忠暹〈年六十六、臈三十〉
預伝灯大法師位定救〈年卅五、臈十六〉
伝灯大法師位中延〈年三十、臈十一〉

七禅師

（僧名七口　略）

右、法印大和尚位尋禅の去ぬる正月廿六日の奏聞状を得るに偁く。「尋禅幼日出家し、多年住山す。寒温を忍びて大師の跡を守る。風雨を凌ぎて奉公の節を致す。（中略）而るに病悩弥々重く、運命将に終らんとす。斯の時に当たり、蓋ぞ素懐を表さざる。謹んで傍例を検ずるに、道俗尊卑、私に堂塔を建立し、御願に申し成し、供僧を定め置くこと、古今巨多、勝計有る可からず。尋禅忝くも数代助化の末胤と為りて、謬りて一宗執政の貫首に列す。縦え非例の事と雖も、蓋ぞ不次の恩を蒙らざる。況んや昔日・当時の傍例多く存す。国家を鎮護し宝祚を祈誓するの願い、豈に裁許無からんや。望み請うらくは鴻恩を蒙り、傍例に因准し、時《（ママ）》に将に今上の御願と為し、御祈願を勤めしめんとす。但し所司・供僧に至りては、尋禅の門徒の中、住山・修学に抜きんずる者、解文を言上せん。俗司に至りては、道心清廉の臣を撰び、請に依り之を裁許せられよ。抑も検校・別当・勾当三口僧を以て、供僧十口中に置く可きなり」てえり。

一、年分度者二人を定め置く事

（中略）

以前、正二位行権大納言兼皇太后宮大夫藤原朝臣道兼宣す。「勅を奉るに、『請によれ』てえり」。寺宜しく承知し、宣に依りて之を行うべし。牒到らなば、状に准ぜよ。故に牒す。
永祚二年二月十四日　正五位下行左大史久米宿禰国平牒す
従五位上守左少弁源朝臣

妙香院には、堂・廊二宇・僧房・政所屋・湯屋・人宿屋の計七宇の建物があり、五口の院司と七口の禅師が置かれていた。院家の中心は仏堂とそれに附属する廊二宇で、僧房は主に院主尋禅の生活や修学・修行の場で、政所屋は院司・禅師が院務を行う家政機関といえ、人宿屋には院家を支える俗人が暮らしたと思われる。院家の構成員たる所司・供僧（院司・七禅師）は尋禅の弟子の中より、住山・修学に抜きんずる者を選任し、推挙の解文を朝廷に提出するという。それは俗司（俗別当）の補任でも同じで、御願寺ゆえ、院家の人事は朝廷に報告されたが、朝廷は追認をするのみで、院主の意向に従ったといえる。年分度者二名が認められた妙香院では、独自に僧侶の再生産も可能で、院家は尋禅の門弟の拠点となった。このように、妙香院は延暦寺内にあるものの、組織や運営の面で寺家からの自立性は強く、院主たる尋禅と彼に仕える真俗により運営される独立した家としての性格が強い。かかる特権が認められたのは、尋禅自身が奏聞状で「尋禅忝くも数代助化の末胤」と述べるがごとく、彼の出自によるところが大きかった。

尋禅以降、権門寺院への貴族子弟の入寺は徐々に増加し、院政期になると一般化する。かかる事態の進行は、僧侶の生活や僧団運営、寺内の組織や教学のあり方など、寺院社会そのものを根本的に変えていくことになる。まず、寺家の伽藍にある僧房で共同生活を送っていた僧侶が、院家で独立した生活を営むことにより生じた変化をみる。院家では、院主は真俗の従者を抱え世俗に近い暮らしをしており、生活様式の変化は僧伽集団の取り決めたる戒律の軽視につながり、やがて女犯（妻帯）・男色なども広がっていく。また、院家においては、臈次に基づく僧伽の論理よりもむしろ、優勢な院主を頂点とする主従制的な関係が重んじられ、「門徒」「門弟」といった新たな集団が寺家内部に形成されていく。

さらに、尋禅のように、世俗の出自が寺内での昇進を左右するようになると、臈次や能力に基づく僧団秩序は後退し、院政期には寺内の身分秩序は世俗社会の生き写しのごとくになる。それにともない、寺内の階層分化も進行する。貴族の子弟ら上層部の僧侶は朝廷や都の御願寺などで行われる法会や修法へ出仕すること（公請）が最も重要な職務で、それに備えて寺内で教学研鑽に励み、彼らは学侶と呼ばれる集団を形成する。一方、中下級の僧侶は学侶が勤める法会で主要な役を果たすことはできず、学侶や法会を下支えするとともに、教学よりも修行に力を入れ、堂衆という集団をつくる。そもそも、僧侶は持戒を前提に、教学と修行（冥想）とを等しく鍛錬すること――三学（戒・定・慧）の一致――が求められていたが、戒律の軽視とともに、定・慧のバランスも崩れていくのである。

このように、院政期になると、主要な権門寺院では、学侶が寺家の活動の中心を担い、それを堂衆が支えるという秩序ができ、学侶は院家で独立した暮らしを、堂衆は伽藍の僧房で共同生活をした。そして、俗化した寺院社会を逃れ、真の出家の境地を求め遁世を遂げる僧も現れ、彼らは寺院から少し離れた別所に住して、外縁から権門寺院を支援したのである。これが古代から大きく変貌した中世の権門寺院と僧侶の姿である。

さて、尋禅の奏聞状には、妙香院そのものの相承（相続）に関する記載はないが、父師輔の子孫が出家して院主を継いだ。院家が特定の貴族の家の出身僧により相承されることは一般的で、相続を確実なものとするために譲状が作成される場合もある。

附属
随心院
弘誓院

金剛王院

堂宇・聖教・本尊・道具・門跡領等事

右、世間・出世悉所レ令レ付二属厳家僧正一也。更不レ可レ有二他妨一之状如レ件。

永仁七年正月　日　　権大僧正（花押）

（『醍醐寺文書』三五七号、『大日本古文書　家わけ十九　醍醐寺文書之二』）

附属す

随心院

弘誓院

金剛王院

堂宇・聖教・本尊・道具・門跡領等の事

右、世間・出世悉く厳家僧正に付属せしむる所なり。更に他の妨有る可からざるの状件の如し。

永仁七年正月　日　　権大僧正（花押）

これは永仁七年（一二九九）に、静厳が弟子の厳家に随心院・弘誓院・金剛王院を附属した文書である。静厳は摂政一条実経の子で、実経の息家経の子が厳家で、随心院等の院家は一条家の子弟により相承された。三院家の「世間・出世」（世俗と仏界）のすべてが譲られたが、特に明記されているのが「堂宇・聖教・本尊・道具・門跡領等」である。堂宇は院家の仏堂をはじめとする建物、聖教・本尊・道具が院家の宗教活動に必要な書籍・本尊・法具で、門跡領は院家の経済的基盤となる荘園など所領である。これを貴族の家の譲状と対比するなら、堂宇は貴族の邸宅に、聖教・本尊・道具は相伝の日記や家宝に、門跡領は所領に該当する。まさに院家は貴族の家に近似し、家産とともに物件として人から人へと譲与の対象となるのである。「仏物」として公共性の強い寺家との差異は明確だろう。寺の内部に私的に譲渡可能な院家が成立することが、中世寺院の特徴といってよい。

本節で論じた寺院社会の変化は、中央の権門寺院において十一・十二世紀を通じて進行し確立を遂げた。やがて、かかる動きは地方の末寺まで及び、広く日本列島に新たな寺院社会の姿が定着していくことになるのである。

三　王法仏法相依論

権門寺院における変化を論じたが、延暦寺や興福寺のように権門への歩みを確実に進める寺院がある一方、多くは独自での存立が難しく、やがて権門寺院の末寺に編成されていく。寺院社会は弱肉強食の様相を呈することとなり、その原因は十世紀を通じて朝廷が寺院社会全体に対する直接的な保護・統制を放棄したことにある。かかる状況のもと、窮地に立った寺院の側は自ら生き残りをかけて、朝廷（王権）への忠誠を競い合い、そこで生まれた論理が王法仏法相依の思想であった。

王法仏法相依論とは、王法（王権）と仏法とが車の両輪のごとく相互に依存し扶助しあうことを説くもので、それが最初に現れるのが「四天王寺御手印縁起」である。「四天王寺御手印縁起」は、寛弘四年（一〇〇七）八月一日に四天王寺都維那十禅師慈蓮が金堂内の金六重塔中より発見したもので、「皇太子仏子勝鬘」たる聖徳太子が自ら著し紙面に手印二十五顆を捺したとするが、実際には、太子に仮託して創作された史料で、発見直前に慈蓮周辺で作成されたものと思われる。前半部では、四天王寺内の四箇院（敬田・施薬・悲田・療病院）の建立縁起と資財等が載せられ、後半部には聖徳太子自身の語りが詳しく記されており、次の太子の言葉で始まる。

臣爰受二儲君位一。再三固持、出家入道、為下度二外者一、興二隆仏教一、紹中耀玄風上。天皇不レ聴。不二敢固辞一。故製二十七条憲章一、為二王法之規模一、流二布諸悪莫作之教一、為二仏法之棟梁一。（中略）後代代世世、王位固令二守護一、莫二傾国之臣一、存二忠貞之懐一。仏子勝鬘敬奉二請三世諸仏・十方賢聖・梵釈四王龍神八部一切護法等一、起レ誓言。

（「四天王寺御手印縁起」、仏全一一八）

臣（聖徳太子）爰に儲けの君（皇太子）の位を受く。再三固辞し、出家入道し、外者を度し、仏教を興隆し、玄風を紹耀せんとす。天皇聴さず。敢えて固辞せず。故に十七条の憲章を製し、王法の規模と為し、諸悪莫作の教えを流布し、仏法の棟梁と為す。（中略）後に代代世世、王位を固く守護せしめ、傾国の臣莫く、忠貞の懐を存ず。仏子勝鬘（聖徳太子）敬いて三世諸仏・十方賢聖・梵釈四王龍神八部一切護法等を奉請し、誓いを起して言す。

太子は出家を願ったが天皇の許しが得られず、自ら十七条憲法を作り王法の規模となし、諸悪莫作の教えを流布させ仏法の棟梁としたと述べる。そして、後代の天皇に対して四天王寺の守護を求め、太子自ら仏神への誓言をなしている。つまり、王法仏法相依の体現者たる太子が、未来際にわたり自らの後裔たる国王に対して仏法の護持――なかでも四天王寺の保護――を要求することが、本縁起の主眼といってよい。

王法仏法相依思想が本縁起の後半部を貫く主張であり、特に強調されるのが所領等の保全である。

若有二後代不道主・邪逆臣一、若掠二犯寺物一、若破二障吾願一、令レ獲下破二辱三世諸仏・十方賢聖一之罪上、堕二在無間獄一、永莫二出離一。子孫苗裔蒙二無量災一、寿命短促、官位失亡、雷電霹靂悉以震裂。若有二興隆輩一、官位福栄、自以相続、子孫世世常安常楽、悉殖二勝因一。（中略）若有二国郡司一、挟二邪心一、寄二事公家一、奪二妨田地一、還為二俗財一、狩二捕寺奴婢一、令二駈役一之時、定知、仏法滅尽畢。当二于斯時一、王位日競、君臣忽レ序、奪二諍国務一、父子義絶、国王后妃其数満レ国、官物滅亡、王臣相共恒乏飢渇、鬼神悉瞋、疾病日日、百姓擾乱、兵殺綿々。可レ哀可レ傷。

（「四天王寺御手印縁起」、仏全一一八）

若し後代不道の主・邪逆の臣有らば、若し寺物を掠犯せば、若し吾が願いを破障せば、三世諸仏・十方賢聖を破辱するの罪を獲さしめ、無間獄に堕在して、永く出離すること莫れ。子孫苗裔無量災を蒙り、寿命短促し、官位失亡し、雷電霹靂悉く以て震裂す。若し興隆の輩有らば、官位福栄し、自ら以て相続し、子孫世世常に安常楽、悉く勝因を殖う。（中略）若し国郡司有りて、邪心を挟み、事を公家に寄せて、田地を奪妨し、還って俗財と為し、寺奴婢を狩捕して、駈役せしむの時、定めて知る、仏法滅尽し畢ぬ、と。斯の時に当たり、王位日に競い、君臣序を忽し、国務を奪諍し、父子義絶し、国王后妃其の数国に満ち、官物滅亡し、王臣相い共に恒乏飢渇し、鬼神悉く瞋り、疾病日日あり、百姓擾乱し、兵殺綿々とす。哀む可し傷む可し。

仏法の滅尽が王法の衰退と一体だとされており、王法破滅の有り様を具体的に描いていることは、仏法軽視に対する警告の意味を持つ。さらに、寺物を掠め犯す者に対しては「無間獄に堕在して、永く出離すること莫れ。子孫苗裔無量災を蒙り、寿命短促し、官位失亡し、雷電霹靂悉く以て震裂す」と厳しい報を受けるとしており、違約の際の罰を明記している点は注目される。同時に、「若し興隆の輩有らば、官位福栄し、自ら以て相続し、子孫世世常に安常楽、悉く勝因を殖う」と寺院を興隆した者の功徳をも説くが、全体としては違約を許さないとする厳しい文言が連ねられている。
寺領等の保護を強く求めていることは、「御手印縁起」が創作された十一世紀初頭には、四天王寺が経済的に困窮していたことが原因である。四天王寺では天徳四年（九六〇）三月十八日に伽藍が焼失しており（『日本紀略』同日条）、その再建費用を含めて、寺院としての維持そのものに苦心していた。かかる現状を打破して、天皇・朝廷に対して保護・援助を求めるために、四天王寺が創作したのが「御手印縁起」であった。そこでは、王家の先祖で四天王寺の本願でもあり、日本仏教の祖たる聖徳太子が脅しともとれる厳しい言葉を連ねながら、王法仏法相依の遵守を現在の天皇に要求しており、その強い意志を示すために手印が捺されたのである。

その後、四天王寺は御手印縁起を積極的に利用して、権力者への働きかけに成功し、藤原道長（九六六〜一〇二七）をはじめとする歴代の摂関や女院・上皇がたびたび四天王寺を訪れた。聖徳太子に仮託して創作された縁起はまさに太子の真筆として現実に機能したのである。[2]

さて、王法仏法相依の論理が次に現れるのが、天喜元年（一〇五三）七月日美濃国茜部荘司等解である。

東大寺美濃国茜部御庄司・住人等解　申請　寺家政所裁下事
請レ被下特蒙二鴻慈一、奏二聞事由於公家一、改二本四至一、打二傍《（牓）》示一、令レ停二止検田・収納・四度使入勘一、裁二免国郡差課色色雑役一、偏勤中仕寺家恒例所課及御地子物弁上状。
四至（割注略）
右、謹案二事情一、東大寺御所領諸国散所庄薗収公・荒廃尤道理也。（中略）如レ此遷替之間、寺家庄庄或以荒廃、或以収公。適雖レ有二見《（現）》作一、代代国司収公也者。徒有二勅施入之名一、曾無二寺家用之実一。是即代代長吏遷替之所レ致也。不レ如、於二件庄庄一引二准傍例一、須下限二四至一打二傍《（牓）》示一、令レ停二止検田・収納・四度使等之入勘一、被上レ裁二免国郡差課之雑役一也者、兼亦任二前前両度宣旨一、被レ停二止防河・造宮・御馬逓送・官使上下向供給駄夫等之役一者、方今王法仏法相双、譬如二車二輪・鳥二翼一。若其一闕者、敢以不レ得二飛輪一。若無二仏法一者、何有二王法一乎。若無二王法一者、豈有二仏法一乎。仍興法之故、王法最盛也。而今近代国司各忘二憲法一、為レ事二利潤一。而間収二公寺院庄田一、徴二責官物租税一、充二負臨時雑役一、虚二用仏物・僧物一。因レ茲寺家庄薗弥以荒廃、御寺大愁莫レ過二於斯一。望請　政所裁定。遠仰二本願聖霊之遺勅一、近慰二末代庄薗之愁吟一矣。仍録二事状一、以解。

天喜元年七月　日　　専当秦

別当守部

文屋

秦

惣検校僧

（東大寺文書、『平安遺文　古文書編　第三巻』七〇二号、影字本により一部修正）

東大寺美濃国茜部の御庄司・住人等解し申し請う寺家政所の裁下の事

特に鴻慈を蒙り、事の由を公家に奏聞し、本四至を改め、牓示を打ち、検田・収納・四度使の入勘を停止せしめ、国郡に差し課す色色の雑役を裁免し、偏えに寺家の恒例の所課及び御地子物の弁を勤仕せられんことを請うの状。

右、謹んで事情を案ずるに、東大寺御所領諸国散所庄薗収公・荒廃尤も道理なり。（中略）此の如く遷替の間、寺家の庄庄或は以て荒廃し、或は以て収公す。適現作有りと雖も、代代の国司収公するなりてえり。徒に勅施入の名有りて、曾て寺家の用の実無し。是れ即ち代代の長吏遷替の致す所なり。如からずんば、件の庄庄に於いて傍例を引准し、須く四至を限り牓示を打ち、検田・収納・四度使等の入勘を停止せしめ、国郡の差し課すところの雑役を裁免せらるべきなりてえれば、兼ねて亦、前前両度の宣旨に任せて、防河・造宮・御馬逓送・官使上下向供給駄夫等の役を停止せられれば、方今王法と仏法相い双び、譬うるに車の二輪・鳥の二翼の如し。若し其の一闕かば、敢えて以て飛輪を得ず。若し仏法無くんば、何ぞ王法有らんや。若し王法無くんば、豈に仏法有らんや。仍て興法の故に、王法最も盛んなり。而るに今近代の国司各憲法を忘れ、利潤を事と為す。而して間《ひそか》に寺院の庄田を収公し、官物租税を徴責し、臨時雑役を充て負い、仏物・僧物を虚用す。茲に因りて寺家の庄薗弥々以て荒廃し、御寺の大いなる愁い斯れに過ぎる莫し。望み請うらくは政所の裁定を。遠くは本願聖霊の遺勅を仰ぎ、近くは末代の庄薗の愁吟を慰めん。仍て事状を録し、以て解す。

天喜元年七月　日　　専当秦

別当守部

文屋

秦

惣検校僧

東大寺領美濃国茜部荘の庄司らが東大寺に対して、奏聞を求めて提出した解状である。庄司らの具体的な要求は、茜部荘の四至（四隅の境界）に牓示（境の標識）を打ち、検田使・収納使や四度使の荘内への立ち入りを停止し、国司が課す色々の雑役を免除することで、茜部荘の領域確定と不輸不入権の獲得が目的であった。王法仏法相依の論理がみえるのは事実書の後半部で、「方今、王法と仏法相い双び、譬うるに車の二輪・鳥の二翼の如し。若し其の一闕かば、敢えて以て飛輪を得ず。若し仏法無くんば、何ぞ王法有らんや。若し王法無くんば、豈に仏法有らんや。仍て興法の故に、王法最も盛んなり」と記されている。その直後には「而るに今近代の国司各憲法を忘れ、利潤を事と為す。

而して間《ひそか》に寺院の庄田を収公し、官物租税を徴責し、臨時雑役を充て負い、仏物・僧物を虚用す。茲に因り寺家の庄薗弥々以て荒廃し、御寺の大いなる愁い斯れに過ぎる莫し。望み請うらくは政所の裁定を。遠くは本願聖霊の遺勅を仰ぎ、近くは末代の庄薗の愁吟を慰めん」とあり、国司による荘園の収公や課税が荘園を荒廃させる原因としており、王法仏法相依論が東大寺領茜部荘を国司の徴税強化から守る論理として持ち出されているのである。(3)「本願聖霊の遺勅」とは東大寺を建立した聖武天皇の命を指すといえ、ここでは王法仏法の体現者として聖武天皇を引き合いに出している。かかる論理を茜部荘の現地の庄司らが述べていることは注目されるが、実際には、現地に派遣された東大寺僧らから得た知識にもとづき解状が認《したた》められたと考える。

王法仏法相依の論理がみえる初期の事例をふたつ検討した。いずれも国司の徴税強化などで経済的に困窮した寺院やその荘園が、朝廷に対して保護を求める論理として使われていたことが分かった。「王法と仏法相い双び、譬うるに車の二輪・鳥の二翼の如し」という王法仏法相依論は、古代から中世へと社会が大きく変貌するなか、生き残りをかけた寺院の側から生み出された論理であった。そして、かかる寺院からの切望を王権の側は積極的に受けとめ、自らが王法仏法相依の体現者のごとく振る舞うことになるのである。

太政大臣を辞し出家した藤原道長は、治安二年(一〇二二)七月に法成寺の落慶供養を行う。三丈二尺の金色の大日如来を本尊とする金堂は「住持仏法・鎮護国家」(藤原道長法成寺供養願文)が目的であった。さらに、翌治安三年十月に約半月をかけ道長は高野山奥院参詣と路次の寺々を巡礼し、帰路には四天王寺にも立ち寄った。道長は行く先々で諸寺の宝物を閲覧するとともに、堂舎の修造など財政的な支援も行い、道長はまさに仏法の擁護者――王法仏法相依の体現者――のごとく振る舞ったのである。そして、世間では道長が弘法大師や聖徳太子の生まれ変わりであるという言説も語られる(『栄花物語』巻十五「うたがひ」)。

かかる道長の仏法興隆策は白河院をはじめ院権力による仏教政策に継承されていく。院政を開始し、絶大な権力を誇った白河法皇の死にさいして、藤原為隆は次のように記す。

凡関白以下卿士大夫競参殿。陣外緇素車馬馳騁。及㆓巳刻㆒遂以崩御。御年七十七。後三条院第一親王。延久五年御譲位之後、践祚十四年。行㆓□□《(天下カ)》政㆒六十余年。当今曾祖父、新院祖父、堀河院厳親。百王之間、未㆑聞㆓此例㆒。威満㆓四海㆒、権振㆓一天㆒。生涯之営、無㆑非㆓仏事㆒。就中此両三年焼㆓滅諸国之罟網㆒、専致㆓放生之修福㆒。

（『永昌記』大治四年（一一二九）七月七日条、『増補史料大成　水左記　永昌記』）

凡そ関白以下卿士大夫競いて参殿す。陣外の緇素の車馬馳騁す。巳刻に及び遂に以て崩御す。御年七十七。後三条院の第一親王。延久五年御譲位の後、践祚すること十四年。（天下の）政を行うこと六十余年。当今（崇徳）の曾祖父、新院（鳥羽院）の祖父、堀河院の厳親。百王の間、未だ此の例を聞かず。威四海に満ち、権一天を振るわす。生涯の営、仏事に非ざる無し。就中《なかんずく》此の両三年諸国の罟網を焼滅し、専ら放生の修福を致す。

六十余年にわたり政治を行い、「威四海に満ち、権一天を振るわす」という強大な権力を握った白河院の政治について、「生涯の営、仏事に非ざる無し」と評された点は重要である。白河院の治世には、法勝寺をはじめ多数の寺院が造営され、様々な仏教儀礼が勤修され、当時の貴族日記には仏事の記事が頻出する。まさに仏教の興隆そのものが政治であり、院自身が王法仏法相依の体現者だった。王権は窮乏した寺院が生き残りのために生み出した王法仏法相依の論理を自らのものとして、それを積極的に利用して、王権としての正統性を示したのである。そして、十二世紀後半には「王法仏法、牛の角のごとし」（『愚管抄』巻第五「安徳」）というがごとく、かかる論理は貴族社会・寺院社会で広く共有されることになる。

四　顕教法会と荘園支配——勧農権をめぐって

「生涯の営、仏事に非ざる無し」といわれた仏事のうち、仏教儀礼にあたるものは顕教法会と密教修法に大別できる。悔過会と講経法会からなる顕教法会は、俗人も聴聞可能な開かれた法会で、聴聞することが功徳にもなった。一方、密教修法は閉ざされた空間で限られた僧侶により秘密裏に営まれるため、俗人が入り込む余地は乏しい。十世紀以降、密教修法は貴族層に積極的に受容され、十二世紀には王権との結びつきを強めるのに対し、顕教法会は十世紀末より俗人を魅了する法会へと変貌を遂げていく。例えば、昼夜を問わず勤修されていた悔過会は、初夜・後夜に挙行される夜の法会に変わり、法要の合間には芸能が演じられ、結願には鬼が登場する「修正月」「修二月」（のちには「修正会」「修二会」と称される）と呼ばれる法会が生まれた。その様子を平安末期に作成された「成勝寺相折帳」により確認したい。

保延五年（一一三九）十月に崇徳天皇の御願寺として落慶供養が行われた成勝寺の一年間の必要経費の収支を記したのが「成勝寺相折帳」である。そのなかで、伽藍の中心たる金堂に関わる記載を抜き出した。

例用料
米五百六十四石八斗三升六合

（中略）

修正料

米六十二石五斗三合

四石八斗三升八合　御仏供十二坏料

（中略）

一斗四升五合　御仏供盛土鉢直

八石四斗　油坏八千四百枚直〈夜別一石二斗、石別千枚〉

二石一斗　灶直〈夜別二斗〉

六斗　香水瓶直

十四石　湯漬七箇夜料〈夜別二石〉

七石四斗二升　検非違使・呪師・猿楽・々所酒肴料

十二石　法呪師料

五石　神供料

七石　布施料〈阿闍梨四石、伴僧三石〉

十三石　導師料

十石　大導師料

二石　初夜導師料

一石　神分導師料

油八石四斗　御明料〈夜別一石二斗〉

餅二百八十一枚
八丈絹十九疋一丈四尺
四疋三丈二尺　曳物料〈但三年一度可レ替二改之一〉
三丈　　香水瓶覆料
一疋四丈　大導師被物一重料
七疋七丈二尺　法呪師装束料
（中略）
二疋四丈　僧綱布施嚢料〈但随二見参一可レ有二多少一〉
二疋四丈　紫端五十帖縁料
凡絹四百卌九疋
二百四十疋　仏布施、長吏・供僧以下料
（中略）
十五疋　御導師布施料
（中略）
九疋　鎮壇師料
（中略）
百六十八疋　楽所・呪師・猿楽等禄料
楽所料二十疋
呪師料十七手料百十九疋〈手別七疋、但随二出入一可レ有二多少一〉

龍伝（天カ）・毘沙門料四疋
猿楽廿五人料廿五疋
三疋　御導師被物綿六両直料
二疋　鎮壇師袈裟緒料
二疋　香水瓶結料
白布三十六段二丈
一段　拭布料
一段　追儺餅様并布油燭料
廿四段　高麗四十枚裏料
十段　後戸幌料
一段二丈　布縁十五枚縁料
手作布卅八段　紫縁五十枚裏并雑用料
麻布七段二丈　布縁十五枚裏料
紙卅五帖
五帖　牛王（玉）并巻数料
五帖　蚫舌料
五帖　凡僧布施嚢并見参料
廿帖　布障子等下張料
鴨頭草移花十枚　輪灯蚫舌採色料

蘇芳十斤十三両
二斤　　　曳物染料
八斤十三両　　法呪師装束料
莚百十一枚
薦四百枚
高麗四段　（宮内庁書陵部所蔵「祈雨法御書」延久五年五月条紙背文書、『平安遺文　古文書編　第十巻』五〇九八号）

成勝寺金堂の支出は「例用料」（一年間の維持費）と「修正料」からなるとともに、修正料として使われる米の量は例用料の約九分の一にものぼり、修正月が重要な法会であったことが分かる。修正料をみると、「油八石四斗　御明料〈夜別一石二斗〉」との記載があり、七日間、夜に法会が営まれ、毎夜、千二百枚の灯明皿に明かりが灯されていた（「八石四斗　油坏八千四百枚直〈夜別一石二斗、石別千枚〉」）。「餅二百八十一枚」は本尊の前の壇供であり、大量の餅が供えられていた。そして、導師など法要を勤める僧侶とともに、検非違使・呪師・猿楽・楽所なども参加しており（「七石四斗二升　検非違使・呪師・猿楽・々所酒肴料」）、呪師・猿楽・楽所らは法会で芸能を演じた。また、「追儺餅様」との記事があり、追儺が行われ、鬼は龍天や毘沙門天に追われたと考えられる（「龍伝（天カ）・毘沙門料四疋」）。さらに、法会の場では牛玉宝印が摺られていたことが分かる（「五帖　牛王（玉）并巻数料」）。これらはまさに、十世紀末より現れる新たな悔過会の姿を示している。

これらの経費は諸国の封戸とともに、成勝寺領荘園の年貢・公事により賄われた。なかでも、壇供の餅二百八十一枚は豊作を象徴するものといえ、新年の予祝行事に供されるにふさわしい。つまり、豊穣を祈念する修正月の勤修は、領主による勧農行為のひとつと評価することが可能で[4]、その場に荘園から届いた餅が置かれたのである。さらに、修正月・修二月は五穀豊穣など国家の平安とともに、天皇から百姓までの万民の安穏をも祈る法会であり、それを荘民が納めた経費で勤修される意義は大きい。荘園領主には勧農とともに、荘民の幸せを保証することが求められ、年貢・公事はその対価として納められたのである。このように、修正月・修二月は荘園支配と密接に結び付いた法会であった。

それゆえ、法成寺や法勝寺など都の御願寺などで営まれていた修正月・修二月の形態は、権門寺院で行われる悔過会にも影響を与え、さらにその末寺や荘園へと伝播することで、全国へと広がっていった。年頭の予祝儀礼でもある修正月・修二月は中世に生きた人々にとって最も馴染みの深い法会であり、現在でもその痕跡が各地に残っているのである。[5] ここに在地社会に深く根ざした顕密仏教の姿を確認することができる。

註

（1）堀大慈「尋禅と妙香院」（『日本仏教』二三・二四号、一九六六）、同「横川仏教の研究」（『日本名僧論集第四巻　源信』吉川弘文館、一九八三）

（2）上島享「本願手印起請の成立」（『鎌倉遺文研究』三五号、二〇一五）。

（3）黒田俊雄「中世における顕密体制の展開」（『黒田俊雄著作集　第二巻顕密体制論』法藏館、一九九四、初出は一九七五）。

（4）山路興造「修正会の変容と地方伝播」（『大系仏教と日本人7　芸能と鎮魂』春秋社、一九八八）。

（5）上島享「中世国家と寺社」（『日本史講座　第3巻中世の形成』東京大学出版会、二〇〇四）。

（参考文献）
平林盛徳『良源』吉川弘文館、一九七六
上島　享『日本中世社会の形成と王権』名古屋大学出版会、二〇一〇

第四章　学問と修行から見た中世仏教

蓑輪顕量

一　学問の世界

（一）はじめに

中世の仏教を鳥瞰するとすれば、それは従来からの勢力の間に、新たな勢力が興起し始め、やがて主流に躍り出ていく時代と位置づけることができる。基本的には従来からの天台、真言、そして南都の勢力が主流となっていた。彼らを当時の資料は「顕密」と呼ぶ。顕教、密教を学ぶ僧侶たちの意である。彼らの営みを象徴的に表しているのが、前代から続く法会の営みと、それに付随した僧侶世界の階層維持のシステムであろう。

古代の奈良朝末期に起源を持つとされる興福寺維摩会、宮中御斎会、薬師寺最勝会は南都三会と呼ばれ、仏教界における重要な営みとして意識されていた。やがて、南都の三会が南都出身の僧に独占されるような事態が生じると、それに対抗して京都の地にも北京三会と呼ばれる格式の高い法会が整備された。それが円宗寺法華会、円宗寺最勝会、法勝寺大乗会であった。この北京三会は、南都三会と対になるものと位置づけられる。そして院政期以降は、白川院によって創建された法勝寺に執行された法勝寺御八講、宮中最勝講、上皇の居所である仙洞に行われた仙洞の最勝講の三つが三講と呼ばれ、当時のもっとも格式の高い法会となった。この三講は、南都三会や北京三会を終えた南都・北嶺の僧侶が、公請や御請によって選ばれ、執行された。実際に選ばれた僧侶の所属は、南都では東大寺と興福寺、北嶺では延暦寺と園城寺に限定されていたのである。これらの四つの寺院は当時、四箇大寺と呼ばれ、最も勢力を誇ったところであった。それらの寺院の出身者に、これらの最も格式の高い法会は独占されていたのである。

さて、それらの法会においては、経典の講説と幅広い仏教学の議論である論義が行われた。論義は字義通りには義を論ずることであり、一定の作法によって教理に関する議論をすることであった。一般に僧侶は、小さい頃から所属の寺院で行われる寺内法会の論義に参加して研鑽を積み、それぞれが所属する宗の特徴的な教理理解を身につけていったものと推定される。たとえば東大寺の華厳宗において僧となったものは、華厳教学を本宗として主に学びつつ他の宗をも学んだ。基本的に四箇大寺に存在する宗は、天台宗、華厳宗、法相宗、三論宗であったが、当時の僧侶は幅広い教学に関する修学を積まなければならなかったのである。寺内法会で研鑽を積むと、次には南都を代表する南都三会、または北京三会に出仕し、さらに研鑽を積んだのである。最終的には三講に出仕して僧侶世界の最も高い格式である僧正等の称号が授けられた。当時の伝統的な僧侶は、とくに学問を専らにする学侶は、僧都や僧正の称号を伴った僧侶世界の出世に縛られていたのだろう。

さて院政期以降の状況は、比叡山、高野山ともに浄土教が大きく展開してくる時期であった。比叡山においては横《よ》川《かわ》を中心に浄土教が展開を見せる。恵心僧都源信が『往生要集』を著し、南都においては永観が『往生拾因』を著している。叡山においては、称名念仏の伝統が脈々と流れており、円仁以来の五会念仏《ごえねんぶつ》の伝統が様々な形で展開を見せた。その一人が大原に活躍する良忍（一〇七三～一一三二）である。良忍の念仏は融通念仏《ゆうづうねんぶつ》と呼ばれることになる。そして、その後に、大きな浄土教の流れを作る法然房源空が登場する。法然は末法の世の中では、人々を救うことのできる教えは浄土の教えのみであると捉え、称名《しょうみょう》を正面に据えた念仏信仰を勧めた。[1] 法然の浄土教に遅れて登場したものが、栄西の禅宗である。禅宗は達磨を初祖と仰ぐ一派である。最初、無師独悟を主張した大日能忍の禅が広まったが、やがて、栄西が伝えた臨済、道元が伝えた曹洞宗が主流となった。とはいえ、当時の禅宗は、実際には幕府によって庇護された五山と、そうではない林下に二大別されて呼ばれることが多い。この禅宗は大陸からもたらされたものであるが、彼らは既成の仏教界に、教学の面でも、大きな影響を与えた。

中世初頭、しかも十三世紀前半期の仏教界は既成の仏教勢力と、新たに院政期末から登場した浄土と禅の教えを信奉する僧侶たちという二つの大きなグループに分けられるのである。しかも、新たに登場したグループは遁世の僧と位置づけられていた。遁世とは既成の仏教界が、僧位僧官を重視し、僧侶世界の出世に繋がる法会と密接に結びついていたことを背景にする。遁世は、そのような昇進のルートから離れて活動をした僧侶たちであった。

さて、十三世紀半ば頃には、浄土教を信奉する僧侶の中から親鸞が現れ、新しい集団が成立する。これが後の浄土真宗に発展する。また一向俊聖による一向宗や一遍による時宗、また天台の中からは『法華経』を重視する日蓮が登場し、南北朝の頃から大きな集団ができあがった。これら十二世紀末から十三世紀にかけて登場した新しい集団が、仏教界の過半を超えるようになるのが、戦国期頃と推定されている。つまり、約三百年をかけて、仏教界の勢力図が入れ替わるのである。最終的には、顕密の勢力と、浄土、禅、法華という大きく四つ程度のグループに分けられるであろう。まずは、これら仏教界の中世の流れを念頭に置きながら、学問と修行という二つの枠組みを設定する。まず中世の学問、思想に関する重要な著作を簡単に紹介していきたいと思う。

(二) 顕密における論義と談義の隆盛

顕密の僧侶もまた遁世に所属する僧侶も、論義《ろんぎ》や談義《だんぎ》を通じて教学の研鑽を図っていたことは間違いない。なかでも、顕密の交衆《きょうしゅう》とされた僧侶たちは、出世に繋がる寺内の法会から格式の高い法会に出仕して、勉学に励んでいた。基本的な修学の形態は前代と殆ど変わらない。但し、その論義は、内容的には経論の主張の矛盾点を如何に整合的に理解するのかに重点が置かれていたようである。また、その法会の営みは諸宗の融和が目指されていたと考えられる。なお、十三世紀半ばに、西大寺の叡尊が、『興正菩薩御教誡聴聞集』の中で、覚盛に対して「彼は論義の為に学したり」と批判めいた言葉を残しているが、それは論義のための修学が、自らの問題解決のためではなく、やや特殊であったことを物語る。(2)

出世に繋がる法会や講の論義の中では、とくに四箇大寺の僧侶が選ばれて執行される格式の高い顕教法会においてはそうであった。そこで、白河上皇が創建した法勝寺《ほっしょうじ》に行われた御八講の例を見てみよう。法勝寺御八講は、院政期から中世室町時代にかけて執行された格式の高い法会の代表的なものである。期間は五日間、朝座、夕座の計十座が行われた。幸いにも、十三世紀に東大寺尊勝院《そんしょういん》の院主となった宗性《そうしょう》が、諸寺に伝わった論義の実際を伝える資料を集めて書写し、『法勝寺御八講問答記』を残している。その一部分を掲げ、問答の部分のみ書き下しにして掲げる。

建久二年恒例法勝寺御八講
上卿権大納言兼右近衛大将頼実　行事左小弁資実
証誠
法印前権大僧都澄憲　賜レ身賑二多年一、不レ随二公請一。而興福寺
別当僧正固辞之間、前日給二請書一、参二仕之一。
講師

法印〈兼証誠〉権大僧都弁暁〈十一〉　権少僧都覚什　　々々々々行舜〈九〉
権律師公雅〈二〉　々々々貞覚　々々々顕忠〈四〉　々々々成宝〈六〉
大法師弁忠　々々々信憲
聴衆
順高〈興新〉　顕範〈東新〉　成□〈山〉　光珍〈井新〉　玄俊
円家　明禅〈山新〉　隆円〈井新〉　明雅〈山新〉　兼尊

初日朝座講師法印澄憲　問者順高
表白　問。無量義経付レ列二同聞衆一。尓者金銀四輪王外二領二大千界一輪王可レ有耶。
答。恵表比丘通二曇摩耶舎一得二此経一、唯令レ流二布漢大人師一、不レ釈二此経一。就中、天台・妙楽不レ副レ疏。但、我山祖師伝教大師云、注釈之時、四輪王之外、所挙之大転輪王・少転輪王、如レ次領二大千界少千界一云云。
（『法勝寺御八講問答記』巻七、一丁表裏）

表白　問う。無量義経の同聞衆を列するに付いて。尓らば金銀の四輪王の外ニ大千界を領する輪王有る可きや。
答う。恵表比丘は曇摩耶舎を通じて此の経を得るも、唯、漢の大人師に流布せしむるのみにして、此の経を釈せず。就中、天台・妙楽も疏を副えず。但、我山の祖師、伝教大師の云く（『拂惑袖中策』巻上、伝全三・二九四頁）、注釈の時、四輪王の外に、所挙の大転輪王・少転輪王は、次の如く大千界少千界を領す、と云云。

初日の朝座で、かの有名な澄憲が証誠とともに講師を務めたのであるが、この時の問答は、第一番の問答のみで終了した特殊な例である。通例、問答は二問二答、質問に対しては、「之に付いて」「進めて云く」などの定型句が伴った。また問答の内容は、直前に講説された経論の語句を引用し、そこから教学的な問答を導き出す場合と、すぐさま講師の所属する宗に関する問題を導き出す場合と、二通りが存在した。

宮中や仙洞において行われた最勝講も、その形式はほぼ同じであった。最初に『金光明最勝王経』の講説があり、論義ではその会座で講説された経典の中から語句または文章の引用があり、その経典の語句または文章を契機に質問がなされた。そうでない場合は、講師の所属する宗の経論に関する問題が問われた。講師と問者は、叡山と南都が対になるように組が作られていたので、当時の格式の高い法会の論義に参加するものたちは、幅広い諸宗に関する知識が問われたことがわかる。なお、宮中または仙洞に行われた格式の高い法会の資料が、同じく東大寺図書館に写本として残されている。それが『最勝講問答記』(仙洞、宮中のものが双方、存在する)である。御八講、最勝講との名称から判断すれば、それぞれ当該の経典に関わることが議論されたように想像してしまうが、実際に論義されたものは、幅広い仏教学に関わる内容であったことに注意が必要である。

では、それぞれの宗の中での議論はなかったのであろうか。実際には、各宗で教理の研鑽が行われており、それぞれの成果が世に送り出されていた。たとえば法相宗では解脱貞慶のもとに論義や談義の集成がなされており、『唯識論尋伺鈔《じんししょう》』『唯識論本文鈔《ほんぶんしょう》』そして、その集大成として、貞慶《じょうけい》の弟子、良算《りょうざん》が中心になって『成唯識論同学鈔《どうがくしょう》』が成立した。本書は、当時の法相唯識教学の集大成であり、後代にまで大きな影響を与えた(3)。ちなみに現在に継承される法相宗の慈恩会では、数年に一度、竪者《りっしゃ》が立つが、その竪者の勉強すべきものは、今でもこの『成唯識論同学鈔』である。三論宗では、東南院や新禅院が拠点となったが、聖守によって『恵日古光鈔』という論義の集成書が製作されている。一方、天台宗でも、論義の集成や教学の研鑽が継承され、十三世紀初頭には、比叡山で三塔の学匠と称された宝地房証真によって、『摩訶止観私記』などの天台三大部に対する註釈書が書かれた。また続いて、祐朝の編纂によって『摩訶止観伊賀抄』が製作された。

さて、比叡山天台を中心に、本覚思想と呼ばれる独自の思想が展開したことも重要である。そこで、次に本覚思想について考察してみよう。

（三）本覚思想

本覚思想というのは、二元対立するものを不二平等と見る思想であり、安然の頃に既に基本的な考えが見えるが、大きく正面に出てくるのは院政期の頃からと考えられる。なかでも重要な著作は、皇覚撰述と伝えられる『三十四《さんじゅうし》箇事書《かのことがき》』である。

本覚思想を説くものとして有名な本書は、その成立年代に関して、約百年ほど遅くに成立したとする考え方もあるが、ここでは宝地房証真が『摩訶止観私記』において、すでに本覚思想に対する批判を述べていることから、ここでは十二世紀後半には既に本覚思想は成立していたとする立場に立ちたい。では、『三十四箇事書』から、その典型的な箇所と思われる「煩悩即菩提事」を引用する。[4]

問。煩悩即菩提者、煩悩熾盛時、菩提熾盛、菩提熾盛時、煩悩熾盛歟。

答。爾也。譬如下極闇之時灯分有二光明一、日中時少中光明上。又如二極寒時氷厚、小寒時氷薄一。寒如二煩悩一、氷如二菩提一。以二煩悩熾盛一、知二菩提熾盛一也。故煩悩増時、菩提増也。但、此普通義也。其実、明暗本自同体也。迷悟本自同也。全此所不レ見二二物一。故無二此譬喩意一也。知二明闇不二・迷悟不二一時、全不レ見二二物一故、但、住二平等寂静一也。譬如下仰レ掌時云二菩提一、覆時云中煩悩上。得二此意一、住二寂静清浄一也。仰覆只一事也。不レ著レ仰、不レ著レ

覆、本自一掌也。本自但一法也。雖レ然仰覆宛然、迷悟分明也。不レ知二一掌一日、有二偏好一。知二一掌一日、無二偏好一。全此所無二熾盛不同一也。全改二煩悩一不レ云二菩提一。但、此煩悩体不レ直、尋二其体一、般若、甚深妙理也。煩悩体即法界故。能々可レ思レ之。

（『三十四箇事書』、『天台本覚論』〈日本思想大系九〉岩波書店、一九七三、三六六頁）

問う。煩悩即菩提とは、煩悩熾盛の時、菩提も熾盛、菩提熾盛の時、煩悩も熾盛なるか。

答う。爾るなり。譬えば極闇の時に灯しび分かちて光明有るも、日中の時に光明少なきが如し。又、極寒の時には氷は厚く、小寒の時には氷は薄きが如し。寒は煩悩の如く、氷は菩提の如し。煩悩の熾盛なるを以て、菩提の熾盛《しじょう》なるを知るなり。故に煩悩増する時、菩提も増するなり。但、此れは普通の義なり。其の実、明暗は本自《もとより》同体なり。迷悟も本自り同じなり。全く此の所に二物と見ず。故に此の譬喩の意は無きなり。明闇不二・迷悟不二と知る時は、全く二物を見ざるが故に、但、平等寂静に住するなり。譬えば掌を仰ぐ時は菩提と云い、覆す時は煩悩と云うが如し。此の意を得れば、寂静清浄に住するなり。仰覆は只一事なり。仰にも著せず、覆にも著せず、本自り一つの掌なり。本自り但一法なり。然りと雖も仰覆は宛然として、迷悟は分明なり。一掌を知らざる日は、偏好有り。一掌を知る日は、偏好無し。全く此の所には熾盛の不同は無きなり。全く煩悩を改めて菩提と云うには不ず。但、此の煩悩の体を直さず、其の体を尋ぬれば、般若、甚だ深き妙理なり。煩悩の体は即ち法界なるが故に。能く能く之を思う可し。

なお、この本覚思想はやがて、日蓮の門下で使われる四重興廃思想に展開したと考えられる。[5] 四重興廃思想とは、釈尊の教えを爾前（『法華経』の説かれる前の思想）、迹門、本門、観心の四つに分けてその勝劣と興廃を論じるものである。最終的に観心において、事の一念三千を説き、仏の教えの究極は題目の唱題になると位置づけるのであるが、唱題という行為そのものが仏の最高の教えに一致すると位置づけるところは、現実のありのままを認める本覚思想の流れと関連があると言うことも可能であろう。

（四）南都における革新運動

南都では十三世紀の中葉に律宗の復興運動が起きた。この運動は中川実範（?～一一四四）あたりをその最初期とするが、実際に大きく展開するのは貞慶の頃からである。貞慶（一一五五～一二一三）、戒如（生没年不詳、十三世紀）そして覚盛《かくじょう》（一一九四～一二四九）、良遍（一一九四～一二五二）、叡尊（一二〇一～一二九〇）と続いた。その理論的な指導者が覚盛であった。この復興運動の戒律上の特徴は、伝統的な白四羯磨形式の具足戒授受を別受と位置づけ、新たに三聚浄戒を授ける羯磨を三聚浄戒羯磨と規定し通受と呼び、具足戒が授かるとしたところに特徴がある。さて、彼の主著が『菩薩戒通受遺疑抄』である。本書の記述を引用しよう。

問。近世以来、遁世之輩、受二三聚三戒一而称二比丘衆一、持二五篇禁戒一以為二菩薩法一事、似二新議一。有二何明拠一。

答。本論瑜伽中説二菩薩大戒一。摂律儀戒者即七衆戒。方受二此戒一有二二軌則一。一者通受。所謂、通二於摂善・摂生一、正受二三戒一。是尽未来際、唯、菩薩法也。七衆雖レ別、羯磨無レ異。但至二随相所持一不レ同。謂、比丘者護二持二百五十戒等一、乃至近事護二持五戒等一是也。二者別受。所謂、不レ通二摂善・摂生一、別受二律儀一。是尽形寿、同二声聞法一也。七衆所受羯磨有レ異。謂、比丘者白四羯磨、乃至近事三帰羯磨等是也。随相但是五篇七聚。不レ通二菩薩不共戒一也。前通受法既受二三聚一。故通二菩薩不共大戒一、皆護レ之也。此二作法、雖二二不レ同、皆是菩薩受戒作法。其中、近世所受軌則是即通受之軌則也。此二軌則引二瑜伽説一如レ是判事、詳在二梵網義寂疏一也。表無表章菩薩戒

中、尽未来際比丘等戒名為二通受一者、亦即是也。故非二新議一矣。（『菩薩戒通受遣疑抄』、大正七四・四八頁中下）

問う。近世以来、遁世の輩、三聚三戒を受けて而も比丘衆と称し、五篇禁戒を持《たも》ち以て菩薩法と為す事、新議に似たり。何の明拠有らんや。

答う。本論の瑜伽中に菩薩大戒を説けり。摂律儀戒とは即ち七衆戒なり。方に此の戒を受くるに二の軌則有り。一は通受なり。所謂、摂善・摂生に通じ、正しく三戒を受く。是れ尽未来際、唯、菩薩法也。七衆は別なりと雖も、羯磨に異無し。但、随相所持に至らば同じからず。謂く、比丘とは二百五十戒等を護持し、乃至近事は五戒等を護持するは是れなり。二には別受なり。所謂、摂善・摂生に通ぜずして、別に律儀を受く。是れ尽形寿にして、声聞法と同じなり。七衆所受の羯磨に異なり有り。謂く、比丘は白四羯磨、乃至近事は三帰羯磨等は是れなり。随相は但是れ五篇七聚なり。菩薩の不共戒に通ぜざるなり。前の通受の法は既に三聚を受く。故に菩薩不共の大戒に通じ、皆、之を護るなり。此の二の作法は、二にして同じからずと雖も、皆是れ菩薩の受戒作法なり。其の中、近世所受の軌則は是れ即ち通受の軌則なり。此の二の軌則は瑜伽の説を引き是の如く判ずる事、詳らかに梵網義寂疏（『菩薩戒本疏』、大正四〇・六五八頁上）に在るなり。表無表章は菩薩戒の中、尽未来際の比丘等の戒を名づけて通受と為すとは、亦、即ち是れなり。故に新議に非ざるなり。

覚盛は具足戒の受戒に通受、別受という区別があるということを主張し、通受は七衆戒を三聚浄戒の摂善法戒と摂衆生戒と一緒に受けることだと解釈し、それを三聚羯磨と名づけ、伝統の白四羯磨と対になる受戒方軌と位置づけた。この受戒法が中世以降広まり、伝統的な白四羯磨形式の受戒は、日本の仏教界から姿を消していくこととなった。ちなみに現在、東大寺の戒壇院に行われる具足戒受戒も、実は通受形式である。

(五) 選択の仏教——念仏

次に、浄土教の展開を中世の時代に探ってみよう。浄土教は十一世紀の源信の『往生要集』が有名であるが、その後も注目される著作が存在する。比叡山の中には浄土教の伝統が存在し続け、その影響を受けつつ、院政期末の法然を迎える。法然の『選択本願念仏集』は、九条兼実の請いによって書かれたが、実際には弟子達との協働の執筆のようである。本書は、法然による一切経論の教判論の様相を呈しており、浄土宗を一宗として独立させるものであった。釈尊の教えには聖道門と浄土門があり、浄土の教えが末法の時代の要請に応えた真実の教えであることを示す。そして、念仏の一行を浄土に往生する唯一の行であるとしたのである。では、法然の『選択本願念仏集』から念仏を選び取る箇所を引用する。

私云、就二此文一有二二意一。一明二往生行相一。二判二二行得失一。初明二往生行相一者、依二善導和尚意一、往生之行雖レ多、大分為レ二。一正行、二雑行。初正行者、就レ此有二開合二義一。初開為二五種一。後合為二二種一。初開為二五種一者、一読誦正行。二観察正行。三礼拝正行。四称名正行。五讃歎供養正行也。第一読誦正行者、専読二誦観経等一也。即文云、一心専読二誦此観経・弥陀経・無量寿経等一是也。第二観察正行者、専観二察彼国依正二報一也。即文云、一心専二注思三想観四察憶五念彼国二報荘厳一是也。第三礼拝正行者、専礼二弥陀一也。即文云、若礼即一心専礼二彼仏一是也。第四称名正行者、専称二弥陀名号一也。即文云、若口称即一心専称二彼仏一是也。第五讃歎供養正行者、専讃三歎供二養弥陀一也。即文云、若讃歎供養即一心専讃三歎供二養是一名為レ正是也。若開三讃歎与二供養一而為レ二者、可レ名二六種正行一也。

（『選択本願念仏集』、大正八三・三頁上）

私に云く、此の文に就くに二つの意有り。一には往生の行相を明かす。二には二行の得失を判ず。初に往生行相を明すとは、善導和尚の意に依らば、往生の行は多しと雖も、大分して二と為す。一には正行、二には雑行なり。初の正行とは、此に就くに開合の二義有り。初は開いて五種と為す。後は合して二種と為す。初は開いて五種と為すとは、一には読誦の正行なり。二には観察の正行なり。三には礼拝の正行なり。四には称名の正行なり。五には讃歎供養の正行なり。第一の読誦の正行とは、専ら観経等を読誦するなり。即ち文（善導『観無量寿経疏』、大正三七・二七二頁中）に云く、一心に専ら此の観経・弥陀経・無量寿経等を読誦するは是れなり。第二の観察の正行とは、専ら彼の国の依正の二報を観察するなり。即ち文（同、二七二頁中）に云く、一心に彼の国の二報の荘厳を専注し思想し観察し憶念すは是れなり。第三の礼拝の正行とは、専ら弥陀を礼するなり。即ち文（同、二七二頁中）に云く、若し礼すれば即ち一心に専ら彼の仏を礼すとは是れなり。第四の称名の正行とは、専ら弥陀の名号を称するなり。即ち文（同、二七二頁中）に云く、若し口に称えれば即ち一心に専ら彼の仏を称うるは是れなり。第五の讃歎供養の正行とは、専ら弥陀を讃歎供養するなり。即ち文（同、二七二頁中）に云く、若し讃歎供養すれば即ち一心に専ら是れを讃歎供養するを名づけて正と為すとは是れなり。若し讃歎と供養とを開いて二と為さば、六種の正行と名づく可きなり。

法然の専修念仏は、弥陀の名号すなわち南無阿弥陀仏と称えることを最も重視するものであった。もちろん、その背景に阿弥陀の本願が前提とされていることは言うまでもない。

さて、その阿弥陀の本願に対する信仰を、最も重視したのが法然の弟子の親鸞（一一七三〜一二六二）であった。親鸞は日野有範の長男とされるが、疑問も存在する。法然の弟子として建永の法難（一二〇七）に連座し越後に流された。その後、関東に赴き、その地で自らの信仰を深め、『教行信証』を撰述した。おそらくは当時の仏教界を対象に、本願に対する信仰こそが真の肝要であることを示そうとしたのであろう。本書は、笠間郡稲田郷（茨城県笠間市）の領主であった稲田頼重に招かれ、移り住んだ稲田の草庵で四年の歳月をかけて執筆されたと言われる（坂東本と呼ぶ）。その後も加筆修正が加えられ、最終的な完成は晩年になった。正式な名称は『顕浄土真実教行証文類』である。

本書の主題は、阿弥陀と人間の関係を問うものであったと推定される。信の巻の記述を見てみよう。

次言二信楽一者、則是如来満足大悲円融無礙信心海。是故疑蓋無レ有二間雑一。故名二信楽一。即以二利他回向之至心一為二信楽体一也。然従二無始一已来、一切群生海、流二転無明海一、沈二迷諸有輪一、繋二縛衆苦輪一、無二清浄信楽一。法爾無二真実信楽一。是以無上功徳、難二回値遇一、最勝浄信、難二回獲得一。一切凡小、一切時中、貪愛之心、常能汚二善心一、瞋憎之心常能焼二法財一。急作急修如二灸頭然一。衆名二雑毒雑修之善一、亦名二虚仮諂偽之行一。不レ名二真実業一也。以二此虚仮雑毒之善一、欲レ生二無量光明土一、此必不可也。何以故。正由下如来行二菩薩行一時、三業所修、乃至一念一刹那、疑蓋無上レ雑。斯心者即如来大悲心故、必成二報土正定之因一。如来悲二憐苦悩群生海一、以二無礙広大浄信一回二施諸有海一。是名二利他真実信心、本願信心願成就文一。

（『教行信証』、大正八三・六〇四頁下〜六〇五頁上）

次に信楽と言うは、則ち是れ如来の満足大悲円融無礙の信心海なり。是の故は疑蓋、間雑有ること無し。故に信楽と名づく。即ち利他回向の至心を以て信楽の体と為るなり。然るに無始従り已来、一切群生海、無明海に流転し、諸有輪に沈迷し、衆苦輪に繋縛せられて、清浄の信楽無し。法爾として真実の信楽無し。是を以て無上の功徳、値遇し難回く、最勝の浄信、獲得し難回し。一切の凡小、一切の時中に、貪愛の心、常に能く善心を汚し、瞋憎の心は常に能く法財を焼く。急作急修すること灸頭の然ゆるが如し。衆くを雑毒雑修の善と名づけ、亦、虚仮諂偽の行と名づく。真実の業と名づけざるなり。此の虚仮雑毒の善を以て、無量光明土に生まれんと欲する、此れ必ず不可なり。何を以ての故に。正に如来、菩薩の行を行ぜし時、三業所修、乃至一念一刹那、疑蓋に雑じること無きに由る。斯の心は即ち如来の大悲心なるが故に、必ず報土正定の因を成ず。如来は苦悩の群生の海を悲憐し、無礙広大の浄信を以て諸有の海に回施す。是れを利他真実の信心、本願信心の願成就の文と名づく。

衆生の信じる働きも、如来の満足大悲円融無礙の信心であると位置づける。つまり、阿弥陀への信楽の心も阿弥陀の心であると言うのである。だからこそ疑いという煩悩が隙間に入ってくることはない。だからこそ信楽と名づけるのだ、そして利他の真実の信心、回向の至心を信楽の本体というのであるとするのである。

親鸞の思想は、阿弥陀との関連で他力すなわち阿弥陀の本願力が主題とされることが多いが、浄土に生まれる往相のみではなく、還相にも言及があることに注意が必要である(6)。とくにその往生が決定したあとの人間のあり方が正面から説かれるのは、晩年の製作になる和讃であるという。和讃は、浄土和讃、高僧和讃、正像末和讃の三つが三帖和讃と呼ばれる。中でも浄土和讃が有名である。親鸞の思想を考察する際には和讃も忘れてはならない。

さて、親鸞の門流から出て、その教団を現在のような大教団に押し上げたのは蓮如《れんにょ》(一四一五〜一四九九)である。蓮如は本願寺の第八世に当たるが、当時の本願寺は衰退を究めていた。蓮如は北陸から関東そして大阪へと、広い地域に布教を行った。その信仰は、親鸞の阿弥陀の本願を信じるという表現から、「本願にたよる」という表現に変わってきているが、手紙文の形でわかりやすく教えを説いた。それは「御文《おふみ》」または「御文章《ごぶんしょう》」と呼ばれた。現在、親鸞を祖とする門流が日本の仏教界で最も数が多いが、その基礎を作ったのは、実は蓮如であった。

（六）選択の仏教――唱題

十三世紀の中葉に活躍する僧侶として、日蓮（一二二二〜一二八二）もまた注目される存在である。日蓮は安房国出身、二十歳の頃から比叡山に登り、最初は円劣密勝の考えを持っていたが、三十二歳で独自の境地を開拓し、南無妙法蓮華経と称える題目の信仰を確立した。日蓮の主要な著作は、『立正安国論』、『開目鈔』、『観心本尊鈔』である（三大部と呼ばれる）。

日蓮は正嘉元年の大地震に遭遇し、その原因を仏典の中に求めた。そこから得られた回答は為政者の誤った信仰が災いの原因であるというものであった。ここから時の執権、北条時頼へ国家諫行の書を呈することになる。これが『立正安国論』である。また、晩年、佐渡に流されるが、その地において執筆した『如来滅後五五百歳始観心本尊抄』（以下、『勧心本尊抄』）がその主著となった。まずは主人と客人の問答形式で記される『立正安国論』を見てみよう。

広披㆓衆経㆒、専重㆓謗法㆒。悲哉、皆出㆓正法之門㆒、深入㆓邪法之獄㆒。愚矣、各懸㆓悪教之綱㆒、而鎮纏㆓謗教之網㆒。此朦霧之迷、彼沈㆓盛焔之底㆒。豈不㆑愁哉。豈不㆑苦哉。汝早改㆓信仰之寸心㆒、速帰㆓実乗之一善㆒。然則三界、皆仏国也。仏国其衰哉。十方悉宝土也、宝土何壊哉。国無㆓衰微㆒、土無㆓破壊㆒、身是安全、心是禅定。此詞此言、可㆑信可㆑崇矣。

（『立正安国論』、昭和定本、二二六頁）

広く衆経を披きたるに、専ら謗法を重んず。悲しいかな、皆正法の門を出でて、深く邪法の獄に入る。愚なるかな、各々悪教の綱に懸って、鎮に謗教の網に纏る。此の朦霧の迷、彼の盛焔の底に沈む。豈に愁えざらんや。豈に苦しまざらんや。汝早く信仰の寸心を改めて、速に実乗の一善に帰せよ。然れば則ち三界は、皆、仏国なり。仏国其れ衰えんや。十方は悉く宝土なり、宝土何ぞ壊れんや。国に衰微無く、土に破壊無くんば、身は是れ安全、心は是れ禅定ならん。此の詞此の言、信ず可く崇む可し。

ここでは、政治に携わる人間の信仰を実乗の一善、具体的には『法華経』に帰することを求めている。また、晩年の『観心本尊抄』は、観心と本尊を明かし、『法華経』こそが末法の時機に叶った教えであり、題目がその果得を持っていることを証明しようとの記述が見える。『観心本尊抄』は、三十個の問答から構成され、その全体は、三段に分けられる。第一段は能観の題目段と言われ、観心について一念三千を論じ、第十八番の答えによって、具体的な一念三千論が展開される。第二段は本尊の段と言われ、第二十番の問答の終わりまでを指し、本門の本尊が説き示されている。第三段は弘通段と言われ、妙法蓮華経の五字こそが末法の人々を救うものであることが示されている。ここでは、具体的に観心について述べた第十二番の問答を見てみよう。

問曰、出処既聞レ之。観心之心如何。
答曰、観心者観二我己心一、見二十法界一、是云二観心一也。譬如下雖レ見二他人六根一、未レ見二自面六根一、不レ知二自具六根一、向二明鏡一之時、始見中自具六根上。設諸経之中、所々雖レ載二六道並四聖一、不レ見二法華経並天台大師所述摩訶止観等明鏡一、自具十界・百界・千如・一念三千不レ知也。
（『観心本尊抄』、昭和定本、七〇四頁）

問うて曰く、出処既に之を聞く。観心の心如何《いかん》。
答えて曰く、観心とは我が己心を観じて、十法界を見る、是れを観心と云うなり。譬えば他人の六根を見ると雖も、未だ自面の六根を見ざれば、自具の六根を知らず、明鏡に向かうの時、始めて自具の六根を見るが如し。設い諸経の中に、所々に六道並に四聖を載すと雖も、法華経並に天台大師所述の摩訶止観等の明鏡を見ざれば、自具の十界・百界・千如・一念三千を知らざるなり。

心を観察することを観心と述べ、それは自らの心に十界を見ることに他ならないと位置づける。しかし、それは、具体的に心をどのように観察するのかについて言及することではなく、経論の証拠を集めていることに他ならない。ここには、経典の言及を重視し、そこから世界を構築しようとする論匠の営みを感じさせられるが、とにかく、証拠とされる経論を通じ、最後に、釈尊の真意が次のように示される。

雖㆑爾、文心者、釈尊因行果得二法、妙法蓮華経五字具足。我等受㆓持此五字㆒、自然譲㆓与彼因果功徳㆒。四大声聞領解云、無上宝珠、不㆑求自得云云。（**『観心本尊抄』、昭和定本、七一一頁**）

爾りと雖も、文の心は、釈尊の因行果得の二法は、妙法蓮華経の五字に具足す。我等此の五字を受持すれば、自然に彼の因果功徳を譲り与えたまう。四大声聞の領解して云わく、無上の宝珠、求めずして自ら得、と云云。

日蓮は、妙法蓮華経の五字に釈尊の因行果得の全てが具わるとし、その五字に帰依する、すなわち南無妙法蓮華経の七字の題目を唱えることで、その全ての因行果得を得ることができると主張したのである。

日蓮の教えは、弟子たちによって解釈が分かれ、分派が数多く生まれた。大きくは、『法華経』の解釈の相違から分かれた。『法華経』は古来、前半の迹門と後半の本門に分かれて解釈されたが、迹門と本門の主張は理としては一致するとする一致派と、そうではないとする勝劣派に分かれたのである。

また日蓮の弟子の中では、天台の修学を修め、身延山を中心に活躍した日朝（一四二二〜一五〇〇）や、室町将軍に諌行を行い、激しい迫害を受けた日親（一四〇七～一四八八）が登場し、有名である。日親は日蓮に倣い『立正治国論』を著している。

二　修行の世界

（一）はじめに

仏教に身を置く僧に取って重要な要素は、学問とともに修行であった。学問は、第一節に述べたように、論義や談義、そして様々な著作を通じて、当時の実際をみることができる。一方の行は、資料的な制約もあって、あまり議論されることはなかった。しかしながら、修行も、時には資料に残される場合があった。ここでは、そのような修行に関する記述を、資料から拾い上げていくことにする。

修行といえば、まず何よりも禅宗があげられようが、何も修行は禅宗に限らない。ここでは南都の仏教、浄土、禅宗を扱うが、その順で挙げる。

（二）奈良における行の復興

奈良の地における行の復興は、十三世紀の初頭頃、貞慶から確認される。また、貞慶の弟子であった良遍と良算（十三世紀）の残した資料の中にも、興味深い記述を見出すことができる。まずは貞慶を挙げよう。貞慶は中世の南都を代表する学僧でもあり、『愚迷発心集《ぐめいほっしんしゅう》』や『心要鈔《しんようしょう》』の作者としても名高く、また戒律の復興にも関わったことで有名である。貞慶の残した短編の資料が、日本大蔵経の編集の際に『解脱上人小章集』と銘打って纏められたが、その中に「修行要鈔」という、興味深い著作が収録されている。そこには、法相宗独自の行法が紹介されている。出離の大事な要因は何か、との問いから始まり、それは唯識観であると述べ、その後に次のように述べる。

只、心可レ懸二一縁一。故常思二一道理一者、其漸心静歟。……爰有二慈尊教授頌一〈慈尊授二無着一〉。其源世尊授二慈氏一之大義也。三聖、相伝故、殊名二教授頌一歟。不レ如下付二彼文一聊掛中我心上。設自慧解雖レ拙、口誦二聖言一、心思二其理一者、滅罪生善、出離得道、遂必不レ空。

問。其教授頌如何。

答。頌曰、菩薩於二定位一　観二影唯是心一　義想既滅除　審観二唯自想一　如レ是住二内心一　知二所取非一レ有　次能取

亦無　後触無レ所レ得。

已上、雖レ有二二行八句一、広而難レ尽。只応レ誦二観影唯是心一句一。如三念仏者誦二仏号一、崇二重之一練二習之一。忩訓二其文一、自成レ知レ義。

（『解脱上人小章集』、新版日蔵六四・一八頁下〜一九頁上）

只、心を一縁に懸ける可し。故に常に一の道理を思わば、其れ漸いに心は静かならんか。……爰に慈尊教授の頌有り〈慈尊は無着に授く〉。其の源は世尊の慈氏に授くるの大義なり。三聖、相い伝うるが故に、殊に教授の頌と名づくるか。彼の文を付し聊か我が心に掛けるに如かず。設い自らの慧解は拙きと雖も、口に聖言を誦し、心に其の理を思わば、滅罪生善、出離得道は、遂に必ず空しからず。

問う。其の教授の頌は如何。

答う。頌に曰わく、菩薩は定の位に於いて　影は唯、是れ心なりと観ず　義想既に滅除せり　審らかに唯、自想を観ず　是の如く内心に住せば　所取は有に非ずと知る　次に能取も亦、無なり　後の触も得る所無し、と。

已上、二行八句有ると雖も、広くして尽くし難し。只応に観影唯是心の一句を誦すべし。念仏者の仏号を誦するが如く、之を崇め重んじ之を練習せよ。怱に其の文を訓ずるも、自ら義を知ることを成ぜん。

ここに登場する弥勒教授の頌の典拠は『大乗阿毘達磨雑集論』（大正三一・七四六頁上）あるいは『成唯識論』（大正三一・四九頁中下）である。なお、貞慶は『心要鈔』では何故か「無着教授の頌」と呼んでいるが、短い偈頌を心に懸ける、それも長文と思われる時には「観影唯是心」の一句を、念仏者が仏号すなわち南無阿弥陀仏と唱えるように唱えよと述べている。また、同じく貞慶は貞慶草『真理鈔』の中で、「先師〈蔵俊〉に口伝の旨有り。南山〈覚憲〉の御物語、往日、耳底に留まる。慈尊教授の頌に云わく、菩薩於定位、観影唯是心、と云云。貞慶は心を観影唯是心の句に懸け、自ら真性に悟入するか。」（新版日蔵六四・四四頁下）と述懐しており、貞慶が自らの師である覚憲（一一三一～一二一二）から聞いた話の中に、この方法は先師蔵俊すなわち菩提院蔵俊の口伝であると伝えられていたことが分かる。心を一つの対象に結びつけるのはまさしく三昧であり、「止」の行に入る。ここに止の行の独自の工夫が、法相宗に存在したことが知られる。

（三）良遍にみる修行

良遍は興福寺に出家し、やがて生駒の竹林寺に活躍した十三世紀を代表する法相宗の僧侶である。彼は、円爾の『宗鏡録』講説を風聞し、禅宗と法相宗の異同を正面から扱う『真心要決』を著述した。本書は最初は一巻で完成の予定であったと推定されるが、後に増稿され、現在管見できるものは前後二抄、しかも後抄は上下に分かれ、三巻本である。その中の前抄に次のような記述が見られる。

以レ心求レ心、心還外境、住レ空取レ空、空亦、情有。欲レ観二一心一、須レ止二一心一。心外無レ心故。欲レ知二畢空一、須レ勿レ見レ空。空即亦空故。無心之心、截レ心之利刀、不観之観、摧レ観之金剛。何況於二余種種有相色・声等念一哉。但非二全不一レ知。霊霊知レ之。雖レ見不レ待而見、雖レ聞不レ待而聞。雖レ見而如レ不レ見、雖レ聞而如レ不レ聞。任レ見任レ聞、不レ挙二分別一。全不レ違二背無生浄心一。此心即是本来所得、非二修而得一。一切凡夫乃至田夫野人等類皆、已有レ之。是故名為二本来菩提一。

（『真心要決』、大正七一・九〇頁上）

心を以て心を求むれば、心は還《ま》た外境、空に住して空を取らば、空も亦、情有なり。一心を観んと欲せば、須く一心を止むべし。心の外に心無きが故に。畢空を知らんと欲せば、須く空を見ること勿るべし。空即ち亦、空なるが故に。無心の心は、心を截るの利刀、不観の観は、観を摧くの金剛なり。何ぞ況んや余の種種の有相の色・声等の念に於いてをや。但し全く知らざるには非ず。霊霊として之を知る。見ると雖も待たずして見、聞くと雖も待たずして聞く。見ると雖も見ざるが如く、聞くと雖も聞かざるが如し。見るに任せ聞くに任せ、分別を挙げず。全く無生の浄心に違背せず。此の心即ち是れ本来の所得、修して得るには非ず。一切の凡夫乃至田夫野人等の類も皆、已に之有り。是の故に名づけて本来菩提と為す。

法相宗では、伝統的な仏教用語を良く使用するが、良遍は本書ではあまりそれらを使用せず、代わりに自らの言葉で、その境地を語る。引用した文章からは、良遍が悟りの境地を分別のない境地、すなわち無分別に置いていることがわかる。しかも、それは見たり聞いたりの作用は歴然として存在することがわかるので、見聞覚知の働きは残っているが、判断、了承、分別の働きのない境地であったことが知られる。

(四) 一遍の踊り念仏

中世の時代には様々な念仏が存在した。念仏も修行の一つとして、古来、日本の仏教の中に存在したものである。その一つが一遍の「踊り念仏」や、東大寺の復興に尽力した戒壇院の院主であった円照の「成就念仏」である。また、一向俊聖（一二三九～一二八七）の念仏も踊り念仏を伴い、一遍と多くの部分で共通する。ここでは一遍の「踊り念仏」に注目し、その記録から彼の念仏を取り上げる。

一遍の踊り念仏が目指した境地は、我と仏とが一体となった融合の境地であった。そこには我はなく、ただ仏のみが存在する。一遍は自らの死に際して、持ち物を全て燃やしてしまったと伝えられ、残された資料は皆無に等しい。彼の言行として伝えられているものが、由良の法灯国師との対話とされるものである。その話は次のようなものである。「唱ふれば我も仏もなかりせり　南無阿弥陀仏の声ばかりして」と最初、読んだところ、まだ徹底されていないと批判され、一遍が作り直したものが、「唱ふれば我も仏もなかりせり　南無阿弥陀仏　南無阿弥陀仏」という句であったとするものである。この和歌の境地は、前者には聞いている主体が想定されるが、後者にはそれがなくなる。ここに主体も客体も、ともに忘じた境地が目指されたことが知られる。

(五) 禅宗

中世の前半期は、大陸から新しい仏教が伝来した時期である。その内の一つが復興なった南山律宗であったが、もう一つが達磨を初祖とする、いわゆる禅宗である。禅宗は、後に幕府の庇護下に発展した五山《ござん》と、そうではない林下《りんか》に大きく二大別されることになった。林下の代表的な寺院が、妙心寺と大徳寺である。現在に繋がる禅宗は、この林下から発展したものが主流となっている。ちなみに現在の分け方である臨済宗と曹洞宗に当てはめれば、臨済宗には五山と林下の双方が含まれ、曹洞宗は基本的に林下であった。

日本の禅宗は、まず無師独悟を主張した大日能忍の禅法が一世を風靡した。十三世紀半ば頃の日蓮の著作である『開目抄』には「建仁年中に法然・大日の二人、出来して念仏宗・禅宗を興行す（中略）此両義国土に充満せり」（昭和定本、六〇七頁）との記述が見出せ、かなりの勢力を築いていたことがわかる。そこに登場したのが栄西（一一四一～一二一五）であった。

栄西

栄西は最初、この大日の禅とは異なることを主張し、また禅が護国に繋がることを主張するために、『興禅護国論』

を撰述した。その一節を示そう。

謂、此禅宗不立文字、教外別伝也。不レ滞二教文一、只、伝レ心也。離二文字一亡二言語一、直指二心源一、以成仏。其証拠散二在諸経論中一。且出二少分一、以成二一宗之証一。

（『興禅護国論』、大正八〇・一〇頁下）

謂く、此の禅宗は不立文字、教外別伝《きょうげべつでん》なり。教文に滞らず、只、心を伝うるなり。文字を離れ言語を亡くし、直ちに心源を指し、以て成仏す。其の証拠は諸々の経論中に散在せり。且く少分を出し、以て一宗の証と成さん。

栄西は日本に禅を紹介することになったが、禅宗が日本の仏教界に定着し始めたのは次の世代からであった。それは、円爾弁円《えんにべんねん》（一二〇二～一二八〇）と蘭渓道隆《らんけいどうりゅう》（一二一三～一二七八）の頃からと言われる。

円爾弁円

円爾は入宋し、虚菴懐敞《きあんえじょう》に学んだ。帰国してからは関白、九条道家に見出され、東福寺の初代住持に押された。円爾は東福寺が完成するまでのしばらくの間、すでに域内にあった普門寺において、五代十国時代の呉越国で活躍した永明延寿の『宗鏡録』の講説を行った。この講説の場に、南都の僧侶であった円照や真空が与かったことが知られている。

さて、その円爾の資料と考えられているものが、『十宗要道記』である。本書は、当時、存在した十宗の概説をしているが、それは、順番の違いこそあれ、凝然が『八宗綱要』や『内典塵露章』で取り上げた十宗と一致している。その十宗とは南都の六宗と、天台真言の二宗、そして浄土宗と、仏心宗であった。円爾は、達磨の教えこそが最高のものとし、それを仏心宗と呼んだ。なお、本書の冒頭部分に宗には「伝法と相承」が大切だとした点が注目される。

この頃の宗の観念は、平安初期にできあがったものを踏襲したものと考えられる。

円爾の語ったことは、弟子の虎関師錬が纏めたという『聖一国師語録』の中に見出すことができる。その中で注目されるものが、理致、機関、向上という仏法全体に対する三つの分類法である。理致は言葉を使って端的に示した教え、機関は矛盾を含んだいわゆる公案、向上は特別な公案であった。語録の次の言葉を見てみよう。

師留ㇾ之。乃述㆔仏祖所説有㆓理致・機関・向上三種㆒。

（『聖一国師語録』、仏全九五・一四六頁上）

師は之を留む。乃ち仏祖の所説に理致・機関・向上の三種有りと述ぶ。

この三種類については、夢窓疎石の『夢中問答集』に興味深い説明がある。

もし本文を論ぜば、理致となづけ機関となづくべき法門なし。しかれども方便の門を開いて宗旨を挙揚する時、義理を以て学者を激励する法門をば理致となづく。或いは棒喝を行じ、或いは義理にわたらざる話頭をしめすをば機関となづけたり。いずれも皆小玉をよべる手段なり。

（『夢中問答集』、岩波文庫本、一八〇頁）

理致は普通の仏教用語をもって説明する場合、機関は公案を用いて指導する場合を指すという。向上は、『聖一国師年譜』の次の記述が参考になる。

向上一路、更不ㇾ通㆓一線㆒、截㆓断凡聖要津㆒。（中略）若欲㆓真実相為ㇾ処、只是無心是道。亦非㆓木石㆒、霊霊常知、了了分明、視聴尋常。更無㆓委曲㆒。

（『聖一国師年譜』、仏全九五・一一二頁）

向上の一路は、更に一線に通ぜず、凡聖の要津を截断す。（中略）若し真実の相を処と為さんと欲さば、只是れ無心は是れ道なり。亦、木石に非ざれば、霊霊として常に知り、了了として分明なり、視聴は尋常なり。更に委曲は無し。

この記述は、見聞覚知は普通のとおり存在するが、しかし分別がないことを述べている。いわゆる無分別の状態を示す公案が、向上の公案ということになり、これが釈尊の最高の教えだというのである。

道元

禅宗の中では、後発になるのが道元（一二〇〇～一二五三）であり、彼の主著が『正法眼蔵』である。本書は道元が日常に書きためたものを纏めたものであるが、その構成に関しては真偽問題を含めて、異説が多い[7]。現在、一般に使用されるのは七十五巻本であり、最晩年に纏めたものが十二巻本である。いずれも漢字交じりの和文で書かれているが、全文が漢文で書かれた『真字正法眼蔵』も存在する。道元の基本的な思想は、「修証一等」（修行と悟りとの間に差違はなく、修行をしている間は悟りが実現している）にあり、その考え方は、当時の本覚思想に対する反論であった。まず弁道話の記述を見てみよう。

この法は、人人の分上にゆたかにそなはれりといへども、いまだ修せざるにはあらはれず、証せざるにはうることなし。はなてばてにみてり、一多のきはならんや。かたればくちにみつ、縦横きはまりなし。諸仏のつねにこのなかに住持たる、各各の方面に知覚を残さず。群生のとこしなへにこのなかに使用する、各各の知覚に方面あらはれず。

（『正法眼蔵』、『道元禅師全集』上巻・七二九頁）

本来、さとりはすべての人に具わっているが、修しなければ現れないと述べ、修行の重要性を述べ、修行不要の本覚論への否定が見て取れる。また、どのような境地が悟りであるのかは「現成公案」の次の記述が参考になる。

仏道をならふとは自己をならふ也。自己をならふといふは、自己をわするるなり。自己をわするるといふは、万法に証せらるるなり。万法に証せらるるといふは、自己の身心および他己の身心をして脱落せしむるなり。

（『正法眼蔵』、『道元禅師全集』上巻・七～八頁）

仏道は自己の身心、他己の身心を脱落せしめることだと述べるのであるが、この時の身心の脱落とは、心に生じた捉まえられる対象と捉まえる心の働きとの双方に執着しなくなることである。ここにおいても、その背後には伝統的な「名」と「色」の関係と、無分別の境地が彷彿されるのである。

蘭渓道隆

次に蘭渓道隆の著作に触れておこう。蘭渓道隆は日本に宋朝の禅風を導入した僧侶として重要であり、無住一円の『雑談集』によれば、彼が住した鎌倉の建長寺は異国のようであったと伝える。その彼が『大覚禅師坐禅論』という興味深い資料を残している。禅宗の資料としては灯史や語録が有名であるが、時には坐禅の方法論に関する資料も残しており、本書はそのうちの一つに当たる。次の記述を見てみよう。

問曰、無心者如何。若一向無心、誰見性誰悟道誰亦可㆑為㆓説法教化㆒乎。

答曰、無心者言レ無二一切愚痴心一也。非レ言レ無下弁二邪正一底心上也。我不レ思二衆生一、亦不レ望レ仏、亦不レ思レ迷不レ思レ悟不レ従二人尊敬一、不レ望二名利養聞一、不レ厭二毒害怨讎一、付二一切善悪一、不レ起二差別念一、言二無心道人一也。故道無心合レ道云云。

（『大覚禅師坐禅論』、『仏教』経世書院、一八九四、四〇、二〇頁）

問うて曰く、無心とは如何。若し一向に無心なれば、誰か見性し誰か悟道し誰か亦、説法教化を為す可けんや。

答えて曰く、無心とは一切の愚痴の心無きを言うなり。邪正を弁ずる底の心無きを言うには非ざるなり。我れ衆生を思わず、亦、仏を望まず、亦、迷いを思わず悟りを思わず人の尊敬にも従わず、名利養聞を望まず、毒害怨讎を厭わざれば、一切の善悪に付いて、差別の念を起こさざるを、無心の道人と言うなり。故に道は無心にして道に合す、と云云。

問曰、煩悩・菩提従二一心一起分明也。自二何処一始起耶。

答曰、見レ色、聞レ声、嗅レ香、嘗レ味、覚レ触、知レ法、六根徳用也。付二此境界一分二善悪一弁二邪正一底知恵也。於レ此立二人我一起二愛憎一、皆妄見也。依二此邪見一成二著相一名レ迷。従二此迷一、起二色受想行識五蘊一、是名二煩悩一。以三煩悩建二立衆生身体一故、好二殺生・偸盗・邪淫・妄語等悪行一、終堕二三悪道一。皆是従二妄念一起。此妄念纔起時、直転二妄念一向二本性一、即成二無心一。已得レ安二住無心一、五蘊身即成二五分法身如来一。是謂下応レ無レ所レ住而生中其心上。如レ是用心修行大用也。

（同／同、四一頁）

問うて曰く、煩悩・菩提は一心従り起こること分明なり。何れの処自り始めて起こるや。

答えて曰く、色を見、声を聞き、香りを嗅ぎ、味を嘗め、触を覚え、法を知るは、六根の徳用なり。此の境界に付いて善悪を分かち邪正を弁ずる底の知恵なり。此に於いて人我を立て愛憎を起こすは、皆、妄見なり。此の邪見に依りて著相を成ずるを迷と名づく。此の迷従り色受想行識の五蘊を起こす、是れを煩悩と名づく。煩悩の衆生の身体を建立するを以ての故に、殺生・偸盗・邪淫・妄語等の悪行を好み、終に三悪道に堕つ。皆、是れ妄念従り起これり。此の妄念纔《わずか》に起こる時、直ちに妄念を転じて本性に向かわば、即ち無心を成ず。已に無心に安住することを得れば、五蘊の身は即ち五分法身の如来を成ぜん。是れを応に住する所無くして而も其の心を生ずと謂う。是の如く用心するは修行の大用なり。

最初の問答では、無心というのはまったく心の働きがないことを言うのではなく、愚痴の心の起こらないこと、すなわち邪正を分ける心の働きはあっても、あらゆる善悪に対して差別の念を起こさないことを言うのだと述べている。また次の問答でも、六根の働きを認め、善悪、邪正を区分けする智慧があっても良いが、そこに人我を立て愛憎を起こせば、それは誤った妄見であると位置づけている。これは、ありのままに判断するのは良いが、その先に心が動くことを戒めていると理解される。つまり、ありのままに認識することは是認するが、それをきっかけに妄念が生じることは戒めている。すなわち、無分別ではないが、如実に知見することに留まることが求められていると言えよう。結局、禅宗では、無分別を推奨することも如実に知見することを勧めることも、双方ともにあったと考えられるのである。

三　真言密教——新たな教義の成立・加持身説法をめぐって

中世の時代、密教の世界にも新しい展開が生じた。密教は、空海に始まる真言宗においても、最澄に始まる天台宗においても、重要なものであったが、とくに真言宗では、顕著な動きがあった。まず院政期には覚鑁（一〇九五～一一四四）が登場し、阿弥陀と大日を結びつける解釈を行い、彼は『五輪九字明秘密釈』を著した。また、その後には、京都に静遍（一一六六～一二二四）が、高野山には道範（一一七八?～一二五二）、頼瑜（一二二六～一三〇四）等が登場し、とくに頼瑜は新たな教理的な解釈を行った。それが、法身説法の上での新解釈になる加持身説法である。頼瑜は、のちに高野山の麓の根来《ねごろ》に、拠点となる大伝法院を移した。以後、真言宗は、大きく高野山と東寺の古義派と、根来《ねごろ》寺《じ》の新義派に分けられることになった。中世の後半期には、京都において東寺に杲宝《ごうほう》（一三〇六～一三六二、著作として『東宝記』が有名）、高野山には宥快（一三四五～一四一六、著作として『大日経教主異事』が有名）が登場し、新たな展開を築いている。

さて、当時、新しい解釈として登場したものは、仏身論に関わるものであった。真言宗では仏身を自性、受用、変化、等流の四種に分けるが、空海以来の法身説法説との関わりの上で新しい展開があった。元来は自性身から受用などの三身が出現し、それら出現した三身が加持身であるとされていた。これに対し頼瑜は、自性身に本地、加持の二種類があるとして、法身説法の法身は、加持身であるとしたのである。頼瑜の加持身説法を、その主著になる『大日経疏指心鈔』から見てみよう。

又、義云、次云二如来是仏加持身一者、智証大師抄云、仏加持身即受用身者自受用身也。文 般若寺抄云、加持身者曼荼羅中台尊、此名二仏加持身一、当二報身一也。亦、名字門道具足仏也。亦、名具身加持也。其所住処者、即通二受用変化身一。故有二四種法身一也。文 信証僧正述レ意云、（中略）済暹僧都云、（中略）。此等釈意、仏加持身為下所二加持一住処上也。文点云、次云二如来一者仏加持身也。其所住処也。名二仏受用身一云云。私案、云二仏加持身一者指二上薄伽梵句中一也。彼句含二本地加持一、故本地無二相位一亡二言語一。加持身是今経教主。故云二曼荼羅中台尊一也。疏第三云、然以二如来加持一故、従二仏菩提自証之徳一現二八葉中台蔵身一文、此意矣。此加持尊特理仏、住二自受用身等一故、云レ当二報身一也。𑖀字義云、理智相応故云レ報云云。今所住又通二他受・変化等一。故抄云、即通二受用・変化身一故。文 或又、台蔵中台加持身、寄二当金剛界中台報身毘盧遮那一、故謂二教主義同一、故云レ爾也。本地自証位無二言語一故、現二加持身一説二今経一。故云二字門道具足一也。故経具縁品云、此第一実際、以二加持力一故、為レ度二諸世間一、而以二文字一説。文 疏釈云、釈レ通二世諦一、明二起教所由一。文 加持身既起二教所由一故、本地位無二説法一也。又為レ顕三此加持身即自性身永異二受用身一、以二下加持身一故、云二具身加持一也。然古徳、未レ知三自性身中有二加持身一、或云、本地自証之境而害二経疏自証無言之文一。或云、他受・変化之説而同二顕教三乗一乗之仏一。恐隠二疏家之深旨一、失二宗家之本意一歟。当レ知、以二中台尊一故不レ壊二大師自性身説法之義一。又以二加持身一故、不レ違二疏家神力加持三昧之説一。疏中云、本地法身者先挙二能現本地身一、為二今教主所依一。疏第三云、菩提自証徳第六云二菩提実義一是也。具如二疏後文中弁一矣。

（『大日教疏指心鈔』、大正五九・五九四頁中下）

又、義（『大日経義釈』巻一、続天全、密教Ⅰ・五頁上）に云く、次に如来は是れ仏の加持身と云うは、智証大師の抄（『大日経疏抄』仏全二六・六七七頁上）に云く、仏の加持身は即ち受用身とは自受用身なり、と。文 般若寺抄（観賢『大日経疏鈔』、新版日蔵二七、三三一上）に云く、加持身とは曼荼羅中台尊なり、此れを仏の加持身と名づく、報身に当たるなり。亦、名字門道具足の仏なり。亦、名具身の加持なり。其の所住の処とは、即ち受用変化身に通ず。故に四種法身有るなり、と。文 信証僧正、意を述べて云く、（中略）済暹僧都の云く、（中略）。此れ等の釈意は、仏の加持身を加持する所の住処と為すなり。文点に云く、次に如来と云うは仏の加持身なり。其の所住の処なり。仏の受用身と名づく、と云云。私に案ずるに、仏の加持身と云うは上の薄伽梵の句中を指すなり。彼の句は本地の加持を含む、故に本地に相位無く言語を亡ず。加持身は是れ今経の教主なり。故に曼荼羅中台尊と云うなり。疏の第三（大正三九・六一〇頁中）に云く、然れば如来の加持を以ての故に、仏菩提自証の徳従り八葉中台蔵の身を現すの文は、此の意なり。此の加持尊特の理の仏は、自受用身等に住するが故に、報身に当たると云うなり。𑖮𑖳𑖽字義（『吽字義』大正七七・四〇五頁中）に云く、理智相応の故に報と云う、と云云。今の所住は又、他受・変化等に通ず。故に抄に云く、即ち受用・変化身に通ずるが故に、と。文 或いは又、台蔵の中台の加持身は、金剛界の中台の報身の毘盧遮那に寄当す、故に教主義は同じと謂う、故に爾りと云うなり。本地の自証位に言語無きが故に、加持身を現し今の経を説けり。故に字門道具足すと云うなり。故に経の具縁品（『大日経』巻二、大正一八・九頁中）に云く、此の第一の実際は、加持力を以ての故に、諸の世間を度せんが為に、文字を以て説けり、と。文 疏釈（『大日経疏』巻六、大正三九・六四六頁下）に云く、世諦に通ずるを釈し、起教の所由を明かす、と。文 加持身は既に教の所由を起こすが故に、本地の位に説法無きなり。又、此の加持身は即ち自性身にして永く受用身に異なるを顕かにせんが為に、下の加持身を以ての故に、具身の加持と云うなり。然れば古徳は、未だ自性身中に加持身有るを知らずして、或は云く、本地自証の境にして経疏の自証無言の文を害す、と。或は云く、他受・変化の説にして顕教三乗一乗の仏に同じ、と。恐らくは疏家の深旨を隠し、宗家の本意を失うか。当に知るべし、中台尊を以ての故に大師の自性身説法の義を壊さず。又、加持身を以ての故に、疏家の神力加持三昧の説に違わず。疏中（『大日経疏』巻一、大正三九・五六〇頁上）に云く、本地法身とは先ず能現の本地身を挙げ、今の教主の所依と為す、と。疏の第三（『大日経疏』巻三、大正三九・六一〇頁中）に云く、菩提自証の徳の第六に菩提の実義と云うは是れなり。具さには疏の後文の中に弁ずるが如きなり。

聊か引用が長くなったが、頼瑜は過去の疏家の記述を数多く引用し、次いで「私に案ずるに」と述べて自説を展開する。そして、自性身中に加持身のあることを主張したのであるが、それは大師すなわち空海の述べた法身説法説、すなわち自性身が説法するとした理解とも矛盾しないものであるとしたのである。ここに、空海以来の法身説法説が、自性身である加持身が説法するという新たな理解として提示されたのである。

なお、この理解の背景には『大日経』の「この第一実際は　加持身を以ての故に　諸々の世間を度せんが為に　文字を以て説く」（大正一八・九頁中）という偈文と、空海の法身説法説とを会通する解釈でもあったという。

四　神仏の狭間の営み――山王神道をめぐって

最後に神仏の関係について中世の展開を述べて、この章を終わりたい。神道と仏教の関係は、その出会いの当初から存在したが、初期には、神が神の身を遁れたいと思っているという説（神身離脱説）や、神は仏法を守護したいと思っているという説（護法善神説）が説かれたが、やがて平安初期頃からは、仏が垂迹して神となったという説が登場するようになった。また、神と仏とを隔離するような説も、伊勢には九世紀初頭には現れている。

中世の時代になると、仏教の教理を用いて、神祇のありようや神仏の関係を、本格的に記述するものが現れるようになった。伊勢の地においては、神道五部書が成立した。神道五部書とは①『天照坐伊勢二所皇太神宮御鎮座次第記』（『御鎮座次第記』または『次第記』）②『伊勢二所皇太神御鎮座伝記』（『御鎮座伝記』または『伝記』）③『豊受皇太神御鎮座本紀』（『御鎮座本紀』または『本紀』）④『造伊勢二所大神宮宝基本記』（『宝基本記』）⑤『倭姫命世記』の五つの書を指す。また、やや遅れて十三世紀末から十四世紀初頭には、『天地麗気記』も成立したと推定される。

比叡山を拠点とした天台宗においても、その麓の日吉大社をめぐって神と仏との関係ができあがった。本格的な神と仏との関係を説く、天台系の最初の書物が『渓嵐拾葉集』である。

本書は、光宗が応長元年（一三一一）から貞和四年（一三四八）にかけて比叡山天台に伝わる行事・作法や口伝法門などを集めて記録した百科全書的な資料である。その収録された記事は、天台宗の根幹になる円・密・禅・戒の四宗から、算術・工芸・天文・医術・歌道・兵法などにまで及び、多種多様な内容を持つ。一般に、伝承では三百巻と伝わるが、実際には百十三巻が伝わるのみで、本来、百巻前後であったと考えられている。本書には、いわゆる山王権現と天台の一心三観が結びつけられた山王神道が説かれている。書写で伝えられる過程で多くの異本が成立したと考えられるようになったが、ここでは、山王の「七重の習」の箇所を神道大系所収本から引用する。

山王七重習在レ之、其相如何。第一垂迹山王也。所謂、天智天皇御宇、伝教大師山門開闢時、円宗教法為二守護一影向、以レ之垂迹山王也。第二本地山王者、我国為二神国一故、応迹神明多レ之。然而今日、一代教主釈尊応迹神、日吉大権現許也。自余神明、以二垂迹一為レ本、故本地沙汰無レ之。山王権現独応迹為二神明一。本迹雖レ殊、不思議一山王也。故日本一州神明者、皆山王応迹前方便也。故山王秘決云、会二三権諸神一、帰二一実山王一云へり。此則神明開会云秘事也。然則日本一州諸神、皆帰二本地山王一。第三観心山王者、以二円頓止観一、山王御体習也。秘決別在レ之。更可レ問レ之。第四無作山王者、無始無終、非近非遠、実修実証成道、顕二十界三千諸法、皆無作本有山王一也云。口伝別在レ之。第五三密山王者、凡山王者、妙法蓮華経首題五字以為二山王御体一、此則如来三身也。又、是行者三密也云云。第六元初不知山王者、記録云、一陰一陽山王、三徳秘蔵妙理出、不レ知二其元初一。文 凡山王者、万法所レ帰、諸仏本源也。故陽無レ形、陰無レ形、陰陽不測、故名二元初不知一也。第七如二影随一レ形山王者、秘決云、山王者有レ天名二七星一、有レ地号二七明一。此則行者七覚分是也。尋二其本源一、東方七仏薬師、坐二閻浮一影写、名レ之云二七星一。七星精気降、令レ生二一切衆生一。故以二七星一名二本命星一也。今山王則七星精神。故行者色体則山王全体也。故如二影随一レ形、致二守護一給也。仍如レ此名也云云。秘決云、七星者、面上七穴也云云。此則当体山王秘事也。口伝。已上、山王七重秘決、如レ斯。（『渓嵐拾葉集』、『神道大系』論説編・天台神道（下）、四〇六頁）

山王に七重の習、之有り、其の相如何。第一に垂迹の山王なり。所謂、天智天皇の御宇に、伝教大師の山門開闢の時、円宗の教法を守護せんが為、影向す。之を以て垂迹山王ともするなり。第二に本地の山王とは、我国は神国為るが故に、応述の神明、之多し。然れども今日、一代教主釈尊の応迹の神は、日吉大権現許りなり。自余の神明は、垂迹を以て本と為す、故に本地の沙汰、之無し。山王権現、独り応迹の神明と為る。本迹は殊なると雖も、不思議一の山王なり。故に日本一州の神明は、皆、山王応迹の前方便なり。故に山王秘決（『山王秘訣』か未詳）に云く、三権の諸神を会して、一実山王に帰すと云えり。此れ則ち神明開会と云う秘事なり。然れば則ち日本一州の諸神は、皆、本地山王に帰す、と。第三に観心の山王とは、円頓止観を以て、山王の御体と習うなり。秘決、別に之在り。更に之を問う可し。第四に無作の山王とは、無始無終、非近非遠、実修実証の成道は、十界三千の諸法、皆、無作本有の山王を顕わすなりと云えり。口伝、別に之在り。第五に三密の山王とは、凡そ山王とは、妙法蓮華経の首題五字を以て山王の御体と為す、此れ則ち如来の三身なり。又、是れ行者の三密なり、と云云。第六に元初不知の山王とは、記録（未詳）に云く、一陰一陽の山王、三徳秘蔵の妙理より出て、其の元初を知らず、と。文 凡そ山王とは、万法の帰する所、諸仏の本源なり。故に陽にも形無く、陰にも形無く、陰陽不測なり、故に元初不知と名づくるなり。第七に影の形に随うが如きの山王とは、秘決に云く、山王とは天に有りては七星と名づけ、地に有りては七明と号す。此れ則ち行者の七覚分是れなり。其の本源を尋ぬれば、東方七仏薬師、閻浮に坐して影を写す、之を名づけて七星と云う。七星の精気降りて、一切の衆生を生ぜしむ。故に七星を以て本命星と名づくるなり。今の山王は則ち七星の精神か。故に行者の色体は則ち山王の全体なり。故に影の形に随うが如く、守護を致し給うなり。仍りて此の名の如きなり、と云云。秘決に云く、七星とは、面上の七穴なり、と云云。此れ則ち当体山王の秘事なり。〈口伝なり〉。已上、山王七重の秘決、斯くの如し。

以上、天台の中には日吉大社の神を比叡山の守護神と位置づけ、しかも天台の教理を如実に反映した山王神道を作り上げていった。なかでも第三観心の山王において、円頓止観と山王とを結びつけるのは、興味深い。

五　おわりに

以上、中世の時代に登場した仏教を、教学に関わるもの、修行に関わるもの、および神仏の関係で注目されるものを取り上げて、簡単な解説を付した。教学的には古代から継承された法会を中心とする仏教が栄えたことを、南都三会や北京三会、そして三講という格式の高い法会を通してみた。そこには談義や論義など、教学の研鑽が存在していた。現実の差別世界をそのまま肯定する本覚思想も、院政期には登場していた。しかし、教理、思想のみが当時の仏教者の営みであったわけではない。修行もそれぞれ行われていたのである。南都では弥勒教授の頌を念仏のように称える行法が興福寺の法相宗の中に存在していた。そこには止と観の伝統が彷彿させられる。また新たに伝来した禅宗でも、基本は止と観であり、無分別の世界が目指されたことが推知される。円爾弁円の語録や蘭渓道隆の『坐禅論』からは、判断了別の起きない無分別の境地の他に、無分別でなくとも外界の世界を把捉することが次の心の反応を引き起こさなければ良いとする理解のあったことが知られた。また、神仏の関係で天台の教理をもって神の世界を解釈した山王神道が成立したことも注目される。いずれにしろ、この時代には教理、思想の面で日本的な新たな解釈が数多く出現したことを記して本章を終わりとしたい。

註

(1) 梯信行『インド/中国・朝鮮　浄土教思想史』(法藏館、二〇一二)
(2) 蓑輪顕量『中世初期南都戒律復興の研究』(法藏館、一九九八)
(3) 北畠典生編著『日本中世の唯識思想』(永田文昌堂、一九九七)
(4) 花野充道『天台本覚思想と日蓮教学』山喜房仏書林、二〇一〇、六七八―六七九頁も合わせて参照。
(5) 日蓮の真蹟遺文の中では第三番目の本門までの勝劣が知られており、観心は弟子の世代の言及と考えられる。花野充道「四重興廃思想の形成」(『法華仏教文化史論争』渡辺宝陽先生古稀記念論文集、平楽寺書店、二〇〇三)
(6) 末木文美士『親鸞―主上臣下、法に背く』(ミネルバ書房、ミネルバ日本評伝選　二〇一六)
(7) 木村清孝『正法眼蔵全巻解読』(佼成出版社、二〇一五)

〈参考文献〉

末木文美士『鎌倉仏教形成論―思想史の立場から』法藏館、一九九八
　『鎌倉仏教展開論』トランスビュー、二〇〇八
　『親鸞――主上臣下、法に背く』ミネルヴァ日本評伝選、二〇一六
頼瑜僧正御遠忌記念論集『新義真言教学の研究』大蔵出版、二〇〇二
田中貴子『『渓嵐拾葉集』の世界』名古屋大学出版会、二〇〇三

蓑輪顕量『日本仏教の教理形成――法会における唱導と論義の研究』大蔵出版、二〇〇九
『日本仏教史』春秋社、二〇一五
上島　享『日本中世社会の形成と王権』名古屋大学出版会、二〇一〇
花野充道『天台本覚思想の研究』山喜房仏書林、二〇一〇

第五章　民衆仏教の系譜

菊地大樹

一　はじめに

本章は主に中世前期の民衆仏教、つまり政治や制度ではとらえがたい社会のある領域、いわば「周縁的世界」に流布していった仏教について論じようとするものである。それは、王権を軸に政治制度に働く求心力の渦に巻き込まれそうになりながらも、これに抵抗しつつ圏外へと離脱しようとする、一定の遠心力を持つ運動であった。民衆仏教は政治制度的な束縛から相対的に自由な領域に展開していったのであり、確かに民衆はそこで生き生きと活動し、さまざまな文化現象を生み出していった。民衆仏教の一つの魅力はそこにある。

しかし、一方で現在の研究状況を展望してみると、そのような視点からの研究の限界が様々に露呈していることも認めなければならない。つまり、このような遠心力を、単に権力に抵抗する民衆運動として論じることはもはやできない。実際、様々なレベルで分裂的な様相を呈する中世社会にあって、王権の求心力は必ずしも絶対的ではない。そのような求心性の度合いを推し量りつつこれを脅かす一方で、時にはこれに敢えて巻き込まれながら活動してゆくところに、中世民衆のしたたかさ、真の力強さを見出してゆかなければならないのではないか。つまり、このような王権の求心性と民衆運動に働く遠心力とは、実は表裏一体のものとしてとらえてゆかねばならないのである。

本章では以上のように、政治制度への求心力を意識しつつも、地方寺院や寺院の中下級階層、遁世の聖などの周縁的世界における宗教活動に注目しながら、「もう一つの中世仏教」としての民衆仏教を論じてみたい。

二　中世寺院の成立とその周縁

古代から中世への時代のおおまかな転換点を十世紀ごろと見ると、中世社会がはっきりした形をもって表れてくるのは、十一世紀以降であるといえよう。この新たな社会のうねりは、寺院社会にも大きな影響をあたえてゆくことになった。ここではまず、王朝国家の周縁で展開した地方社会における寺院の成立や、寺院社会の中で中心から排除されつつ形成されてきた諸集団に光を当てながら、中世的な民衆仏教の実態についてみてゆく。はじめに注目したいのは、次の史料である。

一、六郷御山夷住僧行源解　申請　満山大衆御署判事
　請レ被三殊蒙二鴻恩一、任二開発理一賜二　御判一、為二後代証験一令レ請二継弟子同法等一、致二其々勤一給、年来私
　領田畠等子細状
　在二六郷御山夷石屋下津留字小柿原一
　四至東限山　南〔限脱カ〕耆闍谷　西限山　北限楽善房中垣
右、彼石屋砌者、本大魔所天大小樹林繁、所レ絶二人跡一也。而行源以二先年之比一、始罷二籠件石屋一之間、時々励二微力一天、切二掃所在樹木一、崛〔掘〕二却石木根一、開二発田畠一之後、至二于今日一、全無二他妨一所二耕作来一也。依レ之、於二所

当地利一者、偏致二毎年修正月之勤一、以二残物一者助二己身命一、既経二年序一也者、任二開発之理一賜二御判一、為レ擬二後
代証験一、注二子細一以解。

長承四年三月廿一日　　僧行源

件田畠者、本行源往古開発私領也。仍全無二他妨一、令二耕作一之旨、然尤明白也者、加二署判一。

本山住僧五人
大先達大法師在判三人

屋山長石屋住僧在判三人　先達大法師在判
墨土石屋住僧　先達大法師在　四王石屋住僧在――
小石屋住僧三人　先達大法〔師〕　大石屋住僧在二人　先達―
夷石屋住僧在判六人　千灯石屋住僧五人
先達二人

（長承四年三月二十一日「僧行源解状案」『余瀬文書』）

一、六郷御山夷住僧行源解す　申し請う　満山大衆御署判の事
殊に鴻恩を蒙られんことを請う、開発の理に任せて御判を賜り、後代の証験として弟子同法等に請け継がしめ、其々の勤めを致し給う、年来私領田畠等子細の状
六郷御山夷石屋下津留字小柿原に在り
四至〈東は限る山　南（は限る）耆闍谷　西は限る山　北は限る楽善房中垣〉

右、彼の石屋の砌は、本大魔所にして大小樹林繁く、人跡絶える所なり。而るに行源先年の比を以て、始めて件の石屋に罷り籠るの間、時々微力を励まして、所在の樹木を切り掃い、石木根を堀〔掘〕却し、田畠を開発するの後、

今日に至り、全く他の妨げ無く耕作し来る所なり。之に依りて、所当の地利に於いては、偏に毎年修正月の勤を致し、残る物を以ては己の身命を助け、既に年序を経るなりてえれば、開発の理に任せて御判を賜り、後代の証験に擬せんが為に、子細を注して以て解す。

長承四年三月廿一日　僧行源

件の田畠は、本より行源往古開発の私領なり。仍て全く他の妨無く、耕作せしむるの旨、然して尤も明白なりてえれば、署判を加う。

本山住僧五人
大先達大法師〈在判〉三人

屋山長石屋住僧〈在判〉三人　先達大法師〈在判〉
墨土石屋住僧　先達大法師〈在〉四王石屋住僧〈在〉ーー
小石屋住僧三人　先達大法〔師〕大石屋住僧〈在〉二人　先達ー
夷石屋住僧〈在判〉六人　千灯石屋住僧五人
先達二人

豊後国東半島の一面に展開した小規模寺院の集合体である六郷山が、中世的な山林寺院として成立してくるのは、この文書が記された平安時代後期、十二世紀前半ごろのことであろうと考えられている(1)。このなかで、六郷山夷石屋《いわや》の僧行源は、「満山大衆」に対して、自身が開発したことを理由に、私領の田畠に対して安堵の御判を賜るよう要請した。ここで「石屋」と言われているのは、山腹などの洞窟に営まれたごく簡素な寺院である。この石屋はかつて「大魔所」であり(2)、大小樹林が繁っていて人跡が絶えるところであった。しかし、行源はこの山林を開発し、ひとえに毎年「修正月之勤」をしてきた。
この史料は、地方寺院の成立の様子を物語るうえで非常に興味深いが、さらに注目したいのは、奥に加えられた署判である。六郷山においては、遅くとも十二世紀前半には「本山」とそれ以外の石屋（寺院）という原始的な本末関係が成立し、大先達・先達といった人々が、指導的な役割を果たす何らかの集団が形成されつつあったことがわかる。そして石屋の住僧らは、互いに署判を加えて財産の安堵を行うような関係にあった。これに似た中世寺院の成立事情は、近江葛川明王院や、はるか東方の出羽慈恩寺[3]などにもみられる。

これらの中世寺院は経済的に半ば独立した経営を迫られながらも、本山と緩やかな本末関係を築きながら、十二世紀前半ごろを中心に都市の縁辺部や、深山と生活圏の境界領域である、いわゆる「里山」などに山林寺院として多く成立していった。その一部は、「別所」とも呼ばれるようになる[4]。次に掲げる史料は、俊乗房重源（一一二一～一二〇六）によって設定された、いわゆる東大寺七別所の一つである周防別所の成立に関する文書である。

庁宣　在庁官人等

可下早任二分配旨一免除上、東大寺別寺牟礼令別所南無阿弥陀仏不断念仏并長日温室等用途田畠事

建立

浄土堂壱宇、七間四面

薬師堂壱宇、同

舎利殿壱宇、方丈

安二置高五尺鐵塔一基一、

其中奉二納仏舎利五粒一、

鐘壱口　　高三尺
湯屋一宇　　五間四面
在大釜一口　　廿五石納
鐵湯舟一口　　同之、
施入
　水田弐拾三町伍段、陸畠三町。田壱町者、毎日仏餉灯油料。
田拾弐町者、自二八日辰時一至二十五日一、毎月七ケ日夜不断高声念仏衆十二口衣食料、口別一町充レ之。
田三町六段者、毎月薬師講・阿弥陀講・舎利講三ケ度講延〔筵〕僧供料。
反別壱段充レ之。田玖段者、承仕三人衣食料、人別三段充レ之但潤月仏餉灯油者、承仕可レ令レ備レ之。
田陸町・畠三町者、長日温室之維那六人衣食料、人別田壱町・畠五段充レ之。
右、件堂舎建立、田畠分配、大略如レ斯。令レ差二募申請坪々一間、不レ能二一円一、所レ散二在于諸郡一也。悉不輪一色免、不レ可レ致二所当官物以下国役万雑事之催促一者也。抑念仏行業温室之功徳者、諸仏之所レ嘆、殊勝之善根也。仍南无阿弥陀仏毎レ至二便宜之処一、興二立此事一。爰忝奉二造東大寺使之勅宣一、当国之執務已至二十五ケ年一。然間、国府東辺枳部山麓、卜二水木便宜之地一、建二立不断念仏与長日温室一。即捧二功徳之上分一、奉レ祈二後白川〔河〕禅定法皇御滅罪生善出離生死成等正覚由一。於二此別所一者、為二法皇御祈願所一、永以可レ停二止諸寺別当之課役一。以二代々留守所在庁官人一為二檀越一、為二念仏温室一無二退失計一。且当州与愚身宿縁殊深。故敦為レ令レ結二同一仏土厚縁一、所レ企二此善願一也。若向後有二不道之輩邪見類一、顛二倒用途免地一、而退二失念仏温室一者、一宮玉祖・天満天神・春日・八幡等守護善神王并寺内三宝、令レ与二冥顕之両罰一、現世受二白癩黒癩之身一、後生堕二無間地獄之底一。若無二違旨一有二勤行一者、令レ得二無量之寿福一者也。在庁官人等宜二承知一。依レ宣行レ之、故宣。

正治二年歳次庚申十一月八日

願主造東大寺大和尚

南無阿弥陀仏在判

（正治二年十一月八日「周防国庁宣」『阿弥陀寺文書』）

庁宣す　在庁官人等

早く分配の旨に任せて免除す可き、東大寺別寺牟礼令別所南無阿弥陀仏不断念仏并に長日温室等用途田畠の事

建立す

浄土堂壱宇、七間四面

薬師堂壱宇、同

舎利殿壱宇、方丈

高五尺鐵塔一基を安置し、

其の中に仏舎利五粒を奉納す。

鐘壱口　高三尺

湯屋一宇　五間四面

在大釜一口　廿五石納

鉄湯舟一口　之に同じ。

施入す

水田弐拾三町伍段、陸畠三町。田壱町は、毎日仏餉灯油料。

田拾弐町は、八日辰時自り十五日に至り、毎月七ケ日夜不断高声念仏衆十二口衣食料、口別一町之を充つ。

田三町六段は、毎月薬師講・阿弥陀講・舎利講三ケ度講延〔筵〕僧供料。

反別壱段之を充つ。田玖段は、承仕三人衣食料、人別三段之を充つ〈但し潤月仏餉灯油は、承仕之を備えしむ可し〉。

田陸町・畠三町は、長日温室の維那六人衣食料、人別田壱町・畠五段之を充つ。

右、件の堂舎建立、田畠分配、大略斯の如し。申し請うの坪々を差し募らしむる間、一円能わず、諸郡に散在する所なり。悉く不輪一色免にして、所当官物以下国役万雑事の催促を致す可からざる者なり。抑も念仏行業温室の功徳は、諸仏の嘆ずる所、殊勝の善根なり。仍て南无阿弥陀仏便宜の処に至る毎に、此の事を興立す。爰に忝けなくも造東大寺使の勅宣を奉り、当国の執務已に十五ケ年に至る。然る間、国府東辺枳部山麓に、水木便宜の地をトし、不断念仏と長日温室を建立す。即ち功徳の上分を捧げ、後白〔河〕川禅定法皇御滅罪生善出離生死成等正覚の由を祈り奉る。此の別所に於いては、法皇御祈願所として、永く以て諸寺別当の課役を停止す可し。代々留守所在庁官人を以て檀越と為し、念仏温室の為退失の計無し。且つ当州と愚身は宿縁殊に深し。故に敦く同一仏土の厚縁を結ばしめんが為、此の善願を企つる所なり。若し向後不道の輩邪見の類有りて、用途の免地を顚倒し、而して念仏温室を退失すれば、一宮玉祖・天満天神・春日・八幡等守護善神王并に寺内三宝、冥と顕の両罰を与えしめ、現世には白癩黒癩の身を受け、後生には無間地獄の底に堕せん。若し違旨無くして勤行有らば、無量の寿福を得せしむる者なり。在庁官人等宜く承知すべし。宣に依りて之を行え、故に宣す。

正治二年〈歳次庚申〉十一月八日

願主造東大寺大和尚

南無阿弥陀仏〈在判〉

ここに見える周防別所は、治承寿永の内乱で焼失した東大寺を復興するために、周防国務を委ねられていた重源が、本寺東大寺の運営と密接に関連付けながら、各地域に開いた宗教的拠点である。重源はここで、不断念仏・長日温室その他の仏事を始めるにあたり、それぞれの用途を具体的にしながら免田畠を施入していった。そして最後に、在庁官人らにこの別所に対して違乱なからしむように誓わせている。

注意しなければならないのは、この別所から生じる功徳は、ほかならぬ「後白河禅定法皇御滅罪生善出離生死成等正覚」に捧げられていることである。つまり、東大寺別所は少なからず政治性を帯びてもいた。したがってこれを、単純に民衆に対する慈善救済の拠点と考えてよいかというと難しいが(5)、それでも寺辺の民衆は不断念仏に参加し、湯施行の恩恵にあずかったであろう。この意味で、地方に成立した他の多くの別所と同じく、東大寺別所もまた、周縁的世界に成立した民衆仏教の系譜に連なるものであった。

ところで、寺外にこのような別所が展開する一方、寺院内にもまた新たな階層分化が起こってゆく。大寺院における支配層が修学を旨とする学侶集団を形成すると、その秩序に即して出世階梯も整備された。他面、このような階層から排除された人々は堂衆として別に集団化し、さらには遁世の聖として寺院と世俗社会のマージナルな場に身を置く人々もあらわれることになる。学侶は教学を、堂衆は実践を中核とした身分集団を形成していたのである(6)。次に掲げる史料は、やや下って十四世紀前半に提出された東大寺法華堂衆による申状である。

法花堂禅徒等謹申

欲丁早被丙河上庄内当堂領於二仏聖灯油等料所一者、雖レ非二自余傍例一、事寄異レ他上者、負所三斗米蒙二其御免一矣。而以二大仏・八幡・二月堂等准儀一、当堂同可レ預二彼潤色一由、先立触二申于衆中一処、敢無二傍例一、都不レ可レ然旨、預二御返答一間、重具為レ申二開事子細一、捧二一通款状一。而尚御許容及二遅遅一者、速堂舎閉樞、永停乙止寺役甲間事

右、当堂者、往古依レ為二無縁無枯之道場一、欠二仏供灯明之資縁一。天性依レ無二堂領・堂免之料所一、空二年始修練之

勤行㆒。然間、禅徒或合㆓力各各之種子㆒而買㆓取段歩之田地㆒、如㆑形配㆓夜灯・日供之備進㆒、或勧㆓進所縁之貴賤㆒而自儲㆓散在之料所㆒、尩弱擬㆓修正・二月之要路㆒。（中略）夫当堂者、皇帝叡願之殿、当寺最初之伽藍也。良弁練行之砌、花厳一宗之本所也。所㆑案之霊像者、天王良弁之自作、自然涌出之神形也。所㆑修之行法者、天下安全之祈禱、寺門静謐之勤行也。然則、治承回禄之古、南都変滅之刻、自他門悉雖㆑登㆓無為寂静之霞㆒、当堂独峙、耀㆓常住不滅之光㆒。恐者当寺之興福、須㆑依㆓此堂之繁栄㆒者也。（中略）加之、所㆓申請㆒之料物者、専輙少分之土貢也。以㆑之量㆓度広大円満之御寺㆒、啻迷盧之一塵、巨海之一滴也。雖㆑然、私用狭少、閑散之当堂、偏万事之要路、諸方之助縁也。弥有㆓潤色之賢察㆒、敢不㆑可㆑及㆓思惟之御沙汰㆒者也。将亦皆以諸人之施入也。須㆑違㆓壇〔檀〕那之素意㆒。爰尋㆓傍例於余所㆒、於㆓規模之仏神㆒、被㆑免㆓田畠㆒者、諸庄諸郷之儀也。又考㆓古風於他門㆒、於㆓根本之霊場㆒、被㆑致㆓優賞㆒者、本寺本山之法也。云㆑彼、云㆑是、道理非㆑一。尤於㆓当堂領之三斗米㆒者、永代蒙㆓御優免㆒、禅侶欲㆑達㆓愁鬱㆒。而尚有㆓棄置之御沙汰㆒、入眼及㆓遅遅㆒者、速仏閣閉樞、抑㆓留寺役㆒之旨、仍粗言上如㆑件。

徳治参年潤八月　日　　法花堂禅徒等

（徳治三年閏八月日「東大寺法華堂禅徒等申状」『東大寺文書』）

法花堂禅徒等謹んで申す

早く河上庄内当堂領仏聖灯油等料所に於いては、自余の傍例に非ずと雖も、事寄他に異なる上は、負所三斗米其の御免を蒙る。而に大仏・八幡・二月堂等准儀を以て、当堂同じく彼の潤色に預かる可き由、先立衆中に触れ申す処、敢て傍例無し、都て然る可からざる旨、御返答に預かる間、重ねて具さに事の子細を申し開かんが為、一通の款状を捧ぐ。而して尚御許容遅遅に及ばば、速かに堂舎閉樞し、永く寺役を停止せられんと欲する間の事

右、当堂は、往古無縁無怙の道場為るに依り、仏供灯明の資縁を欠く。天性堂領・堂免の料所無きに依り、年始修練の勤行を空しくす。然る間、禅徒或いは各各の種子を合力して段歩の田地を買い取り、形の如く夜灯・日供

の備進に配し、或いは所縁の貴賤に勧進して自ら散在の料所を儲け、尩弱に修正・二月の要路に擬す。（中略）夫れ当堂は、皇帝叡願の殿、当寺最初の伽藍なり。良弁練行の砌、花厳一宗の本所なり。案ずる所の霊像は、天王良弁の自作、自然涌出の神形なり。修する所の行法は、天下安全の祈禱、寺門静謐の勤行なり。然れば則ち、治承回禄の古、南都変滅の刻、自他門悉く無為寂静の霞に登ると雖も、当堂独り峙ちて、常住不滅の光を耀かす。恐らくは当寺の興福、須く此の堂の繁栄に依るべき者なり。（中略）加之《しかのみならず》、申し請う所の料物は、専輙少分の土貢なり。之を以て広大円満の御寺に量度せば、啻に迷盧の一塵、巨海の一滴なり。然りと雖も、私用狭少、閑散の当堂、偏に万事の要路は、諸方の助縁なり。弥潤色の賢察有りて、敢て思惟の御沙汰に及ぶ可からざる者なり。将た亦た皆以て諸人の施入なり。須く檀那の素意に違うべし。爰に傍例を余所に尋ぬるに、規模の仏神に於いて、田畠を免ぜらるるは、諸庄諸郷の儀なり。又古風を他門に考うるに、根本の霊場に於いて、優賞を致さるるは、本寺本山の法なり。彼れと云い、是れと云い、道理一に非ず。尤も当堂領の三斗米に於いては、永代御優免を蒙り、禅侶愁鬱を達せんと欲す。而るに尚棄て置くの御沙汰有りて、入眼遅遅に及ばば、速かに仏閣閉樞し、寺役を抑留するの旨、仍て粗言上件の如し。

徳治参年潤八月　日　　　法花堂禅徒等

これによれば、法華堂は昔より「無縁無怙」つまり特定の檀越や支持者がいない宗教施設であり、「年始修練の勤行」すなわち修正会の実施にも事欠くありさまであった。堂衆らは零細な勧進活動によって近在の河上荘の得分などをわずかに確保する状況であったにもかかわらず、そこに寺家から三斗米が課せられるようになっていよいよ窮乏し、ついに訴えに及んだという。このように、法華堂は東大寺の一部であるとはいっても堂衆らに十分な物質的支援があったわけではなく、自己の宗教活動のためには独力で財源を確保しなければならなかった。ところが、いよいよその重荷に耐えかねた法華堂衆は寺家に対して訴訟に及ぶ。そして彼らは聖武天皇叡願の由緒を持ち出し、種々法華堂の意義を述べて、「当寺の興福、すべからくこの堂の繁栄による」と高らかに言い切る。よって彼らに対しては、他の傍例によって公事が免じられるべきであるといい、最後に閉籠を示唆してこの申状を終わっている。

以上に見てきたように、院政期から鎌倉時代にかけて、都市の周縁や地方では、山林修行の活動拠点となりうるような小規模な寺院が続々と成立してきた。経済基盤の上でも宗教活動の上でもこれらは独立的であったが、多くは本寺とゆるやかな本末関係を結び、所領の安堵などに便宜を図っていた。また大寺院においても、古代に確立した寺院秩序が中世的に再編されてゆく中で、寺内はいくつかの集団に分裂し、集団間のバランスが崩れれば訴訟に及ぶこともあった。このように、本寺に連なる別所や地方寺院、また大寺院の身分的に下位に置かれた諸集団こそ、民衆仏教をリードする中核となっていったのである。彼らは上部組織と利害関係を調整しながら、実際には分裂をはらみながらもバーチャルに統合された寺院権門の一部に組織されていったのであった。

三　聖の活動——民衆への教化と勧進

第二節でみたように、地方寺院や大寺院の堂衆層は、支配層に対して周縁的な領域に身を置いていた。それでも彼らは緩やかに中央とのつながりを保って、寺院社会に参画していた「交衆」であった。しかしこれに対して、さらに「遁世」と呼ばれる領域に身を投じてゆく聖たちもいた。彼らは交衆から離脱し、朝廷や有力者の開催する公的な仏事に参加する、いわゆる「公請」にも応じることはなかった。いわば大寺院の周縁部の、さらに外縁に近いところに彼らは身を置いていたが、その分自由な宗教活動を展開した。しかし、彼らもまた、周縁的ながらも広い意味では寺院社会の構成員とみなすべきであろう。

このような人々の中には、次の史料に見るように、もと世俗世界に身を処しながら、やがて仏法の功徳に目覚めていったものもいた。

右、寂円古本ハ、閻浮提州日本国内山城国乙国〔訓〕郡石上村ニ生せる世俗人也。而観二於世間无常一し天、為レ奉レ結三縁无二教文一ニ、永捨二世事於一、奉レ懸二仏法ニ心於一。生年六十三し天剃三除鬢髪於一、成二比丘形一天、入二利生之道一リ、住二菩提心一。以来、昼夜ニ奉レ聞レ法、旦暮ニ奉レ見レ経。不レ奉レ書三写誰人か諸経於一、不レ奉レ供三養何輩か諸仏於一る。雖レ然、倩惟れは、如法書写人而希有也。斯時巧三適勧進意趣於一、為レ染二一切衆生之肝中ニ道心堅固之志於一、以二去康和二年正月之比一、同州東海道甲斐国山東郡内牧山村米沢寺千手観音宝前籠居し天、妙経於如法書写之発レ心企天、四歳於送間、敢无二障相事一し天、書写之念願満せり。仍尋二諸仏結跏之砌於一、撰二万法流浦勝地於一、同五年三月廿四日癸卯、誘二道俗男女於一、引二貴賤上下一、柏尾山寺往生院仏前ニ奉二伝渡一。其行程一時余間、立並る結縁衆路頭ニ无レ隙かりき。同四月三日辛亥、屈二当山院主睿〔叡〕山学者堯範一奉天、開講演説畢。移二法会之刀利一之様、不レ異レ荘三厳法浄世界一ニ者。同月廿二日庚午、同山東方白山妙里〔理〕之峯所レ奉二埋納一也。（中略）我ハ斯外面穢濁身し天、内秘二勧進之徳一、極大慈悲変化也。仰願三世諸仏、伏乞十方聖衆、无差平等中ニも致二丁寧一凝二信心一類、十羅刹加二知見信力一、納受給。惣限二一切一、无二擯捨類一、皆蒙二平等利益一、敬白。

当時正朝、同時国司藤原朝臣　結縁中ニも其日供具頭、散位藤原基清朝〔臣〕□
百種湯薬僧頼暹、奉二造作勤一井上房、古本奉仕佐伯景房　惣行事散位三枝宿祢守定、同守継。

僧正久、同覚禅、権介守清、自余同前也。　紀忠末

筆者正六位上文屋重行

（東京国立博物館所蔵・康和五年四月二十二日「山梨県柏尾経塚出土経筒銘」）

右、寂円古本は、閻浮提州日本国内山城国乙国〔訓〕郡石上村に生せる世俗の人なり。而るに世間の无常を観じて、无二の教文に結縁し奉らんが為に、永く世事を捨て、仏法に心を懸け奉る。生年六十三にして鬢髪を剃除し、比丘形に成りて、利生の道に入り、菩提心に住す。以来、昼夜に法を聞き奉り、旦暮に経を見奉る。誰人か諸経を書写し奉らざる、何輩か諸仏を供養し奉らざる。然りと雖も、倩惟れば、如法書写の人に希有なり。斯の時に勧進の意趣を巧適し、一切衆生の肝中に道心堅固の志を染めむが為に、去る康和二年正月の比を以て、同州東海道甲斐国山東郡内牧山村米沢寺千手観音の宝前に籠居して、妙経を如法書写の心を発こし企て、四歳を送るの間、敢て障相の事无くして、書写の念願満せり。仍ち諸仏結跏の砌を尋ね、万法流浦の勝地を撰び、同五年三月廿四日〈癸卯〉、道俗男女を誘い、貴賤上下を引き、柏尾山寺往生院仏前に伝え渡し奉る。其の行程一時余の間、立ち並ぶる結縁衆路頭に隙无かりき。同四月三日〈辛亥〉、当山院主睿〔叡〕山学者尭範を屈し奉りて、開講演説し畢わんぬ。法会の刀利に移るの様、法浄世界を荘厳するに異ならずてえり。同月廿二日〈庚午〉、同山東方白山妙里〔理〕の峯に埋納し奉る所なり。（中略）我は斯れ外面穢濁の身にして、内に勧進の徳を秘め、極大慈悲の変化なり。仰ぎ願わくは三世諸仏、伏して乞うらくは十方聖衆、无差平等中にも丁寧を致して信心を凝らすの類、十羅刹知見信力を加え、納受し給え。惣ては一切を限り、擯捨の類无く、皆平等に利益を蒙らんことを、敬白。

当時正朝、同時国司藤原朝臣　結縁中にも其の日供具頭、散位藤原基清朝□〔臣〕

百種湯薬僧頼暹、造作勤め奉る井上房、古本奉仕する佐伯景房　惣行事〈散位三枝宿祢守定、同守継。〉

僧正久、同覚禅、権介守清、自余同前なり。　紀忠末

筆者正六位上文屋重行

この銘文の刻みつけられた「経筒」とは、経巻を収める筒状の容器や壺のことである。十一世紀初頭における藤原道長による埋経を早い事例として、経巻を経筒に収めて地中に埋納供養する経塚造営が盛んとなっていく。この史料は、陶器製の経筒に刻み付けられた銘であり、山梨県で出土したものである。それによれば、寂円はもと山城国に生まれた世俗人であったが、六三歳で出家して僧となり、やがて経典書写行に従事するようになったという。当時、老年に達すると出家して「入道」（僧侶の姿をした在家者）となることは一般的であったが、寂円の場合は自ら「比丘」（正式な出家者）と名乗り、人々に作善を勧めて指導的役割を果たしている。彼はおそらく諸国巡礼の旅に出て、何かの縁で甲斐国牧山村米沢寺に留錫し、この作善を思い立ったものであろう。経典は清浄を旨として、厳格な規則に沿って四年間をかけて「如法」に書写され、比叡山の学者であった院主堯範によって講経が行われたという。このように、寂円は諸国を巡礼した聖であり、その宗教活動は組織や制度に縛られず彼自身の発願により自由に行われた。まさに民衆的世界における作善活動であったが、これに結縁したのは必ずしも中下層の人々のみではない。むしろ周縁的世界から、逆に国司をはじめとする在地の有力者を広く巻き込んでいったところに、この史料の面白さがある。

そこで次にあげたいのは、周防別所の成立に関しても触れたように、そのような聖の一人として特に顕著な活動を残した俊乗房重源の活動を示すものである。彼はあるとき摂関家の九条兼実（一一四九～一二〇七）に面会したが、その時の模様を兼実は自身の日記『玉葉』に書き留めた。

廿四日。庚寅。天晴。東大寺勧進聖人重源来。余依二相招一也。聖人云、大仏奉二鋳成一事、偏以二唐之鋳師之意巧一可二成就一云々。来四月之比、可レ奉レ鋳云々。件聖人、渡唐三ケ度、彼国風俗委所二見知一云々。仍粗問レ之、所レ語

之事、実希異多端者歟。五台山被レ打二取大金国一了。渡海之本意、為レ奉レ礼二彼山一也。仍空欲二帰朝一之処、天台山・阿育王山等可レ奉レ礼之由、宋人等勧進。仍暫経廻、詣二件両所一。天台山ニハ有二石橋一。破戒罪業之人、無下渡二得其橋一事上。本国人、十之八九ハ不レ遂二前途一。但於二日本国之人一者、多分渡レ之。令レ感下依二此願一、渡海之志上歟云々。即此重源聖人、所レ渡二其橋一也。尤可レ貴、々レ々。其橋体、広四寸、長三四丈、亘二大河上一河自レ南流レ北。橋自レ東亘レ西。其橋西辺有二大巌一。縦広共六尺許也。其左右無二人之可レ通之路一。仍不レ知二其奥一云々。如二伝聞一者、自二石橋一六町入レ奥天、有二銀橋一。々々奥有二金橋一云々。其奥正身証果之羅漢五百十八人見住。人致二信心一、備二供具一、祈念之時、顕二現石橋西頭一。奉レ礼二彼正身一之人、万千万人之中一人猶難云々。又云、謂二阿育王山一者、即彼王八万四千基塔之其一、被レ安二置彼山一。件塔四方皆削透云々。其上奉二納金塔一当時帝王所レ被二造進一云々。件根本塔高一尺四寸云々。其上銀塔、其上金銅塔。如レ此重々被二奉納一云々。件舎利、現二種々神変一。或現二丈六被接之姿一、或現二小像一、或現二光明一云々。此聖人、両度奉レ礼二神変一一度ハ光明、一度ハ小像仏云々。雖二末代一此事不二陵遅一云々。（後略）　（『玉葉』寿永二年正月二十四日条）

廿四日。庚寅。天晴。東大寺勧進聖人重源来る。余相招くに依るなり。聖人云く、大仏鋳成し奉る事、偏に唐の鋳師の意巧を以て成就す可し、と云々。来る四月の比、鋳奉る可し、と云々。件の聖人、渡唐三ケ度、彼の国の風俗委しく見知る所、と云々。仍ち粗之を問うに、語る所の事、実に希異多端の者か。五台山大金国に打ち取られ了わんぬ。渡海の本意は、彼の山を礼し奉らんが為なり。仍ち空しく帰朝せんと欲するの処、天台山・阿育王山等礼し奉る可きの由、宋人等勧進す。仍ち暫く経廻し、件の両所に詣ず。天台山には石橋有り。破戒罪業の人、其の橋を渡り得る事無し。本国の人、十の八九は前途を遂げず。但し日本国の人に於いては、多分に之を渡る。此の願に依り、渡海の志に感ぜしむるか、と云々。即ち此の重源聖人、其の橋を渡る所なり。尤も貴ぶ可し、貴ぶ可し。其の橋の体、広四寸、長三四丈、大河の上に亘る〈河は南自り北に流る。橋は東自り西に亘る〉。其の橋の西辺に大巌有り。縦広共に六尺許りなり。其の左右に人の通る可きの路無し。仍て其の奥を知らず、と云々。

伝え聞く如くんば、石橋自り六町奥に入りて、銀橋有り。銀橋の奥に金橋有り、と云々。其の奥に正身証果の羅漢五百十八人見住す。人信心を致し、供具を備え、祈念するの時、石橋の西頭に顕現す。彼の正身を礼し奉るの人、万千万人の中一人猶難し、と云々。又云く、阿育王山と謂うは、即ち彼の王八万四千基塔の其一、彼の山に安置せらる。件の塔の四方は皆削り透す、と云々。其の上に金塔を奉納す〈当時の帝王造進せらる所、と云々。件の根本塔は高一尺四寸、と云々〉。其の上に銀塔、其の上に金銅塔。此の如く重々に奉納せらる、と云々。件の舎利、種々の神変を現す。或は丈六被接の姿を現し、或は小像を現し、或は光明を現す、と云々。此の聖人、両度神変を礼し奉る〈一度は光明、一度は小像仏、と云々〉。末代と雖も此の事陵遅ならず、と云々。（後略）

重源はもと醍醐寺僧であり、また高野山において修行を積むなど大寺院との関係が垣間見られる。摂関家の兼実との面会も、そうした彼と貴族社会との関連を示唆している。ここで重源は兼実に、種々入宋の経験を語った。彼の人脈や情報網は、大陸に向けて開かれていたのである。この記事には種々の奇跡的な宗教現象が説かれているが、南宋と金とのせめぎあいの様子、天台山に現存する石梁、阿育王寺における舎利奉安の詳細や一歩三礼の参詣のありさまなど、事実にもとづくとおぼしい証言も多くみられる。

当時の貴族にとって、天皇のいる都はもっとも神聖で文化程度が高く、周縁にいくほど粗野で穢れた世界が広がっていると考えられていた。朝鮮はそのもっとも縁辺部にあたり、伝統的な差別観が醸成されたが、中国はこれとは別に三国観のなかで時には憧憬の対象にもなっていた[7]。重源は大陸と列島の間を往来しながら、あるいは間接的にせよ大陸における見聞を都にもたらし、そのことによって自己の宗教活動をさらに活発にしていった。このようなマージナルな領域を往反することが、聖の活動の特徴の一つであったといえるだろう。

寂円や重源のように、聖たちは教化や勧進のために列島を駆け巡り、時には大陸にまでその足を延ばしてゆくことになる。彼らの活動によって、中央と地方における様々な信仰の潮流が、今日われわれが想像するよりも速やかに相互に影響を与え、融合していった。列島各地の民衆が寄せたそのような信心の一つが、熊野参詣である。次に掲げる史料は、熊野先達と呼ばれる宗教的指導者の活動が、各地の民衆や有力者を含みつつ遠く陸奥の津軽平野にまで及んでいたことを示す興味深い文書である。(8)

此檀那三河あさり浄範より買得。雖レ然願文一通なく無二正体一候処ニ、奥州持渡津先達大進阿闍梨幸慶、貞和五年十二月廿九日参詣時、無二願文一由申て候へハ、幸慶委細如レ此注申候間、其後たんな尋あつかい候なり。

奥州遠田郡より参詣人々、大略当坊へ参候也。為二後年一如レ此注置処、能々此人々参詣時、可レ尋事也。

奥州持渡津先達檀那糸〔系〕図事

一、根本先達観性房阿闍梨、其弟子戒行房阿闍梨、其弟子常陸阿闍梨房行祐、（戒行房甥也。）其弟子大進阿闍梨幸慶、（幸慶真弟也。）其弟子輔阿闍梨、其舎弟大夫阿闍梨恵吽。

一、又常陸阿闍梨真弟大弐阿闍梨房引導たんなの事。
ぬかのふ（糠部）の内九かんのへ（戸）よりまいり候たんなハミなゝゝ当坊へ可レ参候。又一のへ（戸）のいつかたいの中務《なかつかさ》殿も御参詣候。

一、津軽三郡内、しりひき（尻曳）の三世寺の別当ハ、常陸阿闍梨房舎弟大和阿闍梨房にて候。彼引たんな皆当坊へ可レ参候。安藤又太郎殿、号二下国殿一、今安藤殿親父宗季《ムネスエ》と申候也。今安藤殿師季《モロスエ》と申候也。此御事共当坊へ可レ有二御参一候。

一、常陸法眼房弟子三位阿闍梨房先年参詣時、鵜山入道殿（彼妻三位あさり妹御前。）と申人引道申て候。当坊たんなにて候。

一、出羽国山北山本郡いなに八殿・かわつら殿、此人々ハ大弐殿先達申て候。常陸法眼房弟子の大弐房にて候。

貞和五年十二月廿九日

（貞和五年十二月二十九日「陸奥国先達檀那系図注文案」『米良文書』）

熊野参詣の人々は「檀那」となって、「先達」と呼ばれる山伏に案内され、熊野に参詣・宿泊することが一般的であった。特定の檀那の一群を引率する「檀那職」は、山伏らの間で特権となり、その引率権は売買の対象となった。ここに挙げたのは、持渡津（陸奥国遠田郡小牛田町付近カ）の先達の檀那職売買に関する文書である。関連文書も補ってその経緯を示すと、応安元年（一三六八）十二月九日に参河阿闍梨浄範は、熊野那智山執行道賢法印に三か所の檀那職を売却した。その一つが「奥州もちわたつの大進律師門弟引檀那」であり、由緒（経緯）などを説明したのが、「奥州持渡津先達檀那系図」である。すなわち、初代（根本先達）観性房阿闍梨（豪祐）が熊野に仁治元年（一二四〇）三月五日に参詣して以来、檀那職は親子や親類としての血縁をもとに継承され、彼らの間では師弟関係が結ばれていたという。

代々の持渡津先達の檀那は、奥羽にまたがる地域に展開していた。例えば行祐の真弟子（実子）大弐阿闍梨は、「糠部の内九ヶ戸よりまいり候檀那」「一戸の一方井の中務殿」および「出羽国山北山本郡稲庭殿・川連殿」を引率した。またその大弐阿闍梨の舎弟（つまり行祐の別の実子）大和阿闍梨は「津軽三郡内、尻曳の三世寺の別当」であり、下国安藤又太郎宗季・師季父子つまり奥羽きっての有力者安藤氏一族の先達を勤めている。

紀伊国に鎮座する熊野神は、もともと地方神に過ぎなかった。しかし、院政期に三山が組織化され、都の人々の地方への関心が高まる中で急激に発展してゆく。その運動がやがて、列島各地に住する民衆をも巻き込み、彼らはいわゆる熊野道を経て、都から、ひいては列島各地から熊野を目指すようになる。そのなかだちを務めたのが熊野先達であった。熊野三山は園城寺の末寺となり、上層部には僧綱位を持つ者もいたが、圧倒的多数の先達はそのような身分にはなかった。しかし彼らこそ、各地域の民衆と交わりながら熊野信仰を弘めた当事者なのであった。

四　伝統と革新――「新」仏教へ

本章では今まで、中世成立期である十一世紀ごろから、列島の文化にとって大きな転換点となる十四世紀ぐらいまでを視野に入れて、民衆仏教の展開をたどってきた。最後に、いわゆる法然らの「鎌倉新仏教」について触れるべきであるが、ここでは割愛する。これについては、他の章で別に論じられる予定であるし、また「鎌倉新仏教」を単純に平安仏教の発展的系譜に位置付けることについては近年批判もある。そこで本章では今まで、周縁的世界に展開する民衆仏教を必ずしも「鎌倉新仏教」の嚆矢と位置付けるのではなく、中心と表裏一体化した当該期の独自の宗教運動の発現として概観してきた。ここで最後に、鎌倉仏教研究の史料として従来必ずしも十分に注目されてこなかった印信・板碑・石碑銘をも加えて、平安鎌倉期の仏教を総合的に論じるあらたな民衆仏教論への布石としたい。

（押紙）「自受法楽密印十種印付レ之。台灌頂」
胎蔵界自受法楽灌頂密印
理智冥合印・真言云々。大悲胎蔵中一切法一時頓証八字印・真言出二瑜祇経金剛吉祥大成就品一。是秘密壇中大阿闍梨真実成正覚
印・真言也。

金剛薩埵印・真言出㆓瑜祇経冒地心品㆒。是都法大日、阿闍梨変為㆓成仏母㆒、為㆑他伝法。
先成㆓金剛薩埵印・真言㆒也。一切仏母金剛吉祥伝教印・真言出㆓瑜祇経金剛吉祥大成就品㆒。是胎蔵都法大日、阿闍梨変㆓薩埵身㆒成㆓仏母身㆒、三部深密一時頓証及為㆓弟子㆒伝㆓授三部大教之法印・真言㆒也。
南無帰命頂礼大日如来授阿闍梨位帰真際。起居礼流㆑涙云々。

弘安三年庚辰十月(追筆)「十五」日　付㆓法恵暁㆒。

秘密壇阿闍梨伝灯大法師位(自署)「円爾示」

(胎蔵)□□界十種印明

一、瑞相印・真言。二、無所不至印四字明。三、三身説法印・真言。四、三身一印・真言幷讃。五、金剛字句印・真言。六、理智冥合印・真言。七、阿闍梨位行㆓大悲胎蔵鉢印㆒。八、金剛サタ印・真言。九、一切仏母金剛吉祥伝教印・真言。十、四智讃印・成就大悲胎蔵八字真言。先住㆓定印㆒布㆓字身分㆒。
𑖀《ア》腰下、𑖪𑖰《ビ》股下、𑖨《ラ》心中、𑖮𑖳𑖽《ウン》額中、𑖏𑖽《ケン》頂中、𑖮𑖳𑖽《ウン》額上、金部、𑖮𑖿𑖨𑖱𑖾《キリーク》胸上、蓮部、𑖀𑖾《アク》心上、仏部、布畢、二手旋㆓転心前左右脇㆒住㆓本印㆒、当心散㆑之。
真言曰、𑖀𑖪𑖰𑖨𑖮𑖳𑖽𑖏𑖽𑖮𑖳𑖽𑖮𑖿𑖨𑖱𑖾𑖀𑖾　自受法楽密印　恵暁

○数か所に、三重方朱印「𑖫𑖿𑖨𑖱《シュリ》」を捺す。

(弘安三年十月十五日「円爾授恵暁秘密灌頂印信胎蔵界自受法楽印明」『栗棘庵文書』巻一―一)

(押紙)「自受法楽密印〈台灌頂〉〈十種印之を付す。〉」

胎蔵界自受法楽灌頂密印

理智冥合の印・真言と云々。大悲胎蔵中一切法一時頓証八字印・真言〈瑜祇経金剛吉祥大成就品に出ず〉。是れ秘密壇中大阿闍梨真実成正覚の印・真言なり。

金剛薩埵印・真言〈瑜祇経冒地心品に出ず〉。是れ都法大日、阿闍梨変じて仏母を為成し、他の為に伝法す。

先ず金剛薩埵印・真言を成すなり。一切仏母金剛吉祥伝教印・真言〈瑜祇経金剛吉祥大成就品に出ず〉。是れ胎蔵都法大日、阿闍梨薩埵身を変じて仏母身と成り、三部深密一時頓証及ち弟子の為に三部大教の法の印・真言を伝授するなり。

南無帰命頂礼大日如来授阿闍梨位帰真際。起居礼涙を流すと云々。

　弘安三年〈庚辰〉十月「十五」〔追筆〕日　恵暁に付法す。

秘密壇阿闍梨伝灯大法師位「円爾示」〔自署〕

□□〔胎蔵〕界十種印明

一、瑞相印・真言。二、無所不至印〈四字明〉。三、三身説法印・真言。四、三身一印・真言〈弁讃〉。五、金剛字句印・真言。六、理智冥合印・真言。七、阿闍梨位大悲胎蔵鉢印を行ず。八、金剛サタ印・真言。九、一切仏母金剛吉祥伝教印・真言。十、四智讃印・成就大悲胎蔵八字真言。先ず定印に住し身分に布字す。

𑖀《ア》〈腰、下〉、𑖪𑖰《ビ》〈股、下〉、𑖨《ラ》〈心、中〉、𑖮𑖳𑖼《ウン》〈額、中〉、𑖏𑖽《ケン》〈頂、中〉、𑖮𑖳𑖼《ウン》〈額上、金部〉、𑖮𑖿𑖨𑖱𑖾《キリーク》〈胸上、蓮部〉、𑖀𑖾《アク》〈心上、仏部〉布し畢わりて、二手心前左右脇に旋転して本印に住し、当心に之を散ず。

真言曰、𑖀𑖪𑖰𑖨𑖮𑖳𑖼𑖏𑖽𑖮𑖳𑖼𑖮𑖿𑖨𑖱𑖾𑖀𑖾　自受法楽密印　恵暁

印信とは、密教において灌頂や伝授の折に、その正統性を証明するために師匠から弟子へと授与される証明書である。真言宗の場合、印信は紹文・印明・血脈の三点からなっていることが多い。天台宗の場合も、印明が授けられるが、紹文にあたる文書に含めて血脈を示すのが一般的であり、別に血脈を作成する場合もあった。

ここに掲げたのは、東福寺円爾（一二〇二～一二八〇）が白雲恵暁（一二二三～一二九八）に与えた印信であり、恵暁の塔院であった栗棘庵に伝来している[9]。円爾は鎌倉前期に入宋した禅僧として、有名であり、のちに九条道家の外護

を得て東福寺を開いた。しかしよく知られているように、円爾はもと天台僧であり、東福寺も天台・真言・禅の兼修道場として成立した。従来、そのありかたは「雑修」などと称されて、後の「純粋禅」にくらべて低レベルのものと思われがちであった。しかし最近、新出史料の相次ぐ発見や、鎌倉時代の仏教全体に対する見直しが進む中で、円爾やその弟子の痴兀大慧（一二二九～一三一二）が、天台教学や密教と禅の融合を目指していたことが明らかとなり、その意味を再考しようという動きが現れている。[10]

円爾は、長楽寺開山の栄朝（一一六五～一二四七）から、さらにその師である栄西以来の天台密教と禅を受けていたことが知られている。しかし栗棘庵印信群の分析から、さらに従来あまり知られていなかった阿忍や見西といった人々からの受法も重要であることが分かってきた。ここに示した胎蔵界灌頂に関する印明および口決（栗棘庵文書）は、円爾が見西から受けた内容を記した印信群の一つで、彼らが特に重視した「秘密灌頂」に含まれるものである。円爾の受けた台密谷流の極意である「理知冥合」の印・真言を示し、また胎蔵界十種印明なるものを合わせて説く。さらにその後には、仏を表わす種子を全身に配当しながら瞑想するいわゆる布字観にまで触れている。

ところで、同じ印信群の中には「瑜祇（相応）灌頂」に関するものもあるが、円爾の弟子でやはり密教に造詣深かった痴兀大慧もまた、秘密灌頂および相応（瑜祇経）灌頂を説く（『灌頂秘口決』）。しかし、そこで大慧がもとづくのは円爾の台密ではなく、真言宗小野三宝院流の東密である。このような印信から、台密・東密における当時最先端の教理が大胆に交流し、融合しながら発展していったことが様々に読み取れる。

従来、上に示した印信のような史料や密教儀礼は、形骸化・呪術化した仏教の産物として分析の対象にさえ挙げられてこなかった。しかし、これを子細に見てゆくとき、新しい思想の潮流が形成されるに際して、それらがいかに既存の仏教に依存しつつ展開していったかがよく分かる。彼らは決して既成の宗派のたこつぼに収まって、伝統的な儀礼・教説を墨守していたわけではなく、そこから飛び出て大胆な交流を試み、新旧両方の思想を俯瞰しながらその体系化を試みていた。これもまた、伝統的な正統教学に対して周縁的世界に展開した、「もう一つの鎌倉新仏教」といえるだろう。

ただし、このような密教の奥義に到達するような宗教的思惟は、民衆には無縁だったのではないかという疑問も生まれてこよう。そこで注目したいのが、次の史料である。

帰二命本覚心法身一。常住二妙法心蓮台一。本来具二足三身徳一、三十七尊住二心城一。

右、奉二為沙弥理円一。既雖レ迎二七句之星霜一、未レ致二逆修作善一。然間、彰二応身三摩耶体貌一、開二瑜伽唯識妙印一。重乞、早遊二法性之虚月一、顕二浄覚之月一、照二生死之暗一、併覚二妄想之夢一矣。

建武改元申戌七月十五日　（埼玉県越生町興禅寺所在・建武元年七月十五日「バン種字板碑銘」）

本覚心法身に帰命す。常に妙法の心蓮台に住す。本来三身の徳を具足し、三十七尊は心城に住す。

右、沙弥理円の奉為《おんため》なり。既に七旬の星霜を迎うると雖も、未だ逆修作善を致さず。然る間、応身三摩耶の体貌を彰し、瑜伽唯識の妙印を開く。重ねて乞うらくは、早く法性の虚月に遊び、浄覚の月を顕し、生死の暗を照らし、併ながら妄想の夢を覚まさん。

建武改元〈申戌〉七月十五日

ここに示した史料は、板碑という石造物に刻まれた銘文である（意によって銘文配列を改めた）。板碑は石造供養塔の一形式で、緑泥片岩や粘板岩などを板状に加工し、表面に種字（梵字）・荘厳（装飾）・偈・願文・願主・被供養者などの文字・図像を刻みつけたものである。その分布は、北は北海道渡島地方や青森県津軽平野から、南は九州・五島列島にまで広がっている。現在残されている基数は、関東地方だけで四万基ともそれ以上とも言われている。板碑は自身の逆修や故人の追善といった宗教的契機で造立されるのであり、つまりそこには、当然在地における仏教教理を民衆がどのように受容していたかを示すサンプルが膨大に残されていることになる。

ここに示した板碑は、沙弥理円が七十歳を迎えて逆修作善を志し、応身三摩耶の姿をあらわして瑜伽唯識の妙印を開き、浄覚の月をもって生死の闇を照らし、妄想の夢を覚さんと祈ったものである。ここで注目したいのは、この願意と密接に関連する、いわゆる「本覚讃」を偈頌として引用し、銘文として刻みつけたことである。この偈頌は、中古天台本覚法門を中心とする中世仏教の展開とともに広く流布したとはいえ、秘事口伝を原則としていた。[11] しかしここでは、それを不特定多数の目に触れることを前提に板碑の表面に顕したのであり、かつそれを発願したのが専門的な僧ではない「沙弥」＝入道であったことに注意しなければならない。

中世に多く流布した秘事口伝は、師資相承の極秘の世界でのみ行われていたかに思われがちであるが、それは建前であり、実際にはこのような形で広く民衆の間に流布していったのである。[12]

最後に、今まで見てきたような周縁的世界における鎌倉時代の宗教活動の事例として、そのもっとも縁辺部に位置するかに思われがちな陸奥に建てられた次の碑文に注目しておきたい。

奥州御島妙覚菴　頼賢菴主行実銘並序

巨福山建長禅寺住山、唐僧一山一寧撰。

徳治丙午冬、予再居二福山一。丁未春、有二僧匡心孤運一。来礼謁言、来レ自二奥州一。手二其師行実一通一。炷香礼足、謂レ予曰、吾郷奥州有二松島一。其側有二御島一。有レ菴、曰二妙覚一。乃嚢歳見仏上人来結レ茆而居。見仏清苦精進、身清厳口緘黙。日誦二法華経一。先十二年中已満二六万部一。後至二八十二一入滅、厥後所レ誦、又不レ可二以数計一也。六根既浄、能役二使神物一、霊異頗多。道乃遍布、声聞二朝野一。適二鳥羽院当宇一、賜二本尊・器物一、以レ旌異レ之。其島、本

名㆓千松島㆒。以㆓見仏㆒承㆓御賜㆒之故、時人乃易㆓今名㆒。凡松島左右列㆑島僅百数、独此名最揚。蓋由㆓見仏㆒之故也。吾之師、名頼賢、号㆓観鏡房㆒。生㆓於本州源氏㆒。幼而端愿、父母俾㆓出家㆒。乃依㆓長崎成福寺㆒為㆓童子㆒。十五薙髪、而学㆓天台及真言教于講席㆒。久之忽自悟謂、文字之学非㆓出世法㆒。至㆓年四十二㆒、今円覚無隠範和尚、住㆓松島円福寺㆒、往依㆑之、居㆓弟子列㆒。復遊方、参㆓聖一于東福、大覚于建長、仏源于寿福㆒。孜々請扣、法無㆓異味㆒。仍回㆓円福㆒、将㆓終老㆒焉、無隠遷㆓相州浄妙㆒、空厳慧和尚継席。適㆓此庵㆒乏㆓主者㆒。空厳乃挙㆑師以補㆑之。（中略）

是歳三月十五日書。小師三十余人、匡心孤運、同立㆑石。

（宮城県松島町所在・徳治二年三月十五日「頼賢行実碑銘並序」）

奥州御島妙覚菴　頼賢菴主行実銘並に序

巨福山建長禅寺住山、唐僧一山一寧撰。

徳治丙午冬、予再び福山に居す。丁未春、僧匡心孤運有り。来り礼謁して言う、奥州自り来る、と。其の師の行実一通を手にす。炷香礼足して、予に謂て曰く、吾が郷奥州に松島有り。其の側に御島有り。菴有り、妙覚と曰う。乃ち曩歳見仏上人来り茆を結びて居す。見仏清苦精進し、身は清厳にして口は緘黙なり。日に法華経を誦す。先ず十二年中に已に六万部を満たす。後に八十二に至り入滅、厥の後に誦する所、又以て数計す可からざるなり。六根既に浄くして、能く神物を役使し、霊異頗る多し。道は乃ち遍く布き、声は朝野に聞こゆ。鳥羽院の当宇に適い、本尊・器物を賜り、旌を以て之を異とす。其の島、本千松島と名づく。見仏を以て御賜を承くの故に、時の人乃ち今の名に易う。凡そ松島の左右に島を列ぬること僅《ほとんど》百数、独り此の名最も揚ぐ。蓋し見仏に由るの故なり。吾の師、名は頼賢、観鏡房と号す。本州の源氏に生まる。幼くして端愿、父母出家せしむ。乃ち長崎成福寺に依り童子と為る。十五にして薙髪、而して天台及び真言教を講席に学ぶ。久くして忽ち自悟して謂く、文字の学は出世の法に非ず、と。年四十二に至り、今の円覚無隠範和尚、松島円福寺に住するや、往きて之に依り、弟子の列に居す。復遊方して、聖一を東福に、大覚を建長に、仏源を寿福に参ず。孜々として請扣するに、法に異味無し。仍ち円福に回り、将に終老せんとするに、無隠相州浄妙に遷り、空巌慧和尚継席す。此の庵を適ぐに主たる者に乏し。空巌乃ち師を挙して以て之に補す。（中略）
是歳三月十五日書す。小師三十余人、匡心孤運、同じく石を立つ。

先ほど、「奥州持渡津先達檀那系図」に関連して、熊野信仰の奥羽への浸透について触れたことからも分かるように、院政期から鎌倉時代にかけて、列島には新しい信仰が次々に広がり、民衆によって形成されてきた在地霊場に相互に影響を与えながら発展していった。

陸奥松島瑞巌寺（中世には円福寺）も、もともとはそのような霊場のひとつである。その瑞巌寺からほど近い雄島に今も建っているのが、ここに掲げた「頼賢碑」である。この碑文は、鎌倉時代の有名な渡来僧で禅僧である一山一寧（一二四七～一三一七）の揮毫になり、形態的には板碑を意識していながら中国の碑文の形式も踏襲していて興味深い。

それによれば、鳥羽院政期に松島の御（雄）島に住み着いた見仏上人は毎日『法華経』を誦し、十二年で六万部を満たしたという。その霊異は広く評判となり、鳥羽院から本尊・器物を賜った。ここに見える見仏は、まさに平安時代中期に成立した『法華験記』や往生伝に見える持経者を継承しているのであり、聖の一群に属す宗教者に他ならない。続いて碑文は、頼賢の行実を記す。頼賢は天台・真言を学んだ後、四十二歳にして不立文字の禅の世界に目覚め、松島円福寺に無隠円範を訪ねて弟子となる。その後、円爾・蘭渓道隆（一二一三～一二七八）・大休正念（一二一五～一二八九）らのもとを歴参し、松島に戻ると『法華経』を誦し禅定を修して、見仏上人の再来と名声を博したという。ここにも見えるように、鎌倉時代後期までは、実態として天台と禅の兼修は普通のことであった。頼賢もまた、当時の著名な禅僧のもとに参じながらも、禅密一致（禅と密教の教えは究極的に一つのものであるとする立場）の環境の中で精進したと思われる。省略部分には、妙覚庵主となった頼賢が「口に法華を誦し、心は禅寂に住」して、見仏上人の再来と仰がれ、世寿八十二に至り、多くの弟子を教化したことが記されている。

松島という在地霊場もまた、おそくとも平安時代後期から鎌倉時代にかけて見仏のような聖・上人が集う霊場として、鎌倉時代になると禅と天台の交渉のもとに発展した。さらに関東祈禱所にもなり、室町時代には六十六部納経所としても全国的に知られる霊場として発展してゆく。それは、民衆的世界に隣接した辺境の一地方寺院でありながら、蘭渓道隆以下、当時高名であった多数の禅僧が住持をつとめ、そのもとには、若いころの夢窓疎石（一二七五〜一三五一）のように（『夢窓国師年譜』正安二年条）、多くの優れた僧侶が集まる場所ともなっていたのである。

五　おわりに

本章でみてきたように、民衆仏教は確かに周縁的世界にこそ展開するものである。しかしながらそれは、単純に中心から隔絶した辺境に排除された者たちの世界だったのではなく、常に中心を意識し、中心と周縁の間を循環しながら、中心的世界に活気を与えていたということができるだろう。このような構図は、政治と権力のみを基軸とした中世仏教論からは決して導き出されない。だが、その裏返しとしての、政治からの逃避を本質的とみるかつての「鎌倉新仏教論」もまた、限界に到達しているとすれば、本章で意識してきた、中心―周縁関係の一体性を基調とする中世民衆仏教論を考えてみることが、今後極めて重要になってくるであろう。

註

(1) 小泊立矢「「仁安目録」の疑問点」(『大分県地方史』一〇四、一九八一)。
(2) 飯沼賢司『国東六郷山の信仰と地域社会』(同成社、二〇一五)。
(3) 菊地大樹「里山と中世寺院」(久保智康編『日本の古代山寺』高志書院、二〇一六)。
(4) 西口順子『平安時代の寺院と民衆』(法藏館、二〇〇四)。
(5) 菊地大樹「日本中世における宗教的救済言説の生成と流布」(『歴史学研究』九三二、二〇一五)。
(6) 菊地大樹『鎌倉仏教への道』(講談社、二〇一一)。
(7) 村井章介『アジアのなかの中世日本』(校倉書房、一九八八)。
(8) 以下の記述については、菊地大樹「人々の信仰と文化」(白根靖大編『室町幕府と東北の国人』吉川弘文館、二〇一五)も参照。
(9) 菊地大樹「東福寺円爾の印信と法流」(『鎌倉遺文研究』二六、二〇一〇)。
(10) 最新の成果として、中世禅籍叢刊編集委員会編『聖一派』〈中世禅籍叢刊四〉(臨川書店、二〇一六)。同編『聖一派続』〈同一一〉(臨川書店、二〇一七)。
(11) 例えば山形県寒河江市慈恩寺は中世には真言宗の影響が強かったが、伝来する印信の中には「帰本大事」という本覚讃関係のものが残されている。本覚讃が印信を用いた口伝の形で伝授された事例として興味深い。菊地大樹「里山と中世寺院」(前掲)。
(12) このような板碑による秘伝の流布の事例として、菊地大樹「主尊の変容と板碑の身体」(藤澤典彦編『石造物の研究』高志書院、二〇一一)。

〈参考文献〉

村井章介『アジアのなかの中世日本』校倉書房、一九八八
西口順子『平安時代の寺院と民衆』法藏館、二〇〇四
菊地大樹『鎌倉仏教への道』講談社、二〇一一
藤澤典彦編『石造物の研究』高志書院、二〇一一
飯沼賢司『国東六郷山の信仰と地域社会』同成社、二〇一五
白根靖大編『室町幕府と東北の国人』吉川弘文館、二〇一五
久保智康編『日本の古代山寺』高志書院、二〇一六

第六章　中世仏教の再編

原田正俊

一　はじめに

南北朝・室町時代には、建武の新政、室町幕府の成立と政権の変動により、仏教の情勢も大きく変動していく。鎌倉時代には、依然として南都六宗・天台宗・真言宗のいわゆる顕密八宗の僧侶が国家的仏事法会の担い手であり、京都の朝廷、鎌倉幕府においても顕密の僧侶は様々な祈禱や追善の法会で活躍した。顕密の大寺院は、大荘園領主として経済力も持ち、武力装置として活動する大衆と呼ばれる多数の僧侶をかかえていた。

南北朝の内乱期においても、顕密諸宗の武力は重要な役割を担い、後醍醐天皇が比叡山延暦寺に逃れたり、諸国の大寺社に軍勢の派遣を命じたりもしている。また、合戦の勝利を祈り、敵方を調伏するための祈禱も寺社の重要な役割であり、朝廷や幕府から軍勢催促と共に戦勝祈禱の命令が出された。寺社側も、朝廷や幕府への忠誠を発揮する機会であり、恩賞も期待されることから、積極的に合戦に関与した。足利将軍家も顕密諸宗の祈禱の力を重視し、引き続き顕密諸宗を保護した。

鎌倉時代に出現したいわゆる鎌倉新仏教の諸宗派が本格的に勢力を拡大するのは、中世後期であり、そのなかでも禅宗と律宗は鎌倉時代後期から勢力を拡大しつつあった。北条得宗が、律宗の叡尊や忍性を重用したこともあり、律宗は大和国西大寺を拠点とした西大寺流が関東をはじめ全国に広がった。禅宗は、北条時頼によって鎌倉に建長寺、北条時宗によって円覚寺が創建され渡来僧が開山として招かれた。日本から南宋、元に渡る僧も多数出て禅宗は活気づき、大陸の仏教が日本に根付いていった。

南北朝時代以降、いちはやく朝廷や幕府の保護を受け、宗派として確立したのは鎌倉新仏教のなかでも、禅宗であり、律宗は同様に保護されたが、それほどの勢力伸長はみられなかった。法然や親鸞の門流の勢力が広がるのは十五世紀であり、浄土系では、時宗の方が先に教線を拡大していた。日蓮宗にしても南北時代には、まだまだ社会的な地位はそれほど高くなかった。親鸞門流の大谷本願寺や日蓮宗寺院は、彼らの自身の宗派意識はおくとして、社会的には比叡山延暦寺から末寺として扱われる状況が室町時代まで続いた。

二　顕密諸宗と禅宗

こうした状況下、いちはやく勢力を拡大して朝廷・幕府からの保護を受けて急成長するのが禅宗、そのなかでも臨済宗であった。日本の僧侶のなかでは、天台宗や真言宗の寺院で出家後、禅僧になるものも多数現れ、渡来僧や日本の禅僧のもとで有能な人材が育成された。そのなかでも、夢窓疎石は注目される人物である。

夢窓は、建治元年（一二七五）伊勢に生まれ、甲斐で育ち、はじめ密教を学ぶが、禅宗に関心を懐き、建仁寺、建長寺で蘭渓道隆門下（大覚派）の禅僧達のもとで参禅、元から一山一寧が来日すると、そのもとでも修行した。その後、隠遁を好む日本僧、高峰顕日のもとで学び、その法を嗣いだ。北条貞時夫人の覚海尼の招きで鎌倉に行き、さらに後醍醐天皇の命で、正中二年（一三二五）南禅寺住持として迎えられた。南禅寺退任後は、北条高時の招請で鎌倉の浄智寺、円覚寺の住持になっている[1]。

足利尊氏は、当時、名声が高かった夢窓を尊崇し、弟の直義と共に帰依して、受衣受戒して弟子の礼を取っている。足利直義は、大陸風の禅宗に憧れ、大覚派の禅僧をはじめ何人もの禅僧に師事したが、夢窓との間では、何度も問答を交わしている。その記録がまとめられて康永元年（一三四二）に『夢中問答集』として刊行された。このなかで、夢窓は直義から真言密教の祈禱の本意を問われ、その答えとして、名利を求めるために自身、他人のために大法・秘法を修することは誤りであるとする。さらに続けて、次のように記している。

或は云く弓箭・刀杖等にて人を殺すこと罪業なれ、秘法・呪力にて祈り殺すは功徳なるべし、と云云。これ大なる邪義なり、たとひ弓箭《きゅうせん》刀杖《とうじょう》にて殺すとも、釈迦如来の因位の時、正法流布のために悪僧を亡ぼし、聖徳太子の守屋を討たせ給ひし御意のごとくならば、まことに功徳なるべし。たとひ大法秘法を行なはるとも、その意楽もし世俗のためならば、皆罪業を招くべし。梵網経に、殺生を制するとて、乃至呪殺と説けるは、この義なり。或は云く、彼の敵を早く殺して成仏せよと調伏する故に、罪業とはならず、と云云。まことにこの調伏《ちょうぶく》によりて、次生にやがて成仏すべきならば、げにも殊勝のことなり、もししからば、憎き敵を祈り殺して、成仏せしめむよりは、先づ我いとほしき人を祈り殺して、仏に早くなしたてまつらばやと、世にもどかしくこそ覚ゆれ。

（『夢中問答集』講談社学術文庫、二〇〇〇）

ここでは、密教の修法を行い秘法や呪力で人を殺すことは功徳だと主張する人の意見を受けて、秘法大法を行う意図が世俗のためであるのなら、これは罪業を招くものだと夢窓は断言している。さらに調伏祈禱によって本当に成仏できるのなら、先ず自分の愛する人を祈り殺して仏にすればよいと、痛烈に批難している。

こうした夢窓の論調は、平安時代以来、真言密教や天台密教がさまざまな形で繰り広げてきた修法の意義を再考するものであり、調伏祈禱といった宗教者の暴力を否定するものであった。こうした発言が、直義のような為政者に向けて発せられ、彼らの思想に影響を与えたことは大きい。顕密八宗とは異なる新仏教禅宗の考え方を平易に説き示した点で、『夢中問答集』の意義は大きい。

この後、足利尊氏、直義は、禅宗の興隆に力を入れ、光厳上皇をはじめ北朝もまたこれを保護した。暦応二年（一三三九）には、天龍寺（当初寺号は暦応寺）が造営され、貞和元年（一三四五）、夢窓が完成を祝すための天龍寺供養に光厳上皇の臨幸を仰ぐことを奏請した。これに対して延暦寺から嗷訴が起こり、禅宗批判が繰り広げられ、上皇の臨幸は取り止めになった。

夢窓の活躍と発言はあちこちに波紋を広げ、真言密教からは、東寺の杲宝（一三〇六〜一三六二）が、貞和五年（一三四九）に著した『開心抄』のなかで禅宗への批判を展開し、ある禅者の云くとして、夢窓と考えられる人物への反論を行っている。杲宝は、この時代の真言宗の代表的な学僧であり、東寺の教学や歴史を記した『東宝記』を著したことで知られる人物である。

杲宝の禅宗批判の論点はいくつかあるが、『開心抄』上、護国済生門のなかでは真言密教にとって重要な祈禱に関する論を展開している。

問。禅者云、禅院専二三時勤行一、祈二四海静謐一。当レ知朝家護持偏在二禅宗一、若為二此無験一者、縦雖レ行二真言宗大法秘法一、敢不レ可レ有二其益一云云、有二其謂一歟如何。

答。護レ国之術、保レ家之計、専在二密教中一。大師釈下所二請来一一百余部金剛乗法上云、其経即仏心肝、国霊宝、摧二滅七難一、調二和四時一。護レ国護レ家安レ己安レ他。斯道秘妙典也云云。及二末世澆季一、王道威衰、三蔵変異。或気序

不レ順時、或兵戈競起、国穀稼抗レ旱、人民葬亡、仏為レ攘二其災蘖一、説二仁王孔雀等数部経軌一。祖師請来、保レ国利レ人。野沢諸流、各以稟受相承、然如二当時一闍梨缺二行徳一、王臣無二欽仰一故、国家災変、亦以無レ休、密法為レ之淩(陵カ)夷。邪党由レ之繁興、不レ可レ不レ歎、不レ可レ不レ恐矣。

（『開心抄』上、大正七七・七四〇頁下）

問う。禅者の云く、禅院は三時勤行を専らとし、四海静謐《せいひつ》を祈る。当に知るべし、朝家の護持は偏《ひとえ》に禅宗に在り、若し此れ無験為らば、縦《たと》い真言宗の大法秘法を行ずと雖《いえど》も、敢《あえ》て其の益有る可からず、と云云。其の謂《いわれ》有るや如何《いかん》。

答う。国を護《まも》るの術、家を保つの計は、専ら密教の中に在り。大師（空海）、請来《しょうらい》する所の一百余部の金剛乗法を釈して云く、其の経即《すなわ》ち仏心の肝、国の霊宝なり、七難を摧滅し、四時を調和す。国を護り家を護り己を安んじ他を安んず。斯道の秘妙典なり、と云云、末世澆季《ぎょうき》に及び、王道の威衰え、三蔵変異す。或いは気序順ならざる時、或いは兵戈《へいか》競い起き、国の穀稼旱に抗す、人民葬亡し、仏、其の災蘖《さいげつ》を攘《はら》わんが為、仁王孔雀等数部の経軌を説く。祖師請来は、国を保ち人を利す。野沢《やたく》諸流は、各々以て稟受《りんじゅ》相承し、然《しか》るに当時の如くは闍梨《じゃり》、行徳を缺《か》き、王臣、欽仰無き故、国家の災変、亦以て休み無し。密法之の為陵夷《りょうい》す。邪党之に由り繁興し、歎《なげ》かざる可からず、恐れざる可からず。

このなかでは、禅僧が禅寺で行われる日に三回の勤行で祈禱は十分という主張を批判し、護国や家の安泰、人々の安穏のための祈りは密教のみが可能であると説く。ただ、近年の密教の阿闍梨たちが徳行を欠き、朝廷からの帰依がないゆえ、災厄が続き、密教が廃れ、邪党である禅宗が繁栄していると、この時代の様相を記している。国家祈禱の中核を担い、災厄に際して祈禱を凝らす密教にとって、夢窓をはじめとした禅宗の台頭は脅威であった。

禅宗は、こうした天台宗、真言宗側からの反発を受けながらも朝廷・幕府からの帰依を受けて発展していき、天龍寺はもとより南禅寺の伽藍整備も進んだ。しかし、夢窓の弟子である春屋妙葩の代になると、またもや延暦寺・園城寺と禅宗との間で大事件が起こった。貞治六年（一三六七）、南禅寺が設けた関において、南禅寺僧と園城寺の童との相論に端を発し、園城寺側が、関所を破却、禅僧を殺害した。南禅寺は、これを訴え、幕府は今川貞世を遣わして園城寺の四宮河原などの関を焼いた。

　この年、南禅寺住持となった定山祖禅は、『続正法論』を著して、顕密八宗を批判し、禅宗こそが如来嫡伝の正法であり、諸宗はこれに及ばないと論じ、延暦寺の僧は猿猴、園城寺の僧は蝦蟇《がま》と罵倒した。延暦寺は、南禅寺と園城寺の確執を顕密八宗対禅宗の問題とし、興福寺にも牒を送り朝廷に訴状を出して問題は拡大した。

　翌、応安元年（一三六八）閏六月二十一・二十三・二十七・二十八日、かねてより禅宗の興隆に批判的な延暦寺大衆は衆議を行い、禅宗批判と南禅寺の破却を要求した(2)。幕府側は、前年に将軍足利義詮が没し、足利義満は幼年で管領細川頼之の執政期にあたった。八月二十九日には、延暦寺大衆が日吉山王の神輿をかついで嗷訴を起こした。この時の延暦寺からの訴状には、天台宗側からの禅宗批判が書き連ねられた。

一、公武御賞翫禅宗、更不レ可レ及二天台之上一者。忽対二宗門一、難レ被レ棄二置当山仏法一事。倩案二宗門之根源一、達磨和尚以二楞伽経一為二真要決一、以伝二慧可一。慧能禅師金剛般若則為二心要一、以説二壇経一。又、毎日放参、首楞厳呪并千手陀羅尼也。又以二正法眼蔵涅槃妙心文一、為二内証之淵源一、然間、彼等所レ翫諸経之説文、更不レ可レ及二天台依憑之法華一、是則非二私高慢一、釈尊之自説也。（後略）

（「南禅寺対治訴訟」応安元年八月四日、日吉十禅師彼岸所三塔集会議、『大日本史料』第六編之三〇、応安元年八月二十九日条、二一一頁）

一、公武の御賞翫の禅宗は、更に天台の上に及ぶ可からざる者なり。忽《たちま》ち宗門に対して、当山の仏法を棄《す》て置かれ難き事。

倩《つらつら》宗門の根源を案ずるに、達磨和尚は、楞伽経《りょうがきょう》を以て真の要決と為し、以て慧可に伝う。慧能禅師は金剛般若を則ち心要と為し、以て壇経を説く。又、毎日放参には、首楞厳《しゅりょうごん》呪并びに千手陀羅尼なり。又、正法眼蔵、涅槃妙心の文を以て内証の淵源と為す。然《しか》る間、彼等が翫《もてあそ》ぶ所の諸経の説文は、更に天台依憑《えひょう》の法華に及ぶ可からず。是れ則ち私の高慢に非ず、釈尊の自説なり。（後略）

天台宗側は、禅宗は天台宗に及ぶものではないとし、達磨以来、禅宗の祖師が拠り所とした経典を列挙し、「正法眼蔵、涅槃妙心」といった禅宗側の主張する釈迦から摩訶迦葉に伝えられた内証（悟りの境地）をも批判し、これは天台宗が依拠する『法華経』の教えに及ぶものではないとしている(3)。

この嗷訴によって、細川頼之をはじめとした幕府は対応に苦慮し、応安二年（一三六九）七月二十八日、幕府は延暦寺の要求を受け入れ、南禅寺三門を破却した(4)。春屋妙葩をはじめとした禅僧たちは細川頼之の対応に抗議して、春屋は、丹後雲門寺に隠棲することになる。春屋は、この後、足利義満が細川頼之を失脚させた康暦の政変が起こると京都に戻り南禅寺住持、相国寺鹿苑僧録となり復権した。

このように、南北朝時代の仏教は台頭する禅宗と天台宗をはじめとする顕密諸宗の深刻な対立構造をはらんでいた。顕密側と禅宗の対立は、朝廷や幕府を巻き込み、国制として仏教諸宗派をどのように扱うかが大きな課題となった。思想的には、禅僧である夢窓の『夢中問答集』のような仮名法語の刊行はきわめて大きな影響力を持ち、真言宗や天台宗の絶対的な権威は見直される傾向となった。

三　室町幕府と仏教

室町幕府においては、足利尊氏・直義が、禅宗に帰依したことは事実であるが、顕密諸宗についてもその祈禱や法会を行うことによって、国家の安泰を祈り、災害に対処しようとした。戦勝祈願や将軍個人の身体の安穏も顕密諸宗の僧によって祈られた。同時に禅宗の祈禱も重視される傾向にあるが、鎌倉時代以来の顕密の法会は新たな形で室町幕府のもとで編成された。

室町幕府の初期においては、鎌倉幕府の祈禱体制が先例とされ、さらに幕府が京都に位置した事もあり、天下静謐の祈禱として幕府主催の密教修法は重きをなし、朝廷主催の祈禱と同様に重要な法会となっていった。密教僧たちにとっても、幕府の祈禱法会に招かれることは、所領の安堵や獲得にもつながり、門流の発展にも大きく作用した。

貞和四年（一三四八）七月に行われた武家祈禱は、様々な議論を巻き起こしながらも執行された。

十七日、於二武家（三条殿）一天下静謐御祈禱被レ始三行之一。尊星王法、実相院前僧正増基（武家御護持僧一臈）、伴僧廿人交名在レ別、以二評定所一為二道場一。件法於二武家一勤行之条、無二先規一云々。或云二（宗長入道。説云々）。修理権大夫義時申也聞可レ令二勤行■一、雖レ令レ奏二公家一、其時猶以不レ能二勤修一云々。或人云三（禅門）今度被レ経二奏聞一了。其旨趣者、為二天下静謐一、可レ令レ勤三行尊星王法一、可レ為二何様一哉云々。勅答云、可レ令レ勤三行尊星王法一之由、被二聞食一畢。更以不レ可レ有二子細一云々。

（「貞和四年記」『続群書類従』第二九輯下、「房玄法印日次記」『醍醐寺文書』一六八函七号）

十七日、武家三条殿に於いて天下静謐の御祈禱、之を始行せらる。尊星王法は、実相院前僧正増基武家御護持僧一臈、伴僧廿人交名《きょうみょう》別に在り、評定所を以て道場と為す。件《くだん》の法は、武家に於いて勤行の条、先規無し、と云々。或いは云く宗長入道の説云々。修理権大夫義時、勤行せしむべく、公家に奏せしむと雖も、其の時猶以て勤修能わず、と云々。或人云く三禅門、今度奏聞を経られ了《おわ》んぬ。其の旨趣は、天下静謐の為、尊星王法を勤行せしむ可し、何様為る可きや、と云々。勅答に云く、尊星王法を勤行せしむ可きの由、聞こしめされ畢《おわ》んぬ。更に以て子細有る可からず、と云々。

このなかでは、足利直義が三条坊門邸において天下静謐のために尊星王法を実相院増基に命じて行おうとしたことがわかる。このような重要な密教修法は、武家が行うことは先例がないといわれ、過去に北条義時が勤行しようとして朝廷に願い出たが許されなかったとしている。この度の足利直義の主張では、天下静謐の祈禱のために尊星王法を執行するというもので、朝廷側はこれを許したという。

五壇法や尊星法など、いわゆる大法といった朝廷や高位の公家のみに許された修法が、室町幕府の主催で天下国家のために修されたのである。幕府が天下の祈禱のために顕密僧を動員して様々な修法を駆使することが可能となったのである。

室町幕府のもとでの密教僧を動員する祈禱体制も足利義満の時期には、義満の権力が公武を統一する形で整備されていった。これにより顕密諸宗内の秩序も再編され、尊氏以来、醍醐寺三宝院の賢俊が重用されたこともあり、醍醐寺三宝院主が密教界を代表して各種の修法を統率するようになった(5)。

護持事、為二管領一可レ被二勤修一之状、如レ件。

康暦元年九月十日　　右大将（花押）

三宝院僧正御房

（『大日本古文書　醍醐寺文書之一』六五号）

護持の事、管領として勤修せらる可きの状、件の如し。

康暦元年九月十日　　右大将（足利義満）（花押）

三宝院僧正（光助）御房

このように、武家護持僧は幕府の命のもとで、天台密教（台密）の僧、真言密教の僧を動員する権限を与えられた。義満は自らの子弟を門跡寺院に入れ、仁和寺には法尊、大覚寺には義昭、天台宗の梶井門跡（三千院）には義承を入れて、足利家の子弟が権門寺院を支配するようになった。また、醍醐寺座主にもなる三宝院満済は、義満の猶子となっており、醍醐寺三宝院の地位はきわめて高いものとなった。満済は、義持の代には、黒衣の宰相といわれ、有力守護大名と共に政治に関与した。

こうした一方、幕府は、禅宗の中でも夢窓派のみならず臨済宗全体の保護政策を推し進めた。有力な五山禅院を南宋の風に習い、五山・十刹・諸山として寺院の序列を定め、国制の上に位置付けた。暦応五年（一三四二）には、五山の次第が定められ、第一には、建長寺・南禅寺、第二に円覚寺・天龍寺、第三に寿福寺、第四に建仁寺、第五に東福寺、五山に準じるものとして浄智寺とした(6)。

この決定は、院宣が前年五月十二日に武家に出されて幕府の評定によって決定とされており、公武の合意のもと位置付けられ、官寺として位置付けられたことがわかる。

尊氏の代には、直義が幕府の職制の中で禅律方を統轄しており、幕府による禅宗と律宗の保護統轄はこの時代の新たな政策課題とされていた。

五山の位次の決定には、「一檀位、二巨構、三久創」[7]とされ、禅院の檀越の社会的地位、伽藍の大きさ、歴史の古さをもとに決定された。足利義満は、室町殿の東に相国寺を造営、至徳三年（一三八六）には、位次の改定を行い、五山の上に南禅寺を押し上げ、第一に天龍寺・建長寺、第二に相国寺・円覚寺、第三に建仁寺・寿福寺、第四に東福寺・浄智寺、第五に万寿寺・浄妙寺と定めた。一時期、相国寺を第一位に置く処置もなされたが、五山の位次はこうした形となった。

永徳元年（一三八一）、義満は、春屋妙葩や義堂周信と相談し、禅僧たちの意向をくみ取りながら五山の法を定めている。

諸山条々法式

一、住持職事、或異朝名匠、或山林有名道人、或為二公方一以二別儀一勧請、不レ在二制限一。若二七十五歳以後老西堂一亦同前。直饒其器用、雖レ堪レ可レ任、若捧二権門挙一者、不レ可レ成二公文一。叢林大弊、依二此一事一。故固制レ之。若有二理運並出一者、拈二鬮子一可レ定レ之。
（中略）
一、僧衆員数事、大刹五百人、貞治方式定レ之了。然或七、八百人、乃至一千、二千云云。百丈風規、掃レ地可レ知焉。住持固守レ之、可レ減レ衆也。沙弥・喝食常住三十人、経二掛搭一五十人、其余悉可レ除二名字一。
（中略）
「右（異筆）、条々、以二康永・貞治規式一、重所レ有二其沙汰一也。固守二此法一、不レ可二違犯一之状、依レ仰執達如レ件。
永徳元年十二月十二日
左衛門佐（花押）」

(「円覚寺文書」二五六『鎌倉市史』史料編第二)

諸山条々法式

一 住持職の事、或いは異朝の名匠、或いは山林有名の道人、或いは公方として別儀を以て勧請するは、制の限りに在らず。七十五歳以後の老西堂の若きは亦、同前。直饒《たとい》其の器用、任ず可きに堪うると雖も、若し権門の挙を捧ぐるは、公文《くもん》を成す可からず。叢林の大弊、此の一事に依る。故に固く之を制す。若し理運並出有らば、鬮《く》子《じ》を拈じ、之を定む可し。

(中略)

一 僧衆の員数の事、大刹は五百人、貞治の方式に之を定め了んぬ。然るに或いは七、八百人、乃至は一千、二千、と云々。百丈の風規、地を掃うと知る可し。住持は固く之を守り、衆を減らす可きなり。沙弥・喝食《かっしき》は常住に三十人、掛搭《かた》を経るは五十人、其の余は悉く名字を除く可し。

(中略)

右条々、康永・貞治の規式を以て、重ねて其の沙汰有る所なり。固く此の法を守り、違犯す可からざるの状、仰せに依って執達件《くだん》の如し。

永徳元年十二月十二日

左衛門佐(斯波義将)(花押)

幕府の管領、斯波義将が五山に出した法で、康永年間(一三四二〜一三四五)、貞治年間(一三六二〜一三六八)に出された幕府からの法に加えて、この法が出され、全十六ヶ条にのぼり、その一部分を掲載した。

五山など官寺の住持は、能力を持った人物を選任することが定められ、最初の条文では、五山の住持には、中国からの有名な渡来僧、山林に隠棲する名僧の招聘、将軍が特に招く人物を就任させるとする。また、七十五歳以上の西堂の位にある者は、住持となることができる。西堂とは、諸山以上の住持職を得た者である。

但し、能力のある人物でも、権門の吹挙によって住持職を望むものについては、住持職の任命状を出してはいけないとしている。有力者からの吹挙によって住持を決定するのは大きな弊害とする。また、能力のある人物が並び立てば、公平に鬮《くじ》で選ぶようにとしている。

こうした、人事システムは、器用の仁（能力のある人物）を公平に選ぶということが強調され、任期も一般に三年二夏が基本とされた。これは、顕密の諸大寺の門跡や座主といった長官が、公武の有力者の子弟によって占められたり、権門の吹挙など俗縁に基づいて選任されるのとは、大きく異なる。室町幕府は、禅宗を興隆させることによって、顕密寺院とは異なった人事制度の宗派を形成することを目指していた。先に述べたように、この法の制定に当たっては、禅僧たちの議論を踏まえて、中国禅林の制度をまねて法が決められたことは注目される。

次の条項では、五山の定員を定め、円覚寺のような大刹は五百人と定めている。当時、京都・鎌倉の五山へは、多数の入門者があったようで、千、二千の僧侶がいた寺もあったようである。五山の繁栄の様をうかがうことができる。また、正式な僧侶になる前の沙弥や喝食といった童僧の定員も定めており、入門者の制限を厳格にしようとしていたことがわかる(8)。

中世寺院には、多様な寺院法が制定されたが、顕密諸宗の寺院では、寺僧集団のなかで制定されたものが多いが、五山の場合は幕府によって五山以下の官寺全体を有機的に結ぶ人事システムをはじめとして、整然とした制度が定められていたことがわかる(9)。

五山住持の任命は幕府によってなされ、将軍の御判の御教書（公帖）が出された。南禅寺や初期の天龍寺については、綸旨も出されて住持を任命したが、五山・十刹・諸山の叙任権は幕府が掌握していた。戦国時代に至っても、十刹や諸山は増え続け、寺格として社会的な意味を持った。幕府は実際に赴任入寺しない人物にも公帖を発給し、これを坐公文とよんだ。五山・十刹・諸山の住持職は、一種の僧階ともなっていった。また補任を受けた禅僧は公文銭と呼ばれる礼銭を幕府に納入し、幕府にとっては重要な財源となった[10]。戦国時代になっても室町幕府による公帖は出され続け、やがて豊臣政権、徳川幕府に引き継がれた。

このように、足利義満の代には、五山はきわめて大きな寺院勢力となった。当然、前代にみられたような顕密諸宗からの反発は増加していくが、義満は、相国寺造営とともに、顕密諸宗と禅宗を共存させるための様々な大規模法会を開催していく。その一つが、明徳元年（一三九〇）四月に相国寺の八講堂で行われた法華八講である。

> 是こそ等持院殿《尊氏》三十三回の遠忌をこの晦におくりむかへさえ給ふ。その御ため、顕密の外まで色々の御仏事どもを修せられ候なる。中にも御八講をむねとせさせ給ひて、四ケ大寺の碩学をめされつゝ、よろづ長元《後一条》の例にまかせ、すでにけふより始行せられ侍り。かの証義に大乗院の僧正《孝尋》くはゝらせ給なれば、厳儀の躰は中々申に及ざる事にて侍るべきなり。このたび証義五人の例を捨られ、講聴各別にして廿口、其外にそへ問者侍る。まづ証義者、興福寺には寺務大僧正孝尋、前別当僧正円守、権別当法印権大僧都房淳。さて講師東大寺には権少僧都義宝、興福寺には大僧都長雅、権大僧都実恵、延暦寺には法印権大僧都心兼、（中略）惣じて廿六人の人々、我こそ一山の碩学なれと、各憍慢の心にもよほされて、此たびの請にもれん事をなげきつゝ、やう〳〵にのぞみ申されけるとぞ。（中略）主人《義満》鹿苑院より入せ給ふよそほひなりしかば、月卿雲客いづれも我さきにと庭上にこぼれおち、北の門内にして待奉り給へば、番頭八人、衛府長等前行、さて束帯ただしく帯剣しまし〳〵てあゆみ入らせ給ふ御気色は、明がたしらむ花盛、山のは出る月影もかくやと、あでやかにぞみえさせ給ふ。
>
> （「和久良半の御法」『群書類従』第二四輯、一二二頁）

義満は、祖父尊氏の三十三回忌に際して、興福寺・東大寺・延暦寺・園城寺の僧侶を招き盛大な八講を執り行った。南都北嶺の僧たちは、競って参加を望み、八講の講師・聴衆・問者を勤めることはたいへんな栄誉とされたことがわかる。また、義満には公家たちが扈従し、引用箇所以外をみれば、関白一条師嗣も聴聞している。まさに義満が公家を臣従させ、しかも自らが建立した五山第二位の禅寺、相国寺の八講堂で南都北嶺僧を招いた法会を営んだのである。義満のもとでの顕密と禅の併置と共存を表明するものであった。この後、八講の場は等持寺に移され、義持は義満の政策を変更していくことはあるが、顕密と禅の興隆をはかる基本的な姿勢は代々の室町殿に継承されていった。

四　浄土系諸宗・法華宗の独立

法然・親鸞の門流や日蓮の門流の寺院は、鎌倉時代においては比叡山延暦寺の末寺的な位置付けであり、各々の門弟たちによって相承された。祖師の教えを継承展開していたとはいえ、顕密諸宗や臨済宗に比べると、社会的には大きな勢力ではなかった。こうした浄土系諸宗や法華宗が室町時代には、次第に社会的地位を上昇させ、教線を広げて天台宗から独立していき、やがて戦国時代においては、大きな勢力となっていく。本章では、法然門流の浄土宗、一遍の時宗、日蓮の法華宗の動向をみていく。

浄土教系諸宗のなかでも鎌倉時代後期に出た一遍の教えは、彼の全国に渡る教化の旅とその後継者たちの活動によって各地に広がった。時宗は、念仏の教えを受けて歓喜のあまり踊躍念仏することから起こった踊り念仏によって人々の関心を惹きつけ、熊野の神託を受けて念仏の札を配るという賦算によって広範な支持者を獲得していった。

そのなかでも、浄阿真観（一二七五～一三四一）を祖とする時宗四条派は、京都四条に四条道場金蓮寺を構え、はやくに朝廷・幕府の保護のもと台頭していった。浄阿は、上総国に生まれ、永仁元年（一二九三）十九歳で遁世し、八宗を学び、鎌倉極楽寺で良観房忍性に師事して律宗を学ぶも、それに満足せず諸国を修行し、紀伊国由良において無本（心地）覚心（法灯国師）のもとで六年間、禅の修行を行った。しかし、悟りを得ることができず、無本覚心の勧めで熊野に詣でて、新宮で夢に念仏の形木を感得した。その後、無本と問答の上、念仏勧進の確証を得て、国々を廻った。上野国で、時宗の他阿弥陀仏に面会し問答を交わして弟子となり、浄阿弥陀仏の名を与えられた。

> 如是昼夜三ヶ日之間御法談あり。称歎して速に弟子たるべきよしの給。仍浄阿弥陀仏と名付け給ふ。その後、他阿弥陀仏は相州当麻に住居あり。延慶二年に浄阿弥陀仏は仏法弘通の瑞相あり、為二王城化導一可レ有二上洛一との給。則上洛ありて先春日朱雀之祇陀林寺に住居す。
> 于時萩原《（花園）》天皇御宇応長元年春、後伏見院の后河端女院、号二広義門院一、御難産の患ある夜、御瑞ありて祇陀林寺の浄阿弥陀仏の札を御符に可レ被二聞召一之由、三条の大外記師家に被二仰下一、辞する事再三すといへ共、勅使以二日野柳原殿一及二院宣数度一、殊賜二網代輿一之間、乗輿して院参し、小字の阿弥陀号三枚を奏進す。時日に被二聞食一て難産為二平安一、剰掌にこれを握て皇子御誕生あり。帝大いに悦給て将建二立道場一、則応長元年辛亥八月廿七日なり、錦綾山太平興国金蓮寺、特給二上人号一、請而為二開山祖上人一。
>
> （「浄阿上人伝」『定本時宗宗典』下、五五七頁）

とあるように、浄阿は延慶二年（一三〇九）、上洛して祇陀林寺に住し、広義門院の御産に際して、浄阿弥陀仏の阿弥陀名号の札が護符として功能を奏して無事皇子（後の後光厳天皇）が誕生した。このことによって、金蓮寺が成立し、浄阿は上人号を賜った。金蓮寺には、応長元年（一三一一）八月二十七日付、後伏見院院宣以下、後光厳・後円融院などの綸旨も出されている。観応二年（一三五一）には、足利直義から再興造営の御教書が出され、その後も室町幕府からの安堵も受けており、公武あげて重要視した寺院の一つであった(11)。

この伝記は、寛正四年（一四六三）の成立で、浄阿没後、百年を経過しているが、巻末には後花園天皇の花押があり、詞書きは甘露寺親長の筆といわれている。金蓮寺と真観の室町時代における社会的な位置付けをうかがうことができる。

時宗には四条派の他に市屋道場金光寺、遊行四代、相模国清浄光寺開山である呑海の開いた七条道場金光寺などもあり、洛中洛外にも信徒を増やしていった。時宗の浄土信仰は、室町時代の信仰を語る上でも重要な要素の一つであった。

法華宗では、日像（一二六九～一三四二）がはやくに上洛して、朝廷に法華宗の教えを認めるように訴え、洛中に妙顕寺を建立することができた。

妙顕寺　御立願事

右当寺者、霊験無双之本尊、利生方便之聖跡也、故天下一統聖運、洛陽九重還幸、於二此道一、凝二祈念一、被レ発二誓願一畢。然則衆徒等、各成二合力之思一、可レ抽二懇祈一也。誠令二御願満足一者、専令レ尊二敬当寺仏法一、可レ被レ致二寺領興行一之旨、

大塔宮二品親王令旨如レ此、悉レ之、以レ状。

元弘三年三月五日　　中院佐少将判形（ママ）

当寺之僧等中

（「竜華秘書」『日蓮宗宗学全書』第一九巻）

妙顕寺　御立願の事

右当寺は、霊験無双の本尊、利生方便の聖跡なり、故に天下一統の聖運、洛陽九重への還幸、此の道に於いて、祈念を凝《こ》らし、誓願発せられ畢んぬ。然れば則ち衆徒等、各々合力の思を成し、懇祈を抽《ぬき》んず可きなり。誠に御願を満足せしめば、専ら当寺仏法を尊敬せしめ、寺領興行致さる可きの旨、大塔宮（護良）二品親王令旨此の如し、之を悉《つく》せ、状を以てす。

元弘三年三月五日　　中院佐少将判形（ママ）

当寺之僧等中

妙顕寺為㆓勅願寺㆒、殊弘㆓一乗円頓之宗旨㆒、宜㆑凝㆓四海太平之精祈㆒者、天気如㆑此、悉㆑之、以㆑状、

建武元年四月十四日　　民部卿権大輔定親

日像上人御房

（『妙顕寺文書』一・『大日本史料』第六編之一所収「日像菩薩徳行記」によって文字を補う。）

妙顕寺、勅願寺と為し、殊に一乗円頓の宗旨を弘め、宜しく四海太平の精祈を凝らすべし者《てへれば》、天気此の如し、之を悉せ、状を以てす。

建武元年四月十四日　　民部卿権大輔定親

日像上人御房

元弘三年（一三三三）、鎌倉幕府によって隠岐に流されていた後醍醐天皇は、京都への帰還を目指した。護良親王は、各地の寺社に無事に帰還できることを祈らせ、天皇への忠誠を誓わせた。最初の史料では、天皇の御願が成就したならば、妙顕寺の仏法を尊び、寺領も増やそうと約束している。こうした軍事的な緊張を持った時期に、妙顕寺に対して祈禱命令が出され、建武の新政が始まることにより、妙顕寺が勅願寺として認定されたことがわかる。

この時期、妙顕寺は、法華宗の中でも日像の三度の上洛の結果、信徒も増え始め京都で無視できない寺院として成長していた。妙顕寺は、朝廷から右のような文書を得ることにより、国家のために祈禱を行う寺として公的に認められたのである。この後、法華宗は、洛中洛外の商工業者に教線を広め、檀越たちの武力にも護られ一大勢力として成長していった。

浄土宗側でも新たな動きが見え、南北朝時代から室町時代前期に活躍した学僧、了誉聖冏《しょうげい》（一三四一〜一四二〇）は、諸宗派の思想や動向を踏まえながら、浄土宗として教義の確立を図った。聖冏は、浄土宗鎮西流白旗派の僧で、浄土宗第七祖に位置付けられる。聖冏は、常陸国に生まれ、浄土教のみならず、諸宗の教学を学び、台頭してきている禅宗の書物も読み、これに批判を加えた。諸宗の教学を学ぶことにより、自らが信仰する浄土宗の教えを特色あるものとして再編していった。聖冏は、仏教のみならず神道・儒教・和歌をも学び、当時の思想動向を踏まえながら、自らの立場を確立していった。

禅僧たちが、浄土宗を八宗に付随する寓宗《ぐうしゅう》として扱うことにも反論し、釈迦以来の浄土宗の法系を設定することにも努力し[12]、夢窓の『夢中問答集』への反論も展開している[13]。

こうした聖冏の多数の著述、思想の展開によって、室町時代の浄土宗は一宗として独立することができた。聖冏の著作は、宗派内の門弟教育の場で活用され、江戸時代前期においても関東十八檀林に代表される教育機関の宗学テキストとして重きをなした。

しかし、聖冏は論を展開していくなかで、仮託した架空の文献に基づくなど、中世的な思想家であり、こうした面は江戸時代半ば頃から批判の対象となった。近代においては、宗祖法然の思想と大きく異なるとして、批判的に評価される面もあるが、中世の浄土宗をみる上では重要な人物である。また、積極的に神道との関係を説いたことでも、中世浄土宗の特色をみることができる[14]。

問。浄土宗意、諸法統惣之神体、万徳所レ帰之正殿云、何信レ之。

答。上来法相・三論・天台・真言已上本記、花厳・仏心已上拾遺、六宗大乗三一権実、顕密内外、所談雖レ異、一等心地修行宗故、皆会二心地一、而明二大元尊神一矣、今浄土之教門、跨一レ跳心地一、剥一レ尽悟解一。仏意一乗弘願教故、実我妄執、繋念マヽ無生解脱本分カナフ、此則仏願他力之神力也。所以今此信楽シテ帰二神道一、愛妻愛子随レ願満足、惜身惜命任レ意存在。莫レ謂二和光同塵結縁之始一、仏神同体之大悲、現当一時而度脱、豈度二現世一不レ済二後生一。又引二後生一不レ護二現生一。然則、仏法全神道、願一レ求往生一即称二諸神冥慮一、神道即仏法、祈一レ念福智一、尚預二諸仏護念一、何況、云下（般舟三昧経文頌義□□□）三世諸仏依二念仏三昧一成中等正覚上、故知、弥陀者是諸仏本師也。

（『麗気記拾遺鈔』『神道大系』論説編　真言神道（上））

問う。浄土宗の意は、諸法統惣の神体なり、万徳帰する所の正殿と云う、何ぞ之を信ぜん。

答う。上来の法相・三論・天台・真言〈已上本記〉、花厳・仏心〈已上拾遺〉、六宗の大乗は、三一権実、顕密内外、所談異なると雖も、一等の心地修行の宗なるが故に、皆心地に会して、大元尊神を明らむ、今浄土の教門は、心地を跨跳し、悟解を剥尽する。仏意は一乗弘願の教なるが故に、実に我が妄執、繋念のマヽ、無生解脱の本分にカナフ、此れ則ち仏願他力の神力なり。所以に今此の信楽をシテ神道に帰するは、愛妻愛子、願に随って満足し、惜身惜命、意に任せて存在す。和光同塵結縁の始と謂う莫れ、仏神同体の大悲は、現当一時にして度脱したまう、豈《あ》に現世を度して後生を済わざらん。又、後生を引じて現生を護らざらん。然れば則ち、仏法は全く神道なれば、往生を願求するに即ち諸神の冥慮に称う、神道は即ち仏法なれば、福智を祈念するに、尚、諸仏護念に預かる。何ぞ況んや、三世諸仏は念仏三昧《般舟三昧経文頌義□□□》に依って等正覚を成ずと云うや、故に知る、弥陀は是れ諸仏の本師なり、と。

『麗気記』は、鎌倉時代の末期に成立した、両部神道・真言神道の代表的な書である。密教の両部の思想と伊勢内外両宮の関係を意味付けたもので、神祇灌頂といった秘密伝授のもとで伝えられた[15]。聖冏の『麗気記拾遺鈔』は、神道相伝を受けた聖冏が浄土宗の立場から註釈したもので、応永八年（一四〇二）十一月に撰述されている。

聖冏は、このなかで法相・三論・天台・真言・華厳・仏心（禅）の六宗は心地修行の宗であるとし、修行してこれに達することが必要とする。これに対して浄土宗は、心地を飛び越え、悟解を剥ぎ取る阿弥陀如来の一乗弘願の教えであるとする。これ故に、妄執につながれたままでも念仏を唱えれば解脱することができる。これは、仏の本願にもとづく他力の神力であるという。さらに仏法と神道の一致を説き、阿弥陀如来こそ諸仏の本師であるとする。諸宗と浄土宗の位置関係を示し、浄土宗の優位を神道との一致のもとに説く所に特色がある。こうして、室町時代の浄土宗も教線を広げていった。

五　戦国の動乱と仏教

室町時代の末頃から急速に信徒を増やし、社会勢力として成長したのは、浄土真宗と法華宗であった。真宗門徒は、一向一揆を起こし守護大名や戦国大名とも協力もしくは対峙し、次第に戦乱の渦中に巻き込まれていった。法華宗は、多様な門流が京都に入ってくるにあたり、他宗を批判する姿勢が強まり本来宗旨の中にあった不受不施の思想も拡大していった。浄土系諸宗の僧や信徒を相手にする宗論も各地で展開され、為政者から問題視されることになった。しかし、公家や武家の中にも熱心な法華宗信徒が現れ、法華宗寺院の寺格が高くなり、僧侶が高い僧位僧官を得ることもあった。また、洛中洛外の法華宗寺院と信徒は武装勢力として、力をつけこれもまた戦乱に巻き込まれていく。

政治勢力として台頭する諸宗派は、戦国大名や織田信長など統一政権を目指す大名にとっても協調と統制の対象となった。さらには政治的に対立する存在となり、仏教諸宗派は新たなかたちで社会に影響力を拡大していった。

まず、注目されるのは、本願寺八世で本願寺中興の祖として知られる蓮如（一四一五〜一四九九）である。蓮如は、長禄元年（一四五七）、本願寺継職後、精力的な布教活動を行い、親鸞の教えを平易に説いた御文を諸国の門徒に出し、各地の在地領主、百姓に支持者を増やしていった。浄土系諸門流との差異を強調し専修念仏の教えを展開することにより、他宗派や守護、領主との対立もしばしば生じた。御文の中には、蓮如の制止にも関わらず拡大していく真宗門徒の信仰をもとにした勢力の拡大をみることができる。

抑《そもそも》、当流門徒中ニヲヒテ、コノ六ヶ条ノ篇目ノムネヲヨク存知シテ、仏法ヲ内心ニフカク信ジテ、外相ニソノイロヲミセヌヤウニフルマフベシ。シカレバ、コノゴロ当流、念仏者ニヲヒテ、ワザト一流ノスガタヲ他宗ニ対シテ、コレヲアラハスコト、モテノホカノアヤマリナリ、所詮、向後コノ題目ノ次第をマモリテ、仏法ヲバ修行スベシ。モシコノムネヲソムカントモガラハ、ナガク門徒中ノ一列タルベカラザルモノナリ。

一、神社ヲカロシムルコトアルベカラズ

一、諸仏菩薩、ナラビニ諸堂ヲカロシムベカラズ

一、諸宗諸法ヲ誹謗《ひぼう》スベカラズ

一、守護・地頭ヲ疎略ニスベカラズ

一、国ノ仏法ノ次第非義タルアヒダ、正義ニオモムクベキ事

一、当流ニタツルトコロノ他力信心ヲバ内心ニフカク決定スベシ

（後略）

文明七年七月十五日

（「御文」『蓮如　一向一揆』〈日本思想大系一六〉岩波書店、一九七四）

文明七年（一四七五）に出された御文では、このように蓮如が禁制を加えなければならないほど、門徒の中では神社や諸宗を誹謗する動きや、守護地頭と対立する状況も生み出されていたことがわかる。それ故、蓮如は他力信心を内心に深く持ち、世法との協調をはかるように呼びかけねばならなかったのである。

法華宗では、日親に代表されるように、諸宗の信仰を捨てて法華宗への完全な帰依を求める動きもあった。法華宗へ改宗した寺院においては、信徒に諸菩薩への信仰を捨てさせることもあった。

日親は、中山法華経寺門流につらなり、法華宗内でも諸宗と融和的な傾向を持つ人々を批難し、日蓮門下の他門流と対立していた。やがて、中山法華経寺日有を批判し、門流から追放されることになった。

さらには、室町幕府に対して、室町殿をはじめとして国家全体が法華宗に帰依すべきと諫暁を行い、他宗の信仰を捨てるように迫った。これにより、日親が足利義教から過酷な弾圧を蒙ったことは有名である(16)。

法華宗内部では、宗義の混乱が続き、すなわち不受不施をどう考えるかの点で、見解の対立が鮮明になった。日親は不受不施の原則に立ち、他宗信者の布施や供養を受けないという原理を主張した。日像など他の門流では、勅願所や幕府からの祈禱命令を受けることで寺格を高め、公家・武家からの布施は不受不施の対象にならないとした。

去年《文明元年》六月十三日之御礼、当年三月六日、於二豊後国一令二披見一畢、（中略）
日親ハ甲斐々々敷身にてハ侍ねども、弘通年積と日本六十余州三分一計ニハ上下往覆して、見聞の二益を施たると、都鄙にして数ヶ度の訴訟と、両度寺を破られて、数々見二擯出《ひんしゅつ》一の金言を扶ると、諸宗の口を塞《ふさぎ》て、此十五六年にハ問難を挙させると直に遂二対決一事、廿一歳より五十計比まてハ六十六ヶ度也、其外但馬国にしてハ、厳書記《禅宗にして三部経談》といへる念仏者支に依て、山名金吾《持豊》より国中に不レ可レ叶由の追放の使者、一日中ニ三ヶ度也き、悪口怨嫉《おんしつ》已下、寺内へ箭《や》を射こまれ、坊舎につふてを積し、門戸に糞をぬられ、巷に杖木を蒙《こうむ》る事ハ、一切衆生の昼ハ食し、夜は眠れるか如《ごとし》、常住不断の事なれハ委細に不レ記レ之、雖レ然于レ今令レ不二退転一ハ、法華経の行者に似たり、（中略）

文明二年庚刁(寅)
五月十三日　　日親在御判

埴谷《はにや》平次左衛門尉殿

（「埴谷抄」『大日本史料』第八編之二三、長享二年九月十七日条）

「埴谷抄」（本法寺蔵）は、日親が下総国、現在の千葉県山武郡山武町埴谷の在地領主、埴谷左近将監に宛てた書状である。埴谷氏は熱心な法華宗信者で、日親は埴谷氏一族の出身といわれる。

「埴谷抄」の記述では、当時の法華宗は各地に広がり、他宗の寺院を末寺としたりして、教線を広げているものの、本尊を前のままにしたりして、観音菩薩や薬師如来を祀ったりしていることなどがあげられ、日親はこれを痛烈に批判している。宗門内の顕密諸宗をはじめとした諸宗派との妥協的な姿勢を良しとしないのである。

さらに、日親自身の活動が述べられ、法華宗の弘通のため日本六十余州の三分の一を往復したといい、事実、筑前・鎌倉・肥前・京都と各地を布教して歩き、京都や地方で数回の法華の教えを受け入れるようにとの訴訟を行い、二度、京都の拠点である本法寺を破却された。諸宗の僧侶との対決は六十六回に及んだとしている。また、但馬国では、禅僧のさしがねで、守護の山名持豊から追放されたという。寺内に矢が撃ち込まれ、石礫を打たれるなど迫害に遭った様子がありありと記されている。法華宗の布教による様々な摩擦を見ることができる。

しかし、諸宗と一定度協調的な門流も含めて法華宗の教線は広がり、京都では信徒も含めて法華宗寺院はきわめて大きな勢力となっていた。比叡山延暦寺は、もともと法華宗の広がりに危機感を持ち、弾圧を企てるが、文明元年（一四六九）七月以降、延暦寺楞厳院で大衆が閉籠して一向宗と法華宗が諸宗を誹謗することをとがめて、法華宗寺院の京都からの追放を要求している。しかし、幕府は文明元年八月二十三日付けの室町幕府奉行人奉書を以て、延暦寺の要求を退けており、幕府側を味方に付け、政治力を持ち始めた法華宗の発展を見ることができる[17]。

しかし、勢力拡大にともない、武家方からも危険視され、延暦寺は、園城寺・東寺・高山寺・平泉寺・興福寺・粉河寺・根来寺・東大寺・豊原寺・吉野山・多武峯・神護寺・高野山・本願寺・書写山円教寺・日光山など、各地の顕密諸寺院を糾合して法華宗の弾圧を要求した[18]。これにより、京都の法華宗寺院は弾圧を受け、天文五年（一五三六）閏十月七日の奉行人奉書で京都から追放され、寺院の再興も禁じられた。

法華宗や一向宗による宗論は、顕密諸宗や禅宗の危機感をあおり、武家の領主からは治安を乱すものとして次第に危険視されていった。天文十六年（一五四七）の武田信玄甲州法度の中では、宗論の禁止や、戒律を守らない僧侶の禁をうたっており、戦国大名も仏教諸宗派、とりわけ民衆の動員力を持った法華宗や一向宗の活発な動きを禁じようとした。

一方、室町幕府が次第に権力と権威を失いはじめると、禅宗にも変化が見られ、細川勝元、政元の帰依を受けた臨済宗の大徳寺・妙心寺が重用され、朝廷からの紫衣勅許などの権威付けを受けて本山として、それ以前に地方に広がっていた門流を統合する勢力となった。これらの禅宗寺院を五山禅宗に対して林下という。

また、地方に広がっていた曹洞宗も朝廷との接近を計り、総持寺、永平寺が本山としての地位を争った。永平寺は、天文八年（一五三九）後奈良天皇の綸旨を受けて[19]、日本曹洞宗第一の地位と、地方の諸末寺から出世する道場としての寺格を認められた。この後、総持寺からの巻き返しもあり、近世には両本寺が並び立つことになる。

戦国の世も織田信長の登場によって、各地の大名が滅ぼされ、比叡山の焼き討ちなど権門寺院への攻撃も行われた。信長にとって、諸国の門徒を動員して一揆を起こし、国をこえて領主、百姓を動員する本願寺は、大きな敵と位置付けられていった。朝倉氏・浅井氏・毛利氏、将軍足利義昭とも結ぶ本願寺は、最後に残された抵抗勢力として攻撃の対象とされた。大坂は、京都にも近く、畿内の真宗道場を中核とした都市は「大坂並」といった都市の特権も獲得し、大坂は重要な地ともなっていた。本願寺と信長の大坂本願寺合戦は、元亀元年（一五七〇）九月十三日の本願寺から信長方への攻撃から始まった。同年九月二日、本願寺宗主、顕如は諸国の門徒に対して忠節を求めている。

（封紙ウハ書）
「濃州郡上
惣門徒中　　顕如」
（端裏切符）
「ー　ー」

就二信長上洛一、此方令二迷惑一候。去々年以来、懸二難題一申付而、随分成扱、雖二聽彼方候一、無二其専一、可二破却一由、慥告来候。此上不レ及レ力候。然者開山之一流、此時無二退転一様、各不レ顧二身命一、可レ抽二忠節一事難レ有候、若無沙汰輩者、長不レ可レ為二門徒一候。併馳走頼入候。穴賢。

九月二日　顕如（花押）

濃州郡上
惣門徒中江

（「安養寺文書」二『岐阜県史』史料編　古代・中世一、岐阜県、一九六九、八九八頁）

信長上洛に就き、此の方迷惑せしめ候。去々年以来、難題を懸け申付て、随分成る扱い、聴《やが》て彼方へ候と雖も、其の専無し、破却す可き由、慥《たしか》に告げ来り候。此の上力及ばす候。然れば開山の一流、此の時退転無き様、各々の身命を顧みず、忠節を抽《ぬき》んず可き事、有り難く候。若し無沙汰の輩は、長く門徒為る可からず候。併《しかし》ながら馳走頼み入り候。穴賢。

九月二日　顕如（花押）

濃州郡上
惣門徒中江

この史料では、本願寺が置かれた切迫した状況をうかがうことができる。永禄十一年（一五六八）九月二十六日、織田信長は足利義昭を奉じて入京、摂津国芥川城に入り、大坂本願寺や堺に矢銭を懸けた。顕如の書状では、難題をかけ酷い仕打ちをしかけていることがわかり、破却のおそれもあったことがわかる。こうした状況下、諸国の親鸞門流に与力を頼み、身命を賭して忠節を尽くしてくれるように要請している。もし、これに応じなければ本願寺門徒ではないと言い切っている。

大坂本願寺合戦については、様々な考証があるが、戦国大名と組みする本願寺が信長の標的になっていたことは事実である。また、各地で信長は、一向宗を撫で切りすなわち虐殺したことも事実であった。本願寺側は、宗門の危機としてこの事態をとらえ、本願寺への忠誠を求めて、門徒の援助、加勢を頼んでいるのである。美濃郡上門徒以外にも、近江中郡、紀伊国惣門徒などへも同様の書状が遣わされている。まさに諸国の門徒へ一揆を起こすようにとの命であった[20]。

大坂本願寺合戦は足かけ十一年に及び、何度かの講和の試みを経て、天正八年（一五八〇）三月十七日には、勅命講和によって信長から覚え書きが提出された。教如は籠城を続けるが天正八年八月二日、遂に教如は大坂を退去、本願寺も焼失してしまった。興福寺多門院院主は、栄華を誇り、天下の諸国からの富を集めた大坂本願寺の頓滅を感慨深く記している[21]。大坂本願寺合戦は、中世仏教の終焉を象徴する戦であった。

註

（1）「夢窓国師年譜」（『続群書類従』第九輯下）、以下、夢窓の事績はこの年譜による。
（2）「続正法論」附録、応安元年閏六月二十一日政所集会議記録（『大日本史料』第六編之二九、応安元年七月二十六日条）。

(3)禅宗に対する批判点と当時の禅宗の主張については、原田正俊「放下僧・暮露にみる中世禅宗と民衆」「中世後期の国家と禅宗」(『日本中世の禅宗と社会』吉川弘文館、一九九八、初出は一九九〇・一九九七)参照。
(4)『愚管記』応安二年七月二十八日・八月二日条。
(5)大田壮一郎「室町殿の宗教構想と武家祈禱」(『室町幕府の政治と宗教』塙書房、二〇一四)。
(6)『扶桑五山記』二、大日本国禅院諸山座位條々。
(7)「海蔵和尚(虎関師錬)紀年録」(『続群書類従』第九輯下・四八一頁上)。
(8)原田正俊「中世禅林の法と組織」(『日本中世の禅宗と社会』吉川弘文館、一九九八、初出同)。
(9)黒田俊雄編『日本史史料　寺院法』(集英社、二〇一五)は、顕密諸宗・律宗・禅宗の寺院法を集成して註を加えたもので、全体の状況を把握するのに便利である。
(10)今谷明『戦国期の室町幕府』(角川書店、一九七五)。
(11)『時宗四条道場金蓮寺文書』(金蓮寺)。
(12)「浄土真宗付法伝」(『浄土宗全書』一七、二九五頁)。
(13)「破邪顕正義(鹿島問答)」(『浄土宗全書』一二、八二〇・八三〇頁)。
(14)鈴木英之『中世学僧と神道』(勉誠出版、二〇一二)。
(15)『神道大系』論説編一真言神道(上)、解題(和多秀乘)(神道大系編纂会、一九九三)。
(16)中尾堯『日親―その行動と思想―』(評論社、一九七一)。
(17)『大日本史料』第八編之二、文明元年八月十八日条。
(18)辻善之助『日本仏教史』第五巻中世篇之四、第八章第十一節法華宗、河内将芳「法華教団の変容」(『中世京都の民衆と社会』思文閣出版、二〇〇〇、初出は、一九九七)。
(19)天文八年十月七日付、後奈良天皇綸旨(「永平寺文書」『曹洞宗古文書』上、一一号)。『永平寺史』上、三八七～三八八頁、広瀬良弘氏執筆。

(20)「尋憲記」元亀元年九月六・十四日(『大系真宗史料　文書記録編一二　石山合戦』法藏館、二〇一〇)。
(21)『多聞院日記』天正八年八月二日条。

〈参考文献〉
中尾堯『日親―その行動と思想―』評論社、一九七一
原田正俊『日本中世の禅宗と社会』吉川弘文館、一九九八
大桑斉編『大系真宗史料』文書記録編12　石山合戦、法藏館、二〇一〇
鈴木英之『中世学僧と神道』勉誠出版、二〇一二
大田壮一郎『室町幕府の政治と宗教』塙書房、二〇一四

第三部　近世・近代

第七章　社会に定着した日本仏教

曽根原　理

一　仏教をとりまく世界

（一）キリスト教の伝来と神国思想

戦国期以降に日本に到達したキリスト教宣教師たちが、最初に出会った知識人は仏教者であった。彼らの先頭走者として、イエズス会のフランシスコ・ザビエル（Francisco de Xavier、一五〇六〜一五五二）が来日したのは天文十八年（一五四九）七月（以下の年月日は原則として和暦に基づく）である。ザビエルは鹿児島で布教を開始し、翌年に平戸、山口を経て京都、その後天文二十年四月末から山口や豊後府中に滞在し、同年十月には日本を去ってインドへ戻り、そののち中国布教の途上、病を得て逝去した。

ザビエルはそうした活動の中で、日本人の思想に接し、僧侶と議論をする機会も得た。鹿児島で出会った曹洞宗の忍室（?〜一五五六）に対し霊魂の不滅について説き、ザビエルが去った後は、後事を託されたトルレス司祭（Cosme de Torres、一五一〇〜一五七〇）たちが、現地の俗人や僧侶との間で、神や霊魂をめぐる議論を行ったが、両者の意識はすれ違いが多かったようだ。さて、西洋人の目に映った日本仏教の姿は、次のように記録されている。

日本人のうちにはボンズ（坊主）が大勢いて、その罪はすべての人に明らかですけれど、彼らはその土地の人たちから、たいへん尊敬されています。なぜこのように尊敬されているかというと、厳しい禁欲生活をしているからだと思われます。彼らは決して肉や魚を食べず、野菜と果物と米だけを食べ、一日一度の食事はきわめて規律正しく、酒は与えられません。ボンズの数は多く、僧院の収入はきわめて乏しいそうです。彼らが絶えず行っているこの禁欲生活のため、また私たちの聖職者と同様、黒衣をまとっているボンズは、死罪をもって罰せられますので、婦女と交際しないため、そしてまたある物語—それは彼らが信じている例え話といった方がよいでしょう—を上手に説教する術《すべ》を知っているために、人びとからたいへん尊敬されているように思われます。

（ザビエル西暦一五四九年十一月五日付書簡（和訳）、『聖フランシスコ・ザビエル全書簡』三〈東洋文庫五八一〉、平凡社、一九九四、一二二〜一二三頁）

「その罪」とは、女色・男色を指す。ザビエルの記述では、一般の日本人は道徳性が高いが、僧侶たちの色欲は習性となり改まらないという。ここで二点に注目したい。第一に、色欲を隠さない一般の僧侶に対し「黒衣」の僧侶（禅律か）はそれに距離を置くと記され、二種類の僧侶が描かれていること。第二に僧侶がそれでも尊敬される理由として、禁欲的食生活と説法が挙げられていることである。学識が尊ばれた点は、他の記述からも理解される。

その町の大きなことについて私たちが聞かされていることは、九万戸以上の家があること、学生たちがいる大きな大学が一つあってこれに五つの主な学院が付属していること、ボンズや時宗と呼ばれる修道者のような他のボンズ、アマカタと呼ばれる尼僧たちの僧院が二〇〇以上もあるとのことです。

ミヤコの大学のほかに他の五つの主要な大学があって、それらは高野、根来、比叡山、近江と名づけられる四つの大学はミヤコの周囲にあり、それぞれの大学は三五〇〇人以上の学生を擁しているといわれています。ミヤコから遠く離れた坂東と呼ばれる地方には、日本でもっとも大きく、もっとも有名な別の大学があって、他の大学よりも大勢の学生が行きます。

（同前／同前、一二七～一二八頁）

前半は京都に関する記述であり、五山禅院の説明と考えられている。後半では京都以外として、上方の高野山と根来山（ともに真言宗）、延暦寺と園城寺（ともに天台宗）を挙げ、さらに関東の足利学校を「日本でもっとも大きく、もっとも有名」とする。すべて鹿児島の地での伝聞ではあるが、当時の大寺院などを「大学」と把握する感覚とあわせて興味深い。西洋人の目に映った近世初期の日本仏教は、学問と民衆教化の面の印象が強かったといえる。

一方、キリスト教との出会いは、日本側の宗教者にも刺激を与えた。時に「南蛮」に対抗する日本独自の思想的立場が必要になった。そこから立ち現れたのが、仏国・神国の主張であったと思われる。豊臣政権や徳川政権の外交文書には、その端的な姿を見ることが出来る。ここでは代表的な例として、慶長十八年（一六一三）に、徳川家康の命令により禅僧の崇伝（一五六九～一六三三）が起草した「伴天連追放令」をとりあげる。

乾為レ父、坤為レ母、人生レ於二其中間一、三才於レ是定矣。夫日本者、元是神国也。陰陽不測名之謂レ神、聖之為レ聖、霊之為レ霊、誰不二尊崇一。況人之得レ生、悉陰陽之所感也、五体六塵、起居動静、須臾不レ離レ神。々非レ求二于他一、人々具足、箇々円成、廼是神之体也。又称二仏国一不レ無レ拠。文云、惟神明応迹国、而大日之本国矣。法華曰、諸仏救世者、住二於大神通一、為レ悦二衆生一故、現二無量神力一。此金口妙文、神与レ仏其名異、而其趣一者、恰如レ合二符節一。上古緇素各蒙二神助一、航二大洋一而遠入二震旦一、求二仏家之法一、求二仁道之教一、孜々屹々、而内外之典籍負将来。後来之末学、師々相承、的々伝受、仏法之昌盛、超三越於二異朝一、豈是非二仏法東漸一乎。爰吉利支丹之徒党、適来レ於二日本一、非下啻渡二商船一而通中資財上、叨欲レ弘二邪法一、惑二正宗一、以改二域中之政号一、作二己有一、是大禍之萌也、不レ可レ有レ不レ制矣。日本者神国・仏国、而尊レ神敬レ仏、専二仁義之道一。

（「異国日記」『影印本　異国日記』東京美術、一九八九、六二頁）

乾を父と為し、坤を母と為し、人其の中間に於いて生き、三才是に於いて定まる。夫れ日本は、元是れ神国なり。陰陽不測名づけて之れを神と謂う、聖の聖為る、霊の霊為る、誰か尊崇せざる。況や人の生を得る、悉く陰陽の所感なり、五体六塵、起居動静、須臾も神を離れず。神は他に求むるに非ず、人々具足し、箇々円成、廼《すなわ》ち是れ神の体なり。又、仏国と称すは拠《よんどこ》ろ無きにあらず。文（『渓嵐拾葉集』巻六、大正七六・五一六頁中）に云く、惟れ神明応迹の国、而して大日の本国なり、と。法華（『妙法蓮華経』「如来神力品」、大正九・五二頁上中）に曰く、諸仏救世は、大神通に於いて住し、衆生を悦《よろこ》ばしめんが為の故に、無量の神力を現す、と。此れ金口の妙文、神と仏と其の名異にして、而して其の趣一なるは、恰《あたか》も符節を合わせるが如し。上古緇素《しそ》各々神助を蒙り、大洋を航して而して遠く震旦に入り、仏家の法を求め、仁道の教えを求め、孜《し》々屹《きっ》々、而して内外の典籍負いて将来す。後来の末学は、師々相承、的々伝受し、仏法の昌盛、異朝に於いて超越す、豈に是れ仏法東漸に非ずや。爰に吉利支丹の徒党、適々日本に於いて来たり、啻《ただ》に商船を渡し而して資財を通ずるのみに非ず、叨《みだり》に邪法を弘めんと欲し、正宗を惑わし、以て域中の政号を改め、己が有と作す、是れ大禍の萌しなり、制さざること有る可からず。日本は神国・仏国、而して神を尊び仏を敬し、仁義の道を専にす。

ここで注目されるのは、「神国」とともに「仏国」が強調されている点である。後世の皇国史観などと異なり、神の説明に『易』（陰陽不測……）、仏の説明に『法華経』（諸仏救世……）を用いるなど、インド・中国と共通する文化圏としての自己主張が窺える。末尾の「仁義の道」も加えれば、神儒仏の三教一致という信仰が確認できる。それがキリスト教との対抗軸を意識する中で形成された、日本の国柄に対する自己認識であった。

（二）寺院制度の確立

戦国時代の日本各地では、近世につながるような宗教勢力と世俗権力の関係が始まっていた。たとえば関東の宗教者間の争いが、畿内の各々の本寺同士の交渉で治まらず、地元の領主や統一政権の関与を招いた例が知られている（十六世紀後半の絹衣《けんえ》相論）。本寺と末寺、世俗社会と宗教勢力の関係性は、キリスト教への対抗を名目として強化され、寺檀制度や本末制度を形成していったと考えられている。注意したいのは、それらの制度は世俗権力側の一方的な押し付けではなく、宗教者間で形成された秩序を世俗権力が認可した側面が強いということである。そうした中で、近世初期に徳川将軍が宗教勢力に対し法度（法令）を制定することになった。

近世初期の寺院法度は、当初は個別寺社や個別宗派に対して出されたが、やがて宗教者集団全体を対象とする方向で作成されるようになった。画期となるのが、寛文五年（一六六五）七月の「諸宗寺院法度」全九条である。

定

一　諸宗法式不レ可二相乱一、若不行儀之輩於レ有レ之は、急度可レ及二沙汰一事

一　不レ存二一宗法式一之僧侶、不レ可レ為二寺院住持一事、付、立二新義一不レ可レ説二奇怪之法一事

一　本末之規式不レ可レ乱レ之、縦雖レ為二本寺一、対二末寺一不レ可レ有二理不尽之沙汰一事

一　檀越之輩、雖レ為二何寺一可レ任二其心一、従二僧侶方一不レ可二相争一事
一　結二徒党一企二闘諍一、不二似合一事業不レ可レ仕事
一　背二国法一輩到来之節、於レ有二其届一、無二異儀一可レ返事
一　寺院仏閣修覆之時、不レ可レ及二美麗一事、付、仏閣無二懈怠一掃除可二申付一事
一　寺領一切不レ可レ売二買之一、并不レ可レ入二于質物一事
一　無二由緒一者、雖レ有二弟子之望一、猥不レ可レ令二出家一、若無レ拠子細有レ之は、其所之領主・代官え相断、可レ任二其意一事

右条々、諸宗共可二堅守一レ之、此外先判之条数、弥不レ可二相背一之、若於二違犯一ハ、随二科之軽重一可レ沙二汰之一、猶、載二下知状一者也。

（「御触書寛保集成」『御触書寛保集成』岩波書店、一九三四、六〇八～六〇九頁）

定め

一　諸宗法式、相乱る可からず、若し不行儀の輩之有るに於いては、急度《きっと》沙汰に及ぶ可き事
一　一宗の法式を存ぜざるの僧侶、寺院住持為る可からざる事、付けたり、新義を立て奇怪の法を説く可からざる事
一　本末の規式之を乱す可からず、縦い本寺為りと雖も、末寺に対し理不尽の沙汰有る可からざる事
一　檀越の輩、何の寺為りと雖も其の心に任す可し、僧侶方従り相争う可からざる事
一　徒党を結び闘諍を企て、似合わざる事業仕る可からざる事
一　国法に背くの輩到来の節、其の届有るに於いては、異儀無く返す可き事
一　寺院仏閣修覆の時、美麗に及ぶ可からざる事、付けたり、仏閣懈怠無く掃除申し付く可き事
一　寺領一切之を売買す可からず、并に質物に入る可からざる事

一　由緒無き者、弟子の望み有りと雖も、猥《みだ》りに出家せしむ可からず、若し拠ろ無き子細之有らば、其の所の領主・代官へ相断り、其の意に任す可き事

右条々、諸宗共堅く之を守る可し、此の外先判の条数、弥々之に相背く可からず、若し違犯に於いては、科《とが》の軽重に随い之を沙汰す可し、猶、下知状に載する者なり。

注目される点としては、各宗派に対し統一的な法令が出されたこと（ちなみに同年に神社に対しても「諸社禰宜神主法度」が出された）、世俗権力の立場で宗教教団の組織化を認定したこと、新義の禁止に見られるように教学にまで統制が及んだことなどが挙げられる。世俗権力が宗教者集団を、一元的に把握した点に画期性があった。

しかしながら「諸宗寺院法度」段階では、本末関係・寺檀関係は一方的な上下関係ではなかった。末寺に対する「理不尽」は禁じられ、どの寺院に所属するかは檀家の「その心」に任されている。それに対し時代が下って、寺院の檀家に対する、本寺の末寺に対する強権の形成されていく様子が、たとえば「宗門檀那請合之掟」に見える。同書は多様な写本が流布しているが、もっとも原型に近いとされるテキストの一つを取り上げる。

東照権現公／御箇条掟書／宗門寺檀那請合之掟

一　切支丹之法者死を不レ顧、入火ニ而も不レ焼、入水ニ而も不レ溺、身より血を出して死を成をは成仏と立ル故、天下法度厳密なり。実に邪宗邪法なり。依レ之死を軽ふするものを急度可レ遂ニ吟味一事

一　切支丹に元附者者、闥単（靼）国より毎日金七厘を与へ、天下を切支丹に成し、神国を妨る邪法なり。此宗に元附者は、釈迦の法を不レ用ゆへ、檀那寺の檀役を妨け仏閣の建立を嫌ふ。依レ之可レ遂ニ吟味一事

一　頭檀那たりとも其宗門之祖師忌・仏忌・盆・彼岸・先祖之命日絶て参詣せすんハ、判形を引、宗旨役所江断、

急度可レ遂二吟味一事

一　切支丹・不受不施は先祖之年忌に僧之弔を不レ受、当日計宗門寺へ一通りの志を述、内証にて俗人一類打寄、弔ひ僧の来る時事有時は不レ興して不レ用。依レ之可レ遂二吟味一事

一　檀那役を不レ勤、しかも我意ニ任て宗門受《（ママ）》合之住持役を不レ用、宗門寺之用事身上相応に不レ勤、内心に邪をいた《（抱）》きたるを不受不施といふ。可二相心得一事

一　不受不施之法ハ、何にても宗門寺より申事を不レ請、其宗門之祖師本尊寺用不レ施、将亦他人・他宗之志を不レ受不レ施、是邪法也。人間者天之恩を受て地に施し、親之恩を受て子に施し、仏之恩を請て僧に施す、是正法也。依レ之可レ遂二吟味一事

一　悲田宗・切支丹・不受不施、三宗共ニ一派なり。彼等か尊む本尊ハ牛頭吉利死丁頭仏といふなり。大丁頭仏共言、故にてうす大てうすとなすケる也。此仏を頼ミ奉り、鏡を見れハ仏面となり、宗旨をころべハ鏡の影犬と覚ゆる、是邪法之鏡なり。一度此鏡を見るものハ深牛頭吉利死《（ママ）》仏を信仰し、日本を魔国と成す。然といへとも宗門吟味之神国ゆへ、一通宗門寺へ元附たる人に交り、内心不受不施にて宗門寺へ出入せす。依レ之可レ遂二吟味一事

一　親代々より宗門に元附八宗九宗之内何れ之宗旨に紛無レ之共、其子いか成勧にて心底邪法に組し居申者も知不レ申、宗門寺より此段吟味を遂、仏法を勧め、談義講談を成し参詣致させ、尤檀那役を以夫々之寺之仏用修理建立を急度可レ勤也。邪宗者宗門寺之事一切世間交り一遍にして、内心仏法を破り僧の勤を不レ用。依レ之可レ遂二吟味一事

一　死後死骸に剃刀を与へ戒名法名を授可レ申事、是ハ宗門寺之僧死相を見届、邪宗ニ而無レ之旨慥ニ合点上ニ而引導可レ致ためなり。能々可レ遂二吟味一事

一　宗門寺を差置、外寺之僧を頼弔ひ、其宗門寺之住持を退申事、別而詮義いたし、邪宗正法を可レ遂二吟味一事

一　先祖之仏事、他寺え持参り法事勤事、堅禁制也。然といへとも他国他在ニ而死去之ものハ格別之事なり。能々可レ遂二吟味一事

一　先祖之仏事に行、歩𩪘成者不レ致二参詣一、不沙汰ニ修行申者可レ遂二吟味一。且又其者之持仏堂備へ物、能々見届、邪宗正法可レ遂二吟味一事

一　天下一統之正法に紛無レ之者ニハ、判形を加へ宗門受（ママ）合可レ申候。武士ハ其寺之請状ニ証印を加へ差上、其外血判に難レ出ものハ証人受（ママ）合を以証文可二差出一事

一　相果候時分ハ一切宗門寺之差図を承り執行可レ申事

一　天下之敵、万民之怨者切支丹・不受不施・悲田宗也。ころひ（転）之類族相果候節者、寺社役所へ相断、倹者を請て宗門寺之住持弔可レ申事。役所へ不レ断弔ひ申時者、其僧之越度也、能々可レ遂二吟味一事。将又横様無退に檀那役其者分限不二相応一之義者、宗門寺より用捨可レ有レ之事。信心を以仏法を尊ミ、王法を敬者正法之者也

右拾五ヶ条之趣、一茂於相背者、上者梵天・帝釈・四天王・五道冥官・日本伊勢天照大神宮・八幡大菩薩・春日大明神・其外氏神・日本六拾余州之神明之可レ奉レ蒙二神罰一者也。

慶長十八年丑五月　　奉行

天下之諸寺院宗門請合之銘々、此一ヶ条茂相欠申而者越度ニ被二仰附一間、能々可二相守一者也。

（金沢市立玉川図書館所蔵『宗門掟』(1)）

史料全体の中で、「神国」を損なう「邪法」として、キリスト教（「切支丹」）・日蓮宗不受不施派・同悲田《ひでん》派の三つが挙げられる。いずれも俗権に対抗し得る本質が厭われたのだが、注目したいのは、邪法と正しい仏法を区別する基

準として、檀那役などが挙げられている点である。檀家の立場で把握するなら、檀那寺から割り当てられた役料等の負担を拒んだ場合、邪宗の徒と見なされても反論できないということになる。本史料は慶長十八年（一六一三）の年記を持つが、悲田派禁止（元禄四年＝一六九一）を説く内容から、後世の成立であることは疑いない。偽書であるにもかかわらず、広く流布していたことが知られている。このように、キリスト教などの禁制という絶対的な国法を背景として、寺院が信徒に対し強圧的な要求ができる体制が構築されたことから、仏教が国民宗教になったとも、葬式仏教に堕落したともいわれている。

（三） 武士と禅

近世は武家が日本を支配した時代である。彼らの精神世界との関わりは、近世の仏教を考える上で欠くことのできない視点である。ここでは三人の禅僧の著作から、その問題を考えてみたい。

最初に、鈴木正三《しょうさん》（一五七九～一六五五）の記述に目を向ける。正三は、父の代から徳川家に仕えた三河武士であったが、生死の問題が頭から離れず、四十歳を過ぎて出家し曹洞宗の僧侶となった。その教えは在家の立場を強く意識したもので、日々の暮らしの中に修行があると説き（「世法即仏法」）、四民（士農工商）それぞれが自らの立場に応じた道徳を果たすことが仏道であると説いた（職分仏行説）。また、強く激しい精神性を求めたことから「仁王禅」「不動禅」などと呼ばれ、キリスト教については現世秩序を妨げるものとして強く批判した。

仏法修行は六賊煩悩を退治するなり。心よは（弱）くして、かなふ（叶）へからず。法身堅固のこころをもつて、信心勇猛精

進の兵を先となし、本来空の剣を用ひて我執貪着の妄想心を切払、切に急に進て、十二時中間断なく、金剛の心に住し、夢中共に用得て、自然に純熟し、内外打成一片と成て、業識無明の魔軍を悉く討滅し、忽然夢醒実有の城郭を打破、生死の怨敵を截断して、般若の都に居住をさため（定）、太平を守、此心即武勇に使宝也。

（鹿沼市立図書館大欅文庫所蔵『万民徳用』堤六左衛門板本(2)）

仏教の修行について、煩悩や無明を敵軍に見立て、「退治」し「打滅」す対象と表現する。また心の迷いを打ち破るべき城、悟りの境地を居城と表現するなど、軍事に例える発想が目立つ。学問に親しみの薄い武士や庶民に法を説くためか、しきりに仮名法語の形式を用いるのは、正三に限らず、この時期に目立つ傾向である。同様の方向性は、やや時代の下った白隠慧鶴《はくいんえかく》（一六八五～一七六八）の仮名法語にも見られる。

諸侯は朝覲国務の上、士人は謝御書数の上、農民は耕耘犂鋤の上、工匠は縄墨斧斤の上、女子は紡績機織の上、若し是れ正念工夫在つて、直に是れ諸聖の大禅定。（『遠羅天釜』、『白隠和尚全集』五、龍吟社、一九三四、一三二頁）

駿河国（現在の静岡県中部）出身で、臨済宗中興の祖と称される白隠は、平易な言葉で民衆に教えを広めたことで知られる。彼も、大名は国務を果たすこと、武士は武術や教養を磨くこと、農民は土地を耕すことなど、ふだんから与えられた仕事に励むことが仏道であると説いている。

次に紹介する沢庵宗彭《たくあんそうほう》（一五七三～一六四五）も禅僧である。但馬国（現在の兵庫県北部）の武士の家に生まれたが、主家の滅亡を経て十歳頃に出家し、大徳寺の首座まで出世した。その後、後水尾院と徳川将軍家の対立に巻き込まれ（紫衣《しえ》事件）、上山（現在の山形県上山市）に流されたが、二代将軍（徳川秀忠）の逝去にともない赦免され、さらに三代将軍（徳川家光）や幕府上層部の帰依をうけて晩年を過ごした。残されたさまざまな逸話の中でも、旧知の柳生宗矩（一五七一～一六四六）に教えを授け、「剣禅一如」を説いたことは良く知られている。

> 無明とは、明になしと申す文字にて候。迷を申し候。住地とは、止る位と申す文字にて候。仏法修行に、五十二位と申す事の候。その五十二位の内に、物毎に心の止る所を、住地と申し候。住は止ると申す義理にて候。止ると申すは、何事に付ても其事に心を止るを申し候。貴殿の兵法にて申し候はゝ、向ふより切太刀を一目見て、其侭にそこにて合はんと思へは、向ふの太刀に其侭に心か止りて、手前の働か抜け候て、向ふの人にきら《(切)》れ候。是れを止ると申し候。打太刀を見る事は見れども、そこに心をとめず、向ふの打太刀に拍子合せて、打たうとも思はず、思案分別を残さず、振上る太刀を見るや否や、心を卒度止めず、其まゝ付入て、向ふの太刀にとりつかは、我をきら《(切)》んとする刀を、我か方へもぎとりて、却て向ふを切る刀となるべく候。禅宗には是を還把二鎗頭一倒刺レ人来ると申し候。
>
> （『不動智神妙録』、市川白弦『沢庵』〈日本の禅語録13〉講談社、一九七八、一九九～二〇〇頁）[3]

仏教の基本概念である「無明」（知恵に暗くて迷うこと）「住地」（五十二段階の修行の階梯）を説明する際に、「あなたの兵法で申すなら」と剣の試合にたとえ、対戦相手の太刀にとらわれることなく対応し、付け入って相手を切ってしまうような自在な心のあり方を導いている。難解に思われる禅の教えを、武士にとって馴染み深い剣の動きにたとえて、分かり易く説いている。本書は、禅の立場から武道の極意を説いた最初の書物とも言われている。

近世の仏教の特徴として、従来以上に武士や庶民に受容されたことが挙げられる。仏教者でなくとも理解できるような形式や内容で説いたことが、そうした結果をもたらしたと考えられる。

（四）出版文化の発展

近世に仏教が広まった前提として、社会の中の出版文化の活性化も挙げられるだろう。京都・大坂さらに江戸という「三都」を中心に、平和な時代の到来に導かれて出版業者が現れ、人々の知識への渇望を満たすため、盛んに出版活動を行ったことが知られている。

仏教の基本となるのは経典である。定められた経典のセットを、大蔵経あるいは一切経という。日本では長い間、印刷された経典を海外から輸入し、必要に応じて写本を作成していた。中央の大寺院が権威を持った根拠の一つは、正統的な大蔵経（宋版、元版、明版、高麗版など）を保持していたことにあった。正しい教えを知るためには、豊富な経典を調査し踏まえることが重視されていた。したがって仏教が出版文化発達の恩恵をうける画期は、大蔵経の刊行となる。

日本で最初に刊行された大蔵経は、寛永十四年（一六三七）に着手し慶安元年（一六四八）に完成した「天海版」（千四百五十四部）である。それに先行し、天台僧の宗存《しゅうぞん》が慶長十八年（一六一三）から寛永三年（一六二六）にかけ大蔵経刊行に取り組んだが、完成に至らず宗存の逝去で途絶した（「宗存版」百三十四部）。「天海版」は幕府の後援を得て完成に至ったが、当初は三十部程度しか作成されず、誤植も少なくなかった。普及版が求められる中で、それを実現したのが黄檗《おうばく》僧の鉄眼《てつげん》（一六三〇〜一六八二）である。彼が大蔵経刊行に先立ち、寛文三年（一六六三）に記した一文には、その後の活動につながる彼の思いが満ちている。

経に曰く、仏は大医王のごとく、法は甘露の妙薬の如く、僧は看病人の如く、衆生は重病をうけたる人の如し、と（出典不明、『止観輔行伝弘決』第八之一などに基づくか）。たとへば世の中の病をうけたる人、もし看病人ありとも、くすし《（薬師）》なくんばやまひ《（病）》いえ《（癒）》がたく、たとひ薬師ありとも、薬なくんば、また何を以てか、くすせんや。此故にくすしと薬と看病人とは、この中一をかく《（欠）》べからず。しかるに此国もとより、仏あり、僧あれども、法薬いまだ全からず、衆生のやまひ、なんすれぞいえん。いたむべく、またかなしむべし。

（「化縁の疏」、源了圓『鉄眼』〈日本の禅語録17〉講談社、一九七九、二七五頁）

日本は古くから仏を祀り、僧を育ててきたが、経典はわずかで大半の人は利用できなかった。たとえるならば、医者と看病人がいるだけで、薬を欠く状態である。これでは重病人が治癒されることはないだろう。薬にあたる経典を、広く人々が手に取れる状態にするため、大蔵経が必要だ、というのである。

鉄眼版（黄檗版ともいう）は明の嘉興蔵版をもとにしており、校訂が不十分であるなど問題点もあったが、さまざまな困難を乗り越え民間資金を集めて、大蔵経テキストを普及させた功績は、決して過少評価されるべきではない。

大蔵経に前後し、多くの註釈書なども刊行されるようになった。ところが時代が下ると、註釈書類は経典に比べ多様で、質や内容の点検が不十分になりがちであることから、必ずしも正確な、あるいは適切な内容とはいえないテキストが出回るようになった。はなはだしい場合は、祖師の名を冠した偽書が刊行され、信者が惑わされる事態も起こった。そうした中で、各教団の教学管理部門が中心となり、市中に出回る刊本の仏書を統制する動きが出てくる。ここでは真宗の例として、公認テキストを編集した『真宗法要』の刊行にあたり、宝暦九年（一七五九）八月二十一日に教団から二条奉行所に提出された「口上覚」を挙げる。

開山親鸞聖人并本山御先祖之直作之聖教類、数多是迄書林ニ致ニ板行一売買候。併誤多宗意ニ不レ叶義共有レ之、及ニ末世一宗意心得違有レ之候而ハ歎ケ敷御座候ニ付、本山什物之聖教之通相改、本山蔵板被ニ致置一、当末寺ニ限願望之者江者指免、他末派又ハ俗人ハ一切差免不レ申、開山伝来之宗意無ニ相違一相守候様致度御門主御志願御座候。依レ之右之段御届被ニ仰入一候。尤前々ゟ開山御製作之和讃等蔵板在レ之、末寺門下江被ニ差免一候処、書林ニも致ニ板行一売買候得共、自ニ本山一差留不レ申候。右此度之蔵板之儀も書林方ニ而是迄之通ニ致ニ売買一候儀者相構不レ申候間、此段御聞届被ニ成下一候様、宜敷御沙汰可レ被レ下候、以上。

（『真宗法要開版始末』、『教学研究所紀要』一〇、浄土真宗教学研究所、二〇〇二、五九～六〇頁）

開山親鸞聖人并びに本山御先祖の直作の聖教類、数多是迄書林に板行致し売買し候。併し誤り多く宗意に叶わざる義共之有り、末世に及び宗意心得違い之有り候ては嘆かわしく御座候に付き、本山什物の聖教の通り相改め、本山蔵板と致し置かれ、当末寺に限り願望の者へは指し免し、他末派又は俗人は一切差し免し申さず、開山伝来の宗意相違なく相守り候様致し度き御門主御志願に御座候。之に依り右の段御届け仰せ入れられ候。尤も前々より開山御製作の和讃等蔵板之在り、末寺門下へ差し免ぜられ候処、書林にも板行致し売買候へ共、本山自り差し留め申さず候。右此の度の蔵板の儀も書林方にて是迄の通りに売買致し候儀は相構い申さず候間、此の段御聞き届け成し下され候様、宜敷御沙汰下さる可く候、以上。

「宗意心得違い」とは言うものの、こと宗教に関し正邪の客観的な基準などそもそもある筈はなく、教団上層部が決定権を握っているにすぎない。末寺を特別扱いし、他派や俗人と区別するのも、宗派によって編成された近世の特徴であろう。

ともあれ、おおむね十七世紀中頃から版本刊行が盛んになり、十八世紀中頃には各教団もそれに対応した動きが見られるところに、出版文化を基礎とした近世仏教の姿が現れている。

（五）境界地域の仏教

日本の近世は、世界史の中でも激動の時代と重なっている。ヨーロッパ諸国のアジア進出や中国の明清交替、さらにロシアの南下など、海外でもさまざまな動向が見られた。それらに対し、日本の仏教者はどのように対峙したのだろうか。ここでは南北の事例から、二つの史料を紹介したい。

日本列島の南部に位置する沖縄県は、近代以前は琉球国として独立していたが、慶長十四年（一六〇九）の武力侵攻以来、徳川将軍の認可のもと薩摩藩が実質的に支配していた。中世までの琉球国の仏教は、交易立国を支える有能な人材を提供した琉球臨済禅の独占状態であった。尚真王十八年（一四九四）の円覚寺（跡地は現那覇市首里当蔵町）の建立が、臨済宗の最盛期を示すといわれる。しかし、島津氏との友好関係が悪化する十六世紀後半から勢力が衰え、変わって真言宗が勢力を伸ばした結果、近世の琉球国は臨済・真言の二宗体制を構築した(4)。

島津侵攻の八年前、慶長六年から三年間琉球に滞在した浄土宗の僧・袋中《たいちゅう》（一五五二〜一六三九）が著した記録には、当時の僧侶の様子も記されていた。

改年恒例之祭祀、祈レ於二毎歳一、所レ被二執行一也。元三之朝拝者、奉レ始二国王一、到二諸官士庶人一、正二衣冠一、致二一心清浄誠一、成二五体投地礼一。是則、可下感二得神祇一降中伏諸魔上之粧也。通事揚レ音、諸人低昂無レ乱。於レ是、中庭之旗靡二和楽之風一、顕二王化之相一。盛物即蓬莱瀛洲嘉肴、楽亦、緊那羅之所レ奏、□《タツ》々○《タウ》々鼓声備二四徳八正利一、囉《ラ》々哩《リ》々笛音消二五衰三熱苦一。笙・觱篥併有二宮・商・角・微響一。諸山長老同立レ庁、有二鎮護国家心願一。東西八疋駿馬、覚二菊水延命濫觴一、望日拝亦、類レ之矣。事終、各々私宅吉兆如二家々法一、曾七日若菜成二五臓調和羹一。修正祈禱并三十三座、奉レ祝二天下無事・宝祚長久一、是等、不レ可二怠転一法儀也。

（『琉球往来』、『琉球神道記：弁蓮社袋中集』大岡山書店、一九三六、一二五頁）

改年恒例の祭祀、毎歳に於いて祈り、執行さるる所なり。元三の朝拝は、国王を始め奉り、諸の官士庶人に到り、衣冠を正しくし、一心に清浄の誠を致し、五体投地の礼を成す。是れ則ち、神祇を感得し諸魔を降伏する可きの粧なり。通事音を揚げ、諸人の低昂《ていごう》乱るること無し。是に於いて、中庭の旗は和楽の風に靡き、王化の相を顕す。盛物は即ち蓬莱瀛洲の嘉肴、楽は亦、緊那羅が奏する所、タツ〳〵トウ〳〵の鼓の声は四徳八正の利を備え、囉々哩々の笛の音は五衰三熱の苦を消せん。笙《しょう》・觱篥《ひちりき》併しながら宮・商・角・微の響有り。諸山の長老同じく庁に立ち、鎮護国家の心願有り。東西八疋の駿馬は、菊水延命の濫觴《らんしょう》と覚え、望日の拝亦、之に類す。事終りて、各々私宅の吉兆は家々の法の如く、曾て七日の若菜《くさ》は五臓調和の羹《あつもの》を成す。修正の祈禱并に三十三座は、天下の無事・宝祚の長久を祝し奉る、是れ等、怠転す可からざる法儀なり。

首里の王宮で開催された、新年を迎える行事の参加者の中に「諸山の長老」が加わり、「鎮護国家の心願」を有し「天下の無事、宝祚の長久」を祈っていたという記述からは、俗権を守護する琉球国の仏教の姿が確認できるだろう。研究の進展によって、近世の琉球では臨済宗が先王祭祀と葬儀、真言宗が加持祈禱を分担しつつ、統治機構の一部門として存続していたことが知られている。

一方、日本列島の北部に位置する北海道は、近世は蝦夷地として、南端の一部（松前地）を除きアイヌ民族が居住する「異域」であった。近世初期から、松前氏を通じた間接支配の地であったが、十八世紀後半にロシアが日本近海に出没するようになると、『赤蝦夷風説考』『三国通覧図説』などが著され、徐々に日本側の緊張感が高まった。徳川政権は、ロシアの南下により将来的にキリスト教が流入することへの危機感から、直轄化を視野に入れ、文化元年（一八〇四）、蝦夷地に有珠《うす》の善光寺（浄土宗）・様似《さまに》の等澍院（天台宗）・厚岸《あつけし》の国泰寺（臨済宗）の三ヶ寺を新設した（「蝦夷三官寺」）。原則的に寺院の新設を禁じてきた従来の政策（十七世紀に度々出された新寺禁止令など）からの大転換といえる。その役割は、国家泰平の祈禱、アイヌ民族の教化、和人の埋葬と将来の宗門取締とされた。特徴的なことは、過去に統一政権に敵対した宗派（日蓮宗、真宗など）を外し、徳川将軍家の菩提寺（増上寺）、祈禱寺（寛永寺）および僧録司《そうろくし》（幕命により僧尼を管理）の所属宗派が選ばれた点である。次に、設立の翌年に三官寺の一つの国泰寺に対し、本寺の金地院から出された指令を挙げる。

三ヶ山蝦夷地　御用之御趣意者、当地平定以来外敵警衛之征士戍卒等、忠死之正霊並和夷人先亡霊、山海之有情之為、当将軍家深　御趣意被レ為レ在レ之、三ヶ山　御建立有レ之、蝦夷人共衣食住之三ツ茂相整、人倫之道茂不二相弁一儀不便ニ被二　思召一、御宗門弘通被二　仰付一、蝦夷人共仏法之大意・疫悪修善之旨、時々巡レ村為二説聞一、且異国境ニ付邪宗門等厳重相糺可レ申　御用ニ而下向在番之候間、此旨可レ存候。

一　王法・国家之制、修堅相守可レ申事

一　持場所在住和夷人共　御宗門江帰入いたすへき事

一　蝦夷地入口ゟ白老迄詰合、並会所和夷人共檀下被二　仰付一有レ之間、和人在住中菩提所同様相心得、盆・正之礼、並年々正月御忌・五月開山忌・七月大施餓鬼・十月五日達磨忌法会之節者参詣可レ有レ之事。且又、如二先規一場所々々夷人、先亡霊回向料、盆暮急度可レ被二相納一事

一　面々請負場所蝦夷人共死去之節者年齢名前相記、早速役寮江書附ヲ以相届可レ申事。但し変死等有レ之節者詰

合江も相届可レ申、其上ニ而検僧相下ケ可レ申事
一　持場所之内堂舎破損之節者、右請負人在住打寄為ニ冥加一、修復差加可レ申様致度事
右之条々平日相心得、不レ可レ有ニ違背一者也。（『要用書』、『新厚岸町史資料編2日鑑記下』厚岸町、二〇一一、七〇六頁）

三ヶ山蝦夷地御用の御趣意は、当地平定以来外敵警衛の征士戊卒等、忠死の正霊並びに和夷人先亡の霊、山海の有情の為、当将軍家深き御趣意之れ在らせられ、三ヶ山御建立之れ有り、蝦夷人共衣食住の三つも相整い、人倫の道も相弁えざる儀不便に思召され、御宗門弘通仰付られ、蝦夷人共仏法の大意・疫悪修善の旨、時々村を巡り説き聞かせ、且つ異国境に付き、邪宗門等厳重に相糺し申す可き御用にて下向在番の候間、此の旨存す可く候。
一　王法・国家の制、修して堅く相守り申す可き事
一　持場所在住和夷人共御宗門へ帰入いたすべき事
一　蝦夷入口より白老《しらおい》まで詰め合い、並に会所和夷人共檀下仰せ付けらるること之れ有る間、和人在住中菩提所同様相心得、盆・正の礼、並に年々正月御忌・五月開山忌・七月大施餓鬼・十月五日達磨忌法会の節は参詣之有る可き事。且つ又、先規の如く場所場所夷人、先亡霊回向料、盆暮急度相納めらる可き事
一　面々請負場所蝦夷人共死去の節は年齢名前相記し、早速役寮へ書附を以て相届け申す可き事。但し変死等之有る節は詰合へも相届け申す可し、其の上にて検僧相下げ申す可き事
一　持場所の内堂舎破損の節は、右請負人在住打ち寄り冥加の為、修復差し加り申す可き様致し度き事
右の条々平日相心得、違背有る可からざる者なり。

このように蝦夷三官寺は、外圧の中で蝦夷地支配を宗教面から担ったが、安政二年（一八五五）の国策変化（非開拓→開拓）で事実上役目を終えた。以後の蝦夷地は、積極的に和人流入を図り開拓を進めるのにあわせ、各宗派の僧

侶を招き寺院を設けるという段階に進められ、近代に至った。

二　儀礼と教学の展開

（一）国家祭祀の理念

近世仏教自体について見ていくなら、その中心は儀礼と教学になるだろう。中世とも近代とも異なる近世仏教は、どのように人々に働きかけていたのだろうか。まず国家祭祀の側面から、その理念を探っていきたい。

国家祭祀の体制を考える際に、中世までの四箇大寺（南都東大寺・同興福寺、北嶺延暦寺、同園城寺）と密教寺院（東寺、仁和寺、醍醐寺、根来寺など）を中核とする宗教界秩序の変遷が問題になる。豊臣政権の時期、いわゆる八宗体制が形成されたが、その頂点に予定されたのが豊国大明神を護持する方広寺（現、京都市下京区の天台宗寺院）ではなかっただろうか。そのことを示唆するのが、秀吉の逝去をうけて慶長十九年（一六一四）八月三日に、後継者である豊臣秀頼から捧げられた願文である。古代の東大寺に代わる寺院として、方広寺が位置づけられていることを読み取れる。

蓋聞、仏像経巻者衆生得脱之勝縁也、祇舎堂塔者護王鎮国之霊宅也。実乗・権教之功力、内証・外用之方便、旨揆甚深、不レ可二思議一者乎。夫盧遮那大仏殿建立之尋二濫觴一、遠上世聖武帝、創二刱伽藍於南都之東陵一、近豊国大明神、開二闢洪基於北闕之巽境一。古今雖レ異前後是同、万事皆逢二興廃継絶之有猷一、箇寺専存二温故知新之営作一。爰弟子竭二三宝帰依之信力一、達二再造成就之悃誠一。（中略）方今慶長甲寅之年仲商癸未之日、屈二請耆衲一而致二秘密之供養一。幡蓋宝鈴、迎二接勅使一而作二法令之証明一。軺車玉節、現二茛華乱墜之嘉瑞一、発二栴檀馥郁之道香一。（以下略）

（「方広寺大仏殿再建豊臣秀頼願文写」、『妙法院史料』五、吉川弘文館、一九八〇、一七八〜一七九頁）

蓋し聞く、仏像経巻は衆生得脱の勝縁なり、祇舎堂塔は護王鎮国の霊宅なり。実乗・権教の功力、内証・外用の方便、旨揆甚だ深し、思議す可からざる者か。夫れ盧遮那《（ママ）》大仏殿建立の濫觴を尋ぬるに、遠くは上世聖武帝、伽藍を南都の東陵に創刱したまう、近くは豊国大明神、洪基を北闕の巽境に開闢したまえり。古今異なると雖も前後是れ同じ、万事皆興廃継絶の有猷に逢い、箇の寺専ら温故知新の営作を存す。（中略）方今慶長甲寅の年仲商癸未の日、耆衲を屈請して秘密の供養を致す。爰に弟子三宝帰依の信力を竭し、再造成就の悃誠を達す。（中略）方今慶長甲寅の年仲商癸未の日、耆衲を屈請して秘密の供養を致す。幡蓋宝鈴、勅使を迎接して而して法令の証明と作す。軺車玉節、茛華乱墜の嘉瑞を現し、栴檀馥郁の道香を発す。（以下略）

豊臣政権を打倒した徳川時代、以前に代わる宗教界の秩序が作られたが、それもまた儀礼の場で確認できるのではないだろうか。徳川将軍家が最も力を入れた大規模な儀礼は、言うまでもなく東照宮祭祀であり、輪王寺門跡（日光東照宮の管理者）を頂点とする近世の宗教体制がそれを支えた。将軍家菩提寺の増上寺・祈禱寺の寛永寺という二大寺院を最上格に位置づけ、各宗派が寺院間の本末関係、寺と檀家を結ぶ寺檀関係によって、日本全体の宗教秩序を形成した。それをふまえ、慶安元年（一六四八）四月十七日、徳川体制が一応の確立を果たした中で行われた家康三十三回忌の場において、晩年の三代将軍家光は次のような敬白を東照宮に捧げている。

> 夫以、万国平晏群下覧二聖日之輝一、四時克調諸方誇二恵露之沢一。布二徳化於遐途一、亘二教令於古今一者乎。恭惟東照宮大権現、道通二聖神一、行合二明哲一。鎮二東関一以撫二諸夏一有二巍々勲功一、守二西都一以仰二帝猷一復二蕩々淳朴一。永呈二霊験之祥瑞一堅二治定之基一、垂二権現之護持一弘二長久之業一。爰弟子稟二祖考之規矩一期二子孫之栄昌一。（以下略）
>
> （叡山文庫真如蔵『東照宮三十三回忌御八講諷誦願文』）

> 夫れ以れば、万国平晏（ママ）にして群下聖日の輝を覧、四時克く調いて諸方恵露の沢を誇る。徳化を遐途に布き、教令を古今に亘《わた》す者か。恭しく惟れば東照宮大権現、道は聖神に通じ、行は明哲に合う。東関を鎮め以て諸夏を撫し巍々たる勲功有り、西都を守り以て帝猷を仰ぐに蕩々たる淳朴に復す。永く霊験の瑞祥を呈して治定の基を堅め、権現の護持を垂て長久の業を弘む。爰に弟子祖考の規矩を稟けて子孫の栄昌を期す。（以下略）

家光の願文は、家康二十一回忌の時点では、祖父の武略と学問に重点を置いたものであった。しかしこの三十三回忌の際の文言では、徳川将軍家の勲功を強調するにとどまらず、守るべき「西都」や仰ぐべき「帝猷」に言及する。そこに、公家をも支配下に置き、日本全体を一元的に統治する存在となった徳川体制の自負を読み取るのは深読みすぎるだろうか(5)。

東照宮祭祀は、次第に各地にも広がりと定着を見せた。多くの事例の中から、ここでは鳥取東照宮を取り上げる。同地には家康三十三回忌の年に勧請が許され、寛永寺の直末寺院である淳光院が、別当寺院として建立されていた。藩主の池田吉泰は、正徳五年（一七一五）の百回忌法会において、次のような敬白を捧げている。

夫東照大権現者、尋レ本本高、浄瑠璃界月遠晴十二上願之光照二六趣迷暗之衢一、訪レ迹迹広、豊葦原国日高輝五慎四機之風払二一天擾乱之雲一。故本朝数歳之争戦一時治平、万民置二枕於泰山之安一。偏是依二神君文武之厳徳一矣。其威巍巍乎其徳堂堂乎。実是累代英勇之武将、四夷八蛮悉偃二其徳風一、百僚奉統之賢才、一言九命皆施二其恩沢一。猶更、外専二理民之化一、深探二周公大聖之奥賾一、内励二帰法之信一、終帰二台家円融之宗風一、快伝二慈眼大師之脈譜一。可レ謂、前代未聞将帥、異域無双名君。

（鳥取大雲院所蔵『御神忌記録[6]』）

夫れ東照大権現は、本を尋ぬれば本高し、浄瑠璃界の月遠く晴れて十二上願の光六趣迷暗の衢《ちまた》を照す、迹を訪ぬれば迹広し、豊葦原国の日高く輝き五慎四機の風一天擾乱の雲を払う。故に本朝数歳の争戦一時に治平し、万民枕を泰山の安きに置く。偏に是れ神君文武の厳徳に依るなり。其の威巍巍として其の徳堂堂たり。実に是れ累代英勇の武将、四夷八蛮悉く其の徳風に偃し、百僚奉統の賢才、一言九命皆其の恩沢に施す。猶更に、外には理民の化を専にし、深く周公大聖の奥賾を探り、内には帰法の信を励し、終に台家円融の宗風に帰して、快く慈眼大師の脈譜を伝えたまえり。謂つべし、前代未聞の将帥、異域無双の名君なり。

ここで家康は、儒教の代表的な聖人である周公旦と並べられ、一方仏教についても、天海から最も優れた教えを引き継いだ、と述べられる。儒教と仏教の教えを究め、人間を超えた存在として扱われている。このように、近世の国家儀礼は、将軍家祖神である東照大権現を頂き、それを護持する輪王寺門跡のもとで体系化されていった。徳川体制は単なる世俗的権力を超え、神聖な存在と理念づけられていた、そう考えられないだろうか。

（二）黄檗と戒律復興

近世仏教の特質として、戒律をめぐる論争の活性化が挙げられる。中世までの仏教は、タテマエはともかく、戒律を厳守する態度は大変弱かった。古い伝統を誇る天台・真言などでは、唯心論的傾向から外形（戒律に沿った行動）よりも内心（悟り）を重視し、「煩悩即菩提」などを唱えつつ教学が形成された。実態としても、僧侶の世界は世俗社会以上に世俗的であり、「隠すは上人、せぬは仏」（伝後白河院）という言葉のとおりであったといわれる。さらには、戒律を守ることよりも偽善を忌むことに重点をおき、肉食妻帯を公認する浄土真宗のような教えも存在した。それに対し、近世中期を画期として、仏教諸宗の中で戒律復興の動きが見られた。その原因として、政府が僧尼を管理する方針として戒律遵守を求め、社会が安定し大衆化する中で破戒が問題視されるようになり、印刷文化の発達により仏教本来の戒律遵守の知識が広がった等が挙げられるが、さらに忘れてならないのが、中国仏教の影響である。日本以外の仏教では、戒律を守ることは僧侶世界の常識であり、近世には明清交替の影響もあり、有力な渡来僧が本場中国の教えを伝えた。中でも影響力の強かったのが、隠元隆琦《いんげんりゅうき》（一五九二～一六七三）による黄檗開宗である。

承応三年（一六五四）に長崎に渡来した隠元は、その後紆余曲折を経て京都近郊の万福寺に入り、後に黄檗宗の開祖と見なされた。後水尾院や幕府大老酒井忠勝、老中松平信綱など、多くの人々が隠元に帰依した。普茶料理や明朝体など、黄檗宗によって広められた中国文化は少なくない。さらに黄檗僧たちの中からは、刊本大蔵経を完成させた鉄眼道光、『大成経』を広めた潮音道海《ちょうおんどうかい》（一六二八～一六九五）などの人材が輩出した。

中国直輸入の教えや儀式は、禅宗にとどまらず、日本仏教全体に大きな刺激を与えた。一歩万福寺の中に入れば、中国僧が中国語で法を説き、異国の文化に満ちた空間があった。また日々の修行には、念仏や密教の要素が大きな割合を占め、専門分化しがちな日本仏教と異なる姿を示していた。その点を、隠元が弟子たちに将来の方針を示した晩年の作に見ておきたい。全十ヶ条を示す。

一　冬夏二期、内外衆等、倶遵二聖制一禁足安禅、昼三夜三、究二明己躬下事一為レ務。勿三擅出入違二仏教誡一。

一　衆等専為二好心学道一、当下以二慈忍一為上レ本。戒根浄潔、因果分明、受二十方信施一須レ要二知レ慚識一レ愧。勿レ得下飽食遊談、恣逞二人我一攪二乱禅林一、作中諸魔業上。

一　朝暮二時念誦、各宜下厳二整威儀一、随上レ衆。不レ得二偸嬾一。除二老病者一不レ論。

一　本山及諸山。凡称二黄檗法属一者、概不レ許下葷酒入二山門一破中仏重戒上。

一　本山第三代住持、仍依二吾法嗣中一照二位次一、輪流推補後及二法孫一。亦須下有二徳望一者、方合二輿情一克振中道風上。此事、在二衆等平心公挙一。勿レ得下恃二於権勢一互有中偏私上。

一　歴二観古来東渡諸祖嗣法者一、三、四代後即便断絶、遂使二祖席寥寥一。前承二酒井空印老居士、護法之念一嘗言、本山他日主法、苟無二其人一、当去二唐山一請補、使二法脈縄縄不一レ断。此議甚当。惟在二後代賢子孫、挙而行一レ之。則是法門重光之象也。

一　本山常住斎糧、合レ供下十方大衆守二護禅林一、祝レ国福レ民永遠香灯之需上。各庵院、概不レ許二私分一。

一　留二鎮常住及松堂一法具・什物等、当下別記二一簿一、以便中遞代住持交伝上。勿レ致二失脱一。

一　本山住持与二各院静主一、既同二宗派一。当下以協レ力一レ心尊レ法、重レ道賛二翼祖庭一、使中遞代化風不上レ墜也。至二於諸山法属入一レ山、亦当二以レ礼相待一。勿レ得レ失レ儀。

一　松堂老僧寿塔在レ此、即為二開山塔院一。後、当二本山各庵院子孫、輪流看守一。

更余規約倶載二禅林師訓中、及両序須知一。文繁不レ録。可二参看、力行一レ之。嘱嘱。

（「老人預嘱語」、大正八二・七八〇頁下〜七八一頁上）

一　冬夏の二期、内外の衆等、倶に聖制に遵って禁足安禅、昼三夜三、己躬下の事を究明するを務と為よ。擅《ほしいまま》に出入して仏の教誡に違うこと勿れ。

一　衆徒専ら好心学道の為にせば、当に慈忍を以て本と為すべし。戒根浄潔、因果分明、十方の信施を受けて須く慚を知り愧を識ることを要すべし。飽食遊談、恣に人我を逞しうして禅林を攪乱し、諸々の魔業を作ることを得ること勿れ。

一　朝暮二時の念誦、各々宜しく威儀を厳整して、衆に随うべし。偸嬾なることを得ざれ。老病の者を除いて論ぜず。

一　本山及び諸山。凡そ黄檗の法属と称する者は、概な葷酒山門に入りて仏の重戒を破ることを許さず。

一　本山第三代の住持、仍ち吾が法嗣の中に依って位次を照し、輪流推補の後に法孫に及ぼすべし。亦須く徳望有る者、方に輿情に合うて克く道風を振うべし。此の事、衆等平心公挙するに在り。権勢を恃んで互に偏私有るを得る勿れ。

一　古来東渡の諸祖嗣法の者を歴観するに、三、四代の後即ち便ち断絶して、遂に祖席をして寥寥たらしむ。前に酒井空印老居士、護法の念を承くるに嘗て言う、本山他日主法、苟も其の人無くんば、当に唐山に去って請補して、法脈縄縄として断えざらしむべし、と。此の議甚だ当れり。惟だ後代の賢子孫、挙して之を行うに在り。則ち是れ法門重光の象なり。

一　本山常住の斎糧、十方の大衆禅林を守護して、国を祝し民に福する永遠香灯の需に供す合《べ》し。各庵院、概な私に分つことを許さず。

一　常住及び松堂に留鎮する法具・什物等、当に別に一簿を記して、以て逓代住持の交伝に便りすべし。失脱を致すこと勿れ。

一　本山の住持と各院の静主と、既に宗派を同うす。当に以て力を協せ心を一にして法を尊び、道を重んじて祖庭を賛翼し、逓代化風墜ちざらしむべきなり。諸山の法属山に入るに至りても、亦当に礼を以て相待すべし。儀を失するを得ること勿れ。

一　松堂は老僧が寿塔此に在り、即ち開山塔院為り。後、当に本山各庵院の子孫、輪流看守すべし。更に余の規約は倶に禅林師訓の中、及び両序須知に載す。文繁くして録せず。参え看て、力めて之を行う可し。

嘱々。

戒律遵守や寺院の運営方針などは、さらに『黄檗清規《しんぎ》』を制定し、後継者たちに引き継がれた。臨済宗や曹洞宗においても戒律の見直しが図られたのも、黄檗開宗がきっかけであった。さらに禅宗以外でも、この頃から戒律の見直しが盛んになった。中でも、激しい論争を呼び起こしたのが、天台宗における安楽騒動である。

天台宗は第三代輪王寺門跡の公弁法親王の時代、最澄以来の大乗戒（梵網戒単受）に対し、中国と同様の具足戒（四分律兼学）順守を主張する一派が現れた。客観的にみれば最澄の説いた大乗戒は特殊日本的なもので、中国でも東南アジア諸国でも、僧侶は具足戒を保つのが大前提であったのだが、ガラパゴス化した日本の伝統を墨守する勢力からは迫害をうけた。だが、国際標準を重んじる主張を認めた公弁によって、比叡山の安楽院を拠点とする集団が宗内の主流派となった。彼らの代表である霊空光謙は、戒律を重んじるとともに、玄旨帰命壇に代表される中古天台教学を批判し、中国天台の四明知礼にもとづく即心念仏の教えを説いた。第四代公寛、第五代公遵両法親王も、公弁と同様に霊空の立場に加担した。ここでは公遵法親王の指令によって、その様子を見ていきたい。

吾伝教大師、為㆓如乗使㆒始伝㆓斯宗於滄溟之外㆒、爾来綿綿至㆑今蒙㆑潤者皆大師之賜也。但当時権乗盛行而円宗為戢㆑耀、此宗学生小儀被㆑拘、馳㆓散城邑㆒山室空蕪、将㆑絶㆓円道㆒。故大師奮㆑力、只、以㆑簡㆓判権実㆒為㆓先務㆒、蓋時勢不㆑能㆑不㆑然也。其建㆓制於本山㆒也、勘㆓三寺文㆒建㆓一乗戒㆒、十重六八以為㆓大僧㆒。是謂初修業菩薩、所㆘以標㆓榜大乗㆒以対㆗斥六統小執㆖也。此是、大師自己作㆑古、徴㆓諸天台・荊渓㆒絶無㆓先蹤㆒。而俾㆔紀満者仮㆓受小戒㆒、則大師意非㆔永棄㆓小儀㆒明矣。

（「告安楽院輪住比丘」、仏全一二五・五一一頁上）

吾が伝教大師、如乗（来カ）の使いとして始めて斯の宗を滄溟の外に伝え、爾来綿綿として今に至り潤を蒙るは皆大師の賜なり。但し当時権乗盛に行われ而して円宗為に耀を戢め、此の宗の学生は小儀に拘わられ、城邑に馳せ散じ山室空蕪、将に円道絶えんとす。故に大師力を奮い、只、権実を簡判するを以て先務と為す、蓋し時勢然らざる能わざるなり。其の制を本山に建つるや、三寺の文を勘じ一乗の戒を建て、十重六八以て大僧と為す。是れ謂ゆる初修業の菩薩、大乗を標榜し以て六統小執を対斥する所以なり。此れは是れ、大師自己《みず》から古と作す、諸《こ》れを天台・荊渓に徴するに絶えて先蹤無し。而して紀満者をして小戒を仮受せしむ、則ち大師の意永く小儀を棄つるに非ざるは明らかなり。

ここでは最澄（伝教大師）の、大乗戒のみ受持することで一人前の僧侶と認めた主張について、それは時勢の中で天台円教を伝えるための方便である、仮に小戒（具足戒）を軽視する態度をとったが、本意でないのは明らかである、と解釈する。この解釈は、最澄の意図としては誤読である。しかし、宗内の抵抗を避け、伝統的な戒律観を国際標準に切り替えるためには必要であったのだろう。

黄檗に代表される中国仏教の流入は、王朝交代で混乱する大陸、平和を達成した日本という環境で可能になった側面があるかもしれない。結果として、戒律の復興や中国文化の流行などの現象がおこった。それは発達した出版文化や教学研鑽の進展をうけた、近世仏教の独自な到達点の一つであったと言えるだろう。

(三) 日常生活への浸透

戒律復興と連動し、近世仏教は人々の道徳性を向上させる役割を担うようになった。仏教伝来以降の日本仏教を批判的に見る動向の中で、大陸仏教が本来持っていた普遍的な規範が見直されていったのである。代表的なものとして、正法の時代(釈迦在世に近い頃)への原点回帰を「正法律の護持」という表現で主張した慈雲飲光(一七一八〜一八〇四)の活動や主張が挙げられる。

師云、人の人たる道は、此の十善に在るじゃ。人たる道を全くして賢聖の地位にも到るべく、高く仏果をも期すべきと云ふことじゃ。経の中に、此の道を失へば鳥獣にも異ならず、木頭にも異ならずと有るじゃ。阿含経・正法念処経・婆沙論・成実論等、大般若経・梵網経・瑜伽論・智度論等、諸の大小乗経論の通説じゃ。人たる道と云は諸の三蔵学者、文字の輩は浅きことに思ふべけれども、さうでない。華厳十地品中離垢地の法門には、此の十善が直に菩薩の戒波羅密の行じゃ。大日経方便学処品には、此の十善が直に真言行菩薩の学処じゃ。且く差別せば、十善を世間戒と云ひ、沙弥比丘戒等を出世間戒と云ひ、菩薩戒を在家出家の通戒と云ふ。若し要を取て言はゞ、世間戒も出世間戒も、声聞戒も菩薩戒も、此の十善戒を根本とするじゃ。初心なる者は、世間戒と聞ては少分なることゝ思ひ、声聞戒と聞ては尽さぬことゝ思ひ、菩薩戒と聞ては高く尊きと思ふ。それは名に著する迷と云ふものじゃ。此の十善戒は甚深なること、広大なることじゃ。

（『十善法語』、『慈雲尊者全集』一一、思文閣出版、一九七四再版、三〜四頁）

「十善」とは、殺生・偸盗・邪淫・妄語・両舌・悪口・綺語・貪欲・瞋恚・邪見という十の悪を行わないことを指す。いずれも出家・在家に関わらず守るべき内容であることから、特に俗人への布教に効果があった。分かり易く行い易い教えとして人々に親しまれたのである。慈雲は正法律（真言律）を説く一方で、真言僧としてサンスクリット語研究を行い『梵学津梁』一千巻を著したり、雲伝神道という独自の神道を説くなど、多方面で活躍したことで知られている。

人々の身近な生活を、仏教によって意義深いものにするという課題は、宗派を超えて近世仏教全体に見られた。浄土真宗の篤信者である「妙好人」は、念仏に専念するという教理に沿って、この世の生活を穏やかに過ごす信者像の典型であった。葬式仏教というのも、もともとは殺伐とした戦国時代が終わる時期に、死後の成仏を保証することで、現世の安心を得るための方策であった。それに関し、近世初期の日蓮宗において、心性院日遠（一五七二〜一六四二、身延山二十二世）が説いたと伝えられる記述を見ていきたい。

とふ《問》て云、臨終の心得は何とすべきや。
こたへ《答》て云、死期ちかしと知りたらば、もくよく《沐浴》をして、身をきよめ、新きる物をきるべし。是は、なればよし、ならでもくるしからざる事也。先本尊をかけ、油をともし、香をたき、しばしりん《鈴》をならさせて、心をしづめ、大勇猛の信心にて、だいもく《題目》をとなふべき也。是肝心の事也。つねに仏法を信じ、生をいとひ、死をねがふ人、世におほけれども、十人に九人は気もよはり、便りなく、今をかぎりの事なれば、おのづから物ごとに名残おしく、死の字をきらふ也。かんびやう《看病》人すすむれども、事くどきとてかほ《顔》をふれば、親類どもは、気がよはらんとて、すゝむる事をとゞむるゆへ、おのづから菩提心うすくなり、輪廻の妄執つよくなり、むなしくおはりぬるこそ、ほい《本意》なけれ。だいもくとなへて気がよはり、一日二日はやく死したらば本意也と思ひきりて、まへかど《前廉》よりすゝむべき也。自身も、ちかくなりたらば、是非ともとな《唱》へんと思ひぬれど、断末魔のくるしみにさへられて、わするゝ物也。とかくわきよりすゝむるが肝要也。（中略）病苦死苦にせめられて、だいもくをわするゝを、わきよりすゝめぬれば、だいもくをとなへ仏果をとりすます也。されば死期は、思ひかけぬに俄に来る物なれば、在家の人は、下わらは《童》、下女、となりの人にも、事急ならばだいもくをすゝめてたべと、つね〲たのみおくべき也。誰によらず、すゝむる人こそ臨終の知識なれ。

（『千代見草』、『近世仏教の思想』〈日本思想大系五七〉岩波書店、一九七三、四二〇〜四二一頁）

中世に葬送に関わったのは主に禅宗と律宗であり、天台・真言などの伝統的宗派を中心に、死穢を避ける傾向が強かった。だが近世には、寺と檀家の関係が強められたため、各宗派とも葬礼や年忌などの行事を通じ、民衆生活と接点を持つようになっていった。本書は日蓮宗においても、題目「南無妙法蓮華経」を唱え逝去の時を迎えるよう、僧侶が導くようになったことを示している。

仏教が一部の上層階級にとどまらず、日本人全般の日常に密着したのが、近世仏教の特色と考えられる。人々の生と死が仏教を通じて営まれるようになったのは、まさに近世の出来事であった。

（四）活発な教学論争

宗派ごとに編成された近世仏教では、教学も基本的に宗派内で管理され、中世のような宗派を超えた交流は減少した。各宗派の内部に学僧の育成機関（檀林など）が設けられ、教学の監督を担当する担当者（学頭など）が置かれた。出版文化の隆盛を背景に、中世の口伝法門が廃れ、公式の経典や註釈書を作成する努力が続けられた。従来の正統的教学と、公開されたテクストの内容が比較対照され、場合によっては従来説に批判や異論が唱えられ、新たな正統教学が生み出された（安楽律など）。体制と基盤が整備された結果、より精緻な議論が可能となり、教学論争の活発化が見られた。ここではまず、鳳潭《ほうたん》（一六五九？～一七三八）と普寂（一七〇七～一七八一）の華厳教学の論争を取り上げる[7]。先に、約五十歳年長の鳳潭の主張を見ておきたい。

清涼・圭山盛謂、総統㆓万有㆒、即是一心。理随㆑事変、一多縁起之無辺。事得㆑理融、千差渉入而無礙。嗚呼、二師未㆔曾信㆓知無明性悪法門㆒。故心為㆓能造㆒、生仏属㆑事、永失㆓無差之義㆒。縦言㆑似㆑円、義意実偏。不㆑可㆓相乱㆒。

（『華厳五教章匡真鈔』巻七、大正七三・四八九頁下）

清涼・圭山盛んに謂く、総じて万有を統《す》ぶるは、即ち是れ一心なり。理は事に随いて変じ、一多縁起して無辺なり。事は理を得て融じ、千差渉入して無礙なり、と。嗚呼、二師未だ曾て無明性悪の法門を信知せず。故に心を能造と為し、生仏事に属し、永く無差の義を失う。縦い円に似たりと言うも、義意は実に偏す。相乱す可からず。

華厳宗では伝統的に、祖師の系譜を「杜順―智儼―法蔵―澄観―宗密」と称してきた。鳳潭は、それに異議を投げかける。初祖（杜順）から三祖（法蔵）の正統性を認める一方、澄観（清涼）―宗密（圭山）を異端とするのだが、その理由として挙げられるのが禅宗の影響である。一般に、澄観―宗密は「一心」を重視し、「一心」の展開によって世界を説明する傾向が強いといわれる。ここでも「心を能造と為」などの表現に、それが窺える。一方鳳潭自身は「無明性悪の法門」を主張しているように、逆に現象世界の側に重点を置く世界観に立っていた。

実は、現象を離れ世界の本質を究める方向性と、現象世界に即して本質を把握しようとする方向性は、仏教教学史の中の二大潮流であった。伝統的に、華厳（性起）はおおむね前者、天台（性具）は後者の傾向が強い。禅を批判するあまり天台への傾斜を強めたように見える鳳潭に対し、本来の華厳教学とは異なると批判したのが、普寂であった。

吾邦近世有二一講主一。広学洽聞、且荷レ法為レ懐任持勤矣。蓋緇門之豪傑也。自宗二華厳一、鈔二釈斯章一。将下糾二涼・密已下之紕繆一、興中復儼・蔵二祖之正宗於千載之後上焉。其所レ志者最善矣。惜乎其所レ言、鑑二諸二祖一、其異也猶、如二水火一、其遠也似レ如二天淵一。然其説会二稡禅教一、総二緝顕密一、引二百家一修飾、仮二衆美一潤色。

（『華厳五教章衍秘章』巻一、同前・六二六頁中下）

吾が邦の近世に一講主有り。広く学び洽《あまね》く聞き、且く法を荷うを懐と為し任持して勤む。蓋し緇門の豪傑なり。自ら華厳を宗として、斯の章を鈔釈す。将に涼・密已下の紕繆を糾し、儼・蔵二祖の正宗を千載の後に興復せんとす。其の志す所は最も善し。惜しいかな其の言う所、諸れを二祖に鑑みれば、其の異なるや猶、水火の如く、其の遠きや天と淵の如きに似たり。然るに其の説禅教を会稡し、顕密を総緝し、百家を引きて修飾し、衆美を仮りて潤色す。

ここで挙げられる「一講主」が鳳潭を指すといわれる。普寂は鳳潭について、華厳を復興しようとする志は認めながらも、実際は法蔵らの正統説を逸脱していると非難する。具体的には鳳潭の、天台への接近に見られるように、煩悩と菩提心を連続的に把握する傾向などが問題視された。普寂は、煩悩即菩提のような立場をとらず、修行や戒律遵守といった上座部的要素を重視した学僧であり、鳳潭批判にもその方向性が認められる。

仏教はインドで始まった当初から、議論や問答によって発展してきた歴史を持つ。しかし日本では、とりわけ江戸時代になって、僧侶が軍事を禁じられ世俗とも一線を画し、学問が本業とされたため、檀林などの機関が発達し学僧養成が盛んになった。また平和な時代で出版業も盛んになったことから、研究活動の基盤が整備された。他の時代にも増して論争が起こったのには、そうした背景が存在した。中でも代表的なものとして、真宗における三業惑乱が知られている。

三業惑乱は、一八〇〇年前後に本願寺派（西本願寺を頂点とする教団）内部でおこった教学論争で、阿弥陀如来に対し信者の側で救いを求めることの可否が問われた。本来の真宗教義では、阿弥陀如来の救いは人間側の自力を超えたものであり、信者の主体性を過剰に強調することは異端説に近づく。しかし、極端な主体性の軽視は別の異端説となる微妙な面もあり、多くの信者を巻き込んだ論争は、ついには世俗権力によって裁定される結末を生んだ。ここではその発端となった著作によって、三業（心・口・意）を用いた阿弥陀如来への帰命（全身全霊で傾倒することなど）を説く様子を見ておきたい。

五帖ノ御消息ニ、阿弥陀如来ニ向ヒタテマツリ「後生タスケタマヘトタノミ申」ト、又「カカル機マテモ、タスケタマヘルホトケハ阿弥陀如来ハカリナリトシリテ、何ノヤウモナク、ヒトスシニ、コノ阿弥陀如来ノ御袖ニ、ヒシトスカリマイラスルオモヒヲナシテ、後生ヲタスケタマヘトタノミ申セハ、コノ阿弥陀如来ハ、フカクヨロ

コヒマシマシテ」等ト。然ハ善知識ノ教ニマカセ、身業、仏ニ向ヒ合掌敬礼シテ、口業ニ、阿弥陀如来ワカ一大事ノ後生タスケタマヘと白シ、心ニ念スルコト口業ノ如ク、カカル出離ノ縁ナキモノヲ、タスケタマヘト一心ニ帰命スルトキ、御タスケ一定ト信シテ疑ナキヲコソ、今ノ帰命ノスカタトハイフヘシ。然トモ、サマサマノ縁ニヘタテラルルコトアリテ、身業礼敬ノカナハヌ人モアルヘシ。口業ノ発語ニ及ハレヌモアルヘシ。独リ自ラ、タノム人モアルヘシ。師僧父母同行ノ授ニヨルモアルヘシ。或ハ仏閣道場、或ハ病床山野ニテ、タノムモアルヘシ。ソノ時処諸縁ニカカハルコトハ、ナキナリ。サレトモ何ノ障縁モナカランモノハ、必必仏前ニムカヒ、三業ヲ表スヘキコトナリ。

（『願生帰命弁』初刻本、『仏教文化研究所紀要』〈龍谷大学仏教文化研究所〉四九、二〇一〇、一二一頁）

蓮如の御文（＝五帖の御消息）に見える「後生助けたまえ」（極楽に迎えて下さい）という言葉をめぐり、著者の功存（一七二〇〜一七九六）が説いたのは「三業を表すべき」という主張であった。信心の主体性をめぐる論争の始点として、きちんと確認しておきたい。

近世は各宗派で教学研鑽体制が整備された。日本史上もっとも広く、熱心に仏教が研究された時代と言っても過言ではないかもしれない。その時代の論争を、仏教教学史の上に位置付ける作業についても、多くが今後の課題として残されている。

（五）排仏論と護法論

仏教教団が檀家制度によって保護されたためか、江戸時代は僧侶に対する批判も多く存在した。早い時期は儒学者たちにより、現実社会と距離を置く仏教の理念が攻撃された。近世中期以降は、経世家たちが主に仏教教団の非生産性などを批判し、国学者たちは外来の宗教である点への違和感を表明した。また、西洋科学が流入すると、仏教の非科学性（死後の世界や須弥山説など）を否定する声も高まった。

こうした仏教批判（＝排仏論）に対し、仏教側からの反論も多く出された（＝護法論）。実は、仏教に対する批判と擁護の議論は、すでに中国・朝鮮でも蓄積があり、日本の学者がその知識を利用することも珍しくなかった。排仏論に対する多くの反批判の中から、ここでは須弥山説批判への対応を取り上げる。

仏教では古くから、世界の中心に須弥山という高い独自の形をした山があり、その周囲を太陽と月が回ることで日の出と日没、季節の推移などが生じるという世界観が説かれていた。しかし、西洋由来の地動説や地球球体説が流入すると、学僧たちは多くの批判にさらされた。ところで、実は地球説をいち早く取り入れたのも仏教者であり、中でも両部神道を奉じる人々には独自の受容が見られた。ここでは源慶安（一六四八〜一七二九）が享保四年（一七一九）に刊行した著作に目を向けよう。

又問、爾ハ須弥山無実トスルヤ。

答云、迷故三界城、悟故十方空。迷フ前ニハ有ハ無ニ変シ、無ハ有ニ変ス。世界ノ有無定ムベカラス、客僧此ノ理ヲ以テ仏智ヲ覚ヘシ。事相ノ前ニハ須弥ナシ、理ノ前ニハ有無無差別也。ナキ処ニ須弥ヲ立テ、愚痴引導ノ便リトス、是此ノ意也。此ノ自在ノ教化ハ導師ノ得也。

又問、此ノ界ノ事相ノ前ニハ須弥ナキニ決定スルコト心得カタシ。

答云、愚ニ対シテハ教化ニ益ナシ。今客僧ノ為ニ是ヲ語ン。素月ハ水ニシテ光ナシ、日ノ光ヲ受テ以テ照ル。日月地球ハ三玉ニシテ、地球ハ中ニ在リ、円ニシテ不レ動。日ハ毎日東ヨリ西ニ転シ、夜ハ地球ノ下ヲ西ヨリ東ニ運ル。月ハ天ノ度三百六十五度四分度ノ一ノ内、十二度十九分度ノ七、日ニ後ルヲ以テ、十五日ニ日月相対シ満月トナル。地球ヲ中ニ挟ト雖、地球円ユヘニ日月ノ道筋南北上下ニハヅレテ月蝕アルコト、運々テ日月地球貫ガ如シ。一文字ニ並ヒ合タル十五日、地球ニ碍ラレ日ノ光リ月ニ移ラス、月暗ク或ハ欠、是ヲ月蝕ト云フ。算法ヲ以テ何分何厘ノ欠マテ知ルコト也。須弥ヲ立テ日月山ノ腰ヲ行ルトキハ、南北上下ニハツル、コトナキ故ニ、日月相対スル十五日毎ニ、須弥日ノ影ヲ隔テ月ニウツラス、毎月ノ十五日ニ月蝕ナクニ叶ス。何マテモナシ。先キニ申サル、仏経ノ諸書ヲ以、日月ノ蝕ヲ立テ見玉ヘ、可レ立ヤウナシ。須弥等種種無レ之証拠ナリ。儒ハ今月ヨリ百歳ノ末、蝕スル日刻ヲ知ル。天文ハ儒ヲ勝トシ、仏ハ方便ユヘニ劣トス。釈教ノ天文地理ハ愚昧ヲ手短ニ教化スル責道具ノ一也。方便仮門ナリ。両部神道ノ言、寓言ナシ。両部ニ拠スンハ釈迦広大ノ神智自在ヲ知ルコト能スト云ハ、勢ヒ猛ニ来シ客僧舌ヲ巻テ去ル。(『両部神道口決鈔』巻六、『真言神道』下、一九九三、八二一〜八二二頁)

ここで展開される議論は、仏僧である了意(仮名草子作者として知られる浅井了意と同一人物とされる)の主張であるが、著者もその説を認めている。その内容は完全な地球説であり、さらに「天文は儒を勝とし、仏は方便故に劣とす」と記す。儒学者たちの説が正しく、仏教者の須弥山説は「愚昧を手短に教化する」ための「方便」と言い切っている。

慶安の説を批判する立場で、鳳潭『両部神道口決心鏡録』や円通『仏国暦象編』などの仏教者の著作が書かれ、地球説が批判された。そのように、仏教側であっても、須弥山説に対する立場はさまざまであったことが確認できるのである。

また、儒者や国学者からの排仏論に対し、仏教側の反論にしばしば見られたのが三教一致説である。これは、儒教・仏教・神道という三つの教えは全て一体であり、場面によって使い分けるのみであるという説であるが、当然、もっとも本質的な教えは仏教であると主張する。そうした立場の代表的な著書としては、近世中期に擬作された『大成経』（先代旧事本紀大成経）が有名である。

『大成経』全七十二巻の成立過程は謎も多いが、おおむね十七世紀前期、伊勢神宮別宮（伊雑宮《いざわ》）神官の擬作した内容が、長野采女や潮音道海の関与を経て成立し広まったと考えられている。その最大の特徴は、日本最古の記録と当時信じられていた『旧事本紀』の一部であるかのように作成され、聖徳太子の秘伝として宣伝された点である。現在残された同書の序文は二つあり、第一の序文は推古天皇、第二の序文（「大経序伝」）は、秦河勝（聖徳太子の側近）に仮託されている。

天皇御宇四海豊平、乗レ徳吾大道起発、異方道教来興。如レ今也吾国得レ時、天賜二大王一、八洲内外飽二足恩沢一。世悉道、日神再窟出。遂録二旧事本紀一、而大立二吾大道之元根一、再還二神代霊誠一。先レ是、且集二神記一以為レ編、而書レ之以二新訓之秦字一、自製レ疏以為レ経、而始道二黎民一、是謂二神教経一。並編二宗源・斎元・霊宗一、共製レ疏称二宗徳経一。又、諸秦字、倭訓之文也。比用導二民庶一、兼弘二儒釈之経一、佐二吾道一、而為二皇政之護一。以合為二三法一而始立二学処一教レ之、普設二学者之拠一也。

（『大成経』秦河勝序、『先代旧事本紀大成経』一、一九九九、一二頁）

天皇の御宇四海豊平、徳に乗じ吾が大道起発し、異方の道教来興す。今の如きは吾が国時を得、天に大王を賜り、八洲の内外恩沢に飽足たり。世悉く道《い》う、日神再び窟を出ず、と。遂に旧事本紀を録し、大いに吾が大道の元根を立て、再び神代の霊なる誠に還したまう。是れより先、且は神記を集め以て編を為し、之を書くに新訓の秦字を以てし、自ら疏を製し以て経と為し、始めて黎民を道びきたまい、是れを神教経と謂う。並びに宗源・斎元・霊宗を編み、共に疏を製して宗徳経と称す。又、諸れ秦の字、倭訓の文なり。比べ用いて民庶を導き、兼ねて儒と釈の経を弘め、吾が道を佐け、而れども皇政の護と為す。以て合わせて三の法と為し、始めて学ぶ処を立て之を教え、普く学者の拠を設くる也。

河勝は、推古天皇の治世を言祝ぐに当たり日本の「大道」の顕然としたさま、異国の「道の法」も頻繁に来朝する事態、を挙げる。諸国の道の根源である「神記」(『大成経』のうち聖徳太子生前完成部分)を敷延するため作られたのが、『神教経』『宗徳経』の二経であり、またそうした営みの中「儒と釈の経を弘め、吾が道を佐け」しかも「皇政の護と」することも行われたという。ここには日本の神道が、儒教や仏教と深く通底することが主張されている。こうした論法によっても、仏教者たちは排仏論に対抗した。江戸時代が必ずしも「儒教の時代」と単純化し得ないとの研究成果が集積されつつある昨今、従来ともすれば扱われることの乏しかった仏教や神仏習合神道の主張について、改めて注目してみては如何だろうか。

三 民俗の海――まとめにかえて

従来の近世仏教は、しばしば檀林に集った学僧や出版された書物に注目し、呪術を否定し開かれた学問体系として再構築される方向性(あるいはそこから脱落し堕落する方向性)で語られがちであったように思われる。だが実際には、そうした「物語」は多分に近世仏教を、近代仏教への助走として把握する中で作られた面があった。平等・普遍・個人といった価値を前面に押し出し、文明開化後の西洋文明の波に対抗し生き残りをかけていった近代仏教が、自らの都合にあわせて作り上げた「伝統」という面も少なくないのである。現実の近世仏教は、なお呪術性が根強く残っており、階層や地域に即した儀礼によって、地域共同体維持の中核を占めることで機能していたと思われる（祖先祭祀や現世利益祈禱など）。本章は近世仏教のそうした側面を補うため、二つの例を示しておきたい。

顕誉祐天《けんよゆうてん》（一六三七～一七一八）といえば、近世最高の寺格を誇る増上寺（徳川将軍家の菩提寺）の住職となった浄土宗の僧侶であるが、もっとも知られているのは最晩年の高僧の姿ではなく、「悪霊祓い師」としての評判であった。寛文十二年（一六七二）に下総国羽生村（現在の茨城県常総市）で起きた事件において、念仏の力で悪霊を鎮めた祐天の法力は、書物によって広く知られるに至った。

さて和尚問たまわく、しからバわれ本願の威力を頼ミ汝を助けに来たりつゝ、いろいろに問ふ時、何とてものをいわさるや、と。助答へていわく、たすからふと思ふたれば、余りうれしさのまゝに、何とも物が申されぬを、むたひに引つめ給ひし、とあれば、其時和尚もふかく《不覚》になみだ《涙》をなが《流》したまへば、名主年寄を始として、遠くも近くもミな一同に声をあげ、なげき渡りしそのひゞき、天地もさらに感動し、草木までも哀嘆すとぞ見へにけり。

（『死霊解脱物語』、『祐天寺史資料集』三、大東出版社、二〇〇六、四二七頁）

とりついた霊によって、百姓金五郎の十四歳の妻（菊）は七転八倒の苦しみに襲われる。祐天は死霊と対面し、菊の父の与右衛門による妻（累《かさね》）殺し、さらには累の母による連れ子（助）殺しを語らせ、まず累、次いで引用箇所のように助を成仏させた。彼の法力が評判となり、大奥の女性たちの帰依を得て出世を果たしたことは、当時の社会でタタリや祈禱が百姓から将軍近辺まで信じられていたことを示している。

非合理的な信仰は、近世を通じて深く人々の心に組み込まれていた。極楽往生と並び、遠い将来の弥勒菩薩の出現（弥勒下生）を待つという願いが、近世にも広く存在した。その信仰が生み出した宗教現象の一つが、近世後期以降の東北地方を中心に広がりを見せた即身仏である。著名な割に、近世成立の資料はごく少なく、実証的な研究を困難にしている。[8] 僅かな同時代資料の一つとして、次に菅江真澄《すがえますみ》（一七五四〜一八二九）の記録を挙げる。

あるじのもの語を聞ば、この里の開口寺、又岩本といふ村のみてら、此ふたところに、越後の国野積の山寺にて、「墨絵にかきし松風の音」とよみ給ひてけるにひとしき、いきぼさち《（生菩薩）》もおはしませりと聞えたり。こはみな、木の葉、草の実をくひものとしてをはりをとりて、なきがらのみ世にとゞめたる也けり。しかはあれど、弘智大とこ《（徳）》には、をよばざりき。

（『あきたのかりね』天明四年九月十九日、『菅江真澄全集』一、未来社、一九七一、一九五頁）

真澄は鶴岡の宿での伝聞をもとに、湯殿山系の即身仏である忠海（酒田・海向寺）および本明海（鶴岡・東岩本）の両尊を、弘智（越後・寺泊）には及ばないと明言する。当時の世評を反映したものであろう。庄内地方（酒田・鶴岡など）における即身仏の、他地域を圧倒する評判は、その後の社会変動を受けた展開の結果であると考えられている。

近世後期の東北地方は、財政危機に直面した領主層からの重税のもとで、気候不順による飢饉が頻発した時期であった。人々の救済を願い、庄内地方を中心に何名もの行者が即身仏になったと伝えられるが、一方で異論も出されている。飢饉の状況下は、種々のサポートを必要とする即身仏を抑制したというもので、同時代社会の実態を踏まえた宗教研究の必要性を感じさせられる。

仏教研究は、学僧の事跡や著作に重点を置いて行われがちである。しかしそれらは、たとえて言うなら、人々の生活という海に浮かぶ、島のようなものではないだろうか。島々の調査を試みるにあたっても、海面下の世界――民俗の海――に留意しながら進めてみては如何だろうか。

註

（1）諸本については、朴澤直秀『近世仏教の制度と情報』（吉川弘文館、二〇一五）三三七〜三三九頁を参照。
（2）諸本については、三浦雅彦『鈴木正三研究序説』（花書院、二〇一三）七七〜七九頁参照。
（3）諸本については、佐藤錬太郎「沢庵宗彭『不動智神妙録』古写本三種・『太阿記』古写本一種」（『北海道大学文学研究科紀要』一〇三、二〇〇一）参照。
（4）知名定寛「近世琉球仏教の二宗体制について」（島村幸一編『琉球』勉誠出版、二〇一四）参照。
（5）詳しくは曽根原理「徳川家康年忌行事にあらわれた神国意識」（『日本史研究』五一〇、二〇〇五）参照。
（6）詳しくは曽根原理「徳川家康の年忌儀礼と近世社会」（『季刊日本思想史』七八、二〇一一）参照。
（7）以下、末木文美士「華厳思想セクション近世仏教の思想」（GBS実行委員会編『近世の奈良・東大寺』東大寺、二〇〇六）に拠る。
（8）岩鼻通明『出羽三山信仰の圏構造』（岩田書院、二〇〇三）一八七頁参照。その後発見された近世期資料として、町野家文書『記録帳』がある（内藤正敏『日本のミイラ信仰』、法藏館、一九九九参照）。

（参考文献）
圭室文雄『葬式と檀家』〈歴史文化ライブラリー70〉、吉川弘文館、一九九九
大桑　斉『日本仏教の近世』法藏館、二〇〇三
末木文美士ほか編『民衆仏教の定着』〈新アジア仏教史13〉、佼成出版社、二〇一〇

第八章　近代における仏教の変容と学知

林　淳

一　神仏判然令と廃仏毀釈

慶応四年（一八六八）に成立した明治政府は、神祇官復興、神仏判然令、大教宣布の詔などをつぎつぎ発布し、神道国教化に向けての政策をすすめた。しかし政府が何よりも断行したかったのは、神道国教化よりも、江戸幕府が築いた封建的な制度の廃止にあった。さまざまな社会制度の中心にあったのは身分制度であり、この制度が、江戸幕府の支配体制の基盤にあった。宗教者の身分廃止も、明治政府が断行した身分制度解体の一環であったことは言うまでもない。たとえば陰陽師廃止、穢多・非人の称の廃止、六十六部・虚無僧の廃止、神事舞太夫、乞胸の廃止、修験道廃止、神子・市子の廃止などが矢つぎ早に発令された。近世社会において身分集団を形成し、活動を継続してきた民間の宗教者は、これらの一連の法令が施行されて消滅の危機に追いこまれた。それだけではなかった。政府は、明治四年（一八七一）に上知令を出して、寺社による寺社領の所有を否定した。寺社は、領地を政府に差し出さねばならなかった。

政府が行った宗教政策の第一歩が、神仏判然令であったことはよく知られている。この法令が出る二週間前には、天下の神社は神祇官に付属することの法令が出され、同時に近世以来の吉田家、白川家などの諸家執奏が停止された。そこには神武創業の始まりに復古するとあるので、神社も仏教伝来以前の本来のありかたに戻されなくてはならないと考えられた。つぎに慶応四年（一八六八）三月二十八日太政官から出された神仏判然令の二条の本文を読んでみよう。

一中古以来某権現或ハ牛頭天王之類其外仏語ヲ以神号ニ相称候神社不少候、何レモ其神社之由緒委細ニ書付、早々可申出候事

但勅祭之神社　御宸翰　勅願等有之候向ハ是又可伺出、其上ニテ御沙汰可有之候、其余之社ハ裁判鎮台領主支配頭等へ可申出候事

一仏像ヲ以神体ト致候神社ハ以来相改可申候事

附本地抔ト唱へ仏像ヲ社前ニ掛或ハ鰐口梵鐘仏具等之類差置候分ハ早々取除キ可申事

右之通被　仰出候事（太政官布告第一九六号、『改訂増補日本宗教制度史〈近代篇〉』、東宣出版、一九七一、三四一頁）

第一条では、神号に権現・牛頭天王などの仏教色のある語彙を使う場合に由緒を報告するようにとあり、第二条では、仏像を神体にしている場合があれば、改めるようにと命じている。神社の神号、神体に仏教的な要素が含まれていれば、除去せよという趣旨である。この法令が、あとから「神仏分離令」とも称されるが、注意が必要である。本文には「分離」という言葉は使われていない。同年の四月十日には太政官より、社人の粗暴な振舞いが非難されており、閏四月四日に太政官より、神社につとめてきた別当、社僧は還俗して神職になるか、僧侶であり続けたい場合には神職を離れるべきだと指令している。政府は、僧侶の存在そのものを消滅させようとはしていない。そうではなく神社の場から仏教色を排斥しようとしている。神仏判然令というが、神社に政策の焦点が置かれており、仏教色を脱することによって、神社が本来の神社の姿に戻ることが意図されている。反対に寺院から神道色をなくして、寺院がますます純粋な寺院になるという意図はないのである。神仏判然令と言われるが、判然となるのは、神社という場の

みである。政府の神祇官になった平田派の国学者がいて、彼らの力によって神仏判然令が公布された[1]。しかし国学者が構想した神道国教化の政策は、時がたつとともに後退し、文明開化をめざす現実的な路線にとってかわられた。

神仏判然令は、政府の初期の意図をこえて各地に混乱と破壊を引き起こした。廃仏毀釈とよばれる事件が起ったが、それ以前から、たとえば薩摩藩、水戸藩では廃仏が断行されていた。比叡山の日吉権現神改めでは、社司が仏像などを破壊して一山の騒動となった。『新編明治維新神仏分離史料』第一巻には、「北国より出たる檄文」という興味深い史料が掲載されている。それは、薩長の新政府は天子を掠め取って、徳川家を滅ぼし、天下を奪い取った仏敵である。薩長の政治家は、もともと仏教の信仰をもたず、実は外国人よりキリシタン邪法を受けており、キリシタン宗門を日本に広めようとしている。だから浄土真宗の門徒は、薩長の新政府と戦う時が来たと、檄文は宣言する。仏敵を見つけたならば、捕えるべきであり、万一に仏敵との戦いにおいて命を失おうとも浄土引接は確実だと煽っている。

大洲鉄然（一八三四〜一九〇二）、島地黙雷（一八三八〜一九一一）、赤松連城（一八四一〜一九一九）に見られる浄土真宗本願寺派の僧侶と長州の討幕派との緊密なつながりは、これまでも論じられてきたが、地域によっては新政府との徹底抗戦を考えていた浄土真宗の僧侶もいたようであった。政府は、このような動きを放置することなく、一八六八年六月二十二日に浄土真宗本山に対して太政官符を出している。

> 先般神祇官御再興神仏判然之御処分被為在候ハ、専孝敬ヲ在天　祖宗ニツケサセセラルヽ為ニテ、今更宗門ヲ褒貶セラルヽニアラス、然ルニ賊徒訛言ヲ以テ　朝廷排仏毀釈コレツトムナト申触シ、下民ヲ煽惑動揺セシムル由、素ヨリ彼等斯好生至仁億兆一般之　叡慮ヲ奉戴セサルノミナラス則宗門ノ法敵トモ謂ツヘシ
>
> （御沙汰第五〇四、『改訂増補日本宗教制度史〈近代篇〉』三四六〜三四七頁）

政府は、神仏判然令は廃仏毀釈ではないこと、仏教宗門を褒貶するものではないことを明言し、事態の鎮静につとめ、その旨を門徒へ教化するように浄土真宗の本山に命じている。政策意図は廃仏にあるわけではないにもかかわらず、誤解が広がっていて、とりわけ浄土真宗の一部の僧侶と門徒が、誤解に煽動されて反政府の行動に走る危険があるという懸念が、政府にはあったことがわかる。政府と浄土真宗との間では、立場や利害の違いがあったが、政府に廃仏毀釈の意図はないという了解は、相互に形成された。浄土真宗の一部の僧侶と門徒は、「政府は廃仏毀釈の意図を持ち、仏教絶滅をねらっている」と疑念を抱いた。政府は、そのような誤解を解こうと、「神仏判然令に廃仏毀釈の意図はない」と弁明し、浄土真宗の本山に指示したのであった。浄土真宗の本山は、「政府は廃仏毀釈の意図をもっていない」という政府側の弁明を長く記憶していた。真宗大谷派の門主、大谷光沢（一七九八～一八七一）は、寺院の統廃合が行われている地方があることを耳にして、政府に対して「このままだと政府が廃仏毀釈の意図を持っているという疑惑が出てくる。大変なことが起きる」と懸念し、そのようなことがないように明治二年（一八六九）四月に政府に建言している。

且方今、遠郷返陬ニ於テ、廃院合寺之御処分モ被レ為レ在候哉之趣、右ニ付テハ頑固之徒、又　復二朝庭（廷）廃仏毀尺之御処置一モ被レ為レ在候哉ト疑惑仕者モ不レ少候由、斯疑惑之余、遂ニ　国家之妨碍ヲ奉レ醸候様立至リ候而ハ、実ニ恐歎之事ニ御座候、右等之情察乍レ恐御照察被レ為レ遊、仰願クハ、前件申上候平時忠孝節義ヲ励シ、緩急之節ハ、殉国之精忠ヲ抽候様、今一際一同江説諭仕度奉レ存候

（「江東雑筆」第三、『京都府百年の歴史』、京都府、一九七二、五二頁）

方今、遠郷返陬に於いて、廃院合寺の御処分も在りなされ候哉の趣、右に付いては頑固之徒、又、朝廷廃仏毀尺の御処置復するも在りなされ候哉と疑惑仕る者も少なからず候由、斯く疑惑の余、遂に国家の妨碍を醸し奉り候様、立至り候ては、実に恐歎の事に御座候、右等の情を察し、恐れながら御照察遊ばしなされ、仰ぎ願くは、前件申し上げ候平時忠孝節義を励し、緩急の節は殉国の精忠を抽し候様、今一際一同へ説諭仕りたく存じ奉り候

仏教にかかわる行政の管轄は、地方官に委ねられていたが、地方官によって様々な対応があった。江戸時代から寺院には広大な寺領があるため、地域社会の経済の疲弊を招いたという見解が地方の行政担当者にはあった。神仏判然令を契機に、地方の行政担当者は寺院の廃止や統廃合を実行した。水戸藩、薩摩藩では、幕末に廃仏が行なわれていた。明治五年（一八七二）に政府が、教部省を設置したことの背景には、地方官に任せたことで生じたリスクと政策の不統一、そこから生じた仏教宗派側からの反発が無視できなくなったからであった。教部省設置によって中央官庁が、宗教政策を管轄するようになった。それ以降、内務省、文部省と所轄官庁は変化したが、宗教政策は中央官庁の職務となった。

廃仏が激しく行われた地域の一つに苗木藩（岐阜県中津川市）があった。知事である遠山友禄（一八一九～一八九四）が、藩の士族、卒族、庶民にいたるまで神葬祭になることを弁官に願い出ている。神葬祭実施を聞いた浄土真宗の門徒が寺院に嘆願し、寺院が本山に訴え、本山が京都の留守官である中御門経之に願い出た。苗木藩の廃仏は、知事によって実行されて一際目立ったものであった。つぎのように描かれている。

無二余儀一翌廿一日両家仏壇共、庭先へ引出シ、勿体ナクモ御本尊ヲ始メ、御脇懸ト都合六幅、庭前泥上ニテ、一々土足ニ掛ケ、火中へ投込ミ、尚夫ヨリ仏壇へ火ヲ掛ケ、終ニ焼払被レ申候。則知事公始役々之面々、階上ニテ都テ差図見分イタシ被レ居候。誠ニ可二申上一様モ無レ之、理不尽之振舞、言語ニ絶候次第ニ御座候。則其節、組頭市蔵妻哭泣難レ堪、狂乱ノ如クニ相成、御本尊ト共ニ焼死セント、火辺ニ立寄候得共、右ニテハ知事公へ有レ恐

ト、居合候者共抱止メ申候由ニ御座候

（「門末ヨリ差出候書面写」、『日本近代思想大系5　宗教と国家』、岩波書店、一九八八、一二三頁）

余儀無く翌廿一日両家仏壇共、庭先へ引出し、勿体なくも御本尊を始め、御脇懸と都合六幅、庭前泥上にて、一々土足に掛け、火中へ投げ込み、尚夫れより仏壇へ火を掛け、終に焼き払い申され候。則ち知事公始め役々の面々、階上にて都て差図見分いたし居られ候。誠に申し上げる可き様も之無く、理不尽の振舞、言語に絶し候次第に御座候。則ち其節、組頭市蔵妻、哭泣し堪え難く、狂乱の如くに相成り、御本尊と共に焼死せんと、火辺に立ち寄り候得共、右にては知事公へ恐れ有りと、居り合い候者共、抱止め申し候由に御座候

知事が命令して庭先に仏壇を集めて、知事が見ている前で焼却せんとした。浄土真宗の熱心な門徒であった市蔵の妻は、本尊が焼かれるのを見て、衝撃を受けて狂乱し、本尊とともに焼死しようとした。本山は、政府から東本願寺に来た「政府には廃仏毀釈の意図はない」という通達の写しを添えて、このようなことがないように進言した。「廃仏毀釈」は、浄土真宗側からの地方官の廃仏への抵抗をともなった言葉であった。「廃仏毀釈」という語彙は使われているが、きわめて限定された場面でしか使われていなかった。政府は「廃仏毀釈」の意図はないことを明言し、浄土真宗とのやりとりの間でも合意が形成されていた。「毀釈」「棄釈」は、釈迦を「毀つ」「棄てる」を意味し、取りようによっては過激なニュアンスがある。神職、国学者、あるいは還俗した僧侶が進んで行った廃仏の行為が、浄土真宗の一部僧侶や門徒にとって「毀釈」そのものであった。

つぎに用語の問題を考えてみよう。「神仏判然」がいつの間にか「神仏分離」と呼ばれ、「神仏混淆」が「神仏習合」と呼ばれるようになった。なぜこのような用語の変化が起こったのであろうか。従来、この問題を突きつめて解明しようとした研究はなかったと言わざるをえない。

一九一〇年頃から日本仏教史の研究者のなかから「神仏判然令、廃仏毀釈は日本の美風を破壊するものであった」「日本の美風は、仏教も神道も共存し調和してきた点にある」という認識が広がり出した。『明治維新神仏分離史料』を編纂した村上専精（一八五一～一九二九）、鷲尾順敬（一八六八～一九四一）、辻善之助（一八七七～一九五五）は、そのことを前面に押し出した。神仏の「混淆」という否定的なニュアンスをもつ言葉は、巧みに避けられて、神仏「習合」という言い方が用いられた。「神仏判然令」という言い方も改められて、「神仏分離令」と呼称された。神仏判然令を公布した国学者は、神仏混淆が逸脱であって、神社の本来の姿に戻すため「判然」を実行しようとした。それに対して村上たちは、神仏判然令以前の神仏習合こそが日本宗教史の自然な姿であって、それを破壊した神仏分離令と廃仏毀釈こそが日本の美風を破壊したという認識をもって研究を進めた。辻の説明を読んでみよう。

その神仏同体の思想は、奈良時代に於てその端を発し、藤原時代に於て大に成熟し、鎌倉時代に於ては学説としての組織をも見るやうになつた、この事については、嘗て、愚説を公にし、「日本佛教史之研究」の中に載せておいたことがある、この神仏習合といふことは、我国史の上に於て、殊に思想史の上に於て、国民的特色の現はれたるものとして、我国文化の世界における地位を考へる上にも、最も重要なる事項の一として、研究を要すべきものである、然るに明治初年に神仏分離の令が一たび出でゝより、千有余年民庶の信仰を支配したる神即仏といふ思想の形式は一朝にして破壊せられ、之について廃仏毀釈の議が盛に行はれ、歴史に富み由緒の深き神社仏閣が、この破壊的蛮風に荒されたるものが少くないのである

（「神仏分離の概観」、『新編明治維新神仏分離史料』第一巻、名著出版、一九八四、三四～三五頁）

辻は、歴史学の観点から「本地垂迹説の起源について」（『史学雑誌』第一八編第一、四、五、八、九、一二号、一九〇

七）という論文を書いて、神仏習合の成立発展史を描き、神仏習合が歴史学の研究の対象になることを論証した。辻の場合、神仏分離令によって神仏習合の長い歴史は破壊されたとみている。明治初期に政府が説いた「混淆から判然へ」という歴史理解ではなく、「習合から分離へ」という歴史理解が形成されつつあった。それは、長い習合の歴史にこそ価値があり、国民的特色であったという趣旨である。このような転換が、なぜおこったのか。一つは、三、四十年の月日がたったことが挙げられる。一八八四年に教導職制が廃止され、神社は国家祭祀の場になり、寺院は、管長と宗法によって運営される民間の「宗教」の団体になった。神社と寺院は、制度的に異なる次元に再配置された。こうした再配置された状況は、「日本的政教分離」と見ることも国家神道体制の成立と見ることもできる。ここにいたって神仏「分離」令が、近代宗教史のスタート地点として回顧されるようになった。すなわち近代に展開した政治と宗教の分離の第一幕として、神仏「分離」令は捉えられるようになった。もう一つは、日本仏教史の研究が村上、鷲尾、辻によって始められ、その成果が蓄積されたことである[2]。彼らは研究者であるとともに、仏教信仰者であり、明治初年に引き起こされた廃仏を日本文化の破壊だと認識した。仏教が神道信仰を包みこんでいた神仏習合の長い時代こそが、日本宗教の本来のありかたで、日本の美風だと評価し、そのように発言した。彼らが「混淆」という言葉を使わずに、両部習合神道に由来する「習合」を用いたことにも彼らの宗教観がうかがえる。習合と分離とのダイナミズムの視角から日本宗教史を見ることが、彼らの活躍によって可能になった。

二　上知令の影響

長い間、大寺院の経済的基盤が土地所有にあったことは、歴史的な事実であろう。中世の荘園公領制の時代には、寺院は荘園領主であり、守護不入の特権を認められた場合もあった。江戸幕府は由緒のある寺院にたいして朱印地を付与し、藩主は黒印地を与え、寺院の経済的な安定を図り、その存続を支えた。近世初期に大寺院に朱印地、黒印地、除地の経済的徴収の権限が与えられたことは、領主による支配領域を狭める結果を招き、地域経済を危うくしかねなかった。近世を通じて儒者、国学者からの仏教批判が続出してきた背景には、寺社領と地域経済との葛藤があったことは確かである。幕末になると水戸藩、薩摩藩では、寺院を整理し寺領を没収し、財政を確保せんとした(3)。近代国家にふさわしい土地所有を模索していた政府が、江戸幕府の寺院保護政策を改めたことは必然的なことであった。版籍奉還の後に寺社の土地の上知を命じた法令が、明治四年（一八七一）一月五日に発布された。以下に上知令を引用してみよう。

諸国社寺由緒ノ有無ニ不レ拘朱印地・除地等、従前之通被二下置一候処、各藩版籍奉還之末、社寺ノミ土地・人民私有ノ姿ニ相成、不相当ノ事ニ付、今度社寺領現在ノ境内ヲ除ノ外、一般上知被二仰付一、追テ相当禄制被二相定一、更ニ廩米ヲ以テ可二下賜一事

但当午年、収納ハ従前ノ通被レ下候事

一　領知ノ外ニ旧政府並領主等ヨリ米・金寄附ノ分、依二旧貫一当午年迄被レ下候向モ有レ之候処、来未年ヨリ被レ止候事

上知ノ田畑百姓持地ニ無レ之社寺ニテ直作或ハ小作ニ預ケ有レ之分、年貢諸役百姓並相勤ルニ於テハ、従前ノ通社寺ニテ所持致シ不レ苦候事

但地所ニ関係ノ事務ハ、村役人差図可レ致事

右之通被二仰出一候条、府藩県ニ於テ管内ノ社寺ヘ可二相達一候事

（太政官布告第四、『改訂増補日本宗教制度史〈近代篇〉』、三五三頁）

諸国社寺由緒の有無に拘わらず朱印地・除地等、従前の通り下し置かれ候処、各藩版籍奉還の末、社寺のみ土地・人民私有の姿に相成り、不相当の事に付、今度社寺領現在の境内を除くの外、一般上知を仰せ付けられ、追って相当の禄制を相定められ、更に廩米を以て下賜す可き事

但し当午年、収納は従前の通り下され候事

一　領知の外に、旧政府並びに領主等より米・金寄附の分、旧貫に依り当午年迄下され候向も之有り候処、来未年より止られ候事

上知の田畑百姓持地に之無く社寺にて直作し或は小作に預け之有る分、年貢諸役百姓並みに相勤るに於いては、従前の通り社寺にて所持致し苦しからず候事

但し地所に関係の事務は、村役人差図を致す可き事

右之通仰せ出され候条、府藩県に於いて管内の社寺へ相達す可く候事

明治維新以後も、朱印地・除地の徴税の権限は社寺に与えられていたが、旧藩主による版籍奉還が実行された後では、社寺のみが土地を私有していることは不適当であることを理由に、この法令では「現在ノ境内」を除いて政府に上知するように命じている。その代り禄制を定めて廩米を下賜するとある。旧幕府、旧領主からの米・金の寄付は、明治四年（一八七一）に停止になる。百姓地同様の年貢地は、従来通りに上知の必要はないともある。府藩県が、管内の社寺に伝達するとあるが、江戸幕府であれば、本山、触頭を通じての伝達であったのが、その命令系統を使用せずに、地方官に委ねたことは注目に値する。このように上知令は出されたが、その後にはいくつもの法令が出されて微調整が続く。

明治六年（一八七三）九月に社寺逓減禄の制が、太政官布告として出されている。ここでは朱印地・黒印地・除地が上知される場合、十年間は禄が与えられるが、十一年目からは禄は停止されることが指示されている。明治八年（一八七五）になると内務省地租改正事務局から府県長あてに、境内外ノ区域を判然としなくてはならないという趣旨で、「社寺境内外区画取調規則」が出される。その第一条には、「社寺境内之儀ハ祭典法用ニ必需之場所ヲ区画シ更ニ新境内ト定其余悉皆上知積取調へキ事」とあり、「新境内」が定義されている。上知令では、「現在ノ境内」を除く土地が上知の対象になったが、どこまでが「境内」かについては個々の事情によって異なっていた。地方官に境内地の調査が命じられたが、実際には行われていなかった。しかし新たな法令では、明確に「祭典法用ニ必需之場所」を「新境内」として、それ以外は上知の対象になった。寺院についていえば、法要を行う本堂や広場以外の山林、田畑、宅地は、上知せよという命令である。寺院側は、もっと広く境内を考えていたので、この「新境内」の定義は深刻な打撃を与えた。

上知令は、版籍奉還、地租改正という政策と連動し、政府による近代的土地所有の確立の過程でおこったことである。江戸時代では事実上、土地の売買は厳禁されていたのが、こうした禁制が解かれて、地券が発行され、土地所有者が確定し、土地の私有が可能になったのである。土地の譲渡が自由に行われて、地価が発生し、地価を標準にして租税が賦課されることになった。かつての朱印地・黒印地・除地は、政府に属するものと、社寺が私有すべきものに新たに区別される必要があった。「新境内」は、できるだけ社寺の所有地を狭く理解している。法令を見ていくと、上知を命ぜられた社寺には過酷な現実が待ち受けていたことは容易に想像される。廃仏毀釈の頻発、神葬祭の強制とは別に、上知令は、由緒をもち江戸幕府に庇護されていた大寺院には大打撃をあたえ、廃寺となる可能性もあった。大局的に見ると、六世紀に百済から伝来した仏教の長い歴史の中でも、もっとも深刻な事件であったといって過言ではなかろう。しかし近代仏教研究では、その深刻さを追究した研究はまだ少ない。近代仏教の担い手の中心であった浄土真宗の寺院の土地が、ほとんどは百姓地なみの年貢地であり、上知令の対象ではなかったことが、この問題を見えにくくさせているように思われる。

明治三十二年（一八九九）二月に国有林野法が出され、同年四月には国有土地森林原野下戻法が出されて、寺領をめぐる問題が浮上した。[4]国有林野法では、社寺が上知した森林を使用できる条目を含んでいる。国有土地森林原野下戻法では、上知令によって没収されて国有になった土地、森林、原野について、上知の時点で寺院の所有であるという証明ができる場合には明治三十三年（一九〇〇）六月三十日までに申請するようにとある。しかし下戻の申請の条件である証明する書類の提出は容易ではなく、提出期限が短かったために、申請できない寺院が多く、下戻の申請をしても却下されたことも多かった。かえって国有土地森林原野下戻法をきっかけにして、却下された寺院はまとまって行政裁判所に訴訟をおこした。江戸時代の朱印地・黒印地・除地が、公権力がもった官有地であるのか、寺院の私有地であるのかという議論は歴史学の専門家さえ即答できる性格の問題ではなかった。この時期に法制史学の中田薫と、歴史学の三上参次・辻善之助・芝葛盛の間で寺領をめぐって論争がおこるが、[5]直接のきっかけは、国有土地森林原野下戻法の訴訟であった。政府の立場は、朱印地などは元来官有地であるという見解であり、版籍奉還で旧藩主が領地を返還したのと同様に、寺院が官有地である朱印地などを政府へ返還したという理解であった。しかし仏教界の立場は、朱印地などは私有地であったが、上知令は違法ではないものの、その後の政府による上知の実施方法には違法性があるという認識であった。仏教界は、政府による上知の実施を違法として行政裁判所に訴えた。そして行政裁判所では、寺院側の見解を受け入れて寺院が勝訴する結果になった。朱印地などは官有地とは言い難いという中田説が、学界で説得力をもちはじめていたからであった。仏教界を代表していた仏教連合会は、上知令施行の違法性を訴えるために、冊子を配布していた。そのなかでは、つぎのように仏教界側の見解が述べられている。

然るに明治維新各藩其の領土を奉還するに当り社寺に対しても在来の境内を除き他は悉皆上地を命じ尋て社寺境内外区別調査に依り従来の境内に対し任意の区画を画し境内敷地（土地山林を包含す）の大部分は上地官没の不幸に遭遇せり、元是れ維新忽々の際上に法典の完備なく下に法律の智識なき過渡時代に行はれたる為政者擅断の処分に出でたるものにして明かに明治三年十二月公布せられたる社寺領上地制令の主旨に背戻したる不当の上知なるや論を俟たず、蓋し上知の制令は従来の境内に対しては依然寺院の所有たることを公認せられ境内以外に属する寺領の支配権のみを官没せらるゝの主旨なりしことは法文上炳焉たるに拘はらず、爾後境内外区別調査なる取扱内規を以て前上地の制令を制限し更に祭典法要に差閊さるを限度として在来の境内に対し任意の区画を定め之を官没せしが如きは前段上地制令の主旨を無視したる不法の処置なるや明にして衲等の竊かに痛嘆に堪へざる処なり。

（仏教連合会編『寺院境内地還付法律案制定請願に関する理由書』、出版地・出版年不明、四〜五頁、東京大学経済学部図書館蔵）

仏教連合会の見解は、上知令を容認しているが、内務省地租改正事務局による「新境内」を不当だという内容である。なぜならば、もともと寺院開基の高僧が荒地や山岳を開拓して寺院を建立したのであり、境内の所有権が寺院に帰するのは、当然であるからだという理由である。旧藩主が領地の領知権しか持たなかった故、版籍奉還で領知権を朝廷に返したことと、寺領とは同列に論じることはできない。さきに述べたように、一八九九年の国有土地森林原野下戻法が発布され、それにしたがって寺院が下戻を申請した。しかし政府は寺院の境内は国有地だという前提をもって、寺院の下戻を拒否した。延暦寺、増上寺、西明寺などの大寺院が行政裁判所に訴えて、明治三十二年（一九〇九）、三十三年に勝訴の判決を得た。寺院の境内地に関する関係が、私的所有の関係であることを、行政裁判所が認めたことになった。しかしそれによって政府が、大寺院の境内地を返却したわけではなかった。

それ以降も、寺院境内地はつねに訴訟と議論の対象になった。大正十年（一九二一）に国有財産法が制定されて、寺院境内地は「無償貸付地たる雑種財産」となった。一九三九年に「寺院等ニ無償ニテ貸付シアル国有財産ノ処分ニ関スル法律」が定められて、寺院境内地処分審査会が開かれて継続審議となった。戦後には日本国憲法施行にともない、一九四八年に「社寺等に無償で貸付けてある国有財産の処分に関する法律」が出されて、審査会によって無償譲与が行われた。しかし無償譲与がなされずに、今も国有地、公有地になっている社寺境内地はある。

三　政教関係の形成

明治維新直後に政府は、神道国教化の政策を打ち出したが、紆余曲折を経て僧侶、神職をともに教導職に任命し、国民教化にあたらせるという方針をとった。そのための役所として教部省が設置されて、神仏共同の大教院が作られることになった。大々的な国民教化の運動が計画されて、僧侶がその一翼をになうことになった。神仏判然令が出された時とは異なる政治的な状況が展開した。

明治五年（一八七二）四月二十五日に僧侶の肉食妻帯の太政官布告が出される。その三日後に三条の教則が出される。二つの法令を引用してみよう。

自今僧侶肉食妻帯蓄髪等可為勝手事
但法用ノ外ハ人民一般ノ服ヲ着用不苦候事（太政官布告第一三三号、『改訂増補日本宗教制度史〈近代篇〉』、三七五頁）

教則
第一条
一、敬神愛国ノ旨ヲ体スヘキ事
第二条
一、天理人道ヲ明ニスヘキ事
第三条
一、皇上ヲ奉戴シ朝旨ヲ遵守セシムヘキ事
右ノ三条兼テ之ヲ奉体シ説教等ノ節ハ尚能注意致シ御趣旨ニ不悖様厚相心得可申候事
壬申四月
（教部省達、『改訂増補日本宗教制度史〈近代篇〉』、三七五頁）

この二つの法令が、同じ時期に出されたことは偶然ではない。この時期の政府では、神道国教化の政策の挫折をふまえて、僧侶にも国家のために奉仕する役を与えるべきだという意見が出されていた。それが、国民教化を担う教導職設置であった。教導職は、宗派の教義を語るのではなく、三条の教則を体得し国民に説くことが求められていた。肉食妻帯が勝手になったのは、僧侶を教導職につかせるためであったと思われる。各宗派の教義の学習、儀礼の修得などが、僧侶の養成には不可欠であったはずだが、政府は、僧侶に三条の教則を語ることのみを期待していた。明治五年（一八七二）には仏教にかかわる重要な法令が、以下のようにつぎつぎに出ている。永宣旨による僧位僧官廃止（二月二十八日）、神祇省を廃して教部省設置（三月十四日）、女人結界の地廃止（三月二十七日）、社寺合併は地方官から教部省へ伺出（三月二十八日）、教導職設置（四月二十五日）、僧侶の肉食妻帯蓄髪勝手たるべき件（四月二十五日）、三条の教則（四月二十八日）、神仏道各教宗派に管長設置（四月三十日）、自葬を禁じ、葬儀は神官僧侶に依頼すべき件（六月二十八日）、修験道廃止（九月十五日）、大教院建設（十一月二十四日）などが公布された。

やつぎばやに政府が宗教にかかわる発令をしたことがわかる。学制、徴兵制の制定も同じ明治五年であったが、あわせて考えると近代国家の基盤が急速に作られはじめた時期であったと言えよう。宗教政策に関しては、前年に神祇官が廃止されて神祇省になり、神祇省がすぐに教部省に引き継がれた。神祇官廃止は、明治初年にあった神道国教化の構想が挫折したことを意味した。政府が、僧侶、神職を同じ教導職という職種に任命し、三条の教則による国民教化を義務づけた。教部省が、仏教諸宗の管長あてに、つぎのような通達を出した。当時の政府が何を僧侶に期待していたかがわかる。

天下大小之寺院ハ抑衆庶ヲ教誨スル教院ニシテ、其住職・僧侶ハ、乃其教職・教師タル事、固ヨリ論ヲ待タス、然ルニ寺院ヲ僧侶私宅ノ様心得違、教導ノ事ヲ疎カニシテ政府ニ裨益スルナキヨリ、竟ニ徒食之譏ヲ免カレサルニ至リ候、因レ茲今般新ニ大教院ノ設アリ、神官・僧侶爰ニ従事ス、就テハ自今各宗寺院ヲ以凡テ小教院ト心得、各檀家ノ者ヲ集メテ勤学為レ致候様、可レ為二専務一候条、向後其檀家ノ子弟ニ無識無頼ノ徒無レ之様、篤ク三条ノ意ヲ体認シ衆庶ヲ教導シテ地方ノ風化ヲ賛ケ、政治ノ裨益相成候様、可二相心得一旨、夫々末派末院へ無レ洩可二相達一候事

（教部省達第二九号、『改訂増補日本宗教制度史〈近代篇〉』三七七頁）

天下大小の寺院はそもそも衆庶を教誨《きょうかい》する教院にして、其の住職・僧侶は、乃ち其の教職・教師たる事、固より論を待たず、然るに寺院を僧侶私宅の様心得違え、教導の事を疎かにして政府に裨益するなきより、竟《つい》に徒食の譏《そし》りを免かれざるに至り候、因って茲《ここ》に今般新に大教院の設あり、神官・僧侶爰《ここ》に従事す、就ては自今各宗寺院を以て凡て小教院と心得、各檀家の者を集めて勤学致させ候様、専務為す可き候条、向後其の檀家の子弟に無識無頼の徒之無き様、篤く三条の意を体認し衆庶を教導して地方の風化を賛け、政治の裨益相成り候様、相心得る可き旨、夫々末派末院へ洩無く相達す可く候事

これによると、僧侶は人々を教導するための教職、教師であることが本来であるが、そうした公務を忘れて教導をおろそかにし政府への裨益は十分でない僧侶がいることが批判されている。本来の公務に戻るために大教院が設置されて、僧侶も神官も自分の寺院や神社を小教院と心得て、檀家、氏子を集めて、無知無頼である人たちを三条の教則によって教化すべきだと指示されている。国家の制度の中に僧侶が組みこまれるが、それは国民を教導する大役を果たすためであって、宗派特有の説教や儀礼を行うことは、かえって「心得違」だと批判された。政府は、宗派特有の救済の説教や儀式執行を僧侶に期待していない。代わって教職、教師の役割が期待されている。明治五年に学制が制定されたが、初等教育がまだ実施されていない時代であった。しかし初等教育が充実して、本当の教職、教師が小学校で数学や地理などを教えるようになれば、教導職の意義は薄れることになる。事実、教部省は明治十年（一八七

七）に廃止となり、教導職も明治十七年（一八八四）に消滅している。

政府が、教導職を作り、積極的に僧侶の存在を容認したことは重要な事実である。しかし従来の僧侶ではあってはならず、肉食妻帯令に見られるように平民としての生活を送り、三条の教則を説教する役割が義務づけられた。重要なのは、僧侶も神職もその点では同一の役割を負わせられた点にある。前年に政府から平田国学派の国事犯事件がおきて、矢野玄道、角田忠行などが政界から追放されたことがおこった。この事件が背景となって、政府の宗教政策は転回し、神道国教化路線を修正し、仏教、キリスト教をも容認していく方向に向かった。それが、教導職という制度であった。僧侶は、政府から教導職として認定され、国家の制度に位置づけられたが、神職と抱き合わせで大教院に属して、神道の祭式に参加することになった。つぎに島地の「三条教則批判建白書」を引用して、島地の論理を見てみよう。三条の教則の第一条にある「敬神」が問題化されている。島地は、ここで言う神は、ユダヤ教、キリスト教の「神」と同じかどうかと政府へ疑問を呈する。

是《これ》臣ガ今ノ神ヲ以テ説クハ耶蘇ノ先駆ト云フ所以《ゆえん》也。臣恐懼《きょうく》切ニ方今教部ヲ置カルゝノ聖慮、腰ヲ耶蘇ノ前ニ屈スルノ高議ニ出ズルカ、臣其高議ノアル所ヲ測知セザル也。若夫《もしそ》レ天神地祇、水火草木、所謂《いわゆる》八百万神《やおよろずのかみ》ヲ敬セシムトセバ、是《これ》欧州児童モ猶《なお》嗤笑スル所ニシテ、草荒未開、是ヨリ甚《はなはだ》シキ者ハアラズ。古昔埃及《エジプト》・希臘《ギリシャ》・羅馬《ローマ》及ビ英・仏、日耳曼《ゼルマン》等ノ諸国ニ於ケル衆多ノ神ヲ尊奉セリ。紀元前四百年代、希臘ノ大賢スコラット（理学ノ名家アリストット、修身学ノ名家フラット、皆「スコラット」ノ門人ナリ）衆神ヲ廃シテ、単神説ヲ立ツ。時論ニ悖《もと》テ刑死セラル。万世之《これ》ヲ惜マザルハナシ。爾後《じご》、衆単ノ争ヒ数百年、今ヤ一切之ヲ廃ス。一人ノ之ヲ尊崇スルナシ。臣各国ノ古神ヲ歴渉スルニ、少シク異同アリト云ヘドモ、頗《すこぶ》ル本邦ノ諸神ニ髣髴《ほうふつ》ス。欧州方今之《これ》ヲ「ミトロジー」ト称シ、図画・彫刻ノ玩物ニ属セリ。蓋《けだ》シ各国荒茫、世人ノ知識暗昧ニ属ス。其ノ知ルベカラザル者ニ於テハ、概シテ之ヲ神ト崇《あが》ム。山川・草木皆神也。文化逐日《ちくじつ》開明ニ属ス。

（「三条教則批判建白書」『日本近代思想大系　宗教と国家』、二三七頁）

本願寺派の僧侶、島地黙雷は、長州出身で政府要人につながりをもち、岩倉使節団と同時期に西洋歴訪をした経験をもつ(6)。島地は、西洋での知見を活かして三条の教則、大教院を批判し、ついには浄土真宗の大教院からの離脱を主導した。西洋の文明にじかに触れてきた島地の舌鋒は鋭く、政府の宗教政策の矛盾をつく。「敬神」の「神」がゴッドと同じならば、ついに耶蘇教に屈することになる。もしその「神」が八百万の神であるならば、「是欧州児童モ猶賤笑スル所」になるという。そのような自然信仰は、蒙昧の時代の産物であって、文明開化の時代にはありえないと断じている。三条の教則を作成した政府関係者は、このような島地の批判が来るとは、夢にも考えていなかったであろう。島地が説得力をもったのは、西洋の文明開化の論理を使っていたからであった。

大教院が置かれた増上寺では、鳥居が作られて、神棚が飾られ、僧侶に神道の祭式の実修が要請された(7)。僧侶も神職も、政府によって存続を容認されたが、三条の教則という国民の心構えを説く限りにおいての容認であり、僧侶や神職が自らの宗派の信仰や信念を説くことは全く期待されていなかった。明治六年（一八七三）に出された島地黙雷の大教院分離建白書は、神仏共同の大教院の現状を痛烈に批判したものであった。島地に主導された浄土真宗四派は、大教院を離脱。大教院に残った他の仏教宗派からは、浄土真宗への批判があったが、あっけなく政府は、大教院解散を決断した。ここで政府も、島地の批判を受け入れざるを得なかった。

教部省は、明治八年（一八七五）五月に大教院を解散し、神仏各宗合併布教を差し止め、これ以降は三条の教則を奉じて各宗で布教を行うように指示を出した。島地の建白書、浄土真宗四派の大教院離脱によって、政府は宗教政策を変更せざるを得なかった。同年十一月に教部省は、ついに信教の自由保障の口達を出し、三条の教則は行政上のことであり、宗教家の布教とは別の次元であることを認めた。島地が突きつけた論理を、政府も受け入れて、信教の自由を保障する方向を打ち出したことになる。

神仏合併布教に対する島地の異議申立てが功を奏して、政府は大教院を廃止して、信教の自由を認めるようになった。教導職制が廃止になると、仏教者や政治家からは、古代の度牒制度、僧官制度を復活すべきだという意見も出されるようになった。それは、仏教は公認宗教になるべきだという見解の形成を促した。信教の自由が法的に確定したのは、明治二十二年（一八八九）二月に公布された明治憲法によってであった。その第二十八条には「日本臣民は安寧秩序を妨げず及び臣民たるの義務に背かざる限に於て信教の自由を有す」とある。これは、キリスト教徒にとってはキリスト教信仰の自由が公認されたことを意味していた。これに対して仏教界では、仏教とキリスト教が同列に法的に扱われることへの不満が出つつあった。信教の自由に関して伊藤博文（一八四一〜一九〇九）は、「内部における信教の自由は完全にして一つの制限を受けず。而して外部における礼拝・布教の自由は法律規則に対して必要なる制限を受けざるべからず」（『憲法義解』）と解説している。この解説を読むと、内部の信教の自由が保障される一方で、外部の礼拝・布教は法律によって制限されるべきだという認識であった。

明治憲法が制定され、日本は憲法をもった主権国家としての第一歩を踏み出していった。この憲法を制定する前に、枢密院で憲法の条文を検討する会議が開かれ、そこで伊藤はつぎのように述べている。

抑欧州ニ於テハ憲法政治ノ萌芽セルニ千余年独リ人民ノ此制度ニ習熟セルノミナラス、又タ宗教ナル者アリテ之カ機軸ヲ為シ深ク人心ニ浸潤シテ人心此ニ帰一セリ、然ルニ我国ニ在テハ宗教ナル者其力微弱ニシテ一モ国家ノ機軸タルヘキモノナシ、仏教ハ一タヒ隆盛ノ勢ヲ張リ上下ノ人心ヲ繋キタルモ今日ニ至テハ已ニ衰替ニ傾キタリ、神道ハ祖宗ノ遺訓ニ基キ之ヲ祖述ストハ雖宗教トシテ人心ヲ帰向セシムルノ力ニ乏シ、我国ニ在テ機軸トスヘキ

ハ独リ皇室アルノミ
（『枢密院会議議事録』第一巻、東京大学出版会、一九八四、一五七頁）

西洋にはキリスト教があって、人心を帰一される機軸になっているが、日本では宗教の力は微弱で、宗教が国家の機軸になることはない。代わるものとして皇室が、国家の機軸になるという趣旨である。「人心此に帰一せり」「人心を帰向せしむるの力」という伊藤の言葉は、現代語でいいかえると、国民統合の求心力である。伝統仏教にも伝統神道にも力はなく、国民統合をなすことができる求心力は、天皇を頂点にした皇族にしかいないという。

伊藤博文は、信教の自由を導入すべきであるが、国教は日本に向かない、国教の代わりになるのが皇室であると考えた。天皇・皇室が国民統合の中心的な役割を期待され、宗教には国民統合の役割を期待されなくなった。

伊藤のような天皇・皇室を人心収攬するために利用しようという意見が出ていたときに仏教を公認教に格上げすべきだという意見も仏教界では湧き上がっていた。つよくそれを訴えたのは、井上円了（一八五八〜一九一九）であった。明治憲法が公布されることを知り、信教の自由によってキリスト教も正式に容認され、キリスト教と仏教が同列に扱われるという危機感をもった仏教界は、仏教公認教運動を始めた。(8) 井上は、つぎのように仏教公認教論を述べた。

この公認教を設置するに反対する論者あるべし。その反対論の要点は左の数条ならん。第一に、西洋はヤソ教国なり、しかるにわが国神仏二教を公認するときは、その宗派の異同によりて我と彼との間の交際上懸隔を生ずるを免れず。余これに答えて曰く、西洋は決してヤソ教国にあらず、当時その国に流布せるものユダヤ教あり回教あり仏教ありて、その政府はただ多数人民の奉ずるところの宗教にして、その国の歴史上に縁故あるものを、あるいは保護しあるいは特待するのみ。たとえばフランス公認教中にもユダヤ教および回教の二種あり、オーストリアの公認教中にもユダヤ教あり。ユダヤ教および回教はヤソ教の大敵なり。しかるにこの二教は多数人民の奉ずるところなれば、政府にてこれを公認したるにあらずや。西洋すでにしかり、いわんやわが国において多数人民の奉ずるところの宗教にして、しかも先王開国以来わが史上に縁故ある宗教を特待するも、なんの不理かこれあらん。第二に、今日わが憲法にて一度信教の自由を公布せる以上は、公認教を設くべからずと。余これに答えて曰く、憲法上にて信教の自由を公布せるは、欧米各国大抵みなしからざるはなし。しかしてその公布の下に国教を設くる国あり、公認教を置く国あるにあらずや。故にわが国憲法上に宗教の自由を公布せるも、公認教を設くるになんぞ妨げとなるの理あらんや。

（「日本政教論」、『井上円了選集』八、一九九一、六六〜六七頁）

井上は、憲法の信教の自由を踏まえた上で、仏教、神道を公認教にするために仏教宗派の意志を統一して、政府に働きかけようとしている。仏教公認教に反対する立場を予想しながら、井上は西洋に範例を求めながら、議論をすすめる。第一に挙げている西洋のキリスト教との齟齬については、西洋にはユダヤ教、イスラムもありキリスト教に一元化されているわけでないことに注意を喚起する。ユダヤ教、イスラムが公認されている国の事例をあげている。第二に、信教の自由と国教、公認教の設置は矛盾することはないことを、西洋の事例によって紹介する。

仏教公認教運動は、二つの時期に盛り上がった。一つは、明治二十二年（一八八九）の明治憲法の公布の時であった。井上の「日本政教論」は明治憲法の公布の七月後に出されている。キリスト教が隆盛をきわめ、信教の自由のもとでますます勢力を拡大することが予想されていた。井上は、仏教と神道を公認教として、キリスト教の扱いとは一線を画するように政府に求めた。井上によると、公認教認定の基準は、信者数が数万人以上であることと、数十年以上の歴史があることであった。仏教各宗派の長老へも協力を求めたが、途中で中止になった。もう一つの時期は、条約改正が発効し内地雑居が認められた明治三十二年（一八九九）の前後であった。大谷派の僧侶で教育者であった近角常観が、『政教時報』を発刊し、仏教公認教のキャンペーンを張った。それを実現するために仏教徒国民同盟会が結成されて、全国的な運動にまでなった。しかし同じ浄土真宗のなかで本願寺派は、その運動に反対するなど足並みは乱れた。仏教を公法人として、キリスト教は公法人としないという仏教界の運動は、宗教法案の反対運動へと変化していった。

大正元年（一九一二）二月に内務大臣原敬（一八五六〜一九二一）は、仏教、キリスト教、教派神道の代表を集めて、国民道徳振興のために宗教界の協力を求めた。[9] 内務省次官の床次竹二郎が計画したことであったが、社会主義、無政府主義が世界的に広がり、日本にも影響を及ぼすことを憂え、それに対抗するために宗教界の協力を求めたのであった。代表者は決議をして、国家に奉仕する態度を明確にした。三教会同という会合は、それじたい影響は少なかったように語られることもあるが、各宗派、各教団には大きな影響を与え、宗教界が国家的な目標に奉仕し、社会のなかで役割を見いだしていく契機になった。つぎに床次の説明を引用しよう。

凡そ一国の文明開化は、独り物質的方面の発達のみを以て満足すべきにあらず、精神的方面の発達亦之に伴ふべきは言ふまでもなき所なり。近来は資本家と労働者との間に於ける衝突の事例も漸く少からざらんとす。将来工業の発達進歩に伴ひて、彼の欧米社会に於ける一種の悪風も、益々我邦に入り来らんとするは已むを得ざるの事たり。而かも是れ独り都会に於けるのみの問題にあらず、田舎に於ても、地主と小作人との間柄は日に増し良好に向ひつゝありといふことを得ず、寧ろ漸次に不良ならんとするの傾向あり。従来の如き情誼上の関係は日に益々薄くして、単に小作料を授受するに止まれる経済上のみの関係とならんとするは、今や掩ふ可からず。此の如くして、各階級間に於ける温情の漸次失はれんとするは、現今最も慮るべきの事なりと思惟す。殊に細民部落などの実状を観るに、家庭の間一つも温情の通へるものなきを多しとす。是等は社会改良上、更に寒心すべきものにあらざるべし。然れども是等の事たるや、単に経済上の関係のみを以て、決して十分な解決を見得べきものにあらず。之を救済する道としては、精神上の慰安を与へ、如何に陋巷《ろうこう》にありとも、中に自から安んずる所あらしむるを要す。此の如くして精神上の慰安を与へんとするには必ずや宗教に待つ所なきを得ざるに至るべし。

（「三教者会同に関する私見」、『六合雑誌』三二巻三号、一九一二）

大逆事件に衝撃を受けた政府が、国民道徳振興を行う団体として、仏教、キリスト教、教派神道の三つの宗教を指名して協力を要請した。学校教育にはできない社会教育を宗教団体に期待し、宗教団体は互いが対立するよりも、社会教育の担い手として自己実現をはかる方向に動いた。

四　大乗非仏説と大乗仏説の間

十九世紀の西洋の仏教学者の世界では、パーリ経典こそがブッタの言葉を伝えたものだという見解は定まっていた(10)。その観点から見て、パーリ語がもっとも重要であり、その次にサンスクリット語、さらにその次に漢文という言葉の優劣もできあがっていた。日本人として初めて西洋の仏教学を学びに留学した南條文雄（一八四九～一九二七）、笠原研寿（一八五二～一八八三）は、こうしたパーリ経典、サンスクリット経典を研究していた異国の仏教学者に出会うことになった。

真宗大谷派の僧侶でもあった南條、笠原が、仏教を学びにオックスフォード大学のマックス・ミュラー（一八二三

〜一九〇〇）のもとに留学した。僧侶が、僧侶でもないミュラーに仏教を習うのは、変といえば変な話ではあるが、西洋の学術の一つになったインド学・仏教学を学ぶためには西洋に留学するしかなかった。ミュラーは、南條に頼んで日本にある梵語の『阿弥陀経』を送ってもらい、その文献学的な研究を行い、「日本で見つかった梵語経典」という論文を書きあげた。しかし『阿弥陀経』の教説には納得できなかった。『阿弥陀経』が日本で広く重んじられていることに違和感をもったミュラーは、日本人は早く『阿弥陀経』を捨てて、本当のブッダの教えを学ぶべきだと書いている。ミュラーは阿弥陀経を読み、仏説ではないと断じた。『阿弥陀経』だけではなく、大乗経典は、仏説ではないのであるから、仏教徒はパーリ経典の研究を通じて、ブッダの本当の教えに触れるべきだというのが、ミュラーの見解であった。ミュラーは、よほど『阿弥陀経』の教義に不愉快であったらしく、はげしく非難している。しかしこれは、ミュラーだけの認識ではなく、当時の西洋の仏教学者に共有されていた認識であった。西洋の仏教学者の生活圏には、当たり前のことであるが、寺院も僧侶もなく、テクストの知識によって想像力のおもむくままにブッダの教説の理想を語ることができた。

南條、笠原は、ミュラーから『阿弥陀経』は仏説ではないという話を何度も聞かされたことであろう。僧侶であった彼らが、心の中でどう思っていたかは知る由もない。帰国後に南條は、講演会に呼ばれて話をする機会があったが、それを聞いた匿名の人物から葉書が来て、大乗非仏説をどう考えるのかと詰問されたことがあった。匿名の人物は、南條がミュラーの弟子であったことを知った上で質問をしたのであった。南條は、つぎのように回答している。

此事の起りは明治十二年の末に日本より英国へ向け梵漢阿弥陀経を送られたれは早速マクスムユーラル氏に呈せり、博士は夫を読で中程に至り極楽に往生すべき法を説く所に至り少善根少福徳の者は往かれぬとあり、然るに馬博士は小乗経のみ学び居り、一善因あれば一善果を感じ一悪因あれは一悪果を感ずる因果必然なることを信じ

居る所へ、少善根少福徳にては往かれず名号の所由を聞きて信ずる者はみな往くとあるは、是れ釈迦の説に違ふものと感じたりと見え、顔赤らめて是を仏説なりと思へるか言われたることあり、其事日本に聞え日本にては某などが之を喋々して雑誌に載せ英国へ送りし者もありし程なり

（『明教新誌』二二〇九号、一八八六年十一月十二日）

大乗経典のサンスクリット語文献を研究するために、イギリスへ西洋仏教学を学びに行った南條、笠原であったが、ミュラーからは大乗仏教、浄土教は仏説ではないと言われたのである。ミュラーの一言で、日本、中国の仏教徒に混乱が生じることはないと南條は言っているが、反響の大きさから見て、混乱、反発、怒りを招いたことは疑いえない。南條は、ミュラーを称して「文学上の師にして宗教上の師」ではないと断言している。彼は、「文学」（学問のこと）と「宗教」を分割し、学問では大乗経典は仏説ではないという説に従うが、仏説だという立場もありうると留保している。この問題は、南條、笠原の個人的なエピソードではなく、成立しつつある西洋仏教学と、アジアから来た仏教徒が出会ったことから生じた出来事であった(11)。テクスト優越主義の西洋仏教学が、アジアで生きている僧侶に対し、仏教の教説の正否を教授するという捩れた関係が生じた。その捩れから来る抑圧は、アジアから来たエリート学僧の方が引き受けなくてはならなかった。南條、笠原のことは、広く見ると西洋の学術を受容して近代化をめざした日本人エリートが、西洋に行くことによって、西洋人の価値尺度によって自らが計られて、蔑視されて戻ってくるという一例として考えることもできる。西洋仏教学者が説いた大乗非仏説を、西洋の近代学術の成果として嫌々認めつつも、意味するところを換骨奪胎し、いかに乗り越えるかが、日本の仏教学者の共通の課題になった。

東京帝国大学で仏教学の教鞭をとった村上専精は、留学経験はなくサンスクリット語、パーリ語も読むことはなかったが、漢訳経典に造詣が深かった。明治三十四年（一九〇一）に出た村上の『仏教統一論　第一編大綱論』は、そ

の書名からもわかるように、各宗派に分かれた仏教教理が統一され、キリスト教に対抗しうる統合的な仏教教理の構築がめざされた。このなかで、村上は大乗非仏説にも言及する。歴史的の立場からブッタを人間として見るならば、大乗仏教は非仏説であることはまちがいない。しかし教理面、信仰面で見るならば、大乗仏説であることもまちがいないという。『仏教統一論』刊行後に、真宗大谷派では大乗非仏説が話題になり、村上への批判が噴出した。

村上は自説への批判に対抗し『大乗仏説論批判』を書き下ろし、批判に対して反論を開始した。かつてジョルダーノ・ブルーノが時代に先んじた宇宙論を展開し、それが災いして異端審問にかけられて焚刑に処せられたことに言及しつつ、村上は、つぎのように述べた。

今この大乗仏説論の如き固より是等と同日の所論にあらずと雖も、太声の里耳に入らずてふ点に於ては、亦その例を等しくすと云ふべき乎。未だ大乗の何たるを解し得ざる者、未だ仏陀の何者たるを知り得ざる者、将たまた未だ歴史と教理との別を考へざる者の如きは、全然本問題に容喙すべき資格なき者と云ふも、敢て過言にあらざるべし。況や一巻の経論を読まざるのみならず、また一句の文字をも読むへき眼なき者に於てをや。如何に之を説き、如何に之を弁ずるも、彼等は到底斯問題を解決すること能はざるべし。

之を要するに、大乗仏説論の如きは純然たる歴史的学術問題にして、教理的信仰問題にあらざること、恰も彼の須弥説が歴史的学術問題にして教理的信仰問題に何等寸毫の影響するところなきが如し。然るに世に愚僧の多き、明かにこの間の別を区画せざる者少からず。之に依て予が曾て『仏教統一論第一編大綱論』に於て、歴史的方面よりして大乗は仏説にあらざる所以を説き、その詳細は後編に譲りしにも係はらず、頑迷なる人士はその詳細を竢たず、徒らに不学無識の純良なる野人に之を吹聴し、恰も予を目して排仏教論者の如く指示せる者あり。されど未だ正々堂々にたる論陣を張りて大乗の真に仏説たる所以を考証し、以て予を駁するの人士之なきは、予の聊か憾みとするところなり。予はいづくまでも、大乗仏説論は歴史問題にして、教理問題にあらず、学術問題にして信仰問題にあらずと確信す。之に依て本編主として歴史的学術問題として古今に雑然紛起せる異論の大勢を叙述し、少しく之に批判を加へ以て自己の見解を公にせむとす。（『大乗仏説論批判』の自序、光融館、一九〇三）

村上が「愚僧」というのは、自らを卑称しているのではなく、経論や書物を読むこともなく、噂にのせられて村上批判に追従する僧侶をさしている。村上自身の立場は、大乗仏説でも大乗非仏説でもない。歴史問題と教理問題を切り離して、歴史問題としては大乗非仏説であり、教理問題としては大乗仏説であることを認識すべきだというスタンスなのである。さらに村上は、大乗仏教を「開発仏教」という発達した仏教だという見方を提示して、歴史的なブッダという原点に戻るべきだとする西洋の仏教学者にありがちな見解に対峙しようとした。

一八九三年にシカゴで万国宗教会議が開かれ、日本からも僧侶、神道家、キリスト教者が参加して発表を行った。万国宗教会議の実行委員長のジョン・バロースは、島地黙雷、南條文雄に参加の打診をしたが、島地は自ら行かずに、代わりに参加者を探した。島地は、欧米に伝わった仏教は小乗教であるが、理性的で理論的な欧米人を満足させるのは大乗仏教をおいては他になく、万国宗教会議を大乗仏教の教えを広める絶好の機会だと力説した。仏教界からは、臨済宗の釈宗演、真言宗の土宜法龍、天台宗の葦津実全、浄土真宗本願寺派の八淵蟠龍が発表を行った。釈宗演は発表のなかで、以下のように大乗非仏説の打破を訴えている。

特に吾等が今回の大会に於て。少くとも内外人の注意を惹き起せしものは。日本帝国民か尊皇愛国の精気に富めること。仏教か如何なる程度まで日本国民の精神を支配して古今の国主に関係を及ほしたること。仏教は世界的宗教にして而も現在の科学哲学と密合せること。大乗仏教は非仏説なりと云ふの妄想を打破せしこと。

（『万国宗教大会一覧』、鴻盟社、一八九三、五〜六頁）

釈は、仏教が日本では国民精神を形成することと、世界宗教として科学や哲学と両立できることを論じている。そこから大乗非仏説を論破している。シカゴ万国宗教会議に参加した学僧たちは、欧米の仏教学にある大乗非仏説をあらかじめ意識して、それを批判するため大乗仏教の真価を訴えた。

大乗仏教の再評価は、日本の仏教学者によってさまざまな形で行われた。高楠順次郎（一八六六〜一九四五）たちによる『大正新脩大蔵経』の編纂事業は、漢訳経律論、中国、日本撰述書を集めたものであったが、漢訳仏典の学術的評価を高めるのに、決定的な役割を演じた。また鈴木大拙の「東方仏教」の提唱は、北方仏教とも南方仏教とも違った「東方仏教」のカテゴリーを創作し、大乗仏教の価値を復権するものであった。重要なことは、大乗仏教の再評価は、西洋の仏教学者の大乗非仏説へのリアクションであったことから、国際的な舞台で遂行されてはじめて意味を帯びたことである。

註

（1）ジョン・ブリーン「明治初年の神仏判然令と近代神道の創出」（『明治聖徳記念学会紀要』復刊四三号、二〇〇六）。

（2）村上専精、辻善之助の仏教史学の語り方については、オリオン・クラウタウ『近代思想としての仏教史学』（法藏館、二〇一二）を参照。

（3）岡田実「明治維新に於ける社寺領の処分」（『温知会講演速記録』第五六輯、一九三六）。

（4）大石眞「いわゆる国有境内地処分法の憲法史的考察」（『法政研究』六六巻二号、一九九九）。

（5）中田薫「御朱印寺社領の性質」（『国家学会雑誌』二一巻一一・一二号、一九〇七）、同「徳川時代における寺社境内の私

法的性質」（『国家学会雑誌』三〇巻一〇・一一号、一九一六）。三上参次・辻善之助・芝葛盛『社寺領性質の研究（東京帝国大学文科大学紀要）』（東京帝国大学、一九一四）。
（6）山口輝臣『島地黙雷（日本史リブレット人）』（山川出版社、二〇一三）。
（7）小川原正道『大教院の研究』（慶応義塾大学出版会、二〇〇四）。
（8）大谷栄一「明治国家と宗教」（『日本思想史講座4』ぺりかん社、二〇一四）。
（9）藤井健志「戦前の日本における宗教教団の協力」（『宗教間の協調と葛藤』佼成出版社、一九八九）。
（10）ドナルド・ロペス「ブッダの誕生」（『ブッダの変貌』法藏館、二〇一四）。
（11）林淳「近代仏教と学知」（『ブッダの変貌』法藏館、二〇一四）。

（参考文献）
大蔵省管財局編『社寺境内地処分誌』大蔵省財務協会、一九五四
伊東多三郎『近世史の研究第一冊　信仰と思想の統制』吉川弘文館、一九八一
林淳・大谷栄一編『季刊日本思想史75号　特集近代仏教』ぺりかん社、二〇〇九
末木文美士他編『新アジア仏教史　近代国家と仏教』佼成出版社、二〇一一
末木文美士他編『ブッダの変貌』法藏館、二〇一四

あとがき

何らかの形で、日本仏教の概説書を作成するというのは、科研費による「多分野複合の視角から見た日本仏教の国際的研究」の計画時における立案であった。分担研究者は、上島享（京都大学）、菊地大樹（東京大学）、曽根原理（東北大学）、蓑輪顕量（東京大学）、吉田一彦（名古屋市立大学）の各氏であり、また、原田正俊氏（関西大学）には研究協力者として当初より参加して頂き、林淳氏（愛知学院大学）にも途中から研究協力者としての参加をお願いした。その活動は平成二十五年（二〇一三）四月から五年間であり、分担者や協力者とは研究集会の企画に併せて、その出版について議論を重ねた。特に曽根原氏からは事務上の多くの助力を得た。各位には甚深の謝意を表したい。

本書制作の過程において問題となったのは、出版物としての意義である。海外の研究動向に注目し、交流することで、英訳も作成して、内外の諸領域の研究者に有用となる成果の公開を目指したが、特に英訳については、その実現を困難にする諸般の事情が横たわっていた。

ある程度の方向性が決まってから、春秋社の豊嶋悠吾氏に話を持ちかけたところ、快く相談に乗ってもらうことができた。その結果、春秋社からの出版が決まり、豊嶋氏には入稿から一冊の本が完成するまで、あらゆる作業でお世話になった。心より御礼申し上げたい。また、英文概要の翻訳には眞野新也氏（早稲田大学・桜美林大学講師）に全面的に御協力頂いた。感謝の意を表するところである。加えて、研究補助者としての助力に併せて、本書の参考文献一覧を作成してくれた早稲田大学大学院博士課程の久保田正宏君にも深謝する。

なお、研究集会は早稲田大学（計八回）及び海外（計四回。ハワイ、カリフォルニア・サンタバーバラ、寧波、ナポリ）で開催し、様々な方々にお世話になった。特に海外開催時に御尽力頂いたミシェル・モール先生（ハワイ大学）、ファビオ・ランベッリ先生（カリフォルニア大学サンタバーバラ校）、可祥師（七塔禅寺）、キアラ・ギディーニ先生（ナポリ東洋大学）、及び、常に多くの教示を頂戴したポール・グローナー先生、ルチア・ドルチェ先生、また寧波の開催で諸事周旋してくれた胡建明氏に厚く御礼申し上げる。

平成三十年一月二十一日

研究代表者　大久保　良峻

※本書は JSPS 科研費 25244004 の助成を受けたものです。

日本仏教の展開——文献より読む史実と思想

2018年3月20日　第1刷発行

編著者＝大久保良峻
発行者＝澤畑吉和
発行所＝株式会社春秋社
〒101-0021　東京都千代田区外神田2-18-6
電話（03）3255-9611（営業）（03）3255-9614（編集）
振替　00180-6-24861
http://www.shunjusha.co.jp/
印刷所＝萩原印刷株式会社

ISBN 978-4-393-13803-8　2018©　Printed in Japan
定価はカバー等に表示してあります。

大久保良峻（おおくぼ・りょうしゅん）

1954年生まれ。早稲田大学大学院文学研究科博士課程退学。博士（文学、早稲田大学）。現在、早稲田大学文学学術院教授。主な著書に、『天台教学と本覚思想』『台密教学の研究』『最澄の思想と天台密教』（法藏館）、編著に『新・八宗綱要』『天台学探尋』（法藏館）、『日本の名僧３　山家の大師最澄』（吉川弘文館）など。

吉田一彦（よしだ・かずひこ）

1955年生まれ。上智大学大学院文学研究科博士後期課程単位取得満期退学。博士（文学、大阪大学）。現在、名古屋市立大学大学院人間文化研究科教授。主な著書に、『日本古代社会と仏教』『古代仏教をよみなおす』『仏教伝来の研究』（吉川弘文館）、『民衆の古代史』（風媒社）、『『日本書紀』の呪縛』（集英社新書）など。

上島　享（うえじま・すすむ）

1964年生まれ。京都大学大学院文学研究科博士課程修了。博士（文学、京都大学）。現在、京都大学大学院文学研究科教授。主な著書に、『日本中世社会の形成と王権』（名古屋大学出版会）。

蓑輪顕量（みのわ・けんりょう）

1960年生まれ。東京大学大学院人文科学研究科単位取得満期退学。博士（文学、東京大学）。現在、東京大学人文社会系研究科教授。主な著書に、『中世初期南都戒律復興の研究』（法藏館）、『日本仏教の教理形成』（大蔵出版）、『仏教瞑想論』『日本仏教史』（春秋社）など。

菊地大樹（きくち・ひろき）

1968年生まれ。東京大学大学院人文科学研究科修士課程修了。博士（文学）。現在、東京大学史料編纂所准教授。主な著書に、『中世仏教の原形と展開』（吉川弘文館）、『鎌倉仏教への道』（講談社）など。

原田正俊（はらだ・まさとし）

1959年生まれ。関西大学大学院文学研究科博士後期課程単位取得。博士（文学、大阪大学）。現在、関西大学教授。主な著書に、『日本中世の禅宗と社会』（吉川弘文館）、編著に『天龍寺文書の研究』（思文閣出版）、『日本古代中世の仏教と東アジア』（関西大学出版部）、『宗教と儀礼の東アジア』（勉誠出版）など。

曽根原　理（そねはら・さとし）

1961年生まれ。東北大学大学院文学研究科博士後期課程修了。博士（文学、東北大学）。現在、東北大学助教。主な著書に、『徳川家康神格化への道』『神君家康の誕生』（吉川弘文館）、『徳川時代の異端的宗教』（岩田書院）。

林　淳（はやし・まこと）

1953年生まれ。東京大学人文科学研究科博士課程単位取得満期退学。博士（文学・宗教学、東京大学）。現在、愛知学院大学大学院教授。主な著書に、『近世陰陽道の研究』（吉川弘文館）、『天文方と陰陽道』（山川出版社）、編著に『シリーズ日本人と宗教 近世から近代へ』（第1巻「将軍と天皇」、第4巻「勧進・参詣・祝祭」、第6巻「他者と境界」）など。

久保田正宏（くぼた・まさひろ）

1989年生まれ。早稲田大学大学院文学研究科博士後期課程在学。主な論文に、「宋代天台における六即説の展開――六即と理事両種三千の対応関係をめぐって――」（『東洋の思想と宗教』33）、「宋代天台における初心起教説の展開」（『早稲田大学大学院文学研究科紀要』63）など。

索　引

※本索引は網羅的なものではなく、特に重要と思われる語を採取した。また、採録した語についても重要箇所を中心とし、全該当頁を示していない。

く

け

こ

さ

し

ち

つ

て

と

な

に

ね

は

ひ

ふ

へ

ほ

ま

み

む

も

や

ゆ

よ

ら

り

る

れ

ろ

わ

日本仏教史に関する主な参考文献一覧

久保田正宏編

日本仏教史に関する参考文献の中から、本書の内容に鑑みて、必要と思われる主な著作・辞典等を列記した。なお、掲載順序は出版年次に従ったが、同一著者の文献は併記した。

村上専精『日本仏教史綱』上・下（金港堂書籍、1898・1899年。創元社より日本文化名著選12として再刊）
鷲尾順敬編『日本仏家人名辞書』（光融館、1902-1903年→増訂第三版、1917年。東京美術および東出版より再刊）
――――編『国文東方仏教叢書』第1輯10巻・第2輯9巻（東方書院、1925-1933年。名著普及会より再刊）
――――『日本禅宗史の研究』（金尾文淵堂、1945年）
『大日本続蔵経』全150套（蔵経書院、1905-1912年）
浄土宗宗典刊行会編『浄土宗全書』全20巻（浄土宗宗典刊行会、1907-1914年。山喜房佛書林より再刊）
望月信亨編『仏教大辞典』全10巻（武揚堂、1909-1936年→増訂、世界聖典刊行協会、1954-1957年）
――――『略述浄土教理史』（浄土教報社、1921年。創元社および日本図書センターより再刊）
祖風宣揚会編『弘法大師全集』全8巻（六大新報社・吉川弘文館、1910年→増補第三版、密教文化研究所、1965-1968年）
日蓮宗全書出版会編『日蓮宗全書』全26巻（須原屋書店、1910-1916年）
天台宗宗典刊行会編纂『伝教大師全集』全5巻（天台宗宗典刊行会、1912年→新版、比叡山専修院附属叡山学院編、日本仏書刊行会、1966-1968年。世界聖典刊行協会より再刊）
仏書刊行会編纂『大日本仏教全書』全162巻（大日本仏教全書刊行会、1912-1922年。名著普及会および大法輪閣より再刊→新版、鈴木学術財団編、全100巻、鈴木学術財団・講談社、1973年）
浄土宗西山派宗務院編纂『西山全書』全12巻（浄土宗西山派宗務院、1913-1922年。文栄堂書店より再刊）
妻木直良編『真宗全書』正編46巻・続編28巻（蔵経書院、1913-1916年。国書刊行会より再刊）
日本大蔵経編纂会編『日本大蔵経』全51巻（日本大蔵経編纂会、1914-1922年→新版・増補改訂、鈴木学術財団編、全100巻、鈴木学術財団・講談社、1973-1978年）
仏教大学編『仏教大辞彙』全3巻（冨山房、1914-1922年→再版、龍谷大学編纂、全7巻、1935-1936年）
宗書保存会編『続浄土宗全書』全19巻（宗書保存会、1915-1928年）
湯次了栄『華厳大系』（法林館、1915年。国書刊行会より再刊）
姉崎正治『法華経の行者日蓮』（博文館、1916年。養徳社および国書刊行会より再刊）
小野玄妙『仏教之美術及歴史』（仏教学叢書2、仏書研究会、1916年→増補、金尾文淵堂、1922年。開明書院より小野玄妙仏教芸術著作集2・3として再刊）
――――編纂『仏書解説大辞典』全15巻（大東出版社、1933-1935年→増補、1975-1988年）
――――『仏教の美術と歴史』（大蔵出版、1937年。開明書院より小野玄妙仏教芸術著作集9・10として再刊）
寛永寺編『慈眼大師全集』上・下（寛永寺、1916年。国書刊行会より再刊）
獅子王円純編『恵心僧都全集』全4巻（恵心僧都九百年遠忌事務所、1916年）
津田左右吉『文学に現はれたる我が国民思想の研究』全4巻（洛陽堂、1916-1921年。岩波書店

より津田左右吉全集別巻 2-5 として再刊)
――――『日本の神道』(岩波書店、1949 年→津田左右吉全集 9 に収録。クレス出版より神道研究選集 6 として再刊)
堀由蔵編『大日本寺院総覧』上・下(明治出版社、1916 年。名著刊行会より再刊)
織田得能『仏教大辞典』(大倉書店、1917 年。大蔵出版および名著普及会より再刊)
国民文庫刊行会編輯『国訳大蔵経』全 31 巻(国民文庫刊行会、1917-1928 年。第一書房より再刊)
真宗典籍刊行会編『真宗大系』全 37 巻(真宗典籍刊行会、1917-1925 年。国書刊行会より再刊)
――――編『続真宗大系』全 24 巻(真宗典籍刊行会、1936-1944 年。国書刊行会より再刊)
英 雲外『謡曲と仏教』(丙午出版、1917 年。第一書房より再刊)
仏教大系刊行会編『仏教大系』全 65 巻(仏教大系刊行会、1917-1938 年。中山書房より再刊)
大村西崖『密教発達志』(仏書刊行会図像部、1918 年。国書刊行会より再刊)
辻善之助『日本仏教史之研究』正・続(金港堂書籍、1919・1931 年。岩波書店より日本仏教史研究 1-4 として再刊)
――――『日本文化と仏教』(大日本図書、1937 年。春秋社より再刊)
――――『日本仏教史』全 10 巻(岩波書店、1944-1955 年)
――――『日本仏教史論集』上・下(日本仏教史研究 5・6、岩波書店、1984 年)
師子王文庫編『本化聖典大辞林』全 4 巻(師子王文庫・国柱産業、1920 年。国書刊行会より再刊)
日蓮宗宗学全書刊行会編『日蓮宗宗学全書』全 18 巻(日蓮宗宗学全書刊行会、1921-1926 年→増補、立正大学日蓮教学研究所編、全 23 巻、1959-1962 年。山喜房佛書林より再刊)
林田光禅編『教主義合纂』(国訳密教刊行会、1921 年)
長谷宝秀編纂『慈雲尊者全集』全 20 巻(高貴寺、1922-1926 年。思文閣出版より再刊)
――――編集『弘法大師諸弟子全集』全 3 巻(六大新報社、1942 年)
高楠順次郎編輯『大正新脩大蔵経』全 100 巻(大正一切経刊行会、1924-1932 年)
真宗叢書編輯所編『真宗叢書』全 13 巻(前田是山両和上古稀記念会、1927-1930 年。臨川書店より再刊)
栂尾祥雲『曼荼羅の研究』(高野山大学出版部、1927 年。高野山大学密教文化研究所・臨川書店より栂尾祥雲全集 4 として再刊)
――――『秘密仏教史』(高野山大学出版部、1933 年。高野山大学密教文化研究所・臨川書店より栂尾祥雲全集 1 として再刊)
――――『秘密事相の研究』(高野山大学出版部、1935 年。高野山大学密教文化研究所・臨川書店より栂尾祥雲全集 2 として再刊)
比叡山専修院・叡山学院編『恵心僧都全集』全 5 巻(比叡山図書刊行所、1927-1928 年。思文閣より再刊)
大屋徳城『日本仏教史の研究』全 3 巻(法藏館・東方文献刊行会、1928-1929 年。国書刊行会より大屋徳城著作選集 2-4 として再刊)
昭和新纂国訳大蔵経編輯部編纂『昭和新纂国訳大蔵経』全 48 巻(東方書院、1928-1932 年。大法輪閣より再刊)
石井教道『浄土の教義と其教団』(宝文館、1929 年→改訂増補、1931 年。冨山房書店より再刊)
――――編『昭和新修法然上人全集』(理想社、1955 年。平楽寺書店より再刊)
――――『選択集全講』(選択集全講刊行後援会、1959 年。平楽寺書店より再刊)
島地大等『天台教学史』(明治書院、1929 年。中山書房および隆文館より再刊)
――――『日本仏教教学史』(明治書院、1933 年。中山書房より再刊)
清水谷恭順『天台の密教―台密概要―』(山喜房、1929 年)
――――『天台密教の成立に関する研究』(文一出版、1972 年)
曹洞宗全書刊行会編『曹洞宗全書』全 20 巻(曹洞宗全書刊行会、1929-1938 年)

————————編『続曹洞宗全書』全 10 巻（曹洞宗全書刊行会、1973-1976 年）
石田茂作『写経より見たる奈良朝仏教の研究』（東洋文庫論叢 11、東洋文庫、1930 年。東洋書林より再刊）
————『東大寺と国分寺』（日本歴史新書 45、至文堂、1959 年→増補、1969 年）
————・岡崎譲治『密教法具』（講談社、1965 年→増補、臨川書店、1993 年）
————監修『仏教考古学講座』全 7 巻（雄山閣出版、1975-1977 年）
『国訳一切経』印度撰述部 155 巻・和漢撰述部 102 巻（大東出版社、1930-1988 年）
伊達光美『日本宗教制度史料類聚考』（巌松堂書店、1930 年。臨川書店より再刊）
常盤大定『仏性の研究』（丙午出版社、1930 年→修正、明治書院、1944 年。国書刊行会より再刊）
————『日本仏教の研究』（春秋社、1943 年）
境野黄洋『日本仏教史講話』（森江書店、1931 年。うしお書店より境野黄洋選集 4 として再刊）
天台宗寺門派御遠忌事務局編『園城寺之研究』（園城寺、1931 年。思文閣出版より再刊）
密教辞典編纂会編『密教大辞典』全 6 巻（密教辞典編纂会、1931-1933 年→増訂、法藏館、1968-1970 年）
日蓮聖人六百五十遠忌報恩記念会編纂『日蓮聖人御遺文講義』全 19 巻（龍吟社、1932 年。日蓮聖人遺文研究会・日本仏書刊行会より再刊）
橋川　正『綜合日本仏教史』（目黒書店、1932 年。書肆心水より再刊）
真言宗全書刊行会編『真言宗全書』全 44 巻（真言宗全書刊行会支部、1933-1939 年）
山川智応『法華思想史上の日蓮聖人』正・続（新潮社、1933・1934 年。浄妙全集刊行会より再刊）
浅井要麟編『昭和新修日蓮聖人遺文全集』全 3 巻（平楽寺書店、1934 年）
————『日蓮聖人教学の研究』（平楽寺書店、1945 年）
白隠和尚全集編纂会編纂『白隠和尚全集』全 8 巻（龍吟社、1934-1935 年）
福井久蔵編輯『釈教歌詠全集』全 6 巻（河出書房、1934 年。東方出版より再刊）
三浦章夫編『弘法大師伝記集覧』（森江書店、1934 年→増補再版、密教文化研究所、1970 年）
山田文昭『真宗史稿』（山田文昭遺稿一、破塵閣書房、1934 年。法藏館より再刊）
————『親鸞とその教団』（法藏館、1948 年）
上杉文秀『日本天台史』正・続（破塵閣書房、1935 年。国書刊行会より再刊）
岡村周薩編『真宗大辞典』全 3 巻（真宗大辞典刊行会、1935-1937 年→改訂、鹿野苑、1963 年。永田文昌堂より再刊）
天台宗典刊行会編『天台宗全書』全 25 巻（天台宗典刊行会・大蔵出版、1935-1937 年。第一書房より再刊）
中野達慧・富田斆純編輯『興教大師全集』上・下（世相軒、1935 年。宝仙寺より再刊）
結城令聞『心意識論より見たる唯識思想史』（東方文化学院東京研究所、1935 年）
————『唯識学典籍志』（東京大学東洋文化研究所、1962 年。大蔵出版より再刊）
————『唯識三十頌』（仏典講座 19、大蔵出版、1985 年）
————『唯識思想』（結城令聞著作選集 1、春秋社、1999 年）
恵谷隆戒『円頓戒概論』（大東出版社、1937 年→改訂、1978 年）
————『浄土宗史』（平楽寺書店、1948 年）
————『浄土教の新研究』（山喜房佛書林、1976 年）
塩入亮忠『伝教大師』（伝教大師奉讃会、1937 年）
渋谷慈鎧編『日本天台宗年表』（渋谷慈鎧、1937 年。第一書房より再刊）
田中海応・岡田契昌編輯『豊山全書』全 20 巻（豊山全書刊行会、1937-1939 年）
比叡山延暦寺開創記念事務局編『将此大乗―比叡山史之研究―』（比叡山学会、1937 年）
宇井伯寿監修『コンサイス仏教辞典』（大東出版社、1938 年）
————『仏教汎論』上・下（岩波書店、1947・1948 年）
————『日本仏教概史』（岩波書店、1951 年）

――――『唯識三十頌釈論―安慧護法―』(大乗仏教研究 5、岩波書店、1952 年)
――――『シナ仏教史　日本仏教史　大乗起信論』(宇井伯寿著作選集 2、大東出版社、1966 年)
角田文衛編『国分寺の研究』上・下（考古学研究会、1938 年）
――――編『新修国分寺の研究』全 7 巻（吉川弘文館、1986-1997 年）
豊田　武『日本宗教制度史の研究』(厚生閣、1938 年→改訂、第一書房、1973 年)
永田広志『日本封建制イデオロギー』(白揚社、1938 年→永田広志選集 6 に収録。法政大学出版局より永田広志日本思想史研究 2 として再刊)
花田湊雲『謡曲に現れたる仏教』(興教書院、1938 年。第一書房より再刊)
安井広度『法然聖人門下の教学』(法藏館、1938 年。『法然門下の教学』として再刊)
圭室諦成『日本仏教論』(日本歴史全書 16、三笠書房、1939 年)
――――『日本仏教史概説』(理想社、1940 年)
――――『葬式仏教』(大法輪閣、1963 年)
小野清一郎・花山信勝編『日本仏教の歴史と理念』(明治書院、1940 年)
西光義遵『日本仏教史概説』(龍谷大学出版部、1940 年。平楽寺書店より再刊)
佐伯定胤校訂『新導成唯識論』(性相学聖典刊行会、1940 年)
渋谷亮泰編『昭和現存天台書籍綜合目録』全 3 巻（明文社、1940-1943 年→増補、法藏館、1978 年)
真宗聖教全書編纂所編『真宗聖教全書』全 5 巻（興教書院、1940 年。大八木興文堂より再刊)
日本仏教史学会『日本仏教史学』全 3 巻（平楽寺書店、1941-1944 年）
堀　一郎『上代日本仏教文化史』上・下（大東出版社、1941・1943 年。臨川書店より再刊)
――――『我が国民間信仰史の研究』全 2 巻（創元社、1953・1955 年）
――――『空也』(人物叢書 106、吉川弘文館、1963 年)
家永三郎『上代仏教思想史研究』(畝傍史学叢書、畝傍書房、1942 年。目黒書店および法藏館より再刊)
――――『中世仏教思想史研究』(法藏館、1947 年→改訂増補、1955 年)
――――『上宮聖徳法王帝説の研究』全 2 巻（三省堂、1951・1953 年→増訂、1970 年。名著刊行会より再刊)
――――他監修『日本宗教史講座』全 4 巻（三一書房、1959 年）
――――・赤松俊秀・圭室諦成監修『日本仏教史』全 3 巻（法藏館、1967 年）
――――他校注『聖徳太子集』(日本思想大系 2、岩波書店、1975 年)
坂本太郎編『聖徳太子全集』全 5 巻（龍吟社、1942-1944 年。臨川書店より再刊)
鈴木泰山『禅宗の地方発展』(畝傍史学叢書、畝傍書房、1942 年。吉川弘文館より再刊)
高峯了州『華厳思想史』(興教書院、1942 年→改訂、百華苑、1963 年)
和歌森太郎『修験道史研究』(河出書房、1943 年。平凡社より再刊)
大山公淳『神仏交渉史』(高野山大学出版部、1944 年→大山公淳著作集 6 に収録、ピタカ。臨川書店および東方書店より再刊)
――――『密教史概説と教理』(大山教授法印昇進記念出版会、1961 年。ピタカより大山公淳著作集 1 として再刊)
花山信勝『日本仏教』(三省堂、1944 年)
――――・増谷文雄編『日本仏教―人と思想―』(存家仏教協会、1959 年)
富貴原章信『日本唯識思想史』(大雅堂、1944 年。国書刊行会より富貴原章信仏教学選集 3 として再刊)
――――『日本中世唯識仏教史』(大東出版社、1975 年)
石母田正『中世的世界の形成』(伊藤書店、1946 年→増補、1949 年。東京大学出版会および岩波書店より再刊)
石津照璽『天台実相論の研究―存在の極相を索めて―』(弘文堂書房、1947 年。創文社より宗教哲学研究 1 として再刊)
中村　元『東洋人の思惟方法』(みすず書房、1948-1949 年。春秋社より中村元選集 1-4 として再

刊)
――――『近世日本における批判的精神の一考察』(仏教の新考察 2、三省堂、1949 年。春秋社より中村元選集 7『近世日本の批判的精神』として再刊)
――――編著『日本の仏教』全 3 巻(現代仏教名著全集 6-8、隆文館、1960-1973 年)
――――『日本宗教の近代性』(中村元選集 8、春秋社、1964 年)
――――『アジアと日本』(春秋社、1966 年)
――――・笠原一男・金岡秀友監修編『アジア仏教史』日本編 9 巻(佼成出版社、1972-1976 年)
――――『仏教語大辞典』全 3 巻(東京書籍、1975 年→『広説仏教語大辞典』として改訂、2001 年)
――――著・春日屋伸昌編訳『日本思想史』(中村元英文論集邦訳シリーズ 2、東方出版、1988 年)
――――他編『岩波仏教辞典』(岩波書店、1989 年→改訂増補・第 2 版、2002 年)
硲　慈弘『日本仏教の開展とその基調』上・下(三省堂、1948・1953 年。名著普及会より再刊)
――――著・大久保良順補注『天台宗史概説』(大蔵出版、1969 年)
服部之総『親鸞ノート』正・続(福村書店、1948・1950 年)
石田一良『浄土教美術―文化史学的研究序論―』(蘭書房、1949 年。平楽寺書店およびぺりかん社より再刊)
大正大学史学会編『仏教史研究』全 10 号(大正大学史学会、1949-1976 年)
宮崎円遵『真宗書誌学の研究』(永田文昌堂、1949 年→宮崎円遵著作集 6 に収録)
――――『日本仏教史』(重版)(百華苑、1988 年)
聖徳太子奉讃会編『聖徳太子と日本文化』(平楽寺書店、1951 年)
井川定慶集解『法然上人伝全集』(稲葉健次・法然上人伝全集刊行会、1952 年→増補再版、1967 年)
石田充之『日本浄土教の研究』(百華苑、1952 年)
――――『浄土教教理史』(サーラ叢書 15、平楽寺書店、1962 年)
――――『俊芿律師―鎌倉仏教成立の研究―』(法藏館、1972 年)
執行海秀『日蓮宗教学史』(平楽寺書店、1952 年→増訂、1960 年)
山中喜八編『御本尊集目録』(立正安国会、1952 年→訂補再版、1974 年)
立正大学宗学研究所編『昭和定本日蓮聖人遺文』全 4 巻(身延山久遠寺、1952-1959 年)
安藤俊雄『天台性具思想論』(法藏館、1953 年)
――――『天台学―根本思想とその展開―』(平楽寺書店、1968 年)
――――著・薗田香融校注『最澄』(日本思想大系 4、岩波書店、1974 年)
――――『天台学論集―止観と浄土―』(平楽寺書店、1975 年)
大久保道舟『道元禅師伝の研究』(岩波書店、1953 年→修訂増補、筑摩書房、1966 年。名著普及会より再刊)
――――編『道元禅師全集』上・下(筑摩書房、1969・1970 年。臨川書店より再刊)
田中塊堂『日本写経綜鑑』(三明社、1953 年。思文閣より再刊)
――――編『日本古写経現存目録』(思文閣、1973 年)
大蔵省管財局編『社寺境内地処分誌』(大蔵省財務協会、1954 年)
鈴木鉄心編『鈴木正三道人全集』(正三道人三百年記念会、1954 年。山喜房佛書林より再刊)
深浦正文『唯識学研究』上・下(永田文昌堂、1954 年。大法輪閣より再刊)
福田堯頴『天台学概論』(文一出版、1954 年。中山書房より再刊)
――――『続天台学概論』(文一出版、1959 年)
玉村竹二『五山文学―大陸文化紹介者としての五山禅僧の活動―』(日本歴史新書、至文堂、1955 年)
――――『日本禅宗史論集』全 3 巻(思文閣、1976-1981 年)
――――『臨済宗史』(春秋社、1991 年)
多屋頼俊他編『仏教学辞典』(法藏館、1955 年→改訂、1995 年)

――――『源氏物語の研究』（多屋頼俊著作集 5、法藏館、1992 年）
井上光貞『日本浄土教成立史の研究』（山川出版社、1956 年→新訂、1975 年。岩波書店より井上光貞著作集 7 として再刊）
――――・大曾根章介校注『往生伝・法華験記』（日本思想大系 7、岩波書店、1974 年）
――――『日本古代思想史の研究』（岩波書店、1982 年→井上光貞著作集 2 に収録）
――――・上山春平監修『大系　仏教と日本人』全 12 巻（春秋社、1985-1991 年）
坂本幸男『華厳教学の研究』（平楽寺書店、1956 年）
――――監修、田村芳朗・宮崎英修編『講座　日蓮』全 5 巻（春秋社、1972-1973 年）
――――『大乗仏教の研究』（坂本幸男論文集 2、大東出版社、1980 年）
田村円澄『法然上人伝の研究』（仏教文化研究所研究報告 2、法藏館、1956 年→新訂、1972 年）
――――『日本仏教思想史研究　浄土教篇』（平楽寺書店、1959 年）
――――『法然』（人物叢書 36、吉川弘文館、1959 年）
――――『飛鳥仏教史研究』（塙書房、1969 年）
――――『飛鳥・白鳳仏教論』（古代史選書 2、雄山閣出版、1975 年）
――――『古代朝鮮仏教と日本仏教』（吉川弘文館、1980 年）
――――『日本仏教史』全 6 巻（法藏館、1982-1983 年）
吉川　清『時衆阿弥教団の研究』（池田書店、1956 年。芸林舎より再刊）
赤松俊秀『鎌倉仏教の研究』正・続（平楽寺書店、1957・1966 年）
――――『親鸞』（人物叢書 65、吉川弘文館、1961 年）
――――・笠原一男編『真宗史概説』（平楽寺書店、1963 年）
――――・中田勇次郎編『伝教大師真蹟集成』全 2 巻（法藏館、1979 年）
大野達之助『日本仏教思想史』（吉川弘文館、1957 年→増訂、1961 年）
――――『日蓮』（人物叢書 6、吉川弘文館、1958 年）
――――『日本仏教史辞典』（東京堂出版、1979 年）
――――『鎌倉新仏教成立論』（吉川弘文館、1982 年）
末綱恕一『華厳経の世界』（現代人の仏教・仏典 4、春秋社、1957 年）
竹田聴洲『祖先崇拝―民俗と歴史―』（サーラ叢書 8、平楽寺書店、1957 年）
――――『民俗仏教と祖先信仰』（東京大学出版会、1971 年。国書刊行会より竹田聴洲著作集 1-3 として再刊）
永井義憲『日本仏教文学研究』1・2（古典文庫、1957 年→改訂、豊島書房、1966・1967 年）
――――『日本仏教文学研究』3（新典社研究叢書 12、新典社、1985 年）
村山修一『神仏習合思潮』（サーラ叢書 6、平楽寺書店、1957 年）
――――『山伏の歴史』（塙選書 71、塙書房、1970 年）
――――『本地垂迹』（日本歴史叢書 33、吉川弘文館、1974 年）
――――『比叡山史―闘いと祈りの聖域―』（東京美術、1994 年）
望月歓厚『日蓮教学の研究』（平楽寺書店、1958 年）
――――編『近代日本の法華仏教』（法華経研究 2、平楽寺書店、1968 年）
――――『日蓮宗学説史』（平楽寺書店、1968 年）
渡辺照宏『日本の仏教』（岩波新書青版 299・C151、岩波書店、1958 年）
――――・宮坂宥勝校注『三教指帰・性霊集』（日本古典文学大系 71、岩波書店、1965 年）
――――・宮坂宥勝『沙門空海』（筑摩叢書 84、筑摩書房、1967 年）
阿部秋生『源氏物語研究序説』上・下（岩波書店、1959 年）
――――『光源氏論―発心と出家―』（東京大学出版会、1989 年）
井上　薫『行基』（人物叢書 24、吉川弘文館、1959 年）
――――『奈良朝仏教史の研究』（日本史学研究叢書、吉川弘文館、1966 年→再追補、1993 年）
影山堯雄『日蓮教団史概説』（平楽寺書店、1959 年）
――――編『中世法華仏教の展開』（法華経研究 5、平楽寺書店、1974 年）
勝野隆信『比叡山と高野山―最澄と空海を中心として―』（日本歴史新書、至文堂、1959 年→増

補、1966年）
久保田収『中世神道の研究』（神道史研究叢書1、神道史学会、1959年）
――――『神道史の研究』（皇学館大学出版部、1973年）
多賀宗隼『慈円』（人物叢書15、吉川弘文館、1959年）
――――『栄西』（人物叢書126、吉川弘文館、1965年）
――――『慈円の研究』（吉川弘文館、1980年）
松野純孝『親鸞―その生涯と思想の展開過程―』（三省堂、1959年）
宮崎英修『禁制不受不施派の研究』（平楽寺書店、1959年）
――――編『日蓮辞典』（東京堂出版、1978年）
横田健一『道鏡』（人物叢書18、吉川弘文館、1959年）
吉田久一『日本近代仏教史研究』（吉川弘文館、1959年。川島書店より吉田久一著作集4として再刊）
和島芳男『叡尊・忍性』（人物叢書30、吉川弘文館、1959年）
川田熊太郎監修・中村元編『華厳思想』（法藏館、1960年）
古田紹欽『日本仏教思想史』（角川書店、1960年。講談社より古田紹欽著作集1として再刊）
――――『日本仏教思想史の諸問題―鎌倉・江戸時代―』（春秋社、1964年）
――――・入矢義高監修『日本の禅語録』全20巻（講談社、1977-1981年）
――――『日本禅宗史の諸問題』（学術叢書・禅仏教、大東出版社、1988年）
数江教一『日本の末法思想―日本中世思想史研究―』（至文堂、1961年）
勝又俊教『仏教における心識説の研究』（山喜房佛書林、1961年）
――――編『弘法大師著作全集』全3巻（山喜房佛書林、1968-1973年→修訂、1973-1988年）
――――『密教の日本的展開』（春秋社、1970年）
――――編輯『続豊山全書』全21巻（続豊山全書刊行会、1973-1978年）
佐藤哲英『天台大師の研究―智顗の著作に関する基礎的研究―』（百華苑、1961年）
――――『叡山浄土教の研究』（百華苑、1979年）
――――『続・天台大師の研究―天台智顗をめぐる諸問題―』（百華苑、1981年）
田中久夫『明恵』（人物叢書60、吉川弘文館、1961年）
――――『鎌倉仏教雑考』（思文閣出版、1982年）
玉城康四郎『心把捉の展開―天台実相観を中心として―』（山喜房佛書林、1961年）
――――『日本仏教思想論』上（平楽寺書店、1974年）
――――『日本仏教』（仏教の思想3、法藏館、1985年）
仏教大学編『法然上人研究―七百五十年大遠忌記念―』（平楽寺書店、1961年）
本願寺史編纂所・本願寺史料研究所編纂『本願寺史』全3巻（浄土真宗本願寺派宗務所、1961-1984年→増補改訂、本願寺出版社、2010年）
今枝愛真『禅宗の歴史』（日本歴史新書、至文堂、1962年。吉川弘文館より再刊）
――――『中世禅宗史の研究』（東大人文科学研究叢書、東京大学出版会、1970年）
梅田義彦『日本宗教制度史』（百華苑、1962年→改訂増補、東宣出版、1971-1972年。日本図書センターより再刊）
笠原一男『真宗における異端の系譜』（東大人文科学研究叢書、東京大学出版会、1962年）
――――『一向一揆の研究』（山川出版社、1962年）
――――『蓮如』（人物叢書109、吉川弘文館、1963年）
――――編『日本宗教史研究入門―戦後の成果と課題―』（日本人の行動と思想別巻1、評論社、1971年）
――――・井上鋭夫校注『蓮如・一向一揆』（日本思想大系17、岩波書店、1972年）
――――編『日本宗教史年表』（日本人の行動と思想別巻2、評論社、1974年）
――――『女人往生思想の系譜』（日本宗教史研究叢書、吉川弘文館、1975年）
――――編『日本宗教史』全2巻（世界宗教史叢書11・12、山川出版社、1977年）
――――・小栗純子『日本仏教史』（法政大学通信教育部、1990年）

竹内道雄『道元』（人物叢書 88、吉川弘文館、1962 年）
鶴岡静夫『日本古代仏教史の研究』（文雅堂書店、1962 年）
二葉憲香『古代仏教思想史研究—日本古代における律令仏教及び反律令仏教の研究—』（永田文昌堂、1962 年）
————編『史料・日本仏教史』（山崎宝文堂、1971 年→改訂増補、永田文昌堂、1986 年）
————編『日本仏教史研究』全 5 巻（永田文昌堂、1979-1984 年）
————『日本古代仏教史の研究』（永田文昌堂、1984 年）
森岡清美『真宗教団と「家」制度』（創文社、1962 年→増補、1978 年）
石田瑞麿『日本仏教における戒律の研究』（在家仏教協会、1963 年。中山書房より再刊）
————『浄土教の展開』（現代人の仏教・仏典 6、春秋社、1967 年）
————校注『源信』（日本思想大系 6、岩波書店、1970 年）
————『鑑真—その戒律思想—』（大蔵選書 10、大蔵出版、1974 年）
————『苦悩の親鸞—その思想と信仰の軌跡—』（有斐閣選書、有斐閣、1981 年）
————『日本仏教史』（岩波全書 337、岩波書店、1984 年）
————『日本仏教思想研究』全 5 巻（法藏館、1986-1987 年）
————『日本古典文学と仏教』（筑摩書房、1988 年）
長部和雄『一行禅師の研究』（研究叢書 3、神戸商科大学経済研究所、1963 年。渓水社・北辰堂より再刊）
山田恵諦編輯『慈覚大師讃仰集』（比叡山延暦寺、1963 年）
小野勝年『入唐求法巡礼行記の研究』全 4 巻（鈴木学術財団、1964-1969 年。法藏館より再刊）
————『入唐求法行歴の研究—智証大師円珍篇—』上・下（法藏館、1982・1983 年）
川崎庸之・笠原一男編『宗教史』（体系日本史叢書 18、山川出版社、1964 年）
————校注『空海』（日本思想大系 5、岩波書店、1975 年）
櫛田良洪『真言密教成立過程の研究』正・続（山喜房佛書林、1964・1979 年）
————『覚鑁の研究』（吉川弘文館、1975 年）
重松明久『日本浄土教成立過程の研究—親鸞の思想とその源流—』（平楽寺書店、1964 年）
関口真大『禅宗思想史』（山喜房佛書林、1964 年）
————『天台止観の研究』（岩波書店、1969 年）
————編著『止観の研究』（岩波書店、1975 年）
————編著『天台教学の研究』（大東出版社、1978 年）
智山全書刊行会編『智山全書』全 22 巻（智山全書刊行会、1964-1969 年）
名畑応順・多屋頼俊・兜木正亨・新間進一校注『親鸞集・日蓮集』（日本古典文学大系 82、岩波書店、1964 年）
福井康順編『慈覚大師研究』（天台学会、1964 年。早稲田大学出版部より再刊）
————『日本中世思想研究』（福井康順著作集 6、法藏館、1988 年）
————『日本天台の諸研究』（福井康順著作集 5、法藏館、1990 年）
宮坂宥勝校注『仮名法語集』（日本古典文学大系 83、岩波書店、1964 年）
————・梅原猛『生命の海「空海」』（仏教の思想 9、角川書店、1968 年）
————『日本仏教のあゆみ』（大法輪閣、1979 年→改訂、2010 年）
立正大学日蓮教学研究所編『日蓮教団全史』上（平楽寺書店、1964 年）
————————————編纂『日蓮聖人遺文辞典』歴史篇・教学篇（身延山久遠寺、1985 年）
荻須純道『日本中世禅宗史』（木耳社、1965 年）
————『禅宗史入門』（サーラ叢書 22、平楽寺書店、1977 年）
勝呂信静『日蓮思想の根本問題—勝呂信静集—』（昭和仏教全集第 3 部 8、教育新潮社、1965 年）
鈴木一成『日蓮聖人遺文の文献学的研究』（平楽寺書店、1965 年）
高木　豊『日蓮とその門弟—宗教社会史的研究—』（弘文堂、1965 年）
————『平安時代法華仏教史研究』（平楽寺書店、1973 年）
————『鎌倉仏教史研究』（岩波書店、1982 年）

田村芳朗『鎌倉新仏教思想の研究』(平楽寺書店、1965年)
――――『日本仏教史入門』(角川選書25、角川書店、1969年)
――――『本覚思想論』(田村芳朗仏教学論集1、春秋社、1990年)
――――『日本仏教論』(田村芳朗仏教学論集2、春秋社、1991年)
戸頃重基『日蓮の思想と鎌倉仏教』(冨山房、1965年)
――――・高木豊校注『日蓮』(日本思想大系14、岩波書店、1970年)
西尾実他校注『正法眼蔵・正法眼蔵随聞記』(日本古典文学大系81、岩波書店、1965年)
古宇田亮宣編『和訳　天台宗論義二百題』(隆文館、1966年)
――――編『和訳　天台宗論義百題自在房』(林光院、1972年→改訂、隆文館、1977年)
『日本の仏教』全15巻(筑摩書房、1966-1969年)
水野弘元監修、中村元・平川彰・玉城康四郎責任編集『新・仏典解題事典』(春秋社、1966年)
三田全信『成立史的法然上人諸伝の研究』(光念寺出版部、1966年。平楽寺書店より再刊)
――――『浄土宗史の新研究』(隆文館、1971年)
山岸徳平校注『五山文学集・江戸漢詩集』(日本古典文学大系89、岩波書店、1966年)
渡辺綱也校注『沙石集』(日本古典文学大系85、岩波書店、1966年)
宇野精一他編『東洋思想の日本的展開』(講座・東洋思想10、東京大学出版会、1967年)
梅原　猛『地獄の思想―日本精神の一系譜―』(中央公論社、1967年)
――――『法然』(浄土仏教の思想8、講談社、2000年)
遠藤嘉基・春日和男校注『日本霊異記』(日本古典文学大系70、岩波書店、1967年)
岡見正雄・赤松俊秀校注『愚管抄』(日本古典文学大系86、岩波書店、1967年)
金井清光『時衆文芸研究』(風間書房、1967年→改訂、1989年)
重松信弘『源氏物語の仏教思想―仏教思想とその文芸的意義の研究―』(平楽寺書店、1967年)
日本宗教史研究会編『日本宗教史研究』全5巻(法藏館、1967-1974年)
山口光円『天台浄土教史』(法藏館、1967年)
立正安国会編『日蓮大聖人御真蹟対照録』全3巻(立正安国会、1967-1968年)
井上鋭夫『一向一揆の研究』(吉川弘文館、1968年)
柏原祐泉・薗田香融編『日本名僧列伝』(現代教養文庫635、社会思想社、1968年)
――――『日本近世近代仏教史の研究』(平楽寺書店、1969年)
――――『近世庶民仏教の研究』(仏教史学研究双書、法藏館、1971年)
――――・藤井学校注『近世仏教の思想』(日本思想大系57、岩波書店、1973年)
――――『日本仏教史　近代』(吉川弘文館、1990年)
鈴木大拙『鈴木大拙全集』全32巻(岩波書店、1968-1971年→増補新版、全40巻、1999-2003年)
宮地廓慧『親鸞伝の研究』(百華苑、1968年)
親鸞聖人全集刊行会編『定本親鸞聖人全集』全9巻(法藏館、1969-1970年)
『禅の語録』全20巻(筑摩書房、1969-1981年)
高崎直道・梅原　猛『古仏のまねび「道元」』(仏教の思想11、角川書店、1969年)
――――他『東アジアの仏教』(岩波講座・東洋思想12、岩波書店、1988年)
――――・木村清孝編『日本仏教論』(シリーズ・東アジア仏教4、春秋社、1995年)
――――『道元思想と日本仏教』(高崎直道著作集9、春秋社、2010年)
高田　修『仏教美術史論考』(中央公論美術出版、1969年)
武内義範・梅原猛編『日本の仏典』(中公新書179、中央公論社、1969年)
――――・石田慶和『親鸞』(浄土仏教の思想9、講談社、1991年)
千葉乗隆他『仏教史概説』日本篇(平楽寺書店、1969年)
徳田明本『律宗概論』(百華苑、1969年)
――――『律宗文献目録』(百華苑、1974年)
藤島達朗・宮崎円遵編『日本浄土教史の研究』(平楽寺書店、1969年)
松長有慶『密教の歴史』(サーラ叢書19、平楽寺書店、1969年)

――――『密教の相承者―その行動と思想―』（東洋人の行動と思想3、評論社、1973年）
生桑完明『親鸞聖人撰述の研究』（法藏館、1970年）
香月乗光編著『浄土宗開創期の研究―思想と歴史―』（平楽寺書店、1970年）
寺田透・水野弥穂子校注『道元』上・下（日本思想大系12・13、岩波書店、1970・1972年）
平川　彰『現代人のための仏教』（講談社現代新書238、講談社、1970年）
――――『インド・中国・日本仏教通史』（春秋社、1977年）
――――『八宗綱要』上・下（仏典講座39、大蔵出版、1980・1981年）
――――『日本仏教と中国仏教』（平川彰著作集8、春秋社、1991年）
――――『二百五十戒の研究』全4巻（平川彰著作集14-17、春秋社、1993-1995年）
増谷文雄・梅原　猛『絶望と歓喜「親鸞」』（仏教の思想10、角川書店、1970年）
宮家　準『修験道儀礼の研究』（春秋社、1970年→増補再版、1999年）
――――『修験道思想の研究』（春秋社、1985年→増補、1999年）
大橋俊雄校注『法然・一遍』（日本思想大系10、岩波書店、1971年）
――――『時宗の成立と展開』（日本宗教史研究叢書、吉川弘文館、1973年）
――――『一遍』（人物叢書183、吉川弘文館、1983年）
――――『法然全集』全3巻（春秋社、1989年）
小沢勇貫『選択集講述』（浄土宗宗務支所、1971年）
景山春樹他編・塚本善隆他著『天台の秘宝・比叡山』（講談社、1971年）
――――『比叡山寺―その構成と諸問題―』（同朋社、1978年）
鎌田茂雄著・田中久夫校注『鎌倉旧仏教』（日本思想大系15、岩波書店、1971年）
――――全訳注『八宗綱要―仏教を真によく知るための本―』（講談社学術文庫555、講談社、1981年）
――――『華厳学研究資料集成』（東洋文化研究所叢書1、大蔵出版、1983年）
多田厚隆編『法華文句』全5巻（註解合編・天台大師全集、日本仏書刊行会、1971年。中山書房より再刊）
――――・大久保良順・田村芳朗・浅井円道校注『天台本覚論』（日本思想大系9、岩波書店、1973年）
圭室文雄『江戸幕府の宗教統制』（日本人の行動と思想16、評論社、1971年）
――――『日本仏教史　近世』（吉川弘文館、1987年）
――――『葬式と檀家』（歴史文化ライブラリー70、吉川弘文館、1999年）
中尾　堯『日親―その行動と思想―』（日本人の行動と思想15、評論社、1971年）
――――編『中世の寺院体制と社会』（吉川弘文館、2002年）
速水　侑『弥勒信仰―もう一つの浄土信仰―』（日本人の行動と思想12、評論社、1971年）
――――『平安貴族社会と仏教』（日本宗教史研究叢書、吉川弘文館、1975年）
――――『浄土信仰論』（古代史選書3、雄山閣出版、1978年）
――――『日本仏教史　古代』（吉川弘文館、1986年）
――――『源信』（人物叢書195、吉川弘文館、1988年）
――――編著『奈良・平安仏教の展開』（吉川弘文館、2006年）
――――編『日本社会における仏と神』（吉川弘文館、2006年）
星野元豊・石田充之・家永三郎校注『親鸞』（日本思想大系11、岩波書店、1971年）
――――『講解　教行信証』全7巻（法藏館、1977-1983年→改訂、1994-1995年）
三枝充悳『三論玄義』（仏典講座27、大蔵出版、1971年）
――――『仏教小年表』（大蔵出版、1973年→再訂、1989年）
村上重良著・安丸良夫校注『民衆宗教の思想』（日本思想大系67、岩波書店、1971年）
市川白弦・入矢義高・柳田聖山校注『中世禅家の思想』（日本思想大系16、岩波書店、1972年）
岩瀬法雲『源氏物語と仏教思想』（笠間叢書34、笠間書院、1972年）
大谷大学仏教史学会編『仏教史論』（大谷大学仏教史学会、1972-1974年）
間中冨士子『国文学に摂取された仏教　上代・中古篇』（文一出版、1972年）

――――――『仏教文学入門』(パープル叢書、世界聖典刊行協会、1982 年)
浅井円道『上古日本天台本門思想史』(平楽寺書店、1973 年)
――――編『本覚思想の源流と展開』(法華経研究 11、平楽寺書店、1991 年)
櫛田良洪博士頌寿記念会編『櫛田博士頌寿記念　高僧伝の研究』(山喜房佛書林、1973 年)
佐和隆研・中田勇次郎編『弘法大師真蹟集成』全 14 巻(法藏館、1973-1974 年→増補、1979 年)
――――・濱田隆責任編集『密教美術大観』全 4 巻(朝日新聞社、1983-1984 年)
高取正男『仏教土着―その歴史と民俗―』(NHK ブックス 195、日本放送出版協会、1973 年)
――――・赤井達郎・藤井学編『図説日本仏教史』全 3 巻(法藏館、1980-1981 年)
――――『民間信仰史の研究』(法藏館、1982 年)
天台学会編・福井康順監修『伝教大師研究』正・続(早稲田大学出版部、1973・1980 年)
中井真孝『日本古代の仏教と民衆』(日本人の行動と思想 22、評論社、1973 年)
――――『日本古代仏教制度史の研究』(法藏館、1991 年)
仲尾俊博『日本初期天台の研究』正・続(永田文昌堂、1973・1993 年)
伊藤真徹『平安浄土教信仰史の研究』(平楽寺書店、1974 年)
――――『日本浄土教文化史研究』(隆文館、1975 年)
『時宗全書』全 2 巻(芸林舎、1974 年)
浄土宗大辞典編纂委員会編『浄土宗大辞典』全 4 巻(浄土宗大辞典刊行会・山喜房佛書林、1974-1982 年)
――――――――――監修・浄土宗大辞典編纂実行委員会編集『新纂浄土宗大辞典』(浄土宗、2016 年)
『真宗史料集成』全 13 巻(同朋舎、1974-1983 年)
石田尚豊『曼荼羅の研究』研究篇・図版篇(東京美術、1975 年)
黒田俊雄『日本中世の国家と宗教』(岩波書店、1975 年)
――――『日本中世の社会と宗教』(岩波書店、1990 年)
櫻井徳太郎・萩原龍夫・宮田登校注『寺社縁起』(日本思想大系 20、岩波書店、1975 年)
『山岳宗教史研究叢書』全 18 巻(名著出版、1975-1984 年)
『新纂大日本続蔵経』全 90 巻(国書刊行会、1975-1989 年)
続真言宗全書刊行会編纂『続真言宗全書』全 42 巻(続真言宗全書刊行会、1975-1988 年)
仏教大学法然上人研究会編『法然上人研究―浄土宗開宗八百年記念―』(隆文館、1975 年)
古川哲史・石田一良編『日本思想史講座』全 10 巻(雄山閣出版、1975-1978 年)
古田武彦『親鸞思想―その史料批判―』(冨山房、1975 年。明石書店より再刊→古田武彦著作集 2 に収録)
国書刊行会編『掲示文書伝道大事典』(国書刊行会、1976 年)
児玉　識『近世真宗の展開過程―西日本を中心として―』(日本宗教史研究叢書、吉川弘文館、1976 年)
筑土鈴寛『筑土鈴寛著作集』全 5 巻(せりか書房、1976-1977 年)
天台宗務庁編『天台学綱要』(金声堂、1976 年)
『日蓮聖人真蹟集成』全 11 巻(法藏館、1976 年)
平林盛得・小池一行編『五十音引僧綱補任僧歴綜覧―推古三二年 - 元暦二年―』(笠間索引叢刊 53、笠間書院、1976 年→増訂、2008 年)
――――『良源』(人物叢書 173、吉川弘文館、1976 年)
――――『聖と説話の史的研究』(吉川弘文館、1981 年)
『卍続蔵経』全 150 冊(新文豊出版、1976 年)
由木義文『日本仏教における仏』(レグルス文庫 58、第三文明社、1976 年)
――――『日本仏教思想史』(パープル叢書、世界聖典刊行協会、1979 年)
――――『東国の仏教―その原型を求めて―』(山喜房佛書林、1983 年)
横山紘一『唯識思想入門』(レグルス文庫 66、第三文明社、1976 年)

————『唯識とは何か—『法相二巻抄』を読む—』（春秋社、1986 年→増補、2005 年）
渡辺宝陽『日蓮宗信行論の研究』（平楽寺書店、1976 年）
————編『法華仏教の仏陀論と衆生論』（法華経研究 10、平楽寺書店、1985 年）
————監修『法華経の事典』（東京堂出版、2013 年）
大隅和雄校注『中世神道論』（日本思想大系 19、岩波書店、1977 年）
————・速水侑編著『日本仏教史』（梓出版社、1981 年）
————・西口順子編『シリーズ　女性と仏教』全 4 巻（平凡社、1989 年）
————『日本の文化をよみなおす—仏教・年中行事・文学の中世—』（吉川弘文館、1998 年）
————・中尾堯編『日本仏教史　中世』（吉川弘文館、1998 年）
————編『中世の仏教と社会』（吉川弘文館、2000 年）
————編『仏法の文化史』（吉川弘文館、2003 年）
————編『文化史の諸相』（吉川弘文館、2003 年）
————編『文化史の構想』（吉川弘文館、2003 年）
太田久紀編註『選註成唯識論』（中山書房、1977 年）
————『観心覚夢鈔』（仏典講座 42、大蔵出版、1981 年）
『講座　親鸞の思想』全 10 巻（教育新潮社、1977-1981 年）
奈良国立博物館編『経塚遺宝』（東京美術、1977 年）
————————編『法華経—写経と荘厳—』（東京美術、1987 年）
平岡定海『日本弥勒浄土思想展開史の研究』（大蔵出版、1977 年）
————『日本寺院史の研究』全 2 巻（吉川弘文館、1981・1988 年）
網野善彦『無縁・公界・楽—日本中世の自由と平和—』（平凡社、1978 年→増補、1987 年。岩波書店より網野善彦著作集 12 として再刊）
禅学大辞典編纂所編『禅学大辞典』全 3 巻（大修館書店、1978 年）
中野義照編『弘法大師研究』（吉川弘文館、1978 年）
『日本仏教基礎講座』全 7 巻（雄山閣出版、1978-1980 年）
叡山学会編『安然和尚の研究』（同朋舎、1979 年）
大桑　斉『寺檀の思想』（教育社歴史新書・日本史 177、教育社、1979 年）
————『日本近世の思想と仏教』（法藏館、1989 年）
————『日本仏教の近世』（法藏館、2003 年）
安丸良夫『神々の明治維新—神仏分離と廃仏毀釈—』（岩波新書黄版 103、岩波書店、1979 年）
————・喜安朗編著『戦後知の可能性—歴史・宗教・民衆—』（山川出版社、2010 年）
山崎宏・笠原一男監修『仏教史年表』（法藏館、1979 年）
石原清志『釈教歌の研究—八代集を中心として—』（同朋社出版、1980 年）
井上薫教授退官記念会編『日本古代の国家と宗教』上・下（吉川弘文館、1980 年）
大谷大学仏教学会編『仏教学への道しるべ』（文栄堂書店、1980 年）
堀池春峰『南都仏教史の研究』全 3 巻（法藏館、1980-2004 年）
毛利　久『日本仏像史研究』（法藏館、1980 年）
伊東多三郎『信仰と思想の統制』（近世史の研究 1、吉川弘文館、1981 年）
伊藤唯真『浄土宗の成立と展開』（日本宗教史研究叢書、吉川弘文館、1981 年）
————編『日本仏教の形成と展開』（法藏館、2002 年）
今井雅晴『時宗成立史の研究』（吉川弘文館、1981 年）
————『鎌倉新仏教の研究』（吉川弘文館、1991 年）
————『親鸞と浄土真宗』（吉川弘文館、2003 年）
薗田香融『平安仏教の研究』（法藏館、1981 年）
日蓮宗事典刊行委員会編『日蓮宗事典』（日蓮宗宗務院・東京堂出版、1981 年。日蓮宗新聞社より再刊）
新田雅章『天台実相論の研究』（平楽寺書店、1981 年）
茂田井教亨『日蓮教学の根本問題』（平楽寺書店、1981 年）

山口晃一監修『日蓮聖人御引用法華三大部集註』全８巻（法華ジャーナル、1981-1983年）
岡崎譲治監修『仏具大事典』（鎌倉新書、1982年）
坪井俊映『法然浄土教の研究—伝統と自証について—』（隆文館、1982年）
『日本名僧論集』全10巻（吉川弘文館、1982-1983年）
藤井正治『仏教入門—人間学としての宗教—』（潮文社、1982年→改訂、1992年）
『民衆宗教史叢書』全32巻（雄山閣出版、1982-1999年）
弘法大師空海全集編輯委員会編『弘法大師空海全集』全８巻（筑摩書房、1983-1986年）
相良亨・尾藤正英・秋山虔編『講座　日本思想』全５巻（東京大学出版会、1983-1984年）
佐久間竜『日本古代僧伝の研究』（吉川弘文館、1983年）
藤堂恭俊『法然上人研究』全２巻（山喜房佛書林、1983年）
入矢義高編『馬祖の語録』（禅文化研究所、1984年。筑摩書房より禅の語録５として再刊）
————訳注『臨済録』（岩波文庫青310、岩波書店、1989年）
————校注『五山文学集』（新日本古典文学大系48、岩波書店、1990年）
————監修・古賀英彦編著『禅語辞典』（思文閣出版、1991年）
————他訳注『碧巌録』全３巻（岩波文庫青311、岩波書店、1992-1996年）
叡山学院編『元三慈恵大師の研究——一千年遠忌記念—』（同朋舎出版、1984年）
木内堯央『天台密教の形成—日本天台思想史研究—』（渓水社・北辰堂、1984年）
————著・木内堯大編『日本における天台宗の形成』（木内堯央論文集１、宗教工芸社、2012年）
————著・木内堯大編『日本における天台宗の展開』（木内堯央論文集２、宗教工芸社、2012年）
『日本仏教宗史論集』全10巻（吉川弘文館、1984-1985年）
Paul Groner, *Saichō: The Establishment of the Japanese Tendai School,* Berkeley Buddhist studies series Vol.7, 1984.
————, *Ryōgen and Mount Hiei: Japanese Tendai in the Tenth Century,* University of Hawai'i Press, 2002.
佐伯良謙『唯識学概論—法相宗綱要—』（法藏館、1985年）
松原泰道・平川彰編『高僧伝』全10巻（集英社、1985-1986年）
丸山キヨ子『源氏物語の仏教—その宗教性の考察と源泉となる教説についての探究—』（創文社、1985年）
吉津宜英『華厳禅の思想史的研究』（学術叢書・禅仏教、大東出版社、1985年）
————『華厳一乗思想の研究』（大東出版社、1991年）
大久保良順編『仏教文学を読む』（講談社、1986年）
小山田和夫・井上博文・岡本桂典編『日本仏教全集叢書資料総覧』全３巻（本の友社、1986年）
金岡秀友他編『日本仏教典籍大事典』（雄山閣、1986年）
————・柳川啓一監修、菅沼晃・田丸徳善編集『仏教文化事典』（佼成出版社、1989年）
種智院大学密教学会編『密教関係文献目録』（同朋舎、1986年→増補新訂、同朋舎メディアプラン、2007年）
逵日出典『神仏習合』（六興出版、1986年。臨川書店より再刊）
東京国立博物館他編『比叡山と天台の美術—比叡山開創一二〇〇年記念—』（朝日新聞社、1986年）
日本仏教史の研究会編『木村武夫先生喜寿記念　日本仏教史の研究』（永田文昌堂、1986年）
————————編『千葉乗隆博士古稀記念　日本の社会と仏教』（永田文昌堂、1990年）
二葉憲香博士古稀記念論集刊行会編『二葉憲香博士古稀記念　日本仏教史論叢』（永田文昌堂、1986年）
『論集　日本仏教史』全10巻（雄山閣出版、1986-1999年）
石井修道『宋代禅宗史の研究—中国曹洞宗と道元禅—』（学術叢書・禅仏教、大東出版社、1987年）

小原　仁『文人貴族の系譜』（中世史研究選書、吉川弘文館、1987 年）
小寺文頴著、坂本広博・武覚超校訂『天台円戒概説』（叡山学院、1987 年）
斎藤曉子『源氏物語の宗教意識の根柢』（桜楓社、1987 年）
――――『源氏物語の仏教と人間』（桜楓社、1989 年）
佐藤弘夫『日本中世の国家と仏教』（中世史研究選書、吉川弘文館、1987 年）
総合仏教大辞典編集委員会編集『総合仏教大辞典』全 3 巻（法藏館、1987 年）
天台宗典編纂所編『続天台宗全書』全 25 巻（春秋社、1987-2017 年）
長尾雅人・柳田聖山・梶山雄一監修『大乗仏典』中国・日本篇 30 巻（中央公論社、1987-1996 年）
西口順子『女の力―古代の女性と仏教―』（平凡社選書 110、平凡社、1987 年）
――――『平安時代の寺院と民衆』（法藏館、2004 年）
――――『中世の女性と仏教』（法藏館、2006 年）
『日本の仏典』既刊 6 巻（筑摩書房、1987-1990 年）
廣田哲通『中世仏教説話の研究』（勉誠社、1987 年）
――――『中世法華経注釈書の研究』（笠間書院、1993 年）
――――『中世仏教文学の研究』（研究選書 255、和泉書院、2000 年）
船岡　誠『日本禅宗の成立』（中世史研究選書、吉川弘文館、1987 年）
細川涼一『中世の律宗寺院と民衆』（中世史研究選書、吉川弘文館、1987 年）
伊藤瑞叡『華厳菩薩道の基礎的研究』（平楽寺書店、1988 年→増補、国書刊行会、2013 年）
――――『法華経の真実と救済』（隆文館、1991 年）
――――編著『なぜいま三大秘法抄か―計量文献学入門―』（三大秘法抄の研究 1、隆文館、1997 年）
――――編著『三大秘法抄なぜ真作か―計量文献学序説―』（三大秘法抄の研究 2、隆文館、1997 年）
岩本　裕『日本仏教語辞典』（平凡社、1988 年）
太田博太郎他監修『図説日本の仏教』全 6 巻（新潮社、1988-1990 年）
大槻幹郎・加藤正俊・林雪光編著『黄檗文化人名辞典』（思文閣出版、1988 年）
河村孝道校訂・註釈『道元禅師全集』全 7 巻（春秋社、1988-1993 年）
佐々木馨『中世国家の宗教構造―体制仏教と体制外仏教の相剋―』（中世史研究選書、吉川弘文館、1988 年）
浄土真宗聖典編纂委員会編纂『浄土真宗聖典』註釈版（本願寺出版社、1988 年）
――――――――――――編纂『浄土真宗聖典　七祖篇』註釈版（本願寺出版社、1996 年）
『親鸞大系』全 25 巻（法藏館、1988-1989 年）
田村晃祐『最澄』（人物叢書 193、吉川弘文館、1988 年）
――――『最澄教学の研究』（春秋社、1992 年）
中世寺院史研究会編『中世寺院史の研究』上・下（寺院史論叢 1、法藏館、1988 年）
平松令三『親鸞真蹟の研究』（法藏館、1988 年）
藤本浄彦『法然浄土教思想論攷』（平楽寺書店、1988 年）
松尾剛次『鎌倉新仏教の成立―入門儀礼と祖師神話―』（中世史研究選書、吉川弘文館、1988 年→増補、1998 年）
――――『救済の思想―叡尊教団と鎌倉新仏教―』（角川選書 272、角川書店、1996 年）
――――『日本中世の禅と律』（吉川弘文館、2003 年）
――――『中世律宗と死の文化』（吉川弘文館、2010 年）
――――『中世叡尊教団の全国的展開』（法藏館、2017 年）
三﨑良周『台密の研究』（創文社、1988 年）
――――『密教と神祇思想』（創文社、1992 年）
――――『台密の理論と実践』（創文社、1994 年）
村井章介『アジアのなかの中世日本』（歴史科学叢書、校倉書房、1988 年）

新井栄蔵・渡辺貞麿・三村晃功編『叡山の文化』(世界思想社、1989年)
――――他編『叡山の和歌と説話』(世界思想社、1991年)
――――・後藤昭雄編『叡山をめぐる人びと』(世界思想社、1993年)
五来　重『日本人の仏教史』(角川選書189、角川書店、1989年)
佐伯有清『円仁』(人物叢書196、吉川弘文館、1989年)
――――『円珍』(人物叢書200、吉川弘文館、1990年)
――――『最澄とその門流』(吉川弘文館、1993年)
――――『若き日の最澄とその時代』(吉川弘文館、1994年)
佐藤亮雄編『僧伝史料』全3巻(新典社索引叢書5-7、新典社、1989-1990年)
色井秀譲『戒灌頂の入門的研究』(東方出版、1989年)
高埜利彦『近世日本の国家権力と宗教』(東京大学出版会、1989年)
竹貫元勝『日本禅宗史』(大蔵出版、1989年)
『智証大師研究』編集委員会編『智証大師研究』(同朋舎出版、1989年)
永村　眞『中世東大寺の組織と経営』(塙書房、1989年)
――――『中世寺院史料論』(吉川弘文館、2000年)
袴谷憲昭『本覚思想批判』(大蔵出版、1989年)
今堀太逸『神祇信仰の展開と仏教』(中世史研究選書、吉川弘文館、1990年)
西山短期大学編『西山叢書』全5巻(西山短期大学、1990-1996年)
水野弥穂子校注『正法眼蔵』全4巻(岩波文庫青319、岩波書店、1990-1993年)
高木宗監『源氏物語と仏教』(桜楓社、1991年)
密教文化研究所弘法大師著作研究会編『定本弘法大師全集』全11巻(高野山大学密教文化研究所、1991-1997年)
渡部真弓『神道と日本仏教』(ぺりかん社、1991年)
嵯峨井建『日吉大社と山王権現』(人文書院、1992年)
――――『満州の神社興亡史―日本人の行くところ神社あり―』(芙蓉書房出版、1998年)
――――『神仏習合の歴史と儀礼空間』(思文閣出版、2013年)
末木文美士『日本仏教史―思想史としてのアプローチ―』(新潮社、1992年)
――――『平安初期仏教思想の研究―安然の思想形成を中心として―』(春秋社、1995年)
――――『鎌倉仏教形成論―思想史の立場から―』(法藏館、1998年)
――――『近代日本の思想・再考』全3巻(トランスビュー、2004-2010年)
――――『鎌倉仏教展開論』(トランスビュー、2008年)
――――編集委員『新アジア仏教史』11-15(日本篇5巻)(佼成出版社、2010-2011年)
――――他編『ブッダの変貌―交錯する近代仏教―』(日文研叢書、法藏館、2014年)
――――『親鸞―主上臣下、法に背く―』(ミネルヴァ日本評伝選、ミネルヴァ書房、2016年)
菅原信海『山王神道の研究』(春秋社、1992年)
――――『日本思想と神仏習合』(春秋社、1996年)
――――編『神仏習合思想の展開』(汲古書院、1996年)
――――『日本人の神と仏―日光山の信仰と歴史―』(法藏館、2001年)
――――『神仏習合思想の研究』(春秋社、2005年)
――――『日本仏教と神祇信仰』(春秋社、2007年)
平　雅行『日本中世の社会と仏教』(塙書房、1992年)
――――『親鸞とその時代』(法藏館、2001年)
――――『鎌倉仏教と専修念仏』(法藏館、2017年)
竹村牧男『唯識の探究―『唯識三十頌』を読む―』(春秋社、1992年)
――――『日本仏教　思想のあゆみ』(浄土宗、2012年。講談社より講談社学術文庫2285として再刊)
西村冏紹・末木文美士『観心略要集の新研究』(百華苑、1992年)
――――監修・梯信暁著『宇治大納言源隆国編　安養集―本文と研究―』(百華苑、1993年)

日本仏教人名辞典編纂委員会編『日本仏教人名辞典』（法藏館、1992 年）
今野達・佐竹昭広・上田閑照編集委員『岩波講座　日本文学と仏教』全 10 巻（岩波書店、1993-1995 年）
清水梁山述・岡本一乗記・岡本天晴編『日蓮聖人の本尊』（隆文館、1993 年）
『新国訳大蔵経』インド撰述部既刊 50 巻・中国撰述部既刊 12 巻（大蔵出版、1993-2015 年）
森章司編『戒律の世界』（渓水社・北辰堂、1993 年）
伊藤博之・今成元昭・山田昭全編『仏教文学講座』全 9 巻（勉誠社、1994-1996 年）
佐藤道子編著『中世寺院と法会』（法藏館、1994 年）
田中良昭編『禅学研究入門』（大東出版社、1994 年）
西村恵信訳注『無門関』（岩波文庫青 312、岩波書店、1994 年）
日本仏教研究会編『日本の仏教』第 1 期 6 巻・第 2 期 3 巻（法藏館、1994-2001 年）
池田魯参『詳解摩訶止観』全 3 巻（大蔵出版、1995-1997 年）
楊　曾文『日本仏教史』（浙江人民出版社、1995 年）
吉田一彦『日本古代社会と仏教』（吉川弘文館、1995 年）
――――・勝浦令子・西口順子著、光華女子大学・短期大学真宗文化研究所編『日本史の中の女性と仏教』（法藏館、1999 年）
――――『古代仏教をよみなおす』（吉川弘文館、2006 年）
――――講述『日本史の中の女性と寺院』（女性と仏教・東海ネットワーク、2007 年）
――――『仏教伝来の研究』（吉川弘文館、2012 年）
――――『『日本書紀』の呪縛』（集英社新書・シリーズ「本と日本史」1、集英社、2016 年）
渡部泰明編『秘儀としての和歌―行為と場―』（日本文学を読みかえる 4、有精堂出版、1995 年）
石井公成『華厳思想の研究』（春秋社、1996 年）
――――『聖徳太子―実像と伝説の間―』（春秋社、2016 年）
今成元昭編『仏教文学の構想』（新典社研究叢書 99、新典社、1996 年）
――――『『方丈記』と仏教思想―付『更級日記』と『法華経』―』（笠間書院、2005 年）
曽根原理『徳川家康神格化への道―中世天台思想の展開―』（吉川弘文館、1996 年）
――――『神君家康の誕生―東照宮と権現様―』（歴史文化ライブラリー 256、吉川弘文館、2008 年）
高藤晴俊『日光東照宮の謎』（講談社現代新書 1292、講談社、1996 年）
福田晃・廣田哲通編『唱導文学研究』全 10 集（三弥井書店、1996 年）
三角洋一『源氏物語と天台浄土教』（中古文学研究叢書 1、若草書房、1996 年）
――――『宇治十帖と仏教』（中古文学研究叢書 8、若草書房、2011 年）
渡辺守順『説話文学の叡山仏教』（研究叢書 191、和泉書院、1996 年）
――――『仏教文学の叡山仏教』（和泉書院、2005 年）
鎌田茂雄博士古稀記念会編『華厳学論集』（大蔵出版、1997 年）
『天台大師研究』編集委員会編『天台大師研究―天台大師千四百年御遠忌記念出版―』（祖師讃仰大法会事務局・天台学会、1997 年）
石川　一『慈円和歌論考』（笠間叢書 308、笠間書院、1998 年）
石橋義秀他編『仏教文学とその周辺』（研究叢書 227、和泉書院、1998 年）
大久保良峻『天台教学と本覚思想』（法藏館、1998 年）
――――編著『新・八宗綱要―日本仏教諸宗の思想と歴史―』（法藏館、2001 年）
――――他編著『日本仏教 34 の鍵』（春秋社、2003 年）
――――『台密教学の研究』（法藏館、2004 年）
――――編著『天台学探尋―日本の文化・思想の核心を探る―』（法藏館、2014 年）
――――『最澄の思想と天台密教』（法藏館、2015 年）
原田正俊『日本中世の禅宗と社会』（吉川弘文館、1998 年）
――――編著『日本古代中世の仏教と東アジア』（関西大学東西学術研究所研究叢刊 46、関西大学出版部、2014 年）

藤井恵介『密教建築空間論』（中央公論美術出版、1998 年）
今泉淑夫編『日本仏教史辞典』（吉川弘文館、1999 年）
大正大学仏教学科編『仏教とはなにか』全 2 巻（大法輪閣、1999 年）
高木訷元『空海と最澄の手紙』（法藏館、1999 年）
三崎義泉『止観的美意識の展開―中世芸道と本覚思想との関連―』（ぺりかん社、1999 年）
蓑輪顕量『中世初期南都戒律復興の研究』（法藏館、1999 年）
――――『仏教瞑想論』（春秋社、2008 年）
――――『日本仏教の教理形成―法会における唱導と論義の研究―』（大蔵出版、2009 年）
――――編『事典　日本の仏教』（吉川弘文館、2014 年）
――――『日本仏教史』（春秋社、2015 年）
山本　一『慈円の和歌と思想』（研究叢書 232、和泉書院、1999 年）
Ryūichi Abé, *The Weaving of Mantra: Kūkai and the Construction of Esoteric Buddhist Discourse,* Columbia University Press, 1999.
天納傳中『天台声明―天納傳中著作集―』（法藏館、2000 年）
智山勧学会編『論義の研究』（青史出版、2000 年）
三橋　正『平安時代の信仰と宗教儀礼』（続群書類従完成会、2000 年）
伊吹　敦『禅の歴史』（法藏館、2001 年）
大谷栄一『近代日本の日蓮主義運動』（法藏館、2001 年）
子安宣邦監修『日本思想史辞典』（ぺりかん社、2001 年）
ブライアン・アンドルー・ヴィクトリア著、エイミー・ルイーズ・ツジモト訳『禅と戦争―禅仏教は戦争に協力したか―』（光人社、2001 年。えにし書房より再刊）
松本寧至『日本古典文学の仏教的研究』（研究叢書 257、和泉書院、2001 年）
後藤昭雄『天台仏教と平安朝文人』（歴史文化ライブラリー 133、吉川弘文館、2002 年）
三派合同記念論集編集委員会編『新義真言教学の研究―頼瑜僧正七百年御遠忌記念論集―』（大蔵出版、2002 年）
奈良弘元『初期叡山浄土教の研究』（春秋社、2002 年）
林　淳・小池淳一編著『陰陽道の講義』（嵯峨野書院、2002 年）
―――『近世陰陽道の研究』（吉川弘文館、2005 年）
―――『天文方と陰陽道』（日本史リブレット 46、山川出版社、2006 年）
―――・大谷栄一責任編集『近代仏教』（季刊日本思想史 75、ぺりかん社、2009 年）
藤井　学『法華文化の展開』（法藏館、2002 年）
伊藤真昭『京都の寺社と豊臣政権』（日本仏教史研究叢書、法藏館、2003 年）
大山誠一編『聖徳太子の真実』（平凡社、2003 年）
勝浦令子『古代・中世の女性と仏教』（日本史リブレット 16、山川出版社、2003 年）
GBS 実行委員会編集『ザ・グレイトブッダ・シンポジウム論集』全 13 号（東大寺・法藏館、2003-2015 年）
田中貴子『『渓嵐拾葉集』の世界』（名古屋大学出版会、2003 年）
鳥居本幸代『平安朝のファッション文化』（春秋社、2003 年）
『日本の名僧』全 15 巻（吉川弘文館、2003-2005 年）
福島栄寿『思想史としての「精神主義」』（日本仏教史研究叢書、法藏館、2003 年）
小川原正道『大教院の研究―明治初期宗教行政の展開と挫折―』（慶應義塾大学出版会、2004 年）
―――――編著『近代日本の仏教者―アジア体験と思想の変容―』（慶応義塾大学出版会、2010 年）
―――――『近代日本の戦争と宗教』（講談社選書メチエ 474、講談社、2010 年）
武久康高『枕草子の言説研究』（笠間書院、2004 年）
京都国立博物館・東京国立博物館編集『最澄と天台の国宝―天台宗開宗一二〇〇年記念―』（読売新聞社、2005 年）
愛宕邦康『「遊心安楽道」と日本仏教』（日本仏教史研究叢書、法藏館、2006 年）

真宗史料刊行会編『大系真宗史料』既刊 24 巻（法藏館、2006-2016 年）
松村薫子『糞掃衣の研究―その歴史と聖性―』（日本仏教史研究叢書、法藏館、2006 年）
柳澤　孝『柳澤孝仏教絵画史論集』（中央公論美術出版、2006 年）
大和文華館編『特別展　鏡像の美―鏡に刻まれた仏の世界―』（大和文華館、2006 年）
江上琢成『日本中世の宗教的世界観』（日本仏教史研究叢書、法藏館、2007 年）
沖本克己『泥と蓮―白隠禅師を読む―』（大法輪閣、2007 年）
堅田　理『日本の古代社会と僧尼』（日本仏教史研究叢書、法藏館、2007 年）
菊地大樹『中世仏教の原形と展開』（吉川弘文館、2007 年）
――――『鎌倉仏教への道―実践と修学・信心の系譜―』（講談社選書メチエ 516、講談社、2011 年）
小島　毅『靖国史観―幕末維新という深淵―』（ちくま新書 652、筑摩書房、2007 年）
五味文彦・菊地大樹編『中世の寺院と都市・権力』（山川出版社、2007 年）
引野亨輔『近世宗教世界における普遍と特殊―真宗信仰を素材として―』（日本仏教史研究叢書、法藏館、2007 年）
赤松徹真編『日本仏教史における「仏」と「神」の間』（龍谷大学仏教文化研究叢書 21、龍谷大学仏教文化研究所・永田文昌堂、2008 年）
――――編『日本仏教史における神仏習合の周辺』（龍谷大学仏教文化研究叢書 29、龍谷大学仏教文化研究所・永田文昌堂、2012 年）
梯　信暁『奈良・平安期浄土教展開論』（法藏館、2008 年）
――――『浄土教思想史―インド・中国・朝鮮・日本―』（法藏館、2012 年）
川端泰幸『日本中世の地域社会と一揆―公と宗教の中世共同体―』（日本仏教史研究叢書、法藏館、2008 年）
武　覚超『比叡山仏教の研究』（法藏館、2008 年）
――――『比叡山諸堂史の研究』（法藏館、2008 年）
水上文義『台密思想形成の研究』（春秋社、2008 年）
石毛忠他編『日本思想史辞典』（山川出版社、2009 年）
稲葉幹雄『新視点の仏教史―大乗仏教はどこから―』（績文堂出版、2009 年）
大塚紀弘『中世禅律仏教論』（山川歴史モノグラフ 18、山川出版社、2009 年）
小峯和明『中世法会文芸論』（笠間書院、2009 年）
清水　擴『延暦寺の建築史的研究』（中央公論美術出版、2009 年）
中西随功『証空浄土教の研究』（法藏館、2009 年）
――――監修『証空辞典』（東京堂出版、2011 年）
日向一雅編『源氏物語と仏教―仏典・故事・儀礼―』（青簡舎、2009 年）
山澤　学『日光東照宮の成立―近世日光山の「荘厳」と祭祀・組織―』（思文閣出版、2009 年）
秋澤亙・川村裕子編著『王朝文化を学ぶ人のために』（世界思想社、2010 年）
上島　享『日本中世社会の形成と王権』（名古屋大学出版会、2010 年）
冠　賢一『京都町衆と法華信仰』（山喜房佛書林、2010 年）
花野充道『天台本覚思想と日蓮教学』（山喜房佛書林、2010 年）
頼住光子『日本の仏教思想―原文で読む仏教入門―』（北樹出版、2010 年）
第二十一回国際仏教文化学術会議実行委員会編『仏教と平和』（仏教大学国際学術研究叢書 2、仏教大学国際交流センター・思文閣出版、2011 年）
藤澤典彦『石造物の研究―仏教文物の諸相―』（高志書院、2011 年）
牧　伸行『日本古代の僧侶と寺院』（日本仏教史研究叢書、法藏館、2011 年）
山本伸裕『「精神主義」は誰の思想か』（日本仏教史研究叢書、法藏館、2011 年）
伊藤　聡『神道とは何か―神と仏の日本史―』（中公新書 2158、中央公論新社、2012 年）
オリオン・クラウタウ『近代日本思想としての仏教史学』（法藏館、2012 年）
鈴木英之『中世学僧と神道―了誉聖冏の学問と思想―』（勉誠出版、2012 年）
マルティン・レップ、井上善幸編『問答と論争の仏教―宗教的コミュニケーションの射程―』（龍

谷大学仏教文化研究叢書 27、法藏館、2012 年）
山田昭全『山田昭全著作集』全 8 巻（おうふう、2012-2015 年）
飯島太千雄編『最澄墨寶大字典』（天台宗書道連盟・木耳社、2013 年）
近藤俊太郎『天皇制国家と「精神主義」―清沢満之とその門下―』（日本仏教史研究叢書、法藏館、2013 年）
中世禅籍叢刊編集委員会編『中世禅籍叢刊』全 12 巻（臨川書店、2013-2017 年）
大艸　啓『奈良時代の官人社会と仏教』（日本仏教史研究叢書、法藏館、2014 年）
大田壮一郎『室町幕府の政治と宗教』（塙書房、2014 年）
碧海寿広『近代仏教のなかの真宗―近角常観と求道者たち―』（日本仏教史研究叢書、法藏館、2014 年）
尾上寛仲『日本天台史の研究』（山喜房佛書林、2014 年）
菊地勇次郎著・三橋正監修『浄土信仰の展開』（勉誠出版、2014 年）
佐藤文子・原田正俊・堀裕編『仏教がつなぐアジア―王権・信仰・美術―』（勉誠出版、2014 年）
島薗進他編『シリーズ　日本人と宗教―近世から近代へ―』全 6 巻（春秋社、2014-2015 年）
手島崇裕『平安時代の対外関係と仏教』（歴史科学叢書、校倉書房、2014 年）
中川委紀子『根来寺を解く―密教文化伝承の実像―』（朝日選書 915、朝日新聞出版、2014 年）
飯沼賢司『国東六郷山の信仰と地域社会』（同成社中世史選書 17、同成社、2015 年）
鵜飼秀徳『寺院消滅―失われる「地方」と「宗教」―』（日経 BP 社、2015 年）
木村清孝『『正法眼蔵』全巻解読』（佼成出版社、2015 年）
白根靖大編『室町幕府と東北の国人』（東北の中世史 3、吉川弘文館、2015 年）
柳　幹康『永明延寿と『宗鏡録』の研究――心による中国仏教の再編―』（法藏館、2015 年）
王　頌『世界仏教通史　九―日本仏教―』（中国社会科学院文庫・哲学宗教研究系列、中国社会科学、2015 年）
藤本　誠『古代国家仏教と在地社会―日本霊異記と東大寺諷誦文稿の研究―』（吉川弘文館、2016 年）

The Transformation of Japanese Buddhism: Its Development and Doctrines as seen in Primary Documents

Ed. Ōkubo Ryōshun

Buddhism as Civilization in Ancient Japan

Yoshida Kazuhiko

Table of Contents

Outline

Buddhism emerged in India and was brought to China through Central Asia. Transcending states and borders throughout Asia, it was transmitted to the nations at the periphery of the Sinosphere and arrived in Japan, where it took roots and played a crucial role in the development of thought and culture. Since the first official transmission of Buddhism to Japan from the Korean kingdom of Baekje in the 6th century, different types of Buddhism reached Japan through both official and unofficial routes. In Japan, Buddhism underwent a multilayer process in which new forms of Buddhism upon their arrival merged with the established Buddhism of the time. While a similar process occurred also in other cultures, the

Japanese case is more or less unique in that the state refrained from persecuting the preexisting religions and from establishing an entirely new system of belief.

In the 6th and 7th centuries, Japan mainly imported Buddhism from Baekje. In this early phase, Japanese Buddhism was actively supported by the Asuka political establishment which centered on the Soga family. After the downfall of the Soga clan in the Isshi Incident, the newly emerged political establishment accelerated the growth of Buddhism to an even higher pace. In the 7th century the imperial system was established, and again Buddhism was supported by the new power. In the late 7th century, believe in Buddhism spread to local elites, and they built many temples throughout Japan. This constitutes the first layer of Buddhism, during which Buddhism expanded throughout the Japanese archipelago.

The second layer was rather 'thin'. After the collapse of Baekje, a new form of Buddhism was brought from Silla, from where Japan received a new type of Buddhist thought and innovative temple construction techniques.

During the Taihō period in the early 8th century, Japan revised its diplomatic policy and resumed dispatching envoys to Tang China. These included Japanese monks who went abroad in order to study Buddhism. Dōji and Genbō both studied in China and after their return to Japan transmitted Tang Buddhism while operating near the centre of national politics. Another noteworthy figure representative of early 8th century Buddhism was Gyōki, who acquired many followers among both the local elites and the people as well as the central elites due to of his vigorous activities. Gyōki is also known for his mastery of exorcistic and magical powers. In the 8th century, state Buddhism was as prosperous as it had been in the 7th century, and moreover had gained popularity among a wider spectrum of social classes ranging from central aristocrats to local elites and the people.

Shortly afterwards, Jianzhen arrived from China and brought with him a formal *vinaya* or monastic code in the tradition of Daoxuan's Four-part *Vinaya* school. Meanwhile, Chinese Buddhist narratives were imported and contributed to the emergence of Japanese *setsuwa*, such as the *Nihon ryōi ki*.

Thus during the Nara period several waves of Chinese Buddhism arrived in Japan, and I would like to define the epoch of Dōji, Genbō and Gyōki as the third layer of Japanese Buddhism, and the period after Jianzhen as the fourth.

The foundation of Heian Buddhism has been due to Saichō, Kūkai, Jōgyō, Engyō, Ennin, Eun, Enchin and Shūei, who are collectively known as the eight monks who went to China to study abroad, or *nittō hakka*. Also noteworthy are the religious activities of Egaku, a Japanese monk who studied abroad in China, and Yikong, a monk from Tang China who came to Japan.

Saichō's role in the history of Japanese Buddhism has been crucial. For instance, Saichō suggested to the government that the number of novice monks eligible to receive official ordination allotted to the various Buddhist institutions should be fixed, and the government eventually complied. This was the direct cause for the emergence of institutionally distinct "sects" in Japan. The government's decision was reached against the background of the interdependence of the state and the religious institutions, which also benefited Saichō in his competition with the established Nara Buddhism. Furthermore, Saichō also proposed that *Mahāyana* monks should be ordained solely by means of *Mahāyana* precepts, and again the government accepted his idea. This new ordination system is a unique feature of Japanese Buddhism even today

In the early Heian period, late Tang Buddhism arrived in Japan, and especially esoteric Buddhism and Pure Land Buddhism became popular. Although esoteric Buddhism had already been imported to Nara Japan, a much more advanced style of esoteric Buddhism was transmitted gradually from China by

Kūkai and other preeminent esoteric scholar monks. From this time onwards, esoteric teachings came to be one of the central elements of Japanese Buddhism and constitute its fifth layer. Furthermore, *nenbutsu* training as practiced on Mt Wutai was introduced to Mt Hiei by Ennin, who could be called the founder of Japanese Pure Land Buddhism; this era, approximately the mid and late 9th century, can be considered the sixth layer of Japanese Buddhism.

The integration of Buddhism with the cult of the *kami* is known as *shinbutsu shūgō* and has long been considered a distinctive feature of Japanese religion. However, such syncretistic religious tendencies can be found throughout East Asia. For example, some Chinese Buddhist texts use the term *shenfa*, *shen/kami* and Buddha, in the exactly same context as found in Japanese *shinbutsu shūgō* texts. It is thus likely that the idea of *shinbutsu shūgō* was originally derived from China's religious tradition. In this respect, it seems necessary to contextualise *shinbutsu shūgō* not only in the framework of Asian history, but also in that of world history as a whole through comparative case studies.

During the late Heian and Kamakura periods, Song and Yuan Chinese Buddhism, consisting of meditation (*chan*), teaching (*jiao*; Huayen, Cien and Tiantai), *Vinaya* and *nianfo/nebutsu* movements came to be disseminated in Japan. Even after the fall of the Tang Dynasty, Japanese Buddhist continued to be interested in the new Buddhist teachings that kept emerging in the Five Dynasties and Ten Kingdoms, the Song, the Liao and in Jin China. Japanese monks went to the continent much more actively than ever, and Chinese monks came to Japan.

The histories of Japanese and Chinese Buddhism are intimately connected. Hence, an examination of Japanese Buddhism in the framework of 'Japan' seems overly narrow and can be gravely misleading as the history of Buddhism is broader than the history of Japan. Therefore, it is necessary to explore Japanese Buddhism in its wider context, i.e. examining it in the framework of the East Asian Buddhist tradition, including China and the Korean peninsula, or indeed from the perspective of World history.

In this respect, I would like to raise two issues crucial to the reconsideration of Japanese Buddhist history. The first is the need to examine Japanese Buddhism with a more international orientation. It seems to me that comparative studies of the religions, philosophies and cultures of the East and the West can indeed constitute a starting point for inquiry. As a matter of fact, in the 20th century Japanese academia especially in the humanities has extensively applied the comparative method, often tending to juxtapose the East and the West. However, previous studies often began from taking Japan to be the paragon of the 'East', which they then compared with the 'West'. Studying Japanese Buddhism together with European religions in a comparative manner is indeed an important task, yet the methodological premises must be reconsidered. Buddhism expanded all over the world, and was particularly widespread in East Asia. As to the study of Japanese Buddhism from an international standpoint, it is important to examine Japanese Buddhism comparatively together with China, Korea, Vietnam, North Asia and Central Asia, where certain commonalities across Buddhist traditions can be discerned beyond borders and nations. By doing so, we may be able to clarify "what Buddhism is". Nevertheless, Buddhism has developed differently in each area and nation, and these differences can be said to constitute the specific characteristics of respective forms of Buddhism. Thus, analyzing and clarifying the commonalities and differentiations between the Buddhist traditions in these countries seems to be our primary task of research.

The other issue is to overcome what in the 20th century has become the standard outline of Japanese Buddhism through a close examination of historical evidence in order to verify the actual, historical shape of the Buddhist tradition in Japan. These standard presentations consider the main feature of Buddhism in classical Japan to be that of a state religion, and regard Kamakura New

Buddhism as the core of medieval Buddhism. Both of these assumptions have mutually influenced each other, and reinforced the framework within which we understand the history of Japanese Buddhism today. Yet, it seems fair to say that these standard surveys or paradigms have been negated and have lost touch with the actual state of the field. Furthermore, also the theory of exoteric-esoteric Buddhism offered by Kuroda Toshio, which originally had been set forth in order to question the primacy of Kamakura New Buddhism in medieval times, while certainly having made fruitful contributions recently has been shown to contain inconsistencies. What needs to be done, then, is not to offer certain corrections or make minor adjustment to preexisting theories, but to clarify the real state of Buddhism in each era. From such a standpoint, this article deals with original source materials composed from the 6th to the 9th centuries in order to explore the history of Japanese Buddhism. It also considers the transmission of Buddhism from the Korean peninsula and continental China alongside various cultural exchanges within East Asia. In addition to demonstrating the invalidity of conventional theories, it has been my hope to present a new paradigm of Japanese Buddhism.

The Establishment of Doctrine in the Early Period of Japanese Buddhism

Ōkubo Ryōshun

1. From the Introduction of Buddhism to the Nara Period

1-1. Introduction

The most important document for understanding the earliest period of Japanese Buddhist history is the *Nihonshoki*. While it is indeed dubious that the book's record is historically reliable in all details, reports concerning the first transmission of Buddhism and the existence of a man called Prince Shōtoku seem to be indisputable facts.

1-2. *Sangyō gisho*

The *Sangyō gisho* or *Three Commentaries* are important as the earliest record of Japanese Buddhist doctrinal thought. Saichō referred to the *Hokke gisho*, one of the three *Commentaries* in his *Hokke shūku*. Although the question of the *Commentaries'* authorship is still not finally settled, their attribution to somebody belonging to the inner circle of Prince Shōtoku can hardly be denied. The *Hokke gisho* or *Commentary on the Lotus Sūtra* contains a unique interpretation of the *Lotus Sūtra's* "Chapter on

Ease of Practice". While the original *sūtra* chapter insists on the necessity to engage in contemplation in a remote location, the *Commentary* considers isolated meditative practice an impediment to spreading the *Sūtra*. Yet the relevant passages are not entirely clear, so that care must be taken in their interpretation.

1-3. Buddhism in Nara Period

Nara Buddhism comprised six academic groups, namely Sanron, Jōjitsu (annexed to Sanron), Hossō, Kusha (annexed to Hossō), Kegon and Ritsu. Major difficulties remain in the study of Nara period doctrinal thought. Among the many Buddhist monks of Nara Japan known today, Gyōki and Jianzhen are particularly worthy of mention. Jianzhen conducting the first ordination ritual on Japanese soil by initiating ordinands to the priesthood by bestowing on them the bodhisattva and full Vinaya precepts can be considered the beginning of the Ritsu or Vinaya school. The fact that Jianzhen was charged with conducting ordination rituals at Tōdaiji, a temple today belonging to the Kegon school, provides evidence that there had been no factional distinction between the six schools. Soon after, the imperial court promulgated an edict establishing the three national ordination platforms at Tōdaiji temple, Yakushiji temple in Shimotsuke prefecture and Kanzeonji temple in Tsukushi prefecture. Tōshōdaiji temple, established for Jianzhen, became the centre of the Vinaya school.

2. The Formation and Transformation of Heian Buddhism

2-1. The Scholar Monks of Heian Buddhism

The development of Buddhism during the Heian period took tremendous strides due to the transmission of new teachings from Tang China. Of particular importance are the eight scholar monks Saichō, Kūkai, Jōgyō, Ennin, Engyō, Eun, Enchin and Shūei, all of whom studied in China. Annen's signature achievement was to bring Tendai Esoteric Buddhism (Taimitsu) to completion by integrating the Esoteric teachings with Tendai doctrinal thought, yet his intentions transcended narrow sectarian boundaries as he aimed at a comprehensive systematization of all Esoteric doctrines known at his time, including those of Saichō and Kūkai. Annen also compiled the *Hakke hiroku*, a meta-catalogue of the inventories produced by the eight scholar monks mentioned above. Since Saichō, Kūkai, Ennin and Enchin are crucial figures in terms of the doctrinal development of Heian Buddhism, their doctrinal exegeses will be discussed first, followed by those of Annen and Genshin, the latter of whom opened a new dimension of Japanese Buddhism.

2-2. Saichō's Doctrinal Thought

Before traveling to China, Saichō obtained various Chinese Tiantai/Tendai commentaries such as the *Yuandun zhiguan*, the *Fahua xuanyi*, the *Fahua wenju*, the *Sijiao yi* and the *Weimo shu*, which very likely had been brought to Japan by Jianzhen, and devoted himself to the study of these texts. His diligent study compelled him to send a petition to the court in which he recommended dispatching envoys to China charged with studying Buddhism. The petition, written in 802 when Saichō was thirty-seven years old, suggests sending one long-term student and one short-term student. His request resulted in Saichō himself being appointed a short-term student by the court.

The significance of Saichō's journey to China lies in his transmission to Japan of the Esoteric teachings he had received from Shunxiao in Yue prefecture and of the Tiantai teachings he had inherited from Daosui and Xingman in Tai prefecture. Immediately after his return from China, Saichō performed the first esoteric consecratory ritual ever to be conducted in Japan, the importance of which is apparent when considering the intimate connection between esoteric practice and the state. Saichō's thought contains the seeds for the later development of Japanese Tendai, which combines Tiantai and Esoteric Buddhism in both doctrinal and practical contexts.

In his last years, Saichō expended a great deal of effort on two crucial matters, namely advocating the Mahayana precepts and engaging in a controversy with the Hossō scholar Tokuitsu. The importance Saichō attached to Esoteric Buddhism is obvious in both.

2-3. Kūkai's Doctrinal Thought

Kūkai's most important esoteric doctrine are the Ten Positions of Mind, expounded in his works *Himitsu mandara jūjūshin ron* and *Hizōhō yaku*. The Ten Positions of Mind are a system for the classification of teachings. There has long been controversy as to whether all ten positions of mind should be categorised as belonging to the esoteric teaching, or whether the tenth position of mind alone comprises the esoteric teaching while the other nine are exoteric. Furthermore, Kūkai's doctrinal exegesis relegates Tendai Buddhism to an inferior position two ranks below his own Shingon Buddhism, which provoked a sharp response from Tendai quarters. The erudition and poetic sophistication of the preface to the *Himitsu mandara jūjūshin ron* bespeaks Kūkai's literary genius, giving form to the richness of his thought and education.

Concerning Kūkai's other writings and their doctrinal content, problems abound. For one, the *Ben kenmitsu nikyō ron* is mentioned nowhere in Annen's *oeuvre*, which suggests that he did not know it and makes it likely that the text was not in fact written by Kūkai. Three other works attributed to Kūkai—the *Shōji jissō gi*, the *Sokushinjōbutsu gi* and the *Shishu mandara gi*, the authenticity of the latter of which has long been doubted by modern scholarship—are referred to in Annen's works but without attribution.

2-4. Ennin's Esoteric Thought

Ennin's representative works regarding Esoteric Buddhism are the *Kongōchōkyō sho* and the *Soshitsujikyō sho*. The importance of Ennin's composition of the *Kongōchōkyō sho* lies in the fact that, while in the *Darijing yishi*, which Ennin himself had brought from China and which closely resembles the *Darijing shu* imported by Kūkai, there already existed a comprehensive commentary on the *Darijing*, one of the two fundamental scriptures of the dual Esoteric system, no comparable work existed for the *Jingangdingjing*, the *Dairijing's* counterpart. Thus with the completion of the *Kongōchōkyō sho*, a complete set of commentaries on the fundamental scriptures of the dual system of Esotericism became available for the first time. Furthermore, post-Ennin Taimitsu prided itself on representing a threefold Esoteric system consisting of the dual system together with the Soshitsuji-bu system. Therefore, the publication of the *Soshitsujikyō sho* accentuated what would become a hallmark of Taimitsu Esotericism. Yet notwithstanding its importance, the history of the Soshitsuji transmission is still riddled with difficulties.

In doctrinal terms, the *Kongōchōkyō sho* is a pivotal work because it advocates the theory of the One Great Perfect teaching, which Yuanzheng had imparted to Ennin. The One Great Perfect teaching considers the teachings of all tathāgatas, when seen from an absolute point of view to be embodied in the esoteric teaching. Ennin derived this theory from a passage of the *Darijing* which reads, "*Mahāvairocana*'s innumerable physical, oral and mental activities preach the teaching of *mantra*, namely the language of enlightenment, at innumerable places and times in the world of sentient beings."

2-5. Enchin's Esoteric Thought

Just like Ennin, Enchin considered Esoteric Buddhism to be pivotal, and integrated it with Tendai teachings; for example, in his *Bodaijōkyō ryakugishaku* he cites Zhiyi's doctrinal works in order to discuss the merit of the *uṣṇīṣa* mantra. Enchin's composition of the *Bodaijōkyō ryakugishaku*, a commentary on the *Putichang suoshuo yizidinglunwang jing* is closely related to the imperial appointment of two annual ordinands dedicated to the Dainichi gō on behalf of the Ōbie deity and the Ichiji gō on behalf of the Obie deity.

Furthermore, the *Dainichikyō shiiki* attributed to Enchin criticises Kūkai's Ten Positions of Mind,

and this criticism had a tremendous influence on later doctrinal debates. However, the *Dainichikyō shiiki* poses difficult problems of interpretation. Although it appears to be authentic, it still needs to be treated differently from Enchin's other works in terms of doctrinal content.

2-6. Annen's Esoteric Thought

Annen is known as the great synthesizer of Taimitsu doctrine and practice, bringing to completion the great unifying vision at the heart of the Tendai school's self-understanding. In a broader sense, Annen succeeded in integrating into a single framework all the esoteric knowledge available in his time, including that derived from Kūkai, nominally the founder of a rival movement, and in this sense Annen could also be considered the synthesizer of Japanese Esoteric Buddhism as a whole.

Annen proposed a famous classification of teachings, namely the Four-One Classification positing One Buddha, One Time, One Place and One Teaching. This classification is based on the aforementioned One Great Perfect teaching transmitted by Ennin. However, while Ennin, basing himself on the *Commentary on the Dari jing* stressed the universalist aspect of the One Great Perfect teaching, Annen's Four-One Classification emphasizes the unitary nature of Buddhist teachings. Yet for Annen "Inclusivity" and "Unity" are still inseparable. In brief, while there was a shift of doctrinal focus from "Allness" to "Oneness", the two men's respective positions merely represent different points of view. Attention also should be paid to Annen's interpretation of *sokushin jōbutsu* in the context of Japanese Tendai Perfect teachings and Esoteric Buddhism, which likewise relied on Ennin's teachings. Furthermore, Annen's *sokushin jōbutsu* thought is strongly associated with Medieval Tendai Original Enlightenment Thought.

2-7. Genshin's Pure Land Buddhist Thought

The inseparability of doctrine and practice characteristic of Chinese Tiantai thought facilitated the adoption of Esoteric Buddhism into Japanese Tendai, providing it with highly sophisticated systems of doctrine and methods of practice. Although Chinese Tiantai already included Pure Land Buddhism, Genshin's composition of the *Ōjō yōshū* was an epoch-making achievement in the history of Japanese Pure Land Buddhism. Despite the *Ōjō yōshū* being known for its vivid depiction of Hell, its most significant contribution in doctrinal terms is to be found in its fourth chapter, entitled "Correct Practice of the Nenbutsu" due to its use of Chinese Tiantai doctrine. Moreover, Genshin emphasized visualizing Amida rather than reciting his name.

Final Remarks

Esoteric Buddhism is without doubt the most significant concern in the examination of early Heian Buddhism and also exerted tremendous influence over later developments, such as the emergence of Kamakura Buddhism. In Kamakura Buddhism, Dōgen and Shinran's exclusion of esoteric doctrines and practices is exceptional. but Keizan Jōkin of the Sōtō school and Nanto Buddhists affirmed Esoteric Buddhism.

The Formation and Characteristics of Medieval Buddhism

Uejima Susumu

1. Introduction

Medieval Japan has long been understood as the epoch of the warrior class and Kamakura New Buddhism, which is said to be characterized by the propagation of Buddhism to ordinary people. However, such an account is no longer valid, and recent studies stress the manor system as the foundation of medieval Japanese society. Within this system, most estates were owned by powerful temples known as *kenmon jiin* and temples founded in accordance with imperial edicts, known as *goganji*. Provided with revenue collected from taxpaying serfs, these temples conducted prayers for ensuring a peaceful reign and bountiful crops. The prayers were also offered for the tranquil lives of the taxpaying farmers, so that the medieval Buddhist institution, known as exoteric-esoteric Buddhism, which comprised the Six Nara Schools, Tendai and Shingon, catered to their spiritual needs as well.

The emergence of the fully developed manor system, which consequently persisted throughout medieval Japan, is considered to have occurred in the early twelfth century, and Japanese scholarship generally considers this era to be the formative period of medieval society. However, I consider the emergence of medieval society to coincide with the Tengyō War (939 - 940), when many of the elements typical of the medieval period first appeared. Taking my original framework into consideration, I would like to discuss some aspects of medieval Buddhism.

While it is true that exoteric-esoteric Buddhism, or rather the exoteric-esoteric eight schools were at the heart of medieval Buddhism, the foundations of the exoteric-esoteric system had already begun to form since the establishment of the Tendai and Shingon institutions. The question addressed in this study is how the internal circumstances of exoteric-esoteric Buddhism transformed in the context of a more general social change and thus shifted from from the classical to the medieval era. In order to compare and contrast the religious characteristics of classical and medieval Buddhism, this article takes up the following four themes.

a. Closer interaction between Buddhism and politics
b. Secularisation of Buddhist society, together with the emergence of powerful landholding temples and the diversification of monastic society through increased social stratification and division of labour.
c. Development of religious rites involving lay believers.
d. Deep connection between Buddhism and ordinary people in the framework of a society based on the manor system

2. Secularisation of Temples and Stratification of Monks: The Formation of Medieval Monastic Society

Becoming an ordained monk originally meant to renounce the secular world and monastic society therefore operated according to its own rules. However, this idea of monkhood started to change in the late 10th century, when Jinzen, the tenth son of Fujiwara no Morosuke entered Enryakuji temple. After Jinzen's initiation into the Tendai order, the influx of aristocratic offspring into powerful temples increased steadily and in the Insei period became widespread, thus fundamentally transforming the monastic environment, including monastic administration and even doctrine.

First, the community of monks known as *jike*, who lead communal lives in the monks' quarters of the main temples became differentiated from the *inke* or the group of monks who began to live independent lives at sub-temples.. The head administrators of these sub-temples recruited personal servants from among the monks and lay believers. They led virtually secular lives, often violating monastic codes and even began to commit sexual indulgences with women and men. Furthermore, hierarchy at the *inke* did not follow the traditional standard of monastic seniority but rather focused on the head administrator, with new monastic groups, such as the "adherent companions" or *monto* and "adherent brotherhood" or *montei* eventually forming within the main temples. Moreover, the traditional

monastic order based on ordination age and individual capability broke down and family background came to determine one's prospects of promotion.

Also the stratification of monastic society continued until it became a virtual mirror image of the secular world. This stratification resulted in the emergence of two broad groups, "scholar monks" or *gakuryo* and "assistants" or *dōshū*. The *gakuryo* came from aristocratic backgrounds, and their role was to attend to the religious services performed at the imperial court and the *goganji*. Religious services were usually accompanied by formal debates, so that the *gakuryo* studied doctrine as part of their daily routine. The *dōshū* on the other hand were composed of monks from non-aristocratic families. They were excluded from the actual performance of religious services and merely acted as assistants. The *dōshū* also were keener on the practice of contemplation than the study of doctrine. This tendency towards specialisation disrupted the balance between the traditional three studies forming the basis of Buddhist monastic training, namely the observance of precepts, the practice of contemplation and the pursuit of wisdom.

To sums up, at the powerful landed temples a new monastic system emerged in which the *gakuryo*, while living independent lives at the *inke*, were in charge of the main temple's activities, while the *dōshū*, living communally in the monks' quarters, mainly supported the *inke*'s activities. There also appeared a group of monks who pursued true monkhood and renounced the highly secularised Buddhist society of their times. These secluded monks erected small facilities in areas a little apart from the temple complexes, and supported the powerful temples from the outside.

In the above I have described how internal conditions at the main powerful temples changed from the classical to the medieval era. These changes, which took place between the 11th and 12th centuries, and the new form of monastic life they brought about eventually spread to local branch temples all over the Japanese archipelago.

3. The Theory of the Interdependence of Regal Power and Religious Power

In the previous chapter, I have discussed the major internal changes which occurred at powerful temples. While Enryakuji temple and Kōfukuji temple succeeded in increasing their power, the majority of temples were unable to maintain even their independence and were absorbed into the branch-temple network of more powerful institutions. Furthermore, since the imperial court had abdicated its role in controlling Buddhist society in the 10th century, the law of the jungle prevailed. Under these circumstances, the concept of the interdependence of regal and religious power emerged in order for Buddhist society to survive. The earliest document arguing this interdependence is the *Shitennōji goshuin engi* written in the early 11th century, when economic conditions at Shitennōji temple were extremely poor. While a modern, scholarly perspective suggests that the *Shitennōji goshuin engi* is a forgery concocted by an unknown Shitennōji monk, it has long been attributed to Prince Shōtoku, who is one of the foremost ancestors for the imperial family, the founder of Shitennōji temple and a pioneer of Japanese Buddhism. In this document, Prince Shōtoku is said to have confronted the emperor and urged him to comply with the interdependence of regal and religious power. Prince Shōtoku is also said to have sealed the document with a handprint in red ink or *goshuin* to demonstrate the force of his demand. By means of Prince Shōtoku's authority, the Shitennōji temple succeeded in attracting the attention of members of the imperial circle such as dowager empresses and ex-emperors as well as of court nobles such as Fujiwara no Michinaga, all of whom eventually visited the temple.

What is important to note is that from the point of view of the medieval imperial court, regal power included both secular and religious aspects. Those who held a stake in regal power, which included not only the emperor himself but also his inner circle such as retired emperors, dowager empresses and the families of regents, actively responded to the temples' requests and conducted themselves in such a manner as to become the embodiment of the interdependence of regal and religious

power. For instance, many temples, such as Hosshōji were established by the retired-emperor Shirakawa and various Buddhist rituals were conducted at these temples. Considering Shirakawa's example, he can be said to have acted as an embodiment of the interdependence of regal and religious power. In other words, the representatives of regal power actively used the logic of interdependency as their own in order to demonstrate their legitimacy. In the late 12th century, this logic had become accepted by both monastic and imperial society.

4. Exoteric Buddhist Religious Services and Manor Management: The Encouragement of Agriculture

This chapter investigates the repentance rituals known as Shushōgatsu and Shunigatsu, later known as Shushōe and Shunie, in order to clarify the relationship between exoteric Buddhist religious services and manor management. Repentance rituals had been classified as exoteric religious services and consequently were open to the public. From the end of the 10th century, these services transformed into occasions for popular amusement. While originally conducted throughout the day, repentance rites gradually come to be carried out only twice a day in the late evening and the early morning. Between these two sessions, public entertainments were performed; at the end of the entire performance, a demon entered the stage.

Shushōgatsu and Shunigatsu, which were dedicated to praying for bountiful crops and peace for the state, the emperor and the people, were conducted with taxpayers' money. Additionally, these religious services were occasions for encouraging peasants to devote themselves to their labour and for assuring them of spiritual blessings in return for the payment of tax. The Shushōgatsu and Shunigatsu rituals performed at Kyoto *goganji* institutions such as Hosshōji had an impact not only on repentance services at powerful temples but also on those performed at local branch temples all over Japan.

The Shushōgatsu and Shunigatsu were rituals celebrating the beginning of the year and the most popular religious services for commoners in medieval times. Vestiges of these services still remain throughout Japan to this day.

Medieval Buddhism: Perspectives on Doctrine and Practice

Minowa Kenryō

1. The World of Doctrinal Studies

1-1. Introduction

Following in the footsteps of their predecessors, medieval Buddhist scholar monks studied doctrinal issues in order to perform religious services involving stylized debates and to deliver ceremonial lectures on Buddhist scriptures. This form of scholarship focused on debates and polemics and sought to establish consistencies between the divergent contents of different scriptures in preparation for the public performance of services and lectures. At the same time, it should not be forgotten that there were monks concentrating on religious practice, and it is in this respect that the following chapters discuss Medieval Buddhism from the twin perspectives of scholarship and practice.

1-2. The Flourishing of Polemics and Debates in Exo-Esoteric Buddhism

Religious services involving debates and lectures, which ranged from those internal to a temple to highly formal and prestigious public events, provided scholar monks the opportunity to showcase their

academic accomplishments. After the Insei period, the most prestigious services were the Hosshōji mihakkō, the Sentō saishōkō and the Kyūchū saishōkō. According to the records of the Hosshōji mihakkō, often problems concerning diverging accounts found in different scriptures and treatises were taken up as topics of inquiry.

1-3. Original Enlightenment Thought

Original Enlightenment thought is one of the most noteworthy Buddhist doctrinal trends of the post-Insei period according to which all binary opposites, such as good/bad, beauty/ugliness, permanence/impermanence or enlightenment/defilement are to be understood as non-dual when considered from the point of view of awakening. The *Sanjūshika no kotogaki* provides a typical example of Original Enlightenment thought in which things traditionally given negative value are positively affirmed. In addition, Original Enlightenment thought had a considerable impact on the performing arts.

1-4 Reform Movements in Nara Buddhism

Kakujō and Eizon of the Ritsu (Vinaya) school and Jōkei of the Hossō school were central figures in the movement of reform which arose in Nara Buddhism. They sought to revive the three studies of monastic discipline, contemplation and wisdom. In this they took their inspiration from the method of meditation attributed to Bodhidharma (otherwise known as 'Chan' or 'Zen') and the restored Vinaya school, both of which flourished in Song period China. Kakujō advocated an ordination ritual based on the Three Collections of Pure Precepts which he designated as the common ordination in contrast to the traditional ordination rite based on the four-announcement ceremony, which he called the separate ordination.

1-5 Exclusivist Buddhist Practice — Nenbutsu

In the late Insei period, Hōnen established a group advocating Pure Land Buddhism. In the *Senjaku hongan nenbutsu shū*, Hōnen argued that in Shakyamuni's teaching there are the path of Holiness and the path of Rebirth in the Pure Land; the latter of which is the only appropriate practice for the end of times in which he considered himself to live. Furthermore, Hōnen emphasized that the practice of chanting the name of the Buddha is the only one that leads to rebirth in the Pure Land and he discarded all other forms of cultivation. After Hōnen, Shinran, the founder of Shin Buddhism, proclaimed in his *Kyōgyōshinshō* that faith in the original vow of the Buddha Amitāyus is of sole import to salvation.

1-6 Exclusivist Buddhist Practice — Shōdai

Nichiren in his youth studied esoteric, Pure Land and Tendai teachings. Based on his understanding of the Tiantai five-epoch classificatory scheme, he gained the conviction that only the Lotus sūtra transmits the truth of Shakyamuni's teaching. He considered natural disasters and social disorder to be the result of the political elites' erroneous faith and wrote the *Risshō ankoku ron* in order to correct their believes. Due to Nichiren's relentless attitude, he came to suffer severe persecution. During his exile on Sado island he wrote the *Kanjin honzon shō* in which he proclaimed recitation of the title of the Lotus sūtra the sole means to attain Buddhahood.

2. The World of Practice

2-1 Revival of Buddhist Practice in Nara

In Nara Buddhism, Jōkei of the Hossō school is a noteworthy figure in the context of the medieval Buddhist revival of spiritual practice. He transmitted the practice of chanting the Stanza of the Instruction of Maitreya or *miroku kyōju no ju*, which is composed of eight phrases arranged in two line stanzas originally referred to in the *Abhidharmasamuccayavyākhyā*. Jōkei claimed that this method of

contemplation began with Zōshun, who also recommended an abbreviated practice consisting of chanting only the single phrase "contemplating illusion as [it arises from] this mind".

2-2 Ryōhen and His Practice

Ryōhen was like Jōkei a monk from Kōfukuji, which he later left in order to lead a hermit's life. In his *Shinjin yōketsu* he discussed the differences between the Zen and Hossō teachings and defined the functioning of the enlightened mind as "letting seeing and hearing take their course, not giving rise to discrimination". This implies that although sensory perception is present, a realm of non-discrimination, in which neither judgment nor false discernment are at work, is to be cultivated.

2-3 Ippen's Dancing Nenbutsu

Ippen is known for his nomadic life and the Dancing Nenbutsu. However, it seems that his final aim was identification with Amitāyus, as symbolically expressed in his poem reading "Chanting nenbutsu, there is no distinction between Buddha and I."

2-4 Zen shū

In the early medieval era, the Zen school, known in China as 'Chan' and long considered to trace back to Bodhidharma as its first patriarch, was transmitted from the continent to Japan. The Zen school soon divided into the government sponsored Gozan and the provincial Rinka branches. However, in the early medieval period a native Zen group founded by Dainichibō Nōnin, who claimed to have reached enlightenment by himself without transmission from a master, had enjoyed wide popularity.

Yōsai was the first to introduce Chinese Song period Chan to Japan. He composed the *Kōzen gokoku ron* in order to distinguish his Zen teaching from that of Dainichibō Nōnin. In the *Kōzen gokoku ron* he advocated Zen as a means for the protection of the state.

Enni Bennen and Lanxi Daolong are two key figures in terms of the propagation and enculturation of Zen in Japan. Enni composed the *Jusshū yōdō ki*, which emphasized the significance of dharma transmission and succession. In his Recorded Sayings, the *Shōitsu kokushi goroku*, Enni classified Shakyamuni's teaching into three categories, Means of Principle, Means of Capability and Means of Transcendence. Although both the Means of Capability and of Transcendent concern *kōan*, the former category particularly points to linguistic phrases as meditative objects while the latter signifies the state of non-discrimination.

In Dōgen's chief work, the *Shōbōgenzō*, he proclaims the identity of practice and enlightenment, implying that while one is practicing, enlightenment is actualized within practice. It is possible that this type of Zen thought is based on the notion of non-discrimination, so that the phrase "being verified by all dharma" may be explained as a state of mind in which the practitioner acknowledges the phenomenal world as it is.

Lanxi Daolong can be considered representative of the Chinese immigrant monks active in early medieval Japanese Zen Buddhism. Lanxi's disciples compiled his Zen thought into the *Daikaku zenji zazen ron*, which describes the significance of being aware of this phenomenal world as it is even given the presence of linguistic mediation. Such a state of mind is expressed by the phrase "Mindlessness."

3. Esoteric Buddhism — The Creation of New Doctrines

Medieval esoteric Buddhism saw a multitude of doctrinal innovations, one of the most crucial of which regards Kūkai's theory of the Dharmakāya preaching. Esoteric Buddhism posits four Buddha bodies, namely the Self-nature Body, the Recompense Body, the Transformation Body and the Variation Body. Raiyu, the founder of the New-Shingon school, argued that the Self-nature Body is further divided into the Body of Original Ground and the Body of Empowerment, and asserted that the preaching of the

Body of Empowerment is identical with the Dharmakāya preaching. This is how Raiyu integrated Kūkai's account of the dhārmakāya preaching with the *Darijing*'s account that "on the basis of the [Buddha's] empowerment body, this realm of the ultimate truth is preached."

4. On the Threshold between Kami and Buddha - On Sannō shintō

New theories concerning the combination of Kami and Buddha have been elaborated throughout the Kamakura period. The three main positions to emerge were first the view that Kami as sentient beings stood in need of liberation, second the notion that the Kami served as Protector Deities of the Buddhist teachings and finally the idea that the Kami were local manifestations of the Buddhas themselves. Sannō shintō also emerged at Hie shrine on Mt Hiei in this period. The characteristic of Sannō shintō is to make the Kami of the Hie shrine the protection deity of Mt Hiei while simultaneously combining the Sannō and the Perfect-Sudden Contemplation.

Final Remarks

Many new intellectual trends such as Original Enlightenment Thought and the Esoteric Doctrine of the Empowerment Body Preaching emerged throughout the medieval time. While traditional religious services continued to be performed, the medieval period also saw the Bodhidharma Zen tradition arriving from China and a new interest in spiritual cultivation, which might find its characteristic expression in the notion of "non-discrimination". Finally, in the Great Shrine of Hie there appeared a new conception of the relationship between Buddha and Kami based on Tendai doctrine.

A Genealogy of Folk Buddhism in Early Medieval Japan

Kikuchi Hiroki

1. Introduction

This article discusses aspects of the folk Buddhism that developed in the peripheral area of medieval Japan. Folk Buddhism developed in areas that were relatively free from interference by the political establishment. However, recent studies have demonstrated the limits of theories that treat local Buddhist developments one-dimensionally as movements of resistance against central power. Rather, the centralizing forces of royal authority and the diversifying forces at work in local movements worked hand in hand. This article will consider medieval folk Buddhism as "another medieval Buddhism" by focusing on local temples, lower and middle class monks at major temples and the activities of hermit monks in peripheral areas.

2. The Establishment of Medieval Temples and Their Fringes

The need for major reforms in Buddhist monastic society became pressing in the 11th century, when medieval society began to form through a series of profound upheavals. Let us first shed light on groups which were excluded from mainstream monastic society alike. The *Sō gyōgen gejōan* transmits the circumstances under which the temples on Mt. Rokugō, located on the Kunisaki peninsula of modern Ōita prefecture were founded. Monks constructed simple temples and cultivated land for small-scale agriculture on their periphery. At the same time, they established relationships with central temples and

formed small communities under monastic leaders.

In the early 12th century these small temples, some of which began to be called *bessho*, were often constructed in the suburbs of cities and in the spaces between the deep mountains and fully inhabited areas. The *Suō kokuchō sen* is an invaluable document for understanding how Tōdaiji temple's Suō-*bessho* was established by Shunjōbō Chōgen. The *bessho* were bases of local religious activities while having a relationship with central temples. On the one hand, the *bessho* were involved in national prayers and were sponsored by powerful local authorities, but on the other hand they had deep roots in the periphery.

In parallel with the developments described above, elite monks at influential monasteries organized themselves into the group of scholar monks or *gakuryo*, which focused on doctrinal studies, while monks excluded from positions of prominence started to form a group called *dōshū*, which devoted itself to religious practice. According to the *Tōdaiji hokkedō zento-tō mōshijō*, the *dōshū* of Tōdaiji temple's Hokke Hall maintained their religious activities on the basis of small-scale donations without any significant financial help from the main temple administration. Eventually, the *dōshū* brought court action against the central administration and were even willing to occupy the hall as they claimed that "the prosperity of this [Tōdaiji] temple fully relies on the prosperity of this [Hokke] Hall."

In this way, small temples dedicated to mountain practice were built in borderlands while the monastic communities of the main temples split into two hierarchical groups, with the more practice-oriented *dōshū* becoming separate from the elite scholar monks. While these newly forming marginal groupings maintained their relationships with central religious institutions and received their protection, they were semi-independent in their religious activities and grew into the kernel of folk Buddhism.

3. Activities of *Hijiri*: Edification and Encouragements among the People

There were also hermits or *hijiri* loosely attached to the main community of local or main temples. Although they conducted their activities independently, they can be regarded members of monastic society in a broad sense. According to a passage inscribed on a sūtra cylinder discovered at the Kashio *kyōzuka* in modern Yamanashi prefecture, a lay believer called Jakuen resolved to enter the monkhood after realizing the merit of ordination. He ordained in his later life, and possibly travelled the countryside preaching the importance of good deeds to the people; his audience even included the governor of Kai province. Despite his interaction with local elites, Jakuen was a Pilgrimage monk or *hijiri* to the last, and his activities were free from interference by the establishment.

The *Gyokuyō* mentions Shunjōbō Chōgen, a distinguished *hijiri*. He is known for having had good relations with major temples and for gaining the goodwill of aristocratic society. His network of acquaintances and information extended until China, which he visited three times. Chōgen took advantage of the knowledge he gathered in China and brought to the Japanese capital to further his personal religious activities. Such free traversal of the boundaries between peripheral and central spaces could be considered a distinguishing feature of *hijiri* activity.

New religious trends emerging in the capital were spread to the periphery by *hijiri*. The most important example of this phenomenon is pilgrimage to Kumano. The *Ōshū Mochiwatazu sendatsu dannna keizu chūmonan* indicates that the activities of the religious leaders known as Kumano *sendatsu* extended to the Tsugaru plain of Mutsu province while involving both the people and the regional elites of various localities. The right to serve as the leader of a particular group of patrons or *danna shiki* became the special privilege of *yamabushi* and other mountain practitioners and sometimes was traded for money. Succession to the *danna shiki* was sometimes succeeded to one's blood kin such as children or close relatives, from among whom disciples were selected. The Kumano *sendatsu*'s activities spread to a wide range of regions, and they sometimes served as guides to local elites.

4. Tradition and Reformation: Towards "New" Buddhism

As we have seen in the previous sections, it is necessary to revise received depictions of the medieval folk Buddhism that emerged in peripheral areas. While hitherto mostly discussed in terms of the formation of the "Kamakura New Buddhism" and seen as its forerunner, it should rather be considered a contemporary manifestation of religious activity integrated with the central establishment.

To reassess conventional views on local Buddhism, often overlooked historical materials such as *injin* and inscriptions are of the utmost importance. *Injin* are certificates bestowed on the disciple by his master upon the completion of esoteric initiatory rites in order to certify the legitimacy of transmission. The *Enni ju Egyō himitsu kanjō injin taizōkai jiju hōraku inmyō* and its appendix, the *Taizōkai jusshu inmyō kuketsu* are *injin* documents Enni of Tōfukuji conferred on his lineal successor, Hakuun Egyō. Enni is better known as a Zen monk, but he had been ordained a Tendai monk and studied esoteric Buddhism. Although the combined practice of Zen and Esoteric Buddhism has long been regarded as inferior to "Pure Zen", it has become clear as part of the ongoing revision of Kamakura Buddhism that the integration of Zen with Esoteric and Tendai studies was actively intended by Enni. Another disciple of Enni, Chikotsu Daie, also acquired a great knowledge of esoteric Buddhism and discussed the meaning of esoteric initiatory rituals from the standpoint of Shingon esoteric thought (*Kanjō hikuketsu*). Within Enni's community, the lines between the esoteric doctrines of the Tendai school and those of Shingon were thus blurred, and the two evolved together. Historical materials such as *injin* or Buddhist rituals were no mere means to the maintenance of fossilized doctrines and rituals caught in the nets of established schools but created new doctrinal and ritual systems by comprehensively integrating their religious heritage. Again, this can be thought of as an "alternative Kamakura New Buddhism" forming at the periphery of the traditional and orthodox Buddhism developed in the centre.

The arcana of esoteric Buddhism also permeated popular religious discourse. A noteworthy example is the *Vam shuji itabi* erected on the fifteenth of the seventh month in 1334. *Itabi* are a type of stone stele made of chrolite schist or slate and engraved with Sanskrit syllables, various decorations, stanzas, dedications and both the names of the petitioner who errected the stele and that of the deceased on whose behalf it has been errected. *Itabi* can be found all over Japan and enable us to trace how people in different regions adopted Buddhist doctrines. The inscription of the *Vam shuji itabi* quotes the famous Stanza of Original Enlightenment in conjunction with the petitioner's request. This stanza in principle was to be transmitted orally from master to disciple, yet with the popularization of Tendai Original Enlightenment thought came to be disseminated widely among the populance. This is but one example of how supposedly secret teachings came to circulate among the general public.

In this way, from the Insei to the Kamakura period new types of religious faith spread throughout the Japanese archipelago and developed in close interaction with local sacred sites. The Zuiganji temple of Mutsu-matsushima owes the *Raiken gyōjitsu himei narabini jo*, an epigraph written by the famous Chinese immigrant Zen monk Yishan Yining dating to the fifteenth day of the third month of 1307. Interestingly, this epigraph stylistically combines both Japanese and Chinese elements. This epigraph contains information regarding the religious activities of Kenbutsu *shōnin*, who lived during the reign of retired emperor Toba, and the biography of Raiken, a monk who converted from Tendai to Zen. Raiken might have been a Zen monk who trained under a famous Zen master, yet he practiced in an environment in which the ultimate identity of Zen and esoteric teachings was taken for granted.

5. Concluding remarks

Folk Buddhism emerged in the periphery, but it was not a marginal religion in the sense of being expelled or excluded from central, orthodox religiosity. Rather, folk Buddhism continually circulated between the center and the margins and could even give vital impetus to the mainstream Buddhism of

central Japan. Such a religious structure cannot be accommodated within a discussion of medieval Buddhism that bases itself solely on considerations of politics and forms of power. Yet if the limitations of theories of Kamakura New Buddhism that stress its separation from politics are recognized, this article's examination of medieval folk Buddhism from the point of view of the mutual relationship between central and peripheral religious forms may serve to reveal "another medieval Buddhism".

Reconstructing Medieval Buddhism (Late Medieval)

Harada Masatoshi

1. Introduction

During the Southern and Northern Courts and Muromachi periods, the situation of Buddhism changed drastically due to the Kenmu restoration and the establishment of the Muromachi shōgunate. During the 14th century, when a struggle for supremacy between the Southern and Northern Courts occurred, aristocrats and warriors alike asked major exoteric-esoteric temples and shrines, which maintained considerable fighting forces, for military assistance. The courts and the shōgunate also often issued ordinances for the performance of rituals for defeating their enemies to the exoteric-esoteric temples and shrines. The temples and shrines for their part actively contributed to the efforts of the various establishment factions as they could expect rich rewards for showing their loyalty. The Ashikaga clan, the founding family of the Muromachi shōgunate, unfailingly placed its trust in the power of prayer and thus patronised the exoteric-esoteric temples and shrines. The Buddhist schools which emerged in the Kamakura period, the so called Kamakura New Buddhist schools, including the Zen and Vinaya schools, still wielded comparatively little influence during the era after which they are named and only gained strength in the late Kamakura period.

2. Exoteric-Esoteric Institutions and Zen Institution

Due to patronage from the imperial courts and the Muromachi shōgunate, Zen Buddhism, especially Rinzai Zen, became institutionalised much earlier than the other schools of Kamakura New Buddhism. Ashikaga Takauji, the first Muromachi shōgun and his younger brother Tadayoshi became devout students of Musō Soseki. In 1342, Ashikaga Tadayoshi published the *Muchū mondō shū* based on a series of Zen dialogues he had with Musō. The *Muchū mondō shū* was very influential because of Musō's fame and the readily comprehensible *kana* style in which it was written. In this work, Musō criticized esoteric prayers, the most authoritative Buddhist ritual practice of his time. Musō's criticism aimed at the rejection of religious violence, such as the ritual prayers conducted for the elimination of enemies. According to Musō, this practice of homicide by deadly curse widely performed by Shingon and Tendai esoteric monks stood in direct contradiction with basic Buddhist ideas.

After the establishment of the Muroachi shōgunate, Ashikaga Takauji and Tadayoshi made an effort to promote Zen; Emperor Kōgon and his Northern court also supported the institution. In 1339, Tenryūji temple, at its founding also known as Ryakuōji, was erected. Yet, once the information that Emperor Kōgon would attend the opening ceremony spread through Kyoto, Enryakuji, fearing the rise of Zen institutions, began to petition the court and shōgunate. Criticism towards Zen institutions worsened and not only Tendai monks but also Shingon scholastics such as Gōhō contributed to it. The latter devoted a whole work, the *Kaishin shō* to the task of refuting Zen.

In the generation after Musō, friction between Enryakuji and Onjōji on the one hand and the Zen

institutions on the other became even more severe. In 1368, Enryakuji temple's lower ranked monks or *daishu* submitted a petition to the imperial court demanding the demolition of the three main gates of Nanzenji temple. Throughout the Southern and Northern Courts period, the violence between exoteric-esoteric institutions and Zen institutions continued to escalate.

3. Buddhism and the Muromachi Shōgunate

While the Muromachi shōgunate protected the Zen institutions, it still found esoteric prayers and other religious services important for maintaining the peace of the state and the shōgun's health. In the late 14th century, the Muromachi shōgunate replaced the imperial court as sponsor for rituals.

Ashikaga Yoshimitsu attempted to combine the authority of the imperial court and the power of the warrior class by taking the title of *kubō*, which originally had been given to the imperial shōgun. Under his leadership, the shōgunate organised a system of esoteric prayers for their own benefit, and this political act upset the balance of power among the various exoteric-esoteric institutions. From this internal struggle the abbot of the Sanbō'in hall of Daigoji temple emerged victorious.

The Zen institutions established their authority under the patronage of the shōgunate. The shōgunate classified influential temples in Kyoto and Kamakura into the categories of the leading 'five mountains' or *gozan*, the 'ten temples' or *jussatsu* just below the five mountains, the various temples or *shozan*, and finally the branch temples, *matsuji*. In 1386, Nanzenji temple was declared to rank atop the five mountains hierarchy; the five mountains themselves were composed of first Tenryūji temple and Kenchōji temple, second Shōkokuji temple and Engakuji temple, third Kenninji temple and Jufukuji temple, fourth Tōfukuji temple and Jōchiji temple and fifth Manjuji temple and Jōmyōji temple. Zen Buddhism aimed at creating a new institutional body by inviting Chinese monks in order to project an image of itself as clearly distinct from exoteric-esoteric temples. The shōgunate formulated the laws governing and protecting the five mountains on the advice of both Japanese and Chinese Zen monks. At the same time, the shōgunate intended to lessen the competition between the old exoteric-esoteric institutions and the new Zen institutions. In fact, Yoshimitsu held not only the traditional eight services of the Lotus sūtra but also Zen services for his grandfather Takauji's thirty third memorial. The Shōkokuji temple established by Yoshimitsu was used for this and other services, so that the temple complex included buildings for both exoteric and esoteric ceremonies. In other words, the Zen institutions and exoteric-esoteric institutions received equal treatment from the establishment.

4. Independence of the Pure Land schools and Rise of the Hokke school

During the Kamakura period, temples belonging to the lineages of Hōnen and Shinran as well as of Nichiren were considered branch temples of Enryakuji temple on Mt Hiei. They were considerably less influential than in later periods as the social rise of the Pure Land and Hokke schools came only gradually during the Muromachi period.

The teachings of Ippen, whose name became well known in the late Kamakura era, spread under the name of the Jishū. The Jishū attracted devotees through the practice of dancing the *nenbutsu* and the distribution of talismans received through an oracle from the Kumano deity. Jōa Shinkan of the Jishū school built the Shijōdōjō Kinrenji temple, which was patronised by the imperial court and the shōgunate both. A biography of Jōa describes the prosperity of the Shijō lineage of the Jishū school. Apart from the Shijō lineage, the Jishū also included Ichinoyadōjō Konkōji temple as well as Shichijōdōjō Konkōji temple, which was founded by the fourth *yugyō shōnin* Donkai, who also established Shōjōkōji temple in the old prefecture of Sagami. The Jishū obtained a lot of followers in both inner and outer Kyoto. The Pure Land teachings of the Jishū are a significant example of the Pure Land faith of Muromachi Japan.

Nichizō of the Hokkeshū school came to Kyoto and sent a petition to the imperial court

requesting permission to propagate the teachings of the Hokkeshū. As a result, he succeeded in establishing Myōkenji temple in inner Kyoto. This temple was promoted to the rank of an imperial prayer temple immediately following Emperor Godaigo's ascension to the throne. Afterwards, the Hokkeshū school gained some following among members of aristocratic families and further expanded among merchants and craftsmen living in inner and outer Kyoto. Moreover, they developed into a major force in Kyoto due to the participation of warrior devotees.

New movements also arose in the Pure Land school. Ryōyo Shōgei, a scholar monk who became well known in the Southern and Northern Courts and Muromachi periods, attempted to propagate a new Pure Land teaching by asserting the superiority of the Pure Land school over other Buddhist institutions. He taught liberation from worldly desire through the power of the *nenbutsu* and the unity of Pure Land Buddhism and Shintō.

5. Buddhism in the Period of Civil War

Rennyō of Honganji temple succeeded in his passionate propagation of the Jōdo shinshū teachings through the distribution of the *Letter* or *Ofumi*, an outline of Shinran's teachings. He gained followers from both peasant and landholder classes in both the capital city and the peripheries. At the same time there occurred frequent, often violent confrontations between Shin Buddhist believers and devotees of other forms of Buddhism, governors and landholders. In order to enable a peaceful co-existence between his followers or *monto* and other Buddhist communities, Rennyo appealed to the former to practice a more introvert faith in the power of *tariki*.

In the Hokke school as well arose movements that demanded the complete renunciation of other teachings upon conversion. The activities of Nisshin are a representative example. When temples converted to the Hokke school, the members of their congregations or *shinto* were asked to discard their faith in various Bodhisattvas. Furthermore, Nisshin urged the Muromachi shōgunate to command all Japanese to abandon faith in other schools and devote themselves to the Hokkeshū. However, his reckless attitude resulted in Ashikaga Yoshinori, the sixth shōgun, persecuting the Hokkeshū. In his *Haniya shō*, Nisshin describes the Hokkeshū as expanding all over Japan, yet he also criticises its actual condition in that some temples did not discard existing objects of worship such as statues of Avalokiteśvara and Bhaiṣajyaguru. In other words, unlike the Shin Buddhists the Hokkeshū rejected any compromise with the other Buddhist communities. The *Haniya shō* also mentions the details of Nisshin's propagation efforts, his travels covering one third of the Japanese archipelago, the demolition of his home temple Honbōji, and not fewer than sixty six confrontations with the other Buddhist schools, as well as the persecution Nisshin suffered at the hands of provincial governors. The Hokkeshū, including some other lineages cooperating with it, greatly expanded its sphere of influence, and its temples came to wield considerable influence in Kyoto. Accordingly, it came to be perceived as a threat by the warrior class and the exoteric-esoteric institutions such as Enryakuji sent petitions to the political authorities demanding its repression. The Muromachi shōgunate decided to have the Hokkeshū expelled from Kyoto in 1536.

When the Muromachi shōgunate gradually began to lose its influence and authority, the balance of power within Zen institutions shifted towards hitherto peripheral movements. For instance, the Daitokuji and Myōshinji temples of the Rinzai school had been sponsored by Hosokawa Katsumoto and Masamoto. The abbots of these temples received permission to wear a Purple Robe from the imperial court and established their respective institutions as head temples with the power to unite various local Zen lineages under their leadership. Furthermore, although Sōtō Zen developed mostly in the periphery, they too had access to the imperial court and received permission to form the Rinka system of temple hierarchy independent of the Five Mountains of the Rinzai institution. In this system, Sōjiji and Eiheiji became the head offices of the Sōtō institutions.

The Japanese civil wars came to an end with the rise of Oda Nobunaga, who defeated many provincial lords and literally reduced the exoteric-esoteric institutions to ashes. Nobunaga regarded the Honganji temple, which frequently incited riots or *ikki* involving local lords and peasant followers as a massive threat. The Honganji temple, which alongside the Asakura, Asai and Mōri families had allied itself with Ashikaga Yoshiaki, the 15th shōgun, was Nobunaga's final enemy. The so called battle of Osaka Honganji temple began on the thirteenth day of the ninth month of 1570. On the second day of the ninth month of the same year, Kennyo, the abbot of Honganji temple demanded a show of loyality from his followers and soon after requested them to make contributions to the battle and the supply of provisions.

Despite peace overtures attempted by both sides, the battle took eleven years. On the seventeenth day of the third month of 1580, Emperor Ogimachi promulgated an edict of peace, and in his response Nobunaga submitted a note requesting the followers of Honganji temple to be expelled from Osaka. A son of Kennyo, Kyōnyo, continued to be besieged, but on the second day of the eighth month of 1580, Kyōnyo left Osaka. The Honganji temple was burned to the ground. The battle of Osaka Honganji temple symbolises the end of medieval Buddhism.

The Popularization of Japanese Buddhism

Sonehara Satoshi

1. The Changing World of Buddhism

1-1. The Introduction of Christianity and the Ideology of the Divine Nation

A reading of the letters written by the western missionary, theologian and educator Francisco de Xavier will first provide an understanding of the state of sixteenth century Japanese Buddhism. Due to the introduction of Christianity, the Japanese sought to more clearly define "Japaneseness", which resulted in the emergence of the idea of Japan as the "Nation of the Buddha and the Nation of the Kami." The edict banishing Christianity promulgated by Tokugawa Ieyasu in 1613 proclaims the unity of Buddhism, Shintō and Confucianism, with Buddha, kami and the Confucian virtues of humanity and justice being equally venerated. The ideology of the Divine Nation based on the unity of the three teachings can thus clearly be seen as having emerged from an active rejection of Christianity.

1-2. The Establishment of the Temple System

As part of the measures taken against Christianity, Buddhist monks and monasteries were brought under the control of the Tokugawa shōgunate. The shōgunate promulgated many ordinances to this effect, but the publication in 1665 of the 'Ordinance Concerning Buddhist Temples of all Schools' was epoch making. While pre-1665 ordinances were applicable only to certain groups or individual temples, the 1665 ordinance extended to all Buddhist monks and temples. Additionally, the 1665 ordinance proscribed monks' involvement in non-religious activities and reinforced the relation between headquarter and branch temples. This chapter also investigates the 'Regulations for Lay Believers', which determined the temple-parishioner relationship throughout Tokugawa Japan. As a matter of fact, this regulation is nowadays considered a forgery; nevertheless, many copies of the regulation were made and the broad mass of people uncritically accepted it. Because the regulation emphasizes the duty of lay believers to economically support temples, it is highly likely that a certain monastic group has counterfeited this legal document.

1-3. Warriors and Zen

Edo Japan was dominated by the warrior class. The ways in which Zen provided legitimacy to the warriors' rulership can be understood from two writings, Suzuki Shōsan's *Banmin tokuyō* and Hakuin Ekaku's *Orategama*. Moreover, the *Fudō chishin myōroku* by Takuan Sōhō explains the mental qualities martial artists are supposed to cultivate through Zen teachings. As these examples show, the development of the 'vernacular sermons' genre of Zen literature served as a means for propagating Zen among the warrior class and the masses by using simple language to expound its elusive message.

1-4. The Development of Publication Culture

One of the reasons for the expansion of Buddhism during the Edo period was the development of the publishing industry, which enthusiastically printed Buddhist literature. Japanese Buddhists long relied on importing Daizōkyō or *Tripitaka* collections from abroad, but in the 17th century Tetsugen, following in the footsteps of Shūzon and Tenkai printed and published a popular edition of the entire Buddhist canon which came to be widely read. The *Keen no sho* gives an account of Tetsugen's determination to achieve his goal. In the 18th century, Buddhist institutions began to enact measures to centrally control publications. Within Shin Buddhism, for example, the head administrative office inspected the contents of writings prior to their publication in order to assure their orthodoxy. The office also controlled the channels of distribution, giving its branch temples priority over general customers and other Buddhist institutions.

1-5. Frontier Buddhism

How was Japanese Buddhism received in the remote areas located in the North and South? In Okinawa, then called Ryūkyū, Rinzai Zen had long been dominant until the Shimazu clan invaded the island in the early Edo period. After the Shimazu invasion in 1609, the Shingon institution expanded its sphere of influence and came to share the island with the preexisting Rinzai Zen establishment. Furthermore, Taichū's *Ryūkyū ōrai* depicts the state of early modern Ryūkyū Buddhism, which religiously protected the secular sovereign. In Hokkaidō, located at the very north of the Japanese archipelago, Ainu society had formed Ezochi in the northern part of the island during the Edo period. However, in the 19th century Russia started to advance south and the Ezochi region came under the Tokugawa shōgunate's direct control. The shōgunate built three national temples in Ezo for conducting the funerals of mainlanders and otherwise ministering to their spiritual needs. Important information on the Ezochi can be gleaned from the documents preserved at Kokutaiji temple in Atsukeshi.

2. Ritual and Doctrinal Developments

2-1. The Ideology of Religious Rites for the State

This chapter considers the features of national religious services by investigating two examples; one is the Hōkoku jinja shrine in the time of the Toyotomi administration, and the other one is the Tōshōgū shrine-temple established by the Tokugawa shōgunate.

Toyotomi Hideyori's *gammon* in 1614 describes the service of Hōkoku daimyōjin, the deified figure of his father Hideyoshi worshipped in the Hōkōji temple. The service was conducted for protecting the state through the performance of Buddhist rituals, taking as its model the ancient Tōdaiji temple erected by Emperor Shōmu. In the following year, the Toyotomi family perished, and the Tokugawa shōgunate became the new ruler of Japan. In the *keibyaku* offered by the third shogun Iemitsu on the occasion of his deified grandfather Ieyasu's 33rd memorial ceremony, the latter is portrayed as a deity unifying warrior and court noble. Moreover, the image of Ieyasu as deity spread though the creation of Tōshōgū shrine-temples in various places; for example, the *keibyaku* for the Tottori Tōshōgū, presented by Tottori's then feudal lord, also emphasizes the unification of warrior and court noble

societies under the rule of the Tokugawa shōgunate.

2-2 Ōbaku Zen and the Restoration of Monastic Discipline

The Buddhism prevalent in ancient and classical Japan has often been contextualized in terms of East Asian Buddhist culture, and Edo Buddhism, too, was heavily influenced by Chinese Buddhism. Huangbo Chan/ Ōbaku Zen, which Yinyuan transmitted to Japan, provides evidence for this influence. The *Laoren yuzhuyu*, composed by Yinyuan to regulate the administrative affairs of Ōbaku Zen's headtemple Manpukuji, draws on various Chinese monastic customs but particularly noteworthy is its emphasis on the observation of monastic discipline or *vinaya*. The publication of the *Laoren yuzhuyu* gave additional impetus to a movement aiming at the restoration of monastic discipline in various Buddhist institutions. For instance, in the Tendai institution a dispute had raged over the implementation of the Chinese *vinaya* that first broke out at Anrakuritsu'in temple, but eventually the head abbot of Rinnōji temple promulgated an order, *Anrakuinrinjū biku ni tsugu*, which allowed the observance of the Chinese style of *vinaya*.

2-3. Adoption of *vinaya* to Daily Life

Linked to the movement to restore the rules of monastic discipline, Edo Buddhism also saw attempts to fortify the morality of commoners through the promulgation of Buddhist precepts. In this context, the Myōkōnin or 'ardent believers' of Shin Buddhism are especially well known, but also Jiun of the Shingon Buddhist institution composed a collection of simplified moral codes known as the *Jūzen hōgo*. In the case of Nichiren Buddhism, the *Chiyomigusa* provides an example of the kinds of teachings which common followers used in mortuary contexts. These examples strongly suggest the possibility that peoples' birth and death had become ritualized on the basis of Buddhist moral codes.

2-4. Vigorous Polemics

In Tokugawa Japan, Buddhist sects established educational institutions at which doctrinal studies were conducted by using printed texts such as the *Tripitaka*. In proportion to the spread and easy availability of such printed materials, traditional teachings based on oral transmissions declined. In order to clarify the salient features of the sectarian education of this time, this chapter takes up Kegon doctrinal studies as seen in Hōtan's *Kegon gokyō shō kyōshinshō* and Fujaku's *Kegon gokyō shō enpishō* as well as the Shin Buddhist polemics referred to in Kōzon's *Ganshō kimyō ben*, particularly the controversy concerning Delusion of the Three Activities. Since the *Ganshō kimyō ben* has barely been introduced to a wider audience, it seems worth referring to the original text for the investigation.

2-5. Discourses on the Abolishment of Buddhism and the Protection of Buddhism

Because of its close alliance with the Tokugawa shōgunate, Confucian and Nationalist scholars formulated radical criticisms of Buddhism, collectively known as the Argument for the Abolishment of Buddhism or *haibutsu ron*; in response, Buddhist scholars developed the Theory of the Protection of Buddhism or *gohō ron*. Among the numerous controversies involving the two camps, an especially prominent one occurred over the Buddhist notion of Mt. Sumeru, which was often raised by those advocating the abolishment of Buddhism as one example of the religion's fundamental irrationality. Buddhists forwarded various counterarguments against the Abolitionists' claims, among them diverse and ingenious interpretations of the Buddhist world view. Minamoto Keian's *Ryōbu shintō kuketsushō* perfecty exemplifies the doctrinal diversity of Tokugawa Buddhism. Furthermore, an investigation of the *Taiseikyō* demonstrates that Prince Shōtoku was an essential component of the Theory of the Protection of Buddhism.

3. The Ocean of Folklore

Edo Buddhism has often been depicted in modern scholarship as marking the transition from thaumaturgy to modernity. However, the people of Edo Japan actually believed in numerous sorceries and folkways. For example, the *Shiryō gedatsu monogatari* states that Yūten, a respected mid-Edo period scholar monk, also acted as a widely known exorcist. As well, some Buddhists in north-eastern Japan sacrificially mummified themselves for the salvation of other beings. It is therefore important to consider the features of Edo Buddhism through diverse soteriological discourses.

Buddhism in Modern Japan: Transformation and Scholarship

Hayashi Makoto

1. The Ordinance for the Clarification of Shintō and Buddhism and the Abolishment of Buddhism

The first section traces the historical background of the Ordinance for the Clarification of Shintō and Buddhism, *shinbutsu hanzen*, promulgated in 1868 and the abolishment of Buddhism, *haibutsu kishaku*, which occurred in its wake. These two subjects have been studied since 1910, when Murakami Senshō, Tsuji Zennosuke and Washio Junkei coedited *Meiji ishin shinbutsubunri shiryō*, a collection of historical documents containing invaluable materials for the study of Japanese religions in modern period. Without their effort, these materials would probably be lost today. In this collection, the Ordinance for the Clarification of Shintō and Buddhism, *shinbutsu hanzen rei*, is renamed Ordinance for the Separation of Shintō and Buddhism, *shinbutsu bunri rei*, and a new technical term, *haibutsu kishaku* is introduced. In fact, the 1868 Ordinance at the time was not referred to as *shinbutsu bunri rei*, and the term *haibutsu kishaku* was rarely used before the publication of *Meiji ishin shinbutsubunri shiryō*.

In the religious policy it set out, the government did not explicitly mention the abolishment of Buddhism. Rather, they repeatedly stressed in the Clarification Ordinance that they did not intend to eradicate Buddhism. However, Shin Buddhism for instance took this policy, which involved institutional reorganisation and the enforcement of Shintō rituals, to actually intend the abolishment of Buddhism and advised the government to this effect. The term *haibutsu kishaku* actually emerged in the context of mutual negotiations between the government and Shin Buddhism, mainly discussing how to interpret the former's religious policy. The establishment of the National Preceptors or *kyōdō shoku* in 1873 gave a public role to Buddhist priests, who were expected to encourage the Japanese to understand themselves as the people of a nation. The Ministry of Religious Education created in the same year held jurisdiction over both Buddhist and Shintō priests, who were placed under the direct control of local governments. In 1871, the nationalist intellectuals who had advised the promulgation of the Ordinance for the Clarification of Shintō and Buddhism were purged from the government and the plan to promote Shintō as a state religion reached an impasse.

In academia, the terms Mixture of Shintō and Buddhism, *shinbutsu konkō*, and *shinbutsu hanzen* fell into disuse and where replaced by the terminology of the Combination of Shintō and Buddhism, *shinbutsu shūgō*, and *shinbutsu bunri*. Furthermore, not only did the terminologies themselves change, but also the evaluation attached to them. In the early Meiji period, academics postulated the necessity to return from the "wrong" condition of the Mixture of Shintō and Buddhism to the "right" and "original" condition of Japanese nativity, in which the two were clearly separate. However, once the discipline known as Buddhist history had formed, Buddhist scholars criticised this nationalist view. Buddhist scholars advocated the view that Mixture or *konkō* had long been the natural state of Japanese religions and considered the blending, *konkō* or *shūgō* of Shintō and Buddhism to represent the ancient custom

and unique virtue of Japan. Hence, Buddhist scholars claimed that the Ordinance for the Clarification of Shintō and Buddhism simply had destroyed original Japanese values. After the disciplines of Buddhist history and history of religions were established, their academic perspectives became more widely accepted among the general public, and thus the more neutral terminologies of *shūgō* and *bunri*, were given preference.

2. The Ordinance of Land Confiscation

This section examines the influence of the Land Confiscation Ordinance, *agechi / jōchi rei*, promulgated in 1871. In the Edo period, the Tokugawa shōgunate and feudal landholders conferred secured and economically privileged estates known as *shuin chi* and *kokuin chi* on prestigious temples. Once the Tokugawa regime fell, the Meiji government announced the Reinstatement of Lands and People to the Emperor and ordered feudal landholders to return their estates to the government; subsequently, the temples were also forced to return their lands. However, changes in the content of the laws brought considerable complications. When the Bureau of Land-Tax Reforms began taking charge of the land confiscation project, the bureau deemed the lands where Buddhist ceremonies and services had been performed to be the temples' permanent lands and confiscated the rest. Obviously, this inflicted a big loss on the temples. Moreover the government promulgated the Policy of the Reformation of the Land and the Taxation System and instigated private ownership of land. The government issued land titles, which enabled the selling of properties, and provided a series of reforms to modernise the land and taxation system. The land confiscation was conducted under these circumstances.

A problem as to land confiscation arose in 1899. The government announced the Law of the Devolution [of ownership] of State-owned Forests and Plains, permitting the return of the nationalised lands to their original owners, but only if the temples could provide documental evidence for their former ownership. However, the period of application was very limited, and applications were often vetoed by officials. Consequently, a considerable number of temples initiated lawsuits against the government at the court of administrative legislation, whilst academics entered into a controversy concerning whether the former feudal estates should be regarded private lands or national property. The government eventually arrived at the conclusion that the nation was leasing the temples' "permanent" lands at no charge, but would return them to the temples after WW2.

3. The Formation of the Relationship between Religion and Politics

Section 3 traces the changes which occurred in the relationship between religion and politics. The relationship between the modern nation state and religion gradually formed following changes in government policy. The Ordinance Allowing Meat-eating and Marriage as well as the Three Regulations were promulgated in 1872. Buddhist priests began to play the role of national preceptors charged with encouraging the populace to submit to the nation state and were expected to conduct themselves not unlike civil servants. It is not surprising that Buddhist priests, who had suffered from the Ordinance for the Clarification of Shintō and Buddhism and the attempted abolishment of Buddhism saw the bureaucratisation of priesthood as an opportunity to get involved in the new polity of the nation state. Nonetheless, the fundamental function of the preceptors was neither to propagate the teachings of their own institutions nor to perform rituals, but to preach the Three Regulations as civil servants. In other words, the government deprived Buddhist priests from a genuinely religious role and merely required them to propagate nationalization.

The government appointed Zōjōji temple of the Pure Land school as a Great Teaching Institute and the temple complex was reconstructed to serve as both a Shintō and a Buddhist institution. Zōjōji therefore erected Shintō *torii* and altars, and the Buddhist priests were obliged to take part in Shintō

rituals.

Shimaji Mokurai, a Shin priest, severely criticised the implementation of the Three Regulations and the Great Teaching Institute. Shimaji, who studied in Europe and observed the separation of religion and state first hand, submitted to the government a petition claiming that the policy of the Japanese government was actually the opposite of modernization or westernization, *bunmei kaika*. Shimaji's criticism contributed to the government's dismissal of the Great Teachings Institute and the Ministry of Religious Education. His petition may have been one starting point for of the separation of religion and politics in Japan, yet this separation only truly took hold in society with the establishment in 1890 of the Meiji Constitution that contained a guarantee of the Freedom of Religion. Since then, freedom of individual religious faith was indeed secured, but according to the contemporary interpretation of this principle some worship and beliefs could potentially be banned.

The Meiji Constitution also publicly recognized Christianity, a fact the Buddhist world perceived as a threat to itself and which stirred it into action. Attempts were made to have Buddhism, with its long tradition and many believers, officially recognized at the national level. This movement for the nationalisation of Buddhism continued as a movement of resistance against the religious legislation passed by the government. What gave impetus to a fundamental reconsideration of the principle of the separation of religion and politics was the 1912 Conference of the Three Religions, which gathered together representatives of Buddhism, Christianity and Sectarian Shintō(s) under the auspices of the Home Office. Tokonami Takejirō, the undersecretary of the office and the organiser of the conference requested religious professionals to work for social education. The High Treason Incident in 1910, following which Kōtoku Shūsui and other plotters were put to death by hanging, likely caused the government to rediscover the social function of religion, especially as a means to combat the spread of socialism. Considering cases like the Buddhist nationalization movement and the Conference of the Three Religions, it appears clear that while the government did proclaim the separation of religion and politics, its implementation lacked consistency.

4. The Question of Whether Mahāyāna is the Buddha's Teaching

This section deals with modern Buddhist scholarship. As is the case with other academic disciplines and their subject matter, "Buddhist studies" and "Buddhism" are notions that emerged in 19th century Europe. Sanskrit and Pali manuscripts began to circulate in western countries and were studied by comparative philologists. "Buddhism" was actually discovered by these philologists. Studies of Buddhist texts and the historical Buddha were heavily influenced by the methodologies of textual criticism that had originated in studies of the Bible and the historical Jesus. Japanese Buddhism was exposed to this new set of problems through young Japanese Buddhist priests who studied under the supervision of Max Müller in Oxford. During their studies in England, they had to confront the gap between the Buddhism of their childhood and what Western scholars envisaged Shakyamuni's thought to be based on textual investigation. Müller, for instance, considered the true word of Shakyamuni to remain only in the Pali texts and consequently denied the authority of *Mahāyāna* scriptures. One of Müller's pupils, Nanjō Bunyū, a priest belonging to the Otani faction of Shin Buddhism, was keenly aware of this gap between the Western and the Japanese conception of Buddhism. Foreign trained scholars such as Nanjō introduced the Western view according to which *Mahāyāna* Buddhism perverted the true teaching of Shakyamuni to Japan. Japanese Buddhist scholars partly accepted the Western view of *Mahāyāna* Buddhism but at the same time kept a certain distance from it. Although in agreement with Nanjō on this matter, the most well known advocate of the theory that *Mahāyāna* was not the word of the Buddha was Murakami Senshō. Murakami considered *Mahāyāna* not to be authentic Buddha's words from a historical point of view, while asserting its authenticity from a doctrinal perspective. The major task imposed upon early modern Japanese Buddhist scholars was thus to overcome the Western view of

Mahāyāna Buddhism.